DER KLEINE PLOETZ

Hauptdaten der Weltgeschichte
36., aktualisierte Auflage

Herausgegeben vom Verlag Ploetz

VERLAG PLOETZ FREIBURG – WÜRZBURG

Vorwort zur 36. Auflage

Die erste Auflage der von Karl Ploetz zusammengestellten „Hauptdaten der Weltgeschichte“ erschien vor nunmehr fast 140 Jahren in Berlin. „Der kleine Ploetz“ hat inzwischen selbst Geschichte gemacht. Die Fülle des geschichtlichen Stoffes, dargeboten in einer überschaubaren Gliederung, die auch die großen Entwicklungslinien und Zusammenhänge deutlich erkennen läßt, hat dem handlichen Nachschlagewerk in vielen Bereichen einen festen Platz gesichert und als Grundlage geschichtlichen Wissens Anklang gefunden.

Die jetzt vorliegende 36. Auflage basiert auf der Konzeption ihrer jüngsten Vorgänger; sie widmet der neueren Geschichte, insbesondere der Zeitgeschichte aller Länder und Erdteile, breiten Raum. Der Bericht über die sich oft überstürzenden Ereignisse in der von uns selbst miterlebten Zeit wurde in allen Abschnitten bis zum 31. Dezember 1995 fortgeführt, so daß Der kleine Ploetz aktuell bleibt.

Mit unserem Dank an die Autoren verbinden wir die Hoffnung, daß er sich bei alten und neuen Lesern weiterhin als Der kleine Ploetz mit dem großen Nutzen bewähren wird.

Verlag Ploetz

Auf der Grundlage der 32. Auflage in der Bearbeitung von Johanna Schomerus
mit den Beiträgen von H. Ludat, I. H. Pollmüller, E. Rutte und H. E. Stier
ergänzt und bis zur Gegenwart fortgeführt.

Die Deutsche Bibliothek – CIP-Einheitsaufnahme

Der **kleine Ploetz** : Hauptdaten der Weltgeschichte. –
36., aktualisierte Aufl. / auf der Grundlage der 32. Aufl.
in der Bearb. von Johanna Schomerus mit den Beitr.
von H. Ludat … erg. und bis zur Gegenwart fortgef. –
Freiburg (Breisgau) ; Würzburg : Ploetz, 1996
ISBN 3-87640-379-0
NE: Ludat, Herbert; Schomerus, Johanna [Bearb.]

Herstellung: Freiburger Graphische Betriebe 1996
ISBN 3-87640-379-0

Inhaltsverzeichnis

Verzeichnis der Kartenskizzen

Verzeichnis der Stammtafeln

Tabellarische Übersichten

I. Erdgeschichte

Erdgeschichte ist die Geschichte der Erde und des Lebens. Erforschung und chronologische Darstellung der historischen Daten, die den Gesteinen und den Fossilien entnommen werden, sind Aufgabe der Geologen und Paläontologen. Das „Stratigraphische Grundgesetz" besagt, daß die jeweils darüberliegende Schicht jünger als die darunterliegende ist. Die relative Chronologie führte zur Aufstellung des zeitlichen Systems der Schichten in der erdgeschichtlichen Tabelle. Von vielen Gesteinen ist das absolute Alter bekannt, es wird physikalisch aus der Zerfallszeit bestimmter Minerale berechnet. Damit lassen sich Vorstellungen über das Alter der Erde und die Dauer der Formationen gewinnen. Von der Erdgeschichte aus gesehen, ist die Menschheitsgeschichte nur ein winziger Zeitraum innerhalb des Quartärs.*

Nach Bildung der Erstarrungsrinde der Erde vor etwa 5 Milliarden Jahren sind im Archaikum und Algonkium die ersten primitiven Lebewesen zu verzeichnen. Im Paläozoikum entfalten sich während 300 Jahrmillionen die Organismen. Die Formationen Kambrium - Ordovizium - Silur - Devon - Karbon - Perm sind die Schritte in das Mesozoikum (das Mittelalter der Erdgeschichte), mit den Formationen Trias - Jura - Kreide. Der Beginn der Erdneuzeit, Känozoikum, wird vor 70 Millionen Jahren angenommen. Im Tertiär beginnen die Säugetiere die Herrschaft anzutreten, es formen sich die Grundzüge der Erdoberfläche in den heutigen Maßen heraus. Die Formation Quartär, deren Anfang ungefähr 1 Million Jahre zurückliegt, verzeichnet die ersten Menschen.

Die Abteilungen des Quartärs sind Pleistozän (früher Diluvium) und Holozän (die geologische Gegenwart). Im Pleistozän erfolgen während der Kaltzeiten (Glaziale) Mindel, Riß und Würm Eisvorstöße. Weite Teile Nordamerikas und Eurasiens liegen dreimal jahrtausendelang unter Eis. Die skandinavischen Gletscher bedecken Irland und England (bis fast zur Themse) sowie den europäischen Kontinent bis zu einer Linie etwa von der Rheinmündung ostwärts an Harz und Sudeten entlang bis nach Rußland

* Fossilien = die Überreste von Tieren und Pflanzen der erdgeschichtlichen Vergangenheit.

Erdgeschichtliche Tabelle

Ära	Formation	Dauer in Mill. Jahren	Hauptereignisse
Käno-zoikum	Quartär	ca. 1	Erste Menschen. Eiszeiten und Pluvialzeiten.
	Tertiär	70–1	Entfaltung der Säugetiere. Braunkohlebildung. Deutlich Klimagürtel. Gebirgsbildungen.
Meso-zoikum	Kreide	140–70	Erste Insektenfresser. Erste Blütenpflanzen. Riesensaurier. Verlöschen der Ammoniten und Saurier.
	Jura	180–140	Der erste Vogel Archaeopteryx. Flug- und Riesensaurier.
	Trias	230–180	Erste Dinosaurier. Erste Säugetiervorläufer.
Paläo-zoikum	Perm	280–230	Gliederung der Lebewelt in Provinzen erkennbar. Beginn der Kontinentalverschiebung. Eiszeiten.
	Karbon	350–280	Erste Reptilien. Erste Samenpflanzen. Kohlebildung. Gebirgsbildungen.
	Devon	400–350	Erste Amphibien. Erste Nacktsamer und Farne. Eroberung des Festlands. Gebirgsbildungen. Eiszeit.
	Silur	440–400	Fische und erste Landpflanzen. Gebirgsbildungen.
	Ordovizium	500–440	Die ersten Wirbeltiere: kieferlose Fische. Leben nur im Meer.
	Kambrium	580–500	Wirbellose Tiere zahlreich. Leben nur im Meer.
Präkambrium (Proterozoikum)	Algonkium	1100–580	Wirbellose Tiere. Primitive Pflanzen. Gebirgsbildungen. Eiszeiten.
	Archaikum	~ 4000–1100	Erste einfache Lebewesen vor ca. 3800 Mill. Jahren. Gebirgsbildungen. Eiszeiten.
	Katarchaikum	zeugnislos	

Bildung der Erstarrungsrinde der Erdoberfläche.

südlich von Kiew. Die Alpengletscher erstrecken sich zeitweilig bis fast zur Rhone, zum Po und zur oberen Donau. Die Kaltzeiten sind von Warmzeiten (Interglazialen) geschieden. Es ist noch nicht möglich, die Dauer der Pleistozän-Stufen zu ermitteln, man schätzt sie auf jeweils 60000 bis 100000 Jahre. Die Stufengliederung des Pleistozäns unterscheidet Villafranca (Ältestquartär) und Cromer, in denen gegenüber dem Tertiär keine nennenswerten klimatischen Änderungen registriert werden können, Mindel (die Pleistozän-Stufe mit der ersten Eiszeit), Holstein (die Warmzeit zwischen Mindel und Riß), Riß (die Kaltzeit), Eem (die Warmzeit zwischen Riß und Würm) und Würm, die Stufe mit der letzten Vereisung (in Mitteleuropa zugleich die kälteste). In den niederen Breiten entsprechen den Kaltzeiten Pluvialzeiten, den Warmzeiten Interpluviale. Der Meeresspiegel sinkt während der Eiszeiten infolge Bindung des Wassers durch Eisbildung ab (im Mindel bis minus 200 m, im Würm bis minus 90 m), um während des Abschmelzens der Gletscher während der Warmzeiten auf Werte über dem heutigen Stand anzusteigen (im Eem plus 15 m NN). Die Zeugnisse dieser eustatischen Meeresspiegelschwankungen sind weltweit verbreitet. Der Wechsel der klimatischen Verhältnisse im Verein mit den sich ununterbrochen verschiebenden geographischen Situationen zwingt Tierwelt und Menschen zu mannigfachen Reaktionen.

Menschheitsgeschichte

Mit dem fossilen Menschen befaßt sich die Paläontologie bzw. die Paläanthropologie. Die Älteste Geschichte faßt die Dokumentationen der fossilen Menschen zusammen. Die Vorgeschichte dagegen sammelt jene Daten, die der Jetztmenschentypus Homo sapiens sapiens seit dem ersten Nachweis Mitte Würm und dem Auftreten der Schrift hinterlassen hat.

Die Zeugnisse der fossilen Menschen sind in den letzten Jahren sprunghaft angestiegen. Sie lassen sich in vier Gruppen unterbringen:

Urmenschen (Australopithecinen) sind in vielen Fundstellen Ost- und Südafrikas im Cromer und Mindel nachgewiesen. Sie sind der primitivste Menschentyp, ohne Werkzeugkultur und Feuernutzung.

Frühmenschen (erectus-Gruppe) treten ebenfalls im Cromer, nun aber auch in Europa und Asien, auf den Plan. Die bekanntesten Frühmenschen sind der Homo erectus heidelbergensis aus dem

Cromer von Mauer bei Heidelberg und die holsteinzeitlichen China-Frühmenschen (Sinanthropus) von Choukoutien (hier der erste Nachweis des Feuergebrauchs der Menschheitsgeschichte) sowie Java-Frühmenschen (Pithecanthropus). Die jüngsten Frühmenschen sind Beginn Würm in Afrika festgestellt. Die älteste Werkzeugkultur ist bei holsteinzeitlichen Frühmenschen belegt.

Altmenschen (Neandertaler) treten im Eem auf und verschwinden nachkommenlos Mitte Würm. Zu den klassischen Funden aus dem Neandertal bei Düsseldorf kommen zahlreiche Skelettreste aus Frankreich, Innereuropa, den Mittelmeerküsten, der Krim, Usbekistan und Nordafrika. Spuren regelrechter Bestattungen lassen auf eine primitive Religion schließen.

Jetztmenschen sind in der Unterart Homo sapiens praesapiens bereits im Holstein in den Fundstätten Steinheim a.d. Murr und Swanscombe/Themse nachgewiesen. Frankreich liefert von Montmaurin und Fontéchevade jüngere fossile Jetztmenschen. Der erste Homo sapiens sapiens wird mit dem Menschentyp von Crô-Magnon und Aurignac in Frankreich Mitte Würm registriert.

Gliederung des Quartärs

Abteilung	Unterabteilung	Stufenbezeichnung
Holozän		
Pleistozän	Jungpleistozän	Würm Eem
	Mittelpleistozän	Riß Holstein Mindel
	Altpleistozän	Cromer
	Ältestpleistozän	Villafranca

II. Vorgeschichte

Die vorgeschichtliche (prähistorische) Zeit wird nach dem vorherrschenden Fundmaterial in **Steinzeit, Bronzezeit, Eisenzeit** eingeteilt. Die Steinzeit gliedert sich in eine ältere (Paläolithikum), mittlere (Mesolithikum) und jüngere (Neolithikum: schon sehr bald mit kupfernen Gerätschaften vergesellschaftet), die ältere Steinzeit wiederum in Alt- und Jungpaläolithikum.

Die Perioden der **älteren Altsteinzeit** sind (nach französischen Fundplätzen benannt) Abbevillien, Acheuléen und Moustérien.

Der Mensch der jüngeren Altsteinzeit bleibt auf der Stufe des Jägers und Sammlers stehen. Gejagt werden vor allem Mammut, Wildpferd, Rentier. Die Jäger folgen der mit dem allmählichen Rückgang des Eises langsam nach Norden weichenden kälteliebenden Tierwelt nach. Ackerbau und Haustiere sind noch unbekannt. Dafür erscheint in den Wandmalereien und Plastiken der Wohnhöhlen eine auf magisch-religiösem Jagdzauber sich gründende, erstaunlich hochstehende **Kunst:** Rentieropfer von Meiendorf (bei Hamburg); Tiertänzer auf den Wandgemälden.

Die **jüngere Altsteinzeit** gliedert sich in die Perioden Aurignacien, Solutréen und Magdalénien. Das Magdalénien, in dem die fast naturalistisch anmutende Kunst ihre höchste Durchbildung erhält (Höhlenmalereien von **Altamira,** Prov. Santander, in Nordspanien, des **Vézèretales** in Südwestfrankreich u. a.), ist in der Hauptsache anscheinend auf West- und Mitteleuropa beschränkt. In Osteuropa tritt neben die naturalistische eine geometrisierende Kunstübung.

um 13000 v. Chr.	Beginn des Rückgangs der Vereisung aus dem südlichen Ostseegebiet; Ende um 8150 v. Chr.
vor etwa 10000 Jahren	Beginn der **mittleren Steinzeit** (Mesolithikum). Starker Rückgang der Kunstfertigkeit; u. a. Klein- und Kleinstgeräte (Mikrolithen). Zähmung des Hundes.

Der Süden des Mittelmeergebietes (vor allem Nordafrika) schlägt seit der ausgehenden Altsteinzeit mit dem sog. Capsien (nach den Funden von Gafsa, lateinisch Capsa, in Tunesien benannt) kulturell eigene Wege ein.

Allmählicher Übergang zur **jüngeren Steinzeit** (Neolithikum), die sich durch das Auftreten polierter Steingeräte (besonders Beile) scharf von der Altsteinzeit abhebt. In den Funden begegnen die ersten Zeugen wirklicher Kultur: **Ackerbau, Viehzucht,** die ersten **Haustiere,** der Hausbau (besonders bekannt die **sog. Pfahlbauten** des Bodenseegebietes). Geometrisierende Ornamentik (Bandkeramik, von Belgien bis China verbreitet; Schnurkeramik u. a.). Starke Einflüsse aus dem bereits zu geschichtlichem Leben erwachten **alten Orient,** aus dem Getreidearten und Kleinvieh (Ziegen, Schafe) donauaufwärts bis nach Mitteleuropa gelangen.

um 2500–1200 Zahlreiche Sonderprovinzen; reger Handelsverkehr (Bernstein u. a.). Großsteingräber **(Megalithgräber),** aus mittelmeerischen Anregungen entwickelt, von Spanien an den westeuropäischen Küsten entlang nach England und Irland, Skandinavien und Deutschland sich verbreitend; vergesellschaftet mit Geräten aus **Kupfer** (nach der Insel Cypern benannt). Bedeutendste Fundgegenden: Südspanien, Portugal, Bretagne (Steinalleen, Steinkreise oder Cromlechs, aufgerichtete sog. Menhir-Steine), England (Stonehenge bei Salisbury, mit Bahn für Wagenrennen bei Leichenspielen), Lüneburger Heide, Jütland u. a.

seit etwa 1800 Allmählicher Beginn der **Bronzezeit;** starke **Einwirkungen des Südens,** aus dem die neue Metalltechnik stammt. Hochstehender Geschmack; eigenartige **Blütezeit im Norden.** Die in sechs Unterabschnitte und mehrere große Sonderprovinzen sich gliedernde reiche Entwicklung der Bronzezeit des vorgeschichtlichen Europa bricht mehr oder weniger jäh ab mit der wesentlich nüchterner gestaltenden **Eisenzeit,** die ihren Ausgang wiederum vom **Orient** (Kleinasien) nimmt. Wichtigste Abschnitte der prähistorischen Eisenzeit in Europa: die (nach dem Fundort im Salzkammergut benannte) **Hallstattzeit,**

um 400 die (unter starker Beeinflussung vom griechischen Kolonialgebiet her) in die **La-Tène-Zeit** übergeht (genannt nach dem Fundplatz am Neuenburger See in der Schweiz). Als Träger der La-Tène-Kultur, mit der Alteuropa durch die griechischen und römischen Berichte ins Licht der schriftlich bezeugten Geschichte tritt, erscheinen vornehmlich die indogermanischen **Kelten** (Gallier).

III. Alte Geschichte

Die Geschichte des Altertums umfaßt in der Hauptsache die Zeit vom Beginn der Weltgeschichte bis zur germanischen Völkerwanderung (3000 v. bis 375 n. Chr.). Sie beginnt mit dem Ursprung des Hochkulturdaseins im Vorderen Orient und enthält seine Ausbreitung vor allem nach Westen, nach Griechenland (Hellas) und Rom. In den Perserkriegen sichern die Griechenstaaten die neue „abendländische" Welt gegen den Angriff des Morgenlandes (480 v. Chr.). Durch Alexander d. Gr. und seine Nachfolger wird das Morgenland hellenisiert. Die Römer einigen Italien und errichten nach Besiegung Karthagos und der hellenistischen Mächte sowie nach Überwindung hundertjähriger Bürgerkriege ein Weltreich des Friedens und der Kultur, das auch die wichtigsten Landschaften des alten Orients umfaßt und Westeuropa romanisiert. Nur Germanien hält sich frei, ebenso Irland und Iran.

In Griechenland wird die Geisteskultur durch Philosophie und Wissenschaft auf eine neue Basis gestellt. Die Römerzeit erlebt die zweite Blütezeit der Religion nach der altorientalischen Periode. Das aus dem Judentum entsprossene Christentum setzt sich gegen die übrigen Religionen und gegen die Verfolgungen durch das heidnische Römerreich sieghaft durch. Mit seiner Aufgliederung in die westliche (lateinische) und die östliche (griechische) Kirche ermöglicht es dem im spätrömischen Zeitalter von tiefgreifender Orientalisierung erfaßten Abendland eine Wiedergeburt, die dieses in den Jahrhunderten des Mittelalters und der Neuzeit zu einer zweiten Zeit der Vormacht unter den Völkern und Kulturen der Menschheit führt.

A. Geschichte des alten Orients

In den Stromoasen am unteren Nil und Euphrat–Tigris vollzieht sich der Aufstieg des Menschen zur Hochkultur und damit zu geschichtlicher Existenz. Höhepunkte orientalischer Geschichte bedeuten seitdem die Großreichs-, ja Weltreichsbildungen unter einem kraftvollen, erobernd ausgreifenden Alleinherrschertum („Monarchie"). Das Geistesleben wird ganz von der Religion bestimmt.

Im Morgenland entstehen die Schrift, das Beamtentum und eine erstaunlich leistungsfähige Technik. Der Mensch empfindet sich in der Hauptsache als Untertan. In Zeiten politischer Schwäche werfen sich kriegerische Nomadenvölker zu Herren der Kulturländer auf. In den alten Mittelmeerkreis dringen in mehreren Wellen von Süden die Semiten, von Norden und Osten die Indogermanen ein. Aus der Vielzahl der Völker hebt sich Israel als Volk des Alten Testamentes heraus, dessen „Propheten" seit dem 8. Jh. v. Chr. die Verkündiger des Monotheismus werden.

v. Chr.

1. Die Blütezeit Ägyptens und Babyloniens

5./4. Jtsd. Mit der (wohl durch die fortschreitende Herausbildung des Wüstengürtels der Sahara, Arabiens und Irans veranlaßten) **Urbarmachung der Flußtäler** des Nils **(Ägypten)** sowie des Euphrat und Tigris **(Babylonien)** beginnt die allmähliche Entwicklung der **ältesten geschichtlichen Hochkulturen** im Orient durch die zur Sprachfamilie der Hamiten gehörenden **Ägypter** und die (sprachlich isoliert dastehenden) **Sumerer.** Von ihrer mutmaßlichen Urheimat Arabien aus greifen die Beduinenscharen der **Semiten** in großen Wanderwellen in die Geschichte der alten Kulturzone hinüber und drücken ihr weithin ihren Stempel auf. Erfindung der Schrift.

um 3000 Beginn der Weltgeschichte im alten Orient.

Einführung des **Kalenders** in Ägypten: Sonnenjahr von 365
2769 Tagen. Die Differenz zum Naturjahr von $365^1/_4$ Tagen erzwingt eine Kontrolle durch die „Siriusperiode" von 1460 Jahren (= 1461 bürgerliche Jahre). Das von oberägyptischen Königen („Menes") durch Unterwerfung Unterägyptens begründete **Alte Reich** (Hauptstadt Memphis südlich von Kairo) ist ein bewundernswürdig durchgebildeter, zentralistischer Beamtenstaat. Der König (**„Pharao"** = „das große Haus") regiert als „großer wiedergeborener Gott" unumschränkt. Seine wichtigste Regierungshandlung ist die Erbauung seines riesigen steinernen Grabmals, der **Pyramide,** um die sich die niedrigen Bankgräber (Mastabas) der Großen in geometrisch regelmäßiger Anlage gruppieren. Hochentwickelte Großsteintechnik.

um 2700 Älteste Pyramide die Stufenpyramide von Sakkâra; bedeutendste Pyramiden die der Könige Cheops und Chephren bei Giseh (westlich von Kairo). Hochentwickelter Totenkult. Von dem hohen Stand der materiellen und geistigen Kultur zeugen die hauptsächlich in den Gräbern zu magischen

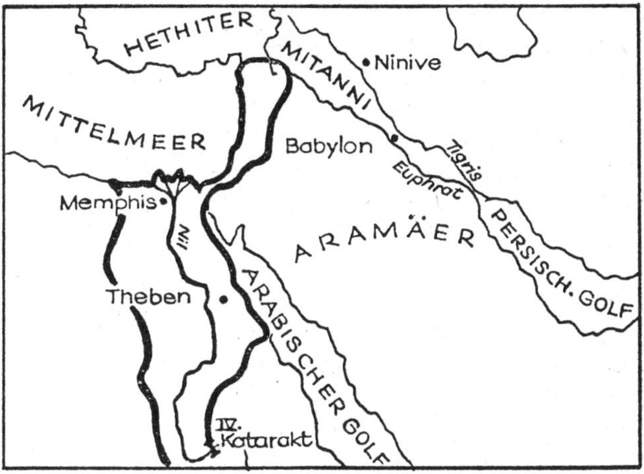

Ägypten, Neues Reich um 1450 v. Chr.

v. Chr.

Zwecken aufgestellten bzw. angebrachten lebensvollen Statuen und Reliefs in streng „geradansichtig-vorstelliger" („vorperspektivischer") Wiedergabe. Durchgebildete, namentlich von Priestern gepflegte Bilderschrift **(Hieroglyphen).** Machtvolles Ausgreifen des Reiches bis zum holzreichen Libanon an der phönizisch-syrischen Küste, nach Nubien und seewärts zur weihrauchliefernden Somaliküste. In der das geistige Leben weithin beherrschenden Religion steht neben den großen menschengestaltigen Göttern (besonders dem Sonnengott Re, Ptah von Memphis, dem Totengott Osiris und seiner Gemahlin Isis u. a.) der urzeitliche Tierkult (Horusfalke, Apisstier u. a.). Frühe Weisheitslehren. Ethisches Ideal. Naturalwirtschaft.

Babylonien zerfällt bei Beginn der Geschichte in zahlreiche Stadtstaaten, die – z. T. in heftigen Kämpfen gegenein-
um ander – nach der Hegemonie streben. Goldreiche Fürsten-
2500 gräber von **Ur:** den bestatteten Fürsten folgt der Hofstaat ins Grab. Anders als in Ägypten geringe Entwicklung des Totenkultes. Hochtempel (Zikkurat) für Götterkulte (Zeugnis für Herkunft der Sumerer aus dem Bergland ?). Weite

v. Chr.

Ausstrahlungen der sumerischen Kultur: Bilderschrift (später zur **„Keilschrift“** entwickelt), Sexagesimalsystem, Gilgameschsage, Leberschau u. a. Mit König Sargon gewinnen die Semiten von Akkad (Nordbabylonien) das Übergewicht; mit seinen Bogenschützen begründet er zum

um Schutz des offen daliegenden Kulturlandes gegen Beduinen
2350 und Bergvölker das **erste Großreich** der Geschichte (vom Mittelmeer bis zum Persischen Golf). Blüte der altbabylonischen Kunst. Handelsverkehr; Silber und Gold als Wertmesser, einheitliches Gewicht- und Maßsystem. Ausbreitung babylonischer Kultur; Fernhandel bis Siebenbürgen (um 2800) und zum Indusland.

um Auflösung des Alten Reiches in Ägypten; Umwandlung in
2150 einen Feudalstaat. Die infolge der Naturalwirtschaft mit Landgütern belohnten Großen werden zu **„Gaufürsten“**, die ihre Gräber in ihrem Heimatgau anlegen und nach einer großen **Revolution** um den Pharaonenthron streiten. Blüte der Literatur. Etwa gleichzeitig in Babylonien Sturz
2169 des Reiches von Akkad durch einen Einfall von Bergvölkern; Fremdherrschaft der **Gutäer;** Wirren.

2. Der alte Orient im 2. Jahrtausend v. Chr.

um
2040 Bald nach 2100 Aufrichtung des **Mittleren Reiches** in Ägyp-
–1786 ten durch die Gaufürsten von Theben (Oberägypten). Er-
seit neute Blütezeit. Wiederherstellung der Königsmacht und
1991 des Beamtenstaates; Wiedergewinnung der ehemaligen Machtstellung an der syrischen Küste und in Nubien (Sesostris-Sage). Verbindungen mit Kreta. Ansiedlung semitischer Stämme im Nilland. Erschließung der Fajjûm-Oase. Ziegelpyramiden der Pharaonen; Obelisken; Grabtempel. Blüte der Kunst. Goldschmiedearbeiten.

um In Babylonien Wiedererhebung des Sumerertums: **Reich**
2060 **von Sumer und Akkad.** Mittelpunkt Ur. Abermaliger Hochstand von Kunst und Kultur. Eingreifen der Fürsten von Elam (östlich des unteren Tigris, Hauptstadt Susa). Neue Semitenscharen im Norden (Assyrien, Mari). Staatensystem. Hochstehende Kunst. Aufstieg der Stadt **Babylon**
1729 (Babel); König **Hammurabi** stellt die politische Einheit
–1686 und Macht Babyloniens wieder her. Die sumerische Sprache stirbt ab und hält sich nur noch als Kultsprache. Gesetzbuch Hammurabis auf einer Dioritstele (später von den Elamitern nach Susa verschleppt).

v. Chr.
seit Ausbreitung der Stämme der **Indogermanen** (Indoeuropäer)
ca. von (unbekannter) nördlicher Heimat her; Eindringen in
2000 die alte Hochkultur. Gleichzeitig mit ihnen geraten nicht-
indogermanische Völkerschaften in Bewegung, so die
nach **Hyksos,** die Syrien erobern und das sich auflösende Mitt-
1700 lere Reich in Ägypten unterwerfen. Die indogermanischen
Hethiter errichten ein Reich in Kleinasien (Hauptstadt
1531 beim heutigen Boghazköy) und plündern Babylon; nach
ihrem Abzug gerät Babylonien unter die mehrhundert-
jährige Fremdherrschaft der aus den Bergländern einge-
brochenen indogermanisierten Kassiten. In Turkestan er-
heben sich die ostindogermanischen **Arier,** die sich später
in Inder und Iranier trennen, zu bedeutender Stellung.
Arische Scharen gründen in Obermesopotamien, wo zeit-
weilig die semitischen Assyrer herrschten, das Reich Mitanni
und vermitteln von dort aus der Alten Welt die Kenntnis des
von Pferden gezogenen Streitwagens (der sich nach Europa,
Indien und China verbreitet). Der neue **Kriegeradel** der
Streitwagenkämpfer gibt allen Staatsgebilden der Alten
Welt ein verändertes Gesicht. **Bronzezeit.** (Vgl. S. 58f.)
Erhebung Ägyptens gegen die Hyksos: Aufrichtung des
1552 kriegsmächtigen **Neuen Reiches.** Hauptstadt **Theben**
(Reichstempel des Gottes Ammon-Re beim heutigen Kar-
1490 nak). **Thutmosis III.** macht Nubien bis zum 4. Katarakt
–1436 und Syrien bis zum Euphrat zu ägyptischen Provinzen.
Hohe materielle und geistige Blüte. Rege internationale
Beziehungen bis nach Kreta und zur **Ägäis.** Monumentale
Göttertempel; Felsengräber der Pharaonen bei Theben.
1364 Amenophis IV. **(Echnaton),** Gemahl der Nofretête, sucht
–1347 in einer gewaltsamen monotheistischen Reform den Kult
der Sonnenscheibe (Aton) an die Stelle der Ammonsver-
ehrung und der übrigen Kulte zu setzen (neue Residenz
bei **Tell el-Amarna** in Mittelägypten). Zusammenbruch
der ägyptischen Machtstellung in Syrien; Eingreifen der
Hethiter. Die Gegenbewegung von Priesterschaft und
um Militär führt unter dem schwachen (durch Auffindung
1340 seines goldreichen Grabes 1922 bekannt gewordenen) Kö-
nig Tutanchamun, dem Schwiegersohn des Reformers, zur
1290 Wiederherstellung der alten Verhältnisse. **Ramses II.** sucht
–1224 vergeblich die Hethiter aus Syrien zu vertreiben, muß
schließlich in eine Teilung der Vormachtstellung einwilligen.
Riesige Bautätigkeit: Säulensaal von Karnak, Felsentempel
von Abusimbel. Frondienst Israels in Gosen beim Städte-
bau.

v. Chr.
1177 Erstarrung und Niedergang des Neuen Reiches. Ramses III. wehrt die illyrischen **„Seevölker“** zu Wasser und zu Lande ab, die das Hethiterreich gestürzt und Syrien gebrandschatzt haben. Einige ihrer Stämme, vor allem die **Philister** (nach ihnen Kanaan in „Palästina“ umbenannt), siedeln sich in der ehemaligen ägyptischen Machtsphäre an. Andere (Etrusker, Sikuler, Sarden) setzen sich im Westen des Mittelmeeres fest, wo Etrurien (Toskana), Sizilien und Sardinien nach ihnen benannt werden. **Eisenzeit.** – Landschenkungen an die Ammonspriesterschaft. „Gottesstaat“ (Theokratie) des Ammon in Oberägypten. Entstehung einer Krieger- und einer Priesterkaste. Das Land gerät unter wechselnde **Fremdherrschaften** der libyschen Söldner (945), Äthiopier (712), Assyrer (671), Perser (525), Makedonen (332), Römer (30 v. Chr.), Araber (641 n. Chr.).

um 1200 –445

3. Die Welt des Alten Testamentes

Mit dem Verschwinden der Großreiche löst sich die altorientalische Welt für mehrere Jahrhunderte in Mittel- und Kleinstaaten auf. Die Städte der **Phönizier,** vor allem Sidon und Tyros, werden zu Trägern des Handels im Mittelmeerraum. Sie entsenden Kolonien bis über die Straße von
um 1100 Gibraltar hinaus. Ihre bedeutendsten Gründungen sind
814 Gades (Cádiz) und Utica, später **Karthago.** Außer den Erzeugnissen ihres Kunstgewerbes vermitteln die phönizischen
um 900 Seefahrer das von ihnen durch Vereinfachung der Bilderschrift entwickelte **„Alphabet“** den Griechen. In Syrien hat die neue semitische Wanderwelle der **Aramäer** zur Errichtung zahlreicher Kleinfürstentümer geführt. Zu den Aramäern gehören im Osten die Chaldäer, die sich in Südbabylonien niederlassen, im Westen die **Israel**stämme, die, durch das Gesetz **Mose** zum **Volk Jahwes** zusammengefaßt, vom gebirgigen Osten her allmählich gegen das von den kriegerischen Philistern beherrschte Fruchtland Kanaan vordringen („Richterzeit“).

um 1000 Errichtung eines Königtums in Israel gegen die Philisternot. **Saul,** von Samuel gesalbt, wird erster König. Niederlage und Tod Sauls im Kampf gegen die Philister am Berg Gilboa. Sein tatkräftiger Nachfolger **David faßt** die zwölf Stämme Israels zu einem machtvollen Staatswesen zusammen, das sich die Nachbarstämme weithin unterwirft und die Macht der Philister bricht. Hauptstadt wird

v. Chr.
Jerusalem. Davids prachtliebender Sohn und Nachfolger **Salomo** hält Freundschaft mit König Hiram I. v. Tyros, dessen Bauleute den Tempel in Jerusalem erbauen helfen.
um Nach dem Tode Salomos **Zerfall** des Reiches: Israel (zehn
930 Stämme) mit der Hauptstadt Sichem (später nach **Samaria** verlegt), Juda mit Jerusalem. Wechselvolle Kämpfe beider gegeneinander und gegen die Aramäerfürsten von Damaskus. Ausbreitung und Bekämpfung des phönizischen Baalskultes (Propheten Elias und Elisa).

Seit 883 **Neubelebung der Weltreichsidee** durch die **Assyrer.** Grausame Eroberungszüge der Könige Assurnasirpal II. und Salmanassar III. bis nach Syrien und Babylonien. Voll-
seit endung des Großreiches durch Tiglatpilesar III. und seine
746 Nachfolger. Rücksichtslose **Deportation** der Oberschicht unterworfener Völker. Mahnrufe der **Propheten** in Israel und Juda: Amos, Hosea, **Jesaja.** Predigt von Jahwe als dem einzigen Gott und dem von ihm über sein abtrünniges Volk verhängten Strafgericht: Durchbruch des **Mono-**
721 **theismus. Eroberung Samarias** durch Sargon II. v. Assyrien: Ende des Reiches Israel. Verschleppung der Bewohner in
671 die assyrische Gefangenschaft. Eroberung Ägyptens durch die Assyrer. Blüte des Assyrerreiches, in das fast sämtliche Länder des alten Morgenlandes eingegliedert sind, unter
669 König Assurbanipal (Sardanapal). Einrichtung einer ge-
–627 waltigen Tontafelbibliothek in der Hauptstadt **Ninive** am Tigris (unweit Mossuls). Blüte der assyrischen Kunst, besonders der Reliefplastik. Bedrückung der Untertanenvölker.

Verschiebung der Machtverhältnisse in Vorderasien. Die von der Religion **Zarathustras** (um 1000 ?) zum Kampf für den lichten Gott Ormuzd, die Verkörperung des guten Prinzips in Welt und Menschenleben, gegen seinen finsteren Gegenspieler Ahriman, den Vertreter des Bösen, begeisterten arisch-iranischen **Meder** errichten ein bedeutendes Reich in Iran. Im Bund mit den Chaldäern von Babylon bekriegt der Mederkönig Kyaxares das Assyrerreich. Völlige **Zerstörung**
612 **Ninives;** Untergang des Assyrerreiches. Die (durch König Psammetich I. um 655 mit Hilfe Gyges' v. Lydien von der assyrischen Herrschaft befreiten) Ägypter brechen unter Necho II. erobernd in Syrien ein, werden aber bei Karke-
605 misch am Euphrat von den Chaldäern unter Nebukadnezar geschlagen. Ägypten muß sich auf das Niltal (bis Assuan) beschränken. Necho läßt einen Kanal vom Roten Meer zum

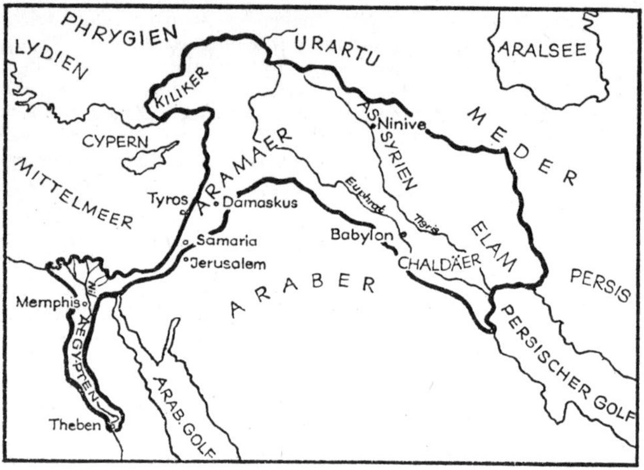

Das Assyrerreich um 670 v. Chr.

v. Chr.

Nil graben und durch phönizische Seeleute Afrika umsegeln. Residenz Sais im westlichen Delta.

605 –562 Blüte des Chaldäischen (Neubabylonischen) Reiches unter **Nebukadnezar. Zerstörung Jerusalems:** Untergang des Reiches Juda. Wegführung der Juden in das „**Babylonische**

586 **Exil**". Der Prophet **Jeremia.** Ausbau Babylons zur größten Stadt der Welt; Hochtempel des Stadtgottes Marduk; riesige Befestigungsanlagen. Chaldäische Astrologie (Sterndeuterei). Nebukadnezar vermittelt Frieden zwischen Me-

585 dern und Lydern; Vorderasien zerfällt nunmehr in ein System von Großstaaten, die sich machtmäßig die Waage halten. Rege **westöstliche Beziehungen:** Freundschaft der Lyderkönige mit dem Orakel von Delphi in Mittelgriechen-

570 –526 land, des Pharao Amasis mit dem griechischen Tyrannen Polykrates v. Samos.

550 Sturz des Mederkönigs Astyages durch den Perserfürsten **Kyros** (Cyrus). Aufrichtung des **Perserreiches,** das in noch erheblich größerem Umfang als das gewaltige Assyrerreich die Länder des alten Orients zusammenschließt: Kyros er-

546 obert nach Gefangennahme des Königs **Krösos** in Sardes

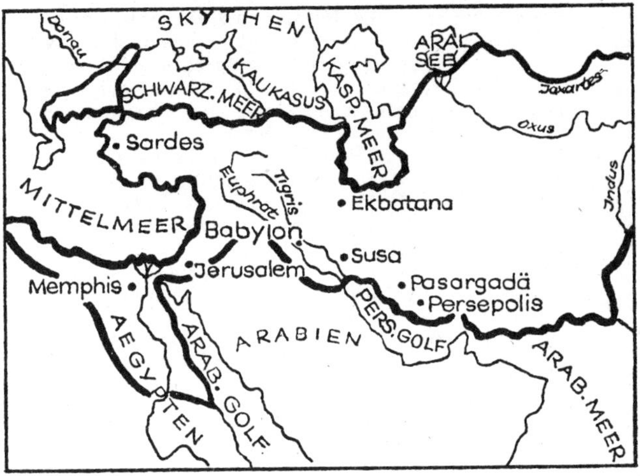

Das Perserreich um 480 v. Chr.

v. Chr.
539 das Lyderreich, gewinnt Babylon und herrscht bis an die
529 Grenzen Indiens, wo er im Kampf gegen die Skythen (Massageten) fällt. Grab bei Pasargadä. Sein Sohn Kambyses
525 erobert Ägypten. Gegen ihn erhebt sich der Magier Gaumata, der sich als Kambyses' Bruder Smerdis ausgibt. Auf
521 dem Zug gegen ihn stirbt Kambyses. **Darius** (Dareios), Sohn
–485 des Hystaspes aus einer Nebenlinie des persischen Königshauses der Achämeniden, stürzt den Usurpator, gewinnt den Thron und wirft Aufstände in den östlichen Provinzen nieder. Er ordnet dann das vom Indus bis zur Cyrenaika sich erstreckende Reich neu durch Einteilung in 20 Statthalterschaften **(Satrapien)**, Neuorganisation des Geldwesens (Name des Goldstückes: Dareikos), Aufrichtung der absoluten Monarchie mit orientalischem Zeremoniell. Überwachungsbeamte bei den Satrapen. Hauptstädte: Susa, Persepolis, Ekbatana und Babylon. Königsstraße von Susa nach Sardes. Sprache für Handel und Verkehr wird das Aramäische. Humanes Regiment des von der Religion Zarathustras erfüllten Neugründers des Weltreiches. Den Juden wird die bereits 538 von Kyros erteilte Erlaubnis

v. Chr.

zur Rückkehr in die Heimat und zur Erneuerung des
515 salomonischen Tempels bestätigt. **Tempelweihe in Jerusalem.** – Reform der Gemeinde durch den Priester **Esra**
445 unter Mitwirkung des Statthalters Nehemia aufgrund des Pentateuchs. Absonderung der neuen jüdischen Gemeinde von den Samaritanern **(Samaritern).**

512 Mißglückter Zug des Darius über den Bosporus und die untere Donau gegen die Skythen Südrußlands. Ausdehnung des persischen Machtbereichs auf europäischen Boden. – Blüte der an die assyrisch-babylonische anknüpfenden persischen Kunst. Mit den Kriegen gegen die Griechen unter Darius I. und seinem Sohn Xerxes (485–465) beginnt der Rückgang des Reiches. 330 wird es von Alexander d. Gr. vernichtet. Eine späte Wiedergeburt erlebt es im **Neupersischen Reich** der Sassaniden (226–651 n. Chr.) mit der Hauptstadt Ktesiphon am Tigris (vgl. S. 52).

B. Griechische Geschichte

In Griechenland erwächst, von Süden nach Norden fortschreitend, die erste spezifisch europäische Hochkultur. Sie strebt dem Ideal der Freiheit zu und will den Menschen als selbstverantwortlichen Bürger. Dementsprechend sucht sie ihre politische Verwirklichung nicht im Großreich, sondern im sogenannten Stadtstaat (griech. Polis; daher „Politik"). Der Mensch tritt in den Mittelpunkt des Lebens, auch in der bildenden Kunst. Mit der Ausweitung der griechischen Kultur zur antiken Weltkultur seit Alexander d. Gr. halten der Gedanke des Weltreichs und mit ihm die Monarchie Einzug in das Abendland. Das Griechentum zerreibt sich an seinen Aufgaben, innerlich wie äußerlich; seine Erben werden die Römer.

1. Anfänge der griechischen Geschichte

Aus der Begegnung der einwandernden indogermanischen Griechenvölker mit der vom Orient befruchteten altmittelländischen Kultur Kretas bildet sich in jahrhundertelanger Entwicklung die zunächst an der Peripherie der Weltgeschichte bleibende griechische Welt heraus, bis sie seit dem 8. Jh. v. Chr. kolonisierend auf die Mittelmeerküsten und Schwarzmeerküsten hinausgreift. Am Ende dieses Zeitalters erscheinen die Träger der späteren Geschichte Griechenlands: Sparta und Athen.

v. Chr.

a) Troja – Kreta – Mykenä

Kleinasien und die Balkanhalbinsel mit den Inseln des Ägäischen Meeres sind die Brücke, auf der den Völkern Europas mit der Vermittlung altorientalischer Kulturgüter die Anfänge historischen Lebens gebracht werden. Vom Orient stammt u. a. die Kenntnis des Getreideanbaues und der Metalle, des Kupfers, der Bronze, des Eisens, ferner die Steinbaukunst, der Typus des rechteckigen Wohnhauses mit Vorhalle (griechisch: Megaron), die Stadt als Siedlungsform, Waffentypen, schließlich das Alphabet.

3. Jtsd. Älteste Burgen von **Troja** (Hügel Hissarlik, entdeckt 1871 von Heinrich Schliemann) am Hellespont (den Dardanellen): Troja I mit Megaronhäusern, vor allem das goldreiche,

um 2500 in einer gewaltigen Feuersbrunst zugrunde gegangene Troja II (historisches Vorbild der Sage vom Trojanischen Krieg ?). Anfänge einer höheren Kultur auf der Insel **Kreta** (nach dem sagenhaften König Minos als „minoische" Kultur bezeichnet). Reich verzierte, farbenfrohe Keramik (nach dem Fundort Kamaresvasen genannt). Beziehungen zum Mittleren Reich in Ägypten. Eigenartige, verwirrend vielgestaltige, unbefestigte Palastanlagen (Sage vom Labyrinth) in **Knossos,** Phaistos u. a. Eigenständige, noch nicht entzifferte Schrift („Linear A").

um 1700 Erdbeben. Zerstörung und Neubau der kretischen Paläste. Höhepunkt der minoischen Kultur. Blüte der Kunst und des meisterhaft entwickelten Kunsthandwerks; lebhaft bewegter, „naturalistischer" Stil. Fehlen jeglicher Monumentalität. Kretische Gesandte am Pharaonenhof des Neuen Reiches. Naturreligion, heilige Bezirke und Bäume, Prozessionen und Stierspiele, Vorherrschen weiblicher Gottheiten. Ausstrahlungen kretischer Kultur auf das Festland.

um 1700 Einwanderung der Stämme und Völkerschaften der indogermanischen **Frühgriechen.** Ausgreifen bis Kreta und

16. Jh. Cypern. **Schachtgräber von Mykenä** (in der Argolis) mit reichen Goldbeigaben in minoischem Stil. Verschmelzung der Einwohner mit der den Kleinasiaten urverwandten vorindogermanischen Bevölkerung; Übernahme und Assimilierung vorgriechischer Gottheiten: Athena, Hera, Leto, Aphrodite, Artemis, Apollo, Hephaistos u. a. Übernahme

um 1400 der kretischen Schrift („Linear B"). Zweite und endgültige Zerstörung der Palaststädte Kretas: Ende der minoischen

um 1300 Kultur. Blüte der frühgriechischen, von Kreta befruchteten **„mykenischen" Kultur.** Kriegerischer Charakter: Streitwagentaktik; gewaltige **Burganlagen** von Mykenä (Löwentor) und Tiryns. Monumentale Baukunst. **Kuppelgräber** („Schatzhaus des Atreus“ in Mykenä u. a.) für Kult des toten Herrschers. – Vorrangstellung des Königs von Mykenä (vgl. Agamemnon bei Homer). Rege Beziehungen zum Orient; Verbindungen mit Sizilien und dem nördlichen Europa (u. a. **Bernsteinhandel**). Burg VI/VIIA von Troja; mykenische Fürstensitze auf der Akropolis von Athen, in Pylos, Orchomenos (Böotien), Iolkos (Thessalien) u. a.

b) Geburt und Ausbreitung des Hellenentums

um Wanderzüge der illyrischen **„Seevölker“** im Mittelmeer. Un-
1200 tergang der mykenischen Kultur, Zerstörung von Troja
VIIA. Verschwinden der frühen Schrift (außer auf Cypern).
Die illyrischen Eroberer, die rasch mit der vorgefundenen
griechischen Bevölkerung verschmelzen, gründen in der
dorischen Peloponnes neue Staaten: Argos, Sparta, Korinth
u. a. (sog. **Dorische Wanderung**). Auch in der ägäischen
Welt setzt wie im Orient ein Zeitalter des **Kleinstaates** ein.
Aus der lebendigen mykenischen Ornamentik entwickelt
um sich allmählich der strenge „geometrische“ Vasenstil des
900 „griechischen Mittelalters“. Eisenzeit. Vorrang des kriege-
rischen **Adels.** Leichenspiele. Religion der **olympischen**
Götter. Orakel von Dodona, **Delphi** u. a. Heldenepen, gip-
felnd in den Gesängen des **Homer** (Ilias und Odyssee er-
halten geblieben). Besiedlung der Westküste Kleinasiens:
„Äolis“ mit Smyrna und Lesbos, **„Ionien“** mit Milet,
Ephesus und den Inseln Chios und Samos, „Doris“ mit
Halikarnassos, Knidos und den Inseln Rhodos und Kos.
Dorisierung Kretas. – Entstehung des Stadtstaates **(Polis).**
Niedergang des griechischen Mittelalters. Fehdewesen, Wir-
ren, Willkür der Adligen, Ruf nach Gerechtigkeit und Ord-
um nung. Dichtung des Böotiers Hesiod (Götterlehre; Lob der
800 Landarbeit).

Heraufkommen eines **neuen Zeitalters** seit dem 8. Jh. Kriegsflotten aus Dreiruderern (Trieren).

776 Beginn der Olympiaden: die **Olympischen Spiele** werden alle 4 Jahre beim Heiligtum des Götterkönigs Zeus in Olympia (in der Landschaft Elis) gefeiert. Zu ihnen treten die Isthmischen (bei Korinth), Nemeischen (bei Nemea, südlich von Korinth) und die Pythischen (in Delphi) Spiele. Gesetzgebung **Lykurgs** im dorischen **Sparta,** erwachsen aus der neuen Taktik eines Massenaufgebotes von schwerbewaff-

Alt-Griechenland um 500 v. Chr.

v. Chr.

netem, diszipliniertem Fußvolk (sog. **Phalanx** = „Walze"), dem die einzeln fechtenden Helden der Zeit Homers erliegen. Das politische Leben wird allein im Mittelpunkt Sparta konzentriert, von dessen Vollbürgerschaft, den **Spartiaten,** das neugestaltete Kriegswesen getragen wird. Über dem adligen Standesvorrecht erhebt sich die **Idee des Staates,** der von gleichgestellten Bürgern verkörpert wird. Neben das erbliche Doppelkönigtum treten als Garanten
seit der neuen Ordnung 5 alljährlich gewählte **Ephoren** als Ver-
754 treter der Bürgerschaft. Den Königen stehen 28 Geronten als „Rat der Alten" (Gerusia) zur Seite. Der Kreis der Spartiaten bleibt beschränkt auf die Schicht, die begütert genug ist, sich das (vor allem der militärischen Durchbildung gewidmete) Gemeinschaftsleben in Sparta mit seinen gemeinsamen Mahlzeiten (Syssitien) usw. leisten zu können. Die spartiatische Jugend wird von Staats wegen einer harten vormilitärischen Erziehung unterworfen. Die in der Eurotasebene gelegenen Landgüter der spartiatischen Aristokratie werden von politisch rechtlosen, an die Scholle gebundenen Staatssklaven, den **Heloten,** bewirtschaftet. Die Umwohner Spartas (Perioiken), die Handel und Gewerbe treiben dürfen, sind vom Vollbürgerrecht ausge-

v. Chr.
schlossen, haben Abgaben zu zahlen und müssen Kriegsdienste leisten. Eisengeld. Unterwerfung des dorischen
um **Messenien** durch die Spartiaten nach 20jährigen Kämpfen
720 (1. Messenischer Krieg). Die besiegten Messenier werden zu Heloten gemacht. Im 7. Jh. scheitert ihre von anderen Peloponnesiern unterstützte Erhebung nach anfänglichen Erfolgen an der von den Liedern des Sängers Tyrtaios begeisterten Entschlossenheit und Überlegenheit der Spartaner (2. Messenischer Krieg).

um Zeitalter der **griechischen Kolonisation.** Die meisten Küsten
750 des Mittelmeeres und Schwarzen Meeres bedecken sich mit
–550 griechischen Pflanzstädten. Sizilien und Unteritalien werden Bestandteile der griechischen Welt. Verdrängung des phönizischen Handels; nur Karthago und sein Einflußgebiet im westlichen Mittelmeer behaupten sich. Wichtigste griechische Gründungen: **Syrakus, Tarent, Byzanz, Massilia** (Marseille), **Kyrene.** Aufkommen des Hellenennamens; Abgrenzung gegenüber den „Barbaren". Blütezeit Ioniens, vor allem **Milets.** Lockere Abhängigkeit vom Lyderreich.

Wandlungen auf dem Gebiet des Wirtschaftslebens: Aufkommen der Geldwirtschaft mit Erfindung der **Münze** in Lydien. Verschuldung weiter Kreise des Bauerntums.
seit **Schuldknechtschaft, Sklavenhandel.** Erschütterungen in
etwa den Seestaaten, wo ehrgeizige Adlige im Kampf gegen ihre
650 Standesgenossen sich an der Spitze der Unzufriedenen zu **„Tyrannen"** erheben. Freundschaftliche Beziehungen zu
um orientalischen Fürsten (z. B. des Tyrannen Polykrates v. Sa-
530 mos zum ägyptischen Pharao Amasis, s. S. 14).
In Opposition zum Umsichgreifen der Tyrannis streben adlige **Gesetzgeber** die Errichtung eines **Rechtsstaates** freier **Bürger** an. Die Ermordung des Tyrannen wird zur sittlichen Pflicht erhoben und belohnt wie der Sieg zu Olympia.

Umwälzungen auf geistigem Gebiet: Aufschwung des rauschhaften Kultes des Weingottes **Dionysos** (Bacchus), aus dem im 6. Jh. v. Chr. die neuen Dichtungsgattungen **Komödie** und **Tragödie** erwachsen; Mysterien (Geheimkulte) der Erdgöttin Demeter (lat. Ceres) in **Eleusis** (in Attika) mit dem Ziel des Zutritts zum Weiterleben nach dem Tode im „Elysium"; Kult des **Apollo von Delphi** mit der Forderung nach Maßhalten und Reinheit und mit der Orakelerteilung. Einrichtung der Pythischen Spiele in Del-
582/1 phi. In Ionien wird die **Philosophie** geboren; Thales v. Milet
585 sagt die Sonnenfinsternis vom 28. Mai 585 voraus. Bedeu-

v. Chr.

tendste Vertreter in der Frühzeit: Pythagoras, Xenophanes, Heraklit, Parmenides, Empedokles.

Seit etwa 740 Zeitalter des sog. orientalisierenden Stils in der Kunst als Ausdruck erneuter Begegnung zwischen Abendland und Morgenland. Entstehung einer steinernen Monumentalkunst **(Tempelbau, Statuenplastik)** im Isthmusgebiet und in Ionien. **Erwachen der Persönlichkeit** in Kunst, Staat (Tyrannen und Gesetzgeber), Dichtung **(Lyrik:** Archilochos, Sappho, Alkaios, Tyrtaios v. Sparta, Solon v. Athen, Stesichoros, Ibykos, Anakreon), Geistesleben (sog. **7 Weise;** Philosophen).

c) Aufstieg Athens und Spartas

In **Athen,** wo seit dem 7. Jh. v. Chr. der Adel das König-
683 tum zu einem Jahramt (Archontat) herabgedrückt hat, wirkt sich die neue Wirtschaftskrise besonders schlimm aus. Der Versuch Kylons, sich zum Tyrannen zu machen, scheitert, wobei die adligen Alkmäoniden grausam gegen seine Anhänger wüten.
621 Drakon erläßt Gesetze von „drakonischer" Strenge, die die
594 Krise nicht beheben. Erst mit dem Archontat **Solons** erfolgt ein Wandel durch Schuldenerlaß (Seisachtheia) mit Loskauf der versklavten Bauern und eine umfassende Gesetzgebung. Mit der Einführung der Phalanxtaktik (s. S. 19) tritt an die Stelle der alten Gliederung nach Geburtsständen eine Einteilung der Bürgerschaft in 4 Vermögensklassen (Timokratie): 500scheffler, Ritter, Zeugiten (Fußvolk), Theten. Nur aus der ersten Klasse können die 9 Archonten gewählt werden. Als Ausschuß der Volksversammlung (Ekklesia) führt der Rat der 400 die Staatsgeschäfte. Die Staatsaufsicht führt der Staatsgerichtshof des **Areopags** (gewesene Archonten). – Solon wird von der Nachwelt dem Kreis der „7 Weisen" zugezählt. Seine Gesetze bleiben in Kraft, als sich der ehrgeizige **Peisistratos** in
560 Athen zum **Tyrannen** macht. Blüte der „archaischen"
–527 Plastik und Vasenmalerei. Geburt der **Tragödie** in Athen
534 (Thespis). Weitreichende Handelsverbindungen (Etrurien, Südrußland). Zurückdrängung des Adels, Förderung der Bauern.

um **Sparta** begründet den **Peloponnesischen Bund,** dem alle
550 Staaten der Peloponnes außer Argos und Achaia angehören, und wird zur **Vormacht Griechenlands.** Zusammenwirken mit Delphi gegen die Tyrannis.

v. Chr.
545 Unterwerfung Ioniens durch die Perser, die die verhältnismäßig milde lydische Oberhoheit durch eine straffere Herrschaft ablösen.

Gegen die Söhne des Peisistratos, Hippias und Hipparch, die die Entpolitisierung des attischen Volkes zugunsten des Tyrannenregimes fortführen, erhebt sich die adlige Oppo-
514 sition: Ermordung Hipparchs durch Harmodios und Aristo-
510 geiton. **Vertreibung des Hippias** mit Spartas Hilfe. Kleisthenes aus dem Alkmäonidenhause stellt die **Demokratie** wieder her. Die Lohnarbeiter (Theten) der 4. Klasse erhalten 508/07 Zutritt zur Volksversammlung (Ekklesia) und zum Geschworenengericht (Heliaia). Ersetzung der adligen Geschlechterverbände durch 10 geographisch gegliederte Phylen; Rat der 500. Persönlichkeiten, die sich des Strebens nach der Tyrannis verdächtig machen, können durch das **Scherbengericht** (Ostrakismos) in ehrenvoller Verbannung auf 10 Jahre des Landes verwiesen werden. Der attische Volksstaat wird zur maßgeblichen Macht in Mittelgriechenland.

um
500–338

2. Die Blütezeit Griechenlands

Der Ausdehnungsdrang des persischen Weltreichs vom Osten her und die Handelseifersucht Karthagos gegen das Griechentum im Westen führen zu einem großen kriegerischen Zusammenstoß zwischen Morgenland und Abendland, aus dem die griechische Welt siegreich hervorgeht. Das nun heraufziehende Zeitalter der hellenischen Klassik legt den Grund für die europäische Hochkultur aller folgenden Zeiten. Das zur bedeutendsten Seemacht gewordene Athen tritt geistig und politisch an die Spitze des Griechentums und erlebt den Höhepunkt seiner Weltgeltung unter Perikles. Die Überspannung des attischen Machtstrebens führt zu scharfer Rivalität mit den ehemals führenden Staaten (Korinth, Sparta) und im 27jährigen „Peloponnesischen Krieg" zum selbstverschuldeten Zusammenbruch der Vormachtstellung Athens sowie zur erneuten Einmischung Persiens in die griechischen Verhältnisse.

Während die attische Kultur (trotz Athens Niederlage 404 v. Chr.) in ganz Hellas tonangebend wird und eine zweite Blütezeit der Klassik (die des sog. schönen Stils, verkörpert in den anmutigen Statuen des Praxiteles, den heroisch-pathetischen des Leochares, Skopas, Lysipp u. a.) heraufführt, spitzen sich die politischen Verhältnisse der griechischen Welt infolge des Anwachsens der Bevölkerung und infolge der Kriege um Freiheit und Autonomie gefähr-

lich zu. Die Schwäche des Perserreichs ist seit dem „Zug der 10000“ 401 allen offenbar geworden. Griechische Söldner führen seine Kriege, griechische Kultur greift nach Asien hinüber (um 350 „Mausoleum“ für den Fürsten Maussolos v. Karien in Halikarnassos).

Die hellenischen Mächte erschöpfen sich im Kampf zwischen Gewalt und Freiheit. Der attische Redner Isokrates fordert seit 380 die Hellenenstaaten und 346 Philipp v. Makedonien zur Eroberung des Perserreiches auf, um den sich zerreibenden Kräften Griechenlands ein neues Betätigungsfeld zu verschaffen. Schließlich gewinnt die makedonische Monarchie die Herrschaft in Hellas.

v. Chr.
500–448 **a) Zeitalter der Perserkriege**

500 –494 **Ionischer Aufstand** gegen die Perserherrschaft (Urheber: die Tyrannen Histiaios und Aristagoras von Milet). Die Athener senden den Ioniern eine Flottenabteilung zu Hilfe. Die Erhebung scheitert an der Übermacht des Riesenreiches.

495 Seesieg der Perser bei der Insel Lade vor Milet; Zerstörung
494 Milets.

493 **Themistokles** Archon in Athen. Plan des Baues einer modernen **Flotte** zur Abwehr des drohenden persischen Vergeltungszuges. Der **Piräus** wird Hafen Athens.

492 Sommer Zug des Perserfeldherrn Mardonios gegen Hellas. Unterwerfung Makedoniens. Die Flotte scheitert am Vorgebirge Athos (auf der Halbinsel Chalkidike). Umkehr der Perser.

490 See-Expedition der Perser unter Datis und Artaphernes gegen Athen. Sieg der Athener unter Miltiades bei **Marathon.**

485 Tod Darius' I. **Xerxes** persischer König. Rüstungen gegen Hellas. Unter ihrem Eindruck gelingt Themistokles die
482 **Durchführung des Flottenbaues.** Indem er die Theten als Ruderer zur Flotte heranzieht und ihnen damit die Vollbürgerrechte verschafft, stärkt er die Stellung der **Demokratie** erheblich. Sparta billigt seinen Plan, die Abwehr der Perser auf die See zu verlegen und den Krieg zu Lande nur defensiv zu führen. Bund des Xerxes mit Karthago.

480 Aug. Heldentod des Spartanerkönigs **Leonidas** und seiner 300 Spartiaten am **Thermopylenpaß.** Xerxes läßt Athen verbrennen. Die griechische Flotte unter dem Spartaner Eurybiades und dem Athener Themistokles erringt den entschei-
Sept. denden **Seesieg bei Salamis,** durch den der Perserkönig zu eiliger Rückkehr nach Asien genötigt wird. Die mit den Persern verbündeten Karthager werden vom Tyrannen Gelon v. Syrakus bei **Himera** besiegt. Das in Griechenland

v. Chr.
zurückgelassene Perserheer wird von den verbündeten Hel-
479 lenen unter dem Spartaner Pausanias bei **Platää** geschlagen. Die griechische Flotte befreit nach ihrem Sieg beim Vorgebirge Mykale (gegenüber Samos) die Griechen Ioniens von der persischen Herrschaft. Hochverrat des Pausanias in Byzanz, Hinrichtung in Sparta.
477 Gründung des Attisch-Delischen **Seebundes** (der Athener Aristides, „der Gerechte") zur Fortführung des Perserkrieges. Mittelpunkt: das Apolloheiligtum von Delos. Bundesfeldherr: der spartafreundliche Kimon, Sohn des Miltiades. See- und Landsieg an der Mündung des Flüßchens Eurymedon in Pamphylien (an der kleinasiatischen Südküste). Verbannung und Flucht des (mit Kimon verfeindeten) Themistokles zu den Persern (gest. bald nach 465). Blütezeit der Dichtung: die Chorlyriker Simonides und **Pindar,** der Tragiker **Aischylos** von Athen. Der Maler Poly-
464 gnot. Erdbeben in Sparta; Erhebung der Messenier. Auf Spartas Bitte wird ein attisches Hilfsheer unter Kimon nach Messenien entsandt. In Athen setzen Kimons Gegner Ephialtes und Perikles Reformen durch, die die **Vollendung der Demokratie** bedeuten, vor allem die Beseitigung der Staatsaufsicht durch den Areopag. Als darauf die Spartaner das Hilfskorps Kimons zurücksenden, wird Kimon durch
461 das Scherbengericht verbannt. Darauf löst Perikles das Bündnis mit Sparta. Es kommt zu kriegerischen Verwicklungen Athens mit den Peloponnesiern und Böotiern, in deren Verlauf Perikles durch den Bau der **Langen Mauern** zum Piräus Athen zu Lande unangreifbar zu machen vermag. Die gegen die Perser in Ägypten operierende Bundes-
454 flotte wird vernichtet. Verlegung der Bundeskasse von Delos nach Athen. Der aus der Verbannung zurückgekehrte Kimon stirbt auf dem Vergeltungszug gegen Persien auf Cypern. Darauf entschließt sich Perikles zu einem Abkommen mit dem Großkönig, durch das die Ionier zwar nicht rechtlich, aber tatsächlich der persischen Oberhoheit
448 entzogen werden: **Ende der Perserkriege** (Kallias-Friede).

448–431 b) Zeitalter des Perikles

Athen ist politischer und geistig-kultureller Mittelpunkt der damaligen Welt geworden. Die **Demokratie** erlebt hier ihre klassische Entfaltung und wird zur **herrschenden Staatsform** fast im gesamten Bereich der griechischen Hochkultur. Die von ihrer Hände Arbeit lebenden Schichten erhalten

v. Chr.
durch Einführung bescheidener „Diäten“ (= Tagegelder) die Möglichkeit, ohne Verdienstausfall ihre politischen Rechte – vor allem im Geschworenengericht – auszuüben und die dramatischen Aufführungen im Theater zu besuchen.

447 Beginn der Erbauung des Parthenons auf der zum Heiligtum umgestalteten **Akropolis.** In ihm wird **Phidias'** Goldelfenbeinbild der Stadtgöttin Athena aufgestellt.

446 **30jähriger Friede** zwischen Athen und Sparta: Sparta erhält die Hegemonie zu Lande, Athen die (viel wesentlichere) zur See. Umgestaltung des hellenischen Seebundes zum Attischen **Seereich.** Südrußland mit seinen griechischen Kolonien wird zur Kornkammer Athens, die Sicherung der Meerengen zur Lebensfrage der athenischen Politik.

443 **Perikles** triumphiert durch das Scherbengericht endgültig über seine oligarchischen Gegner und wird 15mal alljährlich zum Feldherrn (Strategen) wiedergewählt. Der attische Staat ist nach dem Ausspruch des Geschichtsschreibers Thukydides „seinem Namen entsprechend eine Demokratie (= Volksherrschaft), in Wirklichkeit aber die Herrschaft des ersten Mannes“. Trotz aller Kritik besteht zutiefst eine Harmonie zwischen Volk und Staatslenker, der ganz im Dienst am Wohl Athens aufgeht. Die Wohlhabenden tragen durch freiwillige Leistungen (**„Liturgien“**) den größten Teil der Staatslasten. Die **Sklaverei** spielt eine untergeordnete Rolle und bestimmt in keiner Weise das Gesicht der Gesellschaft. Die Religion behauptet die führende Stellung im Geistesleben.

Wirken der Tragiker **Sophokles** und **Euripides,** der Geschichtsschreiber **Herodot** und **Thukydides,** der Philosophen Anaxagoras, Protagoras und **Sokrates,** des Arztes Hippokrates. Kultur der Menschlichkeit (lat.: **humanitas),** gegründet auf die Idee der **Freiheit** in allen Lebensbereichen.

444 Perikles gründet die Pflanzstadt Thurii in Unteritalien (an der Stätte des 510 durch Kroton zerstörten reichen Sybaris), segelt mit der attischen Flotte ins Schwarze Meer, wirft die
441 aufrührerische Insel Samos mit Waffengewalt nieder und
–439 gründet unweit der Nordküste des Ägäischen Meeres Amphipolis. Das Attische Seereich wird zu einem einheitlichen Wirtschafts-, Münz- und Rechtsgebiet. „Kleruchen“-Siedlungen auf bundesgenössischem Boden in der Ägäis sichern die Herrschaftsstellung Athens. Die Bündner haben Tribut-

v. Chr.

zahlungen an die herrschende und sie schützende Seemacht zu leisten. Der künstlerische Ausbau der **Akropolis** (Propyläen, Parthenon), für den diese Gelder nur in ganz geringem Umfang herangezogen werden, bedeutet für die attische Bevölkerung zugleich eine großzügige Arbeitsbeschaffung.

c) Ausgang der hellenischen Geschichte

431–404 **Peloponnesischer Krieg zwischen Athen und Sparta.** **Ursache:** Sparta verschmerzt den Verlust seiner einstigen unumstrittenen Vormachtstellung nicht; Korinth, Megara und die übrigen Handelsstaaten sehen im Attischen Seereich eine ständig steigende und schließlich zu tödlicher Bedrohung anwachsende Konkurrenz. Perikles sucht den Krieg nicht, weicht ihm aber auch nicht aus.

Anlaß: Eingreifen Athens in einen bewaffneten Konflikt Korinths mit seiner Kolonie Korkyra (Korfu); Einmischung
433 Korinths in einen Konflikt zwischen Athen und der korinthischen Pflanzstadt Potidäa auf der Chalkidike. Der Peloponnesische Bund beschließt in Sparta gegen die Warnung
432 des Königs Archidamos den Krieg. Theben und Delphi stehen auf seiten Spartas.

Der „Peloponnesische Krieg" spielt sich in **3 Phasen** ab: 1) Archidamischer Krieg 431–421 (benannt nach Archidamos), 2) Sizilischer Krieg 415–413, 3) Dekeleischer Krieg 413–404 (benannt nach Dekeleia).

Perikles gewinnt die Athener für einen überwiegend defensiven Kriegsplan: Ermattungsstrategie, gestützt auf die Verteidigung zu Lande hinter den uneinnehmbaren „Langen Mauern" und auf die große finanzielle Überlegenheit; Flottenangriffe auf die peloponnesischen Küsten als Antwort auf die verwüstenden Einfälle der peloponnesischen Bundesarmee in Attika.

429 **Pest** in Athen; **Tod des Perikles.** Seine Nachfolger in der Stellung als Volksführer („Demagoge"), besonders der Großhändler **Kleon,** lassen die erforderliche Mäßigung und
427 Staatsweisheit vermissen. Grausame Ahndung des Abfalls der Stadt Mytilene auf Lesbos. Opposition der attischen Komödie (Aristophanes) gegen Kleon. Auswirkungen der von den **Sophisten** verkündeten neuen Moral, die an die Stelle des Rechtes Gewalt setzt.

425 Die Athener besetzen Pylos an der messenischen Küste und die vorgelagerte Insel Sphakteria. Kleon weist ein spartani-

v. Chr.
sches Friedensangebot zurück. Darauf gewinnt der Spartaner Brasidas Amphipolis, Athens wichtigsten Stützpunkt im Norden des Ägäischen Meeres. Bei dem Versuch, ihn
422 zurückzuerobern, fällt Kleon; auch Brasidas findet den
421 Tod. **Friede des Nikias:** Wiederherstellung des vor Kriegsausbruch herrschenden Zustandes. **Übergewicht Athens.** Opposition des in sophistischem Geiste geschulten **Alkibiades,** der mit Hilfe kriegerischer Erfolge die Führung im Staat gewinnen will, gegen Nikias. Bund Athens mit Argos. Wirren in der Peloponnes.

418 Sieg der Spartaner bei Mantinea über Argiver und Athener.
417 Alkibiades weiß sich dem Scherbengericht zu entziehen (letzter Ostrakismos) und treibt Athen in einen **Kriegszug**
415 **nach Sizilien** gegen Syrakus. Obwohl es Alkibiades' poli-
–413 tischen Gegnern gelingt, ihn unter Ausnutzung der allgemeinen Tyrannenfurcht zu stürzen, wird die Belagerung von Syrakus unter Nikias begonnen. Alkibiades flüchtet nach Sparta, erreicht dort die Entsendung des Gylippos nach Syrakus, der die Verteidigung erfolgreich leitet.

413 Wiederausbruch des Krieges in Griechenland. Besetzung der Festung Dekeleia bei Athen durch die Spartaner.
Herbst **Katastrophe** der attischen Flotte und des attischen Heeres auf Sizilien. Hinrichtung des Nikias in Syrakus.

412 Alkibiades gewinnt für Sparta zum Zweck des Seekrieges gegen das Attische Reich die **Hilfe Persiens** gegen Preisgabe Ioniens. In dem verängstigten Athen vermögen die oligarchischen Gegner der Demokratie die Macht zu ge-
411 winnen **(Staatsstreich der 400).** Ihr Versuch, mit Sparta zum Frieden zu kommen, scheitert. Zwist zwischen Alkibiades und den Spartanern; **Wiederherstellung der Demokratie** in Athen, auf deren Seite sich Alkibiades schlägt.
410 Er besiegt die Spartaner bei Kyzikos und kehrt triumphie-
408 rend in seine Vaterstadt zurück, wird aber nach der Niederlage seines Unterfeldherrn bei Notion in Ionien gegen den
407 Spartaner **Lysander** erneut vertrieben.

406 Seeschlacht bei den **Arginusen:** letzter Seesieg Athens. Der **Prozeß** gegen die siegreichen Feldherren offenbart die Umwandlung der attischen Demokratie in eine Pöbelherrschaft (Ochlokratie). Opposition des Philosophen Sokrates.

405 Lysander vernichtet die attische Flotte bei **Aigospotamoi** am Hellespont; Einschließung Athens zu Wasser und zu
404 Lande. **Kapitulation Athens.** Niederreißung der „Langen Mauern“, Auflösung des Attischen Seereiches, Abschaffung

v. Chr.

der Demokratie. Einsetzung der **30 Tyrannen.** Ihr Schrek-
403 kensregiment wird bald von **Thrasybul** gestürzt, der die Demokratie in Athen wiederherstellt.

401/0 Versuch des Perserprinzen Kyros d. J., mit 13000 griechischen Söldnern seinen Bruder Artaxerxes II. vom Thron zu stürzen. Kyros' Tod bei Kunaxa unweit Babylons läßt das Unternehmen scheitern. **„Zug der 10000"** unter **Xenophon** nach Trapezunt. Schwäche Persiens.

405 **Dionys I.,** Tyrann von Syrakus, wehrt erneute Angriffe der
–367 Karthager ab und dehnt seine Macht bis nach Unteritalien, Korsika und zur Adria aus.

399 **Sokrates** in Athen ungerechterweise durch Gift **hingerichtet.** Sein Schüler **Plato,** Begründer der Philosophenschule in der „Akademie", verzweifelt an der Möglichkeit einer Gesundung des politischen Lebens und entwirft den **Idealstaat,** der die historisch gewachsenen Staaten im Namen der Gerechtigkeit ersetzen soll.

399 Ausbruch des Krieges zwischen Sparta und Persien wegen
396 der **Freiheit Ioniens.** Der Spartanerkönig Agesilaos operiert
–395 glücklich in Kleinasien. Die Mißstimmung der Griechen gegen das spartanische Gewaltregiment nach Athens Sturz
395 ermöglicht es den Persern, in Griechenland den „Korinthi-
–386 schen Krieg" gegen Sparta zu erregen. Lysander fällt bei Haliartos gegen die Thebaner (395).

394 Seesieg des Atheners Konon und des persischen Satrapen Pharnabazos bei Knidos über die spartanische Flotte. Wiederherstellung der „Langen Mauern" Athens. Der aus Asien zurückgerufene Agesilaos siegt bei Koronea in Böotien. Auf
389 den Versuch Thrasybuls hin, das Attische Seereich wieder-
–388 herzustellen, nähert sich der Großkönig allmählich wieder Sparta (Vermittler: der spartanische Gesandte Antalkidas).

386 **„Königsfriede":** Ionien wird den Persern preisgegeben, allen Hellenenstaaten die Freiheit zugesichert. Sparta, durch Freundschaft mit Persien und Dionys I. gedeckt, mißbraucht die Freiheitsidee zur Schwächung seiner Rivalen, ohne daran zu denken, selber die Messenier freizugeben.

382 Überrumpelung der Burg von Theben **(Kadmea)** durch
379 die Spartaner. Der Thebaner Pelopidas befreit mit athe-
378/7 nischer Hilfe Theben. 2. Seebund Athens; Beseitigung der spartanischen Seemacht. Der Sieg des Thebaners **Epami-**
371 **nondas** bei **Leuktra** mit Hilfe seiner „schiefen Schlachtordnung" zerstört die spartanische Vormachtstellung in

v. Chr.

Griechenland. Befreiung Messeniens. Thebanische Hegemonie in Hellas.

362 Tod des Epaminondas in der Schlacht bei Mantinea; Ende der thebanischen Hegemonie.

359 König **Philipp II. v. Makedonien** führt sein Reich zur Vor-
–336 machtstellung in Europa empor. Er benutzt Athens Schwächung durch den Abfall der mächtigsten Mitglieder des
357 Seebundes (sog. Bundesgenossenkrieg) zur Gewinnung von
–355 Amphipolis (357) und Olynth (348). Opposition des attischen Redners **Demosthenes** gegen die Makedonenfreunde (Isokrates, Aischines).

346 Philipp, zum Schutz Delphis nach Griechenland gerufen, beendet siegreich den „Heiligen Krieg" gegen die Phoker.

338 Niederlage der Athener und Thebaner gegen Philipp bei **Chäronea.** Philipp wird in Korinth zum Oberfeldherrn für den beschlossenen gesamthellenischen Krieg gegen das
336 Perserreich ernannt, aber in Makedonien ermordet.

Fortdauer der Blüte von Kultur und Kunst: die Philosophen **Plato, Aristoteles,** Demokrit (Atomistik), die Redner Lysias, Isokrates, **Demosthenes,** die Bildhauer **Praxiteles** und Skopas.

338–30 3. Das Zeitalter des Hellenismus

Der Siegeszug Alexanders d. Gr. führt ein erstes Zeitalter abendländischer Weltherrschaft herauf. Es ist die „moderne" Zeit der griechischen Kultur („Hellenismus"), die sich damals zur Weltkultur ausweitet. Die Ausmünzung der Perserschätze durch Alexander führt eine materielle und wirtschaftliche Blüte herauf. – Weltstädte, Welthandel und Weltverkehr, Kosmopolitismus und Individualismus geben dieser Periode das Gepräge. Das Griechische wird Weltsprache, in der u. a. auch die Schriften des Neuen Testaments abgefaßt sind. Die politische Einheit dieser Welt im Alexanderreich zerfällt in den Diadochenkriegen. Die Rivalität zwischen den Monarchien einerseits, zwischen Großstaat und Kleinstaat (Rhodos, Pergamon) andererseits nimmt an Schärfe ständig zu. Hand in Hand damit geht eine ständig steigende Gefährdung der Humanität. Der Gegensatz zwischen arm und reich führt – namentlich in Griechenland – zu blutigen Entladungen. Die Massen, unbefriedigt vom skeptisch-irreligiösen Charakter der neuen Weltzivilisation, wenden sich allmählich den orientalischen Religionen zu. Die Hereinziehung Roms in die Auseinandersetzungen zwischen den hellenistischen Mächten führt deren Zusammenbruch herbei. Das

Zeitalter der römischen Bürgerkriege stürzt den hellenistischen Osten in eine schwere Krise, die erst mit der Aufrichtung des römischen Weltreichs durch Kaiser Augustus ihr Ende findet.

v. Chr. **a) Hellenisierung des Orients durch Alexander d. Gr.**

336 **Alexander d. Gr.,** Philipps Sohn, erzogen von Platos Schüler
Aristoteles, sichert die makedonische Vormachtstellung in
Hellas durch Zerstörung des aufrührerischen Theben und
335 vollführt den seinem Vater in Korinth gegebenen Auftrag
der Hellenen.

334 **Rachekrieg gegen Persien.** Alexanders kühner Plan, die
–330 überlegene persische Flotte durch rasche Wegnahme ihrer
Häfen vom Lande her lahmzulegen und zur Auflösung zu
bringen, wird tatkräftig und umsichtig verwirklicht. Sieg
334 am Granikos (Fluß in Mysien), Befreiung Ioniens, Lösung
333 des „Gordischen Knotens“. Sieg über Darius III. bei **Issos**
332 (in Kilikien). Eroberung der Inselfestung Tyros.

Besetzung Ägyptens, Gründung von **Alexandria.** Alexander wird vom Ammonsorakel in der **Oase Siwa** zum Sohn des höchsten Gottes, des Zeus Ammon, erklärt.

331 Sieg bei **Gaugamela** (nahe bei Ninive). Einzug in die persischen Residenzen. Verbrennung des Xerxespalastes in Persepolis als Symbol der Vergeltung für die Verbrennung Athens 480 v. Chr. Abschluß des Rachekrieges.

330 Entlassung der griechischen Bundestruppen in Ekbatana. Vollendung der Eroberung des Perserreichs. Überschreitung des Hindukusch (Paropamisos), Unterwerfung Baktriens. Zug bis zum Jaxartes (Syr-darja).

327/5 **Zug nach Indien.** Sieg am Hydaspes über König Poros.
Umkehr am Hyphasis infolge Meuterei der Truppen. Zug
den Indus abwärts; Rückmarsch durch die Wüste von
324 Gedrosien (Belutschistan). **Massenhochzeit** zwischen Makedonen und Orientalinnen in Susa als Symbol der von Alexander verfolgten Verschmelzungspolitik. Eine Meuterei der Veteranen in Opis wird erstickt. Alexander verlangt und erhält von den Griechenstaaten seine Aufnahme unter die Staatsgötter **(Gottkönigtum),** um das Odium der Tyrannis zu vermeiden. Aus seinem Vorhaben, die Welteroberung durch Unterwerfung des Westens zu vollenden, wird er,
323 noch nicht 33 Jahre alt, in Babylon durch den **Tod** heraus-
13. Juni gerissen. – Der Bildhauer Lysipp, der Maler Apelles.

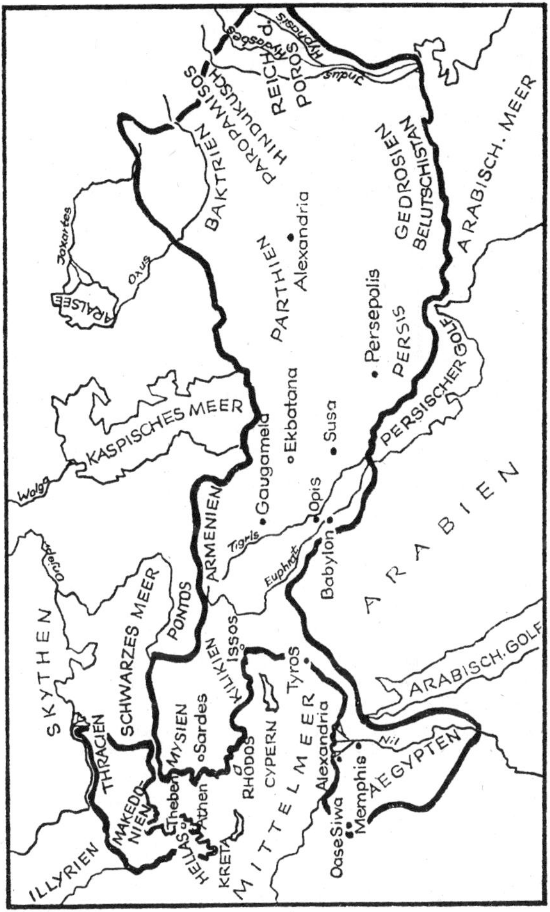

Das Weltreich Alexanders des Großen

v. Chr.

b) Blütezeit des Hellenismus

322 Unterdrückung einer Erhebung Griechenlands (unter Athens Führung) gegen Makedonien (Lamischer Krieg). Flucht und Selbstmord des Demosthenes.
Die von Alexander begonnene **Hellenisierung des Morgenlandes** wird unter seinen Marschällen, die infolge Fehlens eines Thronfolgers selbst danach streben, Nachfolger (**„Diadochen“**) des Weltherrschers zu werden, unbeschadet ihrer Machtkämpfe fortgesetzt: Zeitalter des **Hellenismus.** Einströmen griechischer Siedler nach Asien. Auswirkungen griechischer Kunst auf Indien (Buddhastatuen).

301 Niederlage des greisen Antigonos gegen Seleukos und Lysimachos und sein Tod bei **Ipsos** in Phrygien. Auflösung des Alexanderreichs in einzelne Königsherrschaften. Die bedeutendsten sind das Reich der **Ptolemäer** in Ägypten (Hauptstadt Alexandria), das Reich der **Seleukiden** in Vorderasien (Hauptstädte: Antiochia in Syrien, Seleukia am Tigris), das Reich der **Antigoniden** in Makedonien (Hauptstadt Pella). **Blüte der Wissenschaft** im „Museion“ von Alexandria: der Astronom Aristarch v. Samos, der Geograph Eratosthenes, die Mathematiker Apollonios v. Perge, Euklid u. a. **Bibliothek von Alexandria. Leuchtturm Pharos.** Alexandria wird Mittelpunkt des **Welthandels,** Athen bleibt Pflanzstätte der Philosophie: Schulen der **Akademiker, Peripatetiker, Epikureer** und **Stoiker.**

262 Athen wird vom Makedonenkönig Antigonos Gonatas un-
229 terworfen. Später gewinnt es seine Selbständigkeit zurück mit Hilfe des in der Peloponnes (Achaia) konstituierten **Achäischen Bundes** (Aratos). Ständige Rivalität der Achäer mit dem in Mittelgriechenland dominierenden **Ätolischen Bund.**

247 Errichtung des **Partherreichs** in Iran (Dynastie der Arsakiden). In Kleinasien Emporwachsen des Reichs der Atta-
um liden von **Pergamon** nach Besiegung der (seit 278 über die
230 Balkanhalbinsel eingewanderten) keltischen **Galater.** Siegesmonument: der **Pergamonaltar.** Die Inselstadt **Rhodos** wird zur bedeutendsten Seemacht in der Ägäis.

c) Niedergang des Hellenismus

223 Der Seleukide **Antiochos III.** d. Gr. vermag seine Herr-
–187 schaft wieder bis an die Grenze Indiens vorzuschieben. Sein Bündnis mit **Philipp V.** v. Makedonien zur Aufteilung

v. Chr.

der auswärtigen Besitzungen des schwach gewordenen Ptolemäerreiches ruft den Widerstand der Rhodier, Pergamener und Athener hervor und veranlaßt die von ihnen zu Hilfe gerufenen **Römer** zum Eingreifen im Osten.

197 Niederlage Philipps V. bei **Kynoskephalä** in Thessalien; Griechenland wird für frei erklärt.

190 Niederlage Antiochos' d. Gr. bei **Magnesia;** Abtretung ganz Kleinasiens an Pergamon.

168 Untergang Makedoniens durch die Niederlage bei **Pydna;** Rom zwingt den Seleukidenkönig Antiochos IV. Epiphanes, Ägypten zu räumen, und unterstützt die von ihm unterdrückten und sich gegen ihn erhebenden jüdischen **Makkabäer** in Palästina. Verschleppung von 1000 achäischen Geiseln nach Rom (unter ihnen der Geschichtsschreiber Poly-

148 bios). Makedonien wird römische Provinz.

146 Niederwerfung des Achäischen Bundes; **Korinth zerstört.** Griechenland wird als Achaia römisches Herrschaftsgebiet.

133 Attalos III. hinterläßt das Reich Pergamon testamentarisch den Römern; es wird römische **Provinz Asia.**

129 Sieg der Parther über den Seleukiden Antiochos VII.; Rückgang der griechischen Weltstellung im Osten. Vordringen des **Orientalismus.** Hauptstadt Ktesiphon am Tigris.

63 Nach dem Tode Mithridates' VI. werden sein Königreich Pontos und das auf Syrien beschränkte Seleukidenreich römische Provinzen (Provinzen Pontus und Syria).

30 Selbstmord der letzten Ptolemäerin **Kleopatra** (VII.) in Alexandria. Ägypten römische Provinz.

C. Römische Geschichte

Die in Griechenland glanzvoll eröffnete abendländische Antike erlebt durch den Aufstieg des römischen Stadtstaates am Tiber einen zweiten Höhepunkt. Nach der Unterwerfung Italiens und der angrenzenden Meere vermag Rom die ganze Mittelmeerwelt unter seine Botmäßigkeit zu bringen und die Grenzen der antiken Kulturwelt bis zum Atlantischen Ozean, zur Nordsee und zu den Karpaten vorzuschieben. Im Osten bringt es die orientalische Gegenoffensive gegen den einstigen Siegeszug des Hellenismus am Euphrat zum Stehen. Kaiser Augustus gelingt es, ein Weltreich des Friedens zu errichten, das fast zwei Jahrhunderte hindurch Bestand hat. In ihm werden die Fundamente für das spätere romanisch-germanische Europa gelegt, dessen verbindende Sprache Latein wird. Das römische Recht gewinnt vorbildlichen Charakter. Die römische Geschichte im eigentlichen Sinn endet mit dem verzweifelten Bemühen der „Soldatenkaiser", die andrängenden Germanen und Neuperser abzuwehren und das sinkende Heidentum durch systematische Verfolgung des aufstrebenden Christentums zu stützen. Mit dem Sieg des Christentums, der Verlegung der Residenz nach Konstantinopel durch Konstantin d. Gr. und der germanischen Völkerwanderung setzt der Übergang zur Geschichte des Byzantinischen Reiches ein, das noch über ein Jahrtausend lang besteht (bis 1453).

1. Ältere römische Geschichte

Aus etruskischen Anfängen ringt sich nach Vertreibung der Könige mit dem ausgehenden 6. Jh. v. Chr. der latinische Stadtstaat Rom zu eigenartiger politischer Form durch, die mit der (ungeschriebenen) republikanisch-demokratischen Verfassung die Vorzüge der Monarchie (Amtsgewalt der Magistrate) und Aristokratie (tatsächliche Leitung der Politik durch den aus ehemaligen hohen Beamten zusammengesetzten „Senat") zu verbinden weiß. Im Kampf zunächst gegen die Etrusker, dann gegen Gallier und Samniten gewinnt Rom die Herrschaft über Mittelitalien, während gleichzeitig im Innern die Kraft des Staates durch Hereinnahme der Plebejer gesteigert wird. Mit der Abwehr des Königs Pyrrhos von Epirus und der Eingliederung Tarents gerät auch der Süden der Apenninenhalbinsel unter römische Herrschaft.

v. Chr.

a) Zeitalter der Könige

753 (Sagenhaftes Datum der) **Gründung Roms** von Alba Longa aus, dem alten Mittelpunkt der zu der ältesten Gruppe der indogermanischen Italiker gehörenden **Latiner.** Angeblicher Gründer und erster König Romulus, Sohn des Kriegsgottes Mars und der Rhea Silvia, Abkömmling des Trojanerhelden Aeneas. Er erschlägt der Sage nach seinen Bruder Remus und verschafft seinen Siedlern Frauen durch den Raub der Sabinerinnen.

753–510 **Rom unter Königen,** deren wirkliche Geschichte ganz von der Sage überwuchert ist. Angebliche Herrscherfolge: Romulus, Numa Pompilius (Ordner des Gottesdienstes mit den Priesterkollegien der Pontifices, Auguren, Salier, Vestalinnen usw.), Tullus Hostilius (zerstört nach dem Sieg der 3 Horatier über die 3 Curiatier Alba Longa), Ancus Marcius (gründet die Hafenstadt Ostia), Tarquinius Priscus (wandert aus Etrurien ein, erbaut u. a. den Circus Maximus und die Kloaken), Servius Tullius (erbaut angeblich die Ringmauer um die Stadt der Sieben Hügel und führt die Centuriats-

v. Chr.

verfassung mit militärischer Einteilung der Bürgerschaft in fünf Vermögensklassen und 193 Hundertschaften oder Centurien ein), Tarquinius Superbus (übermütiger Despot; Erwerb der Weissagungssammlung der Sibyllinischen Bücher; Frevel des Königssohnes Sextus Tarquinius an der keuschen Lucretia).

Alt-Italien um 350 v. Chr.

v. Chr.

b) Aufstieg der römischen Republik

Vertreibung des (etruskischen) Königshauses der Tarquinier (angeblicher Führer des Volksaufstandes: L. Iunius Brutus).

um 510 **Rom wird Republik.** Der starke etruskische Kultureinfluß bleibt. Krieg des Etruskerkönigs **Porsenna** gegen Rom, umrankt von Sagen (Horatius Cocles, Mucius Scaevola, Cloelia), die die Niederlage verdecken sollen. Porsennas Söhne scheitern im Kampf gegen die Latiner und die Griechen von Kyme (Cumae, Sitz der Sibylle, an der Küste Kampaniens); Rom erhält alsbald seine Freiheit wieder. Weihung des Jupitertempels auf der Burg (Kapitol).

509 Erster Handelsvertrag mit Karthago.

um 494 ? Ausbruch der sog. **„Ständekämpfe“** (bis 287 v. Chr.) um die Hereinnahme der **„Plebejer“** in den bislang allein vom stadtrömischen Geburtsadel der **„Patrizier“** getragenen Staat. Angeblich erste Sezession der Plebs, die damit die Errichtung einer eigenen Bürgerversammlung, der Tributkomitien, neben den Centuriatkomitien erreicht; ihre Vorsteher, die **Volkstribunen** (in späterer Zeit 10, auf 1 Jahr gewählt), erhalten das **Vetorecht** gegen Beschlüsse des Senats und sind selber während ihrer Amtsdauer unverletzlich (sakrosankt). Sage vom Patrizier Marcius Coriolanus, der Roms Feinde, die Volsker, gegen seine Vaterstadt führt, um das Tribunat zu stürzen, aber von Mutter und Gattin zur Umkehr bestimmt wird.

um 493 Bündnis Roms mit den Latinerstädten auf der Grundlage voller Gleichberechtigung (foedus aequum).

477 Katastrophe des römischen Adelsgeschlechtes der Fabier am Bach Cremera im Kampf gegen die mächtige Etruskerstadt Veji.

451 Aufzeichnung des Rechtes der Zwölf Tafeln durch die Zehnmänner (Decemvirn). Fortgang der inneren Unruhen (Erzählung von dem ungerechten Gericht des App. Claudius über Verginia).

um 445 Rechtliche Sanktionierung von Ehen zwischen Patriziern und Plebejern (lex Canuleia).

um 443 Einsetzung der beiden Censoren für die Vermögensschätzung (census) der Bürger und die Aufstellung der Listen für die Aushebung zum Kriegsdienst; Aufsicht über den Senat und die Sitten; Fürsorge für die öffentlichen Bauten.

um 396 Eroberung Vejis durch M. Furius Camillus. Niedergang der (einst über den größten Teil der Apenninenhalbinsel von Kampanien bis zum Po-Gebiet ausgebreiteten) Etruskermacht.

v. Chr.

c) Eroberung Italiens durch Rom

387 Einbruch der **Gallier** in Oberitalien; Zusammenbruch der etruskischen Herrschaft im Po-Gebiet. Vorstoß einer Gallierschar bis nach Rom. Niederlage der Römer an der **Allia;** Rom wird von den Galliern verbrannt bis auf das von M. Manlius verteidigte Kapitol (Sage von den heiligen Gänsen). Durch die Gesetze der Tribunen C. Licinius Stolo
367 und L. Sextius Lateranus wird das höchste Staatsamt, das Jahramt des **Konsulats, den Plebejern zugänglich** gemacht. Allmählich stehen alle Staatsämter den Plebejern offen (bis 300 v. Chr.). Anstelle des Geburtsadels des Patriziats bildet sich der neue **Amtsadel** der Nobilität. Der von den beiden Konsuln, die zum Zeichen ihrer Amtsgewalt von Henkern (Liktoren) mit Rutenbündeln und Beilen (fasces) begleitet sind, zu seinen Sitzungen in der Curia berufene **Senat,** der sich vornehmlich aus ehemaligen höheren Beamten (besonders den „Konsularen") zusammensetzt, wird durch Gewohnheitsrecht und Tradition zur leitenden politischen Körperschaft. Bau der „Servianischen" Mauer.

seit 350 **Aufstieg Roms zur Herrschaft über Italien** im Kampf gegen Latiner und Samniten.

340–338 **Niederwerfung der Latiner;** Auflösung des Latinerbundes, Einzelverträge der Gemeinden mit Rom. Anschluß Capuas und eines großen Teiles der reichen Landschaft Kampanien an Rom. Friede mit den Galliern.

326–304 Großer (2.) **Samnitenkrieg** wegen des Anschlusses der von den kräftig um sich greifenden Samniten bedrängten kampanischen Griechenstadt Neapel an Rom. Römische
321 Niederlagen gegen die Aufgebote der Samniten in den Cau-
315 dinischen Engen und bei Lautulae. Abwehr der Etrusker, **Einkreisung** der Samniten durch Bündnisse mit den Apulern u. a. und durch Errichtung von Stützpunkten im Rücken der Gegner (Luceria). Übernahme der aufgelösten Fechtweise der Samniten in Manipeln mit Wurfspeer (pilum) durch die römischen Legionen. Schwert Hauptwaffe.

298 Ausbruch des letzten (3.) Samnitenkrieges. Entscheidungsschlacht über die **Herrschaft in Italien** bei
295 **Sentinum:** Die mit den Galliern in Umbrien vereinte letzte Samnitenarmee erliegt den Römern (der Konsul P. Decius Mus weiht sich und das feindliche Heer den unterirdischen Göttern und sucht zur Erfüllung des Gelübdes den Schlachtentod, der als Zeichen göttlicher Entgegennahme des Opfers die Römer ermutigt).

v. Chr.

291 Gründung der Kolonie Venusia in Samnium.

290 Der Konsul M'. Curius Dentatus vollendet die Unterwerfung der Samniten.

289 Adria (Hadria) am Adriatischen Meer wird römische Kolonie.

287 **Lex Hortensia:** nach Sezession der Plebs erhalten die Beschlüsse ihrer Tributkomitien **(Plebiszite) Gesetzeskraft** gleich denen der Centuriatkomitien. **Ende der Ständekämpfe.**

285 Sena Gallica (im ager Gallicus) als Stützpunkt gegen gallische Einfälle gegründet. Unterwerfung der Etrusker.

282 Krieg Roms gegen Tarent. König **Pyrrhos** von Epirus wird
–272 von den Tarentinern zu Hilfe gerufen und bringt durch seine
Siege bei Heraclea und Ausculum Rom in große Bedrängnis.
Verhandlungen seines Gesandten Kineas scheitern an der
Unnachgiebigkeit des blinden Konsulars App. Claudius,
des Erbauers der via Appia von Rom nach Capua (später
bis Brundisium = Brindisi verlängert). **Karthago tritt auf**
279 **Roms Seite,** lenkt Pyrrhos nach Sizilien ab. Das herrische
Auftreten des Königs und sein abenteuerndes, sprunghaftes
Wesen bringen ihn dort in Konflikt mit seinen griechischen
Verbündeten. Pyrrhos' Angriff auf das Heer des M'. Curius
275 Dentatus in Unteritalien (angeblich bei Benevent) scheitert.
Rückkehr des Königs nach Griechenland; er fällt im
272 Straßenkampf in Argos. **Tarent ergibt sich den Römern.**
Freundschaft Roms mit dem Ptolemäerreich in Ägypten.
Die Apenninenhalbinsel, unter Rom politisch zusammengefaßt, erhält den (ursprünglich nur am Südzipfel haftenden) Namen **„Italien“.**

2. Die Errichtung der römischen Weltherrschaft

Der Zwang, Italiens langgestreckte, gegen Invasion schwer zu verteidigende Küsten durch Kontrolle der angrenzenden Meere dauerhaft zu sichern, führt zum Konflikt zwischen den bis dahin befreundeten Römern und Karthagern, der nach drei „Punischen Kriegen“ mit der Zerstörung Karthagos endet. Rom, zur bedeutendsten Macht des westlichen Mittelmeeres emporgestiegen, sieht sich in die Kämpfe der hellenistischen Mächte im Osten hineingezogen. Schon um die Mitte des 2. Jhs. v. Chr. ist die Tiberstadt Herrin der antiken Welt. Die drohende völlige Entwurzelung des Bauerntums Italiens infolge seiner ständigen Beanspruchung durch die unaufhörlichen Kriege, dazu die Notwendigkeit des Umbaus der republikanischen Gemeindeverfassung zu einem mehr oder weniger monarchistischen Reichsregiment führen zu einem Jahrhundert verheerender

Bürgerkriege. Die Italiker ertrotzen das römische Bürgerrecht. Seeräuber machen das Meer unsicher und werden die besten Lieferanten für den Sklavenhandel der römischen Latifundienbesitzer. Mit Pompeius' Neuordnung des Ostens, Caesars Eroberung Galliens und der Einziehung Ägyptens durch Octavian (den späteren Kaiser Augustus) triumphiert das „persönliche Regiment“ über die entnervte Senatsoligarchie. Die antike Menschheit erhält im Imperium Romanum eine neue, endgültige politische Form und vermag die furchtbare Krise auf allen Lebensgebieten zu überstehen. Römischer Geist und römische Kultur wachsen über ihre nationalen Schranken zur Menschheitskultur auf und treten am Ende dieser Periode das Erbe der griechischen Klassik und Humanität an.

v. Chr.

264–201 **a) Zeitalter der Punischen Kriege**

Hilferuf der Mamertiner (ehemaliger kampanischer Söldner der Syrakusaner) in Messana an Römer und Karthager gegen König Hieron II. v. Syrakus.

264 Ausbruch des Krieges zwischen Rom und Karthago:
–241 **1. Punischer Krieg.** Übertritt Hierons zu Rom. Bau einer
römischen Flotte von Fünfruderern (Penteren) mit Enter-
260 brücken. Seesieg des C. Duilius bei Mylä an der Nordküste
256 Siziliens. Römischer Seesieg am Vorgebirge Eknomos; Lan-
dung des Konsuls M. Atilius **Regulus** in Nordafrika. Schei-
255 tern der römischen Expedition durch den Sieg der Kar-
thager bei Tunes (der Söldnerführer Xanthippos aus
Sparta). Erneute Konzentration des Krieges auf Sizilien.
251 Sieg der Römer bei Panormus (Palermo); Seesieg der Kar-
249 thager bei Drepana. **Hamilkar** Barkas behauptet sich in
241 Westsizilien gegen römische Angriffe. Seesieg der Römer
unter C. Lutatius Catulus bei den Ägatischen Inseln. Frie-
densschluß. **Sizilien** (außer Syrakus) wird erste **römische**
Provinz. Söldneraufstand in Nordafrika; Karthagos Be-
238 drängnis von Rom zur **Annexion Sardiniens** ausgenutzt.
Das Tyrrhenische Meer unter römischer Kontrolle. **Ende der Seemacht Karthagos.**

236 Hamilkar schafft Karthago in **Spanien** Ersatz für das Ver-
227 lorene. Hasdrubal setzt sein Werk fort durch Gründung
von **Neu-Karthago** (Cartagena).

228 Die Römer besetzen nach Abwehr der illyrischen Seeräuber die albanische Küste.

225–222 Unterwerfung des Po-Gebietes (Gallia cisalpina).

221 Nach Ermordung Hasdrubals wird Hamilkars Sohn **Hanni-**

Scipionen und Gracchen

P. Cornelius Scipio, † 211
- P. Cornelius Scipio Africanus maior, † 183
  - P. Cornelius Scipio, adoptiert: P. Cornelius Scipio Aemilianus Africanus minor Numantinus, † 129 (Sohn d. Siegers v. Pydna, L. Aemilius Paullus)
  - Cornelia ∞ Tib. Sempronius Gracchus
    - Sempronia
    - Tib. Sempronius Gracchus, † 133
    - C. Sempronius Gracchus, † 121
- L. Cornelius Scipio Asiaticus

v. Chr.

bal zum Führer der Armee in Spanien erhoben. Mit der
Eroberung der mit Rom verbündeten ostspanischen Stadt
219 Sagunt (bei Valencia) zwingt er Karthago den Rachekrieg
218–201 gegen Rom auf: **2. Punischer Krieg.**

218 **Zug Hannibals** über die Pyrenäen und Alpen **nach Italien.** Siege am Ticinus (über P. Cornelius Scipio) und an der Trebia (über Tib. Sempronius Longus). Anschluß der oberitalienischen Gallier an Hannibal.

217 Vernichtung des C. Flaminius in der Schlacht am **Trasimenischen See.** Schrecken in Rom. Q. Fabius Maximus Cunctator (der „Zauderer“) wird zum Diktator berufen. Hannibal zieht nach Kampanien und Apulien.

216 **Sieg Hannibals bei Cannae** über die beiden Konsuln C. Terentius Varro und L. Aemilius Paullus; letzterer fällt. **Abfall Capuas** und Unteritaliens von Rom; Winterquartiere Hannibals in Capua. Rom weist Verhandlungen mit Hannibal ab. Syrakus (unter Hieronymos) und König Philipp V. v. Makedonien verbünden sich mit dem Sieger. Rom findet Hilfe gegen Philipp u. a. bei den Ätolern (1. Makedonischer Krieg) und vermag Hannibal durch **Verlegung des Schwergewichts** seiner Kriegführung nach Spanien und Sizilien von Karthago zu isolieren. Hilfszüge von Karthago aus scheitern an **Roms Seeherrschaft.**

212 M. Claudius Marcellus erobert Syrakus (Tod des Mathematikers und Technikers **Archimedes**). Die Römer belagern Capua.

211 Untergang der beiden Brüder Scipio in Spanien. Hannibal erscheint vergeblich, um die Römer von Capua abzuziehen, vor den Toren Roms. Fall und Bestrafung Capuas.

210 Der junge P. Cornelius **Scipio,** bisher amtlos, wird mit dem

v. Chr.
209 Oberbefehl in Spanien betraut, **überrumpelt Neu-Karthago,** kann aber Hannibals Bruder Hasdrubal nicht daran hindern,
207 Hannibal zu Hilfe zu ziehen. Hasdrubal fällt gegen die Römer am Flüßchen Metaurus (bei Sena Gallica). Hannibal beschränkt sich auf Unteritalien.
204 **Landung Scipios in Afrika.** Bündnis mit König Masinissa von Numidien. Rückberufung Hannibals aus Italien.
202 Sieg Scipios über Hannibal bei **Zama.**
201 Friede: Karthago muß Spanien an Rom abtreten, Numidien freilassen, eine hohe Kriegsentschädigung zahlen und verliert das Recht auf selbständige Außenpolitik. Triumphzug Scipios in Rom; er erhält den Beinamen Africanus (maior). Hannibal tritt an die Spitze des geschlagenen Karthago, flüchtet aber einige Jahre später zu Antiochos III. nach Syrien, dann zu König Prusias v. Bithynien und ver-
183 giftet sich (im Todesjahr seines Besiegers Scipio Africanus). – Die Furcht vor der Wiederkehr einer hannibalischen Bedrohung bestimmt die Politik Roms nach dem 2. Punischen Krieg.

200–133 b) Zeitalter der römischen Welteroberung

Auf Bitten griechischer Staaten greifen die Römer gegen
200 Philipps V. Übergriffe im Osten ein: 2. Makedonischer Krieg.
–197 Sieg des Griechenfreundes T. Quinctius Flamininus bei
197 **Kynoskephalä** in Thessalien. Die **griechischen Staaten wer-**
196 **den für frei erklärt.** Da Antiochos III. diese Erklärung nicht als für sich bindend anerkennt und nach Griechenland
192 hinübergreift, kommt es zum Krieg zwischen ihm und Rom (vgl. S. 33).
190 Sieg der Römer mit Hilfe König Eumenes' II. v. Pergamon bei **Magnesia** am Sipylos. Antiochos muß **Kleinasien** bis zum Taurus **an Pergamon** abtreten.
171 3. Makedonischer Krieg: Philipps V. Sohn und Nachfolger
–168 **Perseus,** von Eumenes II. in Rom angeklagt, wird nach anfänglich erfolgreichem Widerstand schließlich von L. Aemi-
168 lius Paullus bei **Pydna** besiegt und stirbt als Gefangener. Popillius Laenas verweist Antiochos IV. aus Ägypten.
148 Makedonien wird römische Provinz.
154 Verlustreiche **Kämpfe der Römer in Spanien** (seit 147 der
–133 Lusitanierführer Viriathus). Terror und Perfidie sollen die fehlende Kraft ersetzen.
149 3. Punischer Krieg: Auf Betreiben Catos wird **Karthago**
–146 von Rom bekriegt und nach verzweifelter Gegenwehr von

v. Chr.

P. Scipio Aemilianus (Africanus minor), dem Sohn des Siegers von Pydna und Freund des griechischen Histo-
146 rikers Polybios, **zerstört.** Im gleichen Jahr wird eine Rebellion des Achäischen Bundes durch **Zerstörung Korinths** (Mummius) geahndet. Griechenland (Achaia) unter römischer Provinzialverwaltung. – 121 Provinz Gallia Narbonensis **(Provence).**

133 Das Reich von Pergamon wird von Attalos III. testamentarisch den Römern übertragen und römische **Provinz Asia.** Scipio zerstört **Numantia** in Spanien: Ende der spanischen Wirren.

Hellenisierung Roms. Beginn der römischen Literatur: M. Porcius Cato (treibt Scipio Africanus in die Verbannung, Censor 184 v. Chr.); die Dichter Ennius, Plautus und (etwas später) Terenz.

Rom Herrin der Mittelmeerwelt; Einströmen der Reichtümer des Ostens, Umsichgreifen von **Luxus** und **Korruption.** Die fortwährenden Kriege ruinieren den Bauernstand und stürzen die römische Herrschaft in eine gefährliche **Krise;** Anwachsen des Großgrundbesitzes **(Latifundien)** mit Viehzucht und **Sklavenwirtschaft.**

133–30 c) Zeitalter der römischen Bürgerkriege

133 **Gracchische Unruhen:** Der Volkstribun Tib. Sempronius
–121 Gracchus sucht die Krise des italischen Bauerntums durch Reformen zu beheben. Er treibt den Staat in die Revolution und wird 133, sein Bruder C. Sempronius Gracchus, der ihn mit Hilfe eines unnatürlichen Bundes zwischen Kapitalisten („Rittern"), hauptstädtischem „Proletariat" und italischen Bundesgenossen am Senat rächen will, 121 mit vielen Anhängern durch die Senatspartei **(Optimaten)** erschlagen. Das Versagen der Republik tritt
113 erschreckend in Erscheinung im Krieg gegen die germani-
–101 schen **Kimbern und Teutonen,** die, von Jütland kommend,
113 zuerst bei Noreja ein römisches Heer schlagen, dann bei
105 Arausio (Orange) in Südgallien zwei römische Heere ver-
111 nichten, und im Krieg gegen Jugurtha von Numidien. Der
–105 Emporkömmling und Freund der **Popularen** (Volkspartei) C. **Marius** macht das römische Heer durch Anwerbung von Söldnern aus den Kreisen der Besitzlosen zu einer nur ihrem Anführer ergebenen **Berufsarmee.** Er wird siebenmal Konsul, besiegt Jugurtha (der von L. Cornelius Sulla ge-
102 fangen wird) und vernichtet die Teutonen bei Aquae Sex-

v. Chr.
101 tiae in Südgallien, die Kimbern bei Vercellae in Oberitalien. Als Retter Italiens verweigert er sich in seinem 6. Konsulat
100 dem Versuch seiner Gesinnungsfreunde, des Volkstribunen Apuleius Saturninus und des Prätors Servilius Glaucia, die Senatsherrschaft zu stürzen. Die Revolution schwelt weiter. Die Ausplünderung mancher Provinzen durch römische Steuerpächter und Kapitalisten häuft gefährlichen Zündstoff an.

91–89 **Bundesgenossenkrieg:** Ermordung des Volkstribunen M. Livius Drusus, der Verleihung des römischen Bürgerrechts an die Italiker beantragt hatte. Daraufhin Abfall fast aller Italiker von Rom; sie erreichen, daß Rom ihnen das Bür-
89 gerrecht und damit die Teilnahme an der Weltherrschaft zugestehen muß.

88 Blutbefehl **Mithridates' VI.** v. Pontos an die Griechenstädte Kleinasiens, alle Italiker zu ermorden, von der erbitterten Bevölkerung weithin befolgt.

88–82 **1. Bürgerkrieg: Marius gegen Sulla.**
Sulla, zum Feldherrn gegen Mithridates ernannt, führt seine Truppen gegen Rom, als dort der Volkstribun P. Sulpicius die Ersetzung Sullas durch Marius betreibt. Sulpicius wird getötet, Marius flieht nach Afrika.

88–84 1. Mithridatischer Krieg. Sulla erobert Athen und vertreibt die Truppen des Mithridates aus Europa. Mithridates ver-
85 zichtet auf seine Eroberungen in Kleinasien.
87 Rückkehr des Marius, 7. Konsulat; Wüten gegen die Opti-
86 maten. Nach Marius' bald erfolgtem Tod Herrschaft des L. Cornelius Cinna und Sertorius in Rom. Sulla nimmt Rom;
82 Sieg am Collinischen Tor über Marianer und Samniten.
82–79 **Sulla,** nach Besiegung der Marianer **Diktator,** läßt die Führer der „Popularen" ächten **(Proskriptionen).** Wiederherstellung der Senatsherrschaft, Beschränkung der Machtbefugnisse des Volkstribunats. Ansiedlung von 150000 Veteranen (u. a. in Pompeji). Sullas Unterfeldherr Murena
83–82 kämpft unglücklich gegen Mithridates (2. Mithridatischer Krieg). In Spanien behauptet sich der Marianer Q. Sertorius gegen Metellus und (seit 76) Cn. Pompeius (sprich
72 Pompejus), bis er von seinem Legaten Perperna ermordet wird.

78 Tod Sullas. Fortgang der Revolution (der Marianer M. Aemilius Lepidus).

74–64 3. Mithridatischer Krieg. Siegreiche Züge des Licinius **Lucullus** bis Pontos und Armenien (69 Sieg bei Tigranokerta).

v. Chr.

73–71 **Sklavenaufstand:** die Erhebung des Fechters **Spartacus** breitet sich von Capua über fast ganz Italien aus und kann erst nach wechselvollen Kämpfen von M. Licinius Crassus niedergeworfen werden. Seeräuberplage im Mittelmeer.

70 Konsulat des Pompeius und Crassus: Wiederherstellung der Macht des Volkstribunats.

67 **Pompeius,** auf Antrag des Volkstribunen Gabinius mit dem Oberkommando im gesamten Mittelmeer betraut, säubert die Küsten von den **Seeräubern.** Als Lucullus durch eine Meuterei seines Heeres zum Rückzug aus Armenien genötigt wird und Mithridates, unterstützt von seinem Schwiegersohn Tigranes v. Armenien, in sein Reich zurückkehrt,

66 wird Pompeius mit der Beendigung des Krieges betraut (Antrag des Tribunen Manilius, Rede Ciceros für den Oberbefehl des Pompeius). Mithridates wird bis zum Kaukasus verfolgt und flüchtet in sein Bosporanisches Reich (Krim und Umgebung), wo er sich tötet. Tigranes unterwirft sich.

63 **Neuordnung Vorderasiens** durch Pompeius. Pontus, Bithynien, Kilikien und Syrien werden römische Provinzen; die übrigen Gebiete und Kleinfürstentümer treten unter römische Oberhoheit.

63 Verschwörung des L. Sergius **Catilina,** entdeckt und unterdrückt von dem Konsul M. Tullius **Cicero.** Landung des

62 Pompeius in Brundisium, Entlassung seines Heeres. Der argwöhnische Senat verweigert die Zustimmung zu Pompeius' Maßnahmen im Osten und die Landverteilung an seine Legionen. Pompeius, Crassus und Caesar schließen sich

60 zum **1. Triumvirat** zusammen. C. Iulius **Caesar Konsul,**

59 setzt Pompeius' Forderungen gegen den Senat rücksichtslos durch. Pompeius heiratet Caesars Tochter Iulia. Verbannung Ciceros. Opposition des Senats unter Führung von M. Porcius Cato d. J., der nach Cypern gesandt wird. – Die Dichter Lukrez und Catull.

58–51 **Eroberung Galliens durch Caesar:** Sicherung Italiens gegen das Vordringen **germanischer** Wanderscharen durch gewaltsame Rücksiedlung der **Helvetier** in die Schweiz und

58 Besiegung des Suebenfürsten **Ariovist** im Elsaß. Unterwer-

57–56 fung Belgiens (Sieg über die Nervier) und der Meeresküste (Veneter). Zweimaliger Übergang über den Rhein (55 und 53) und nach Britannien (55 und 54). Niederwerfung der

52 großangelegten Erhebung der Gallier unter **Vercingetorix,** der in Alesia kapituliert.

53 Tod des Crassus bei **Carrhae** in Mesopotamien durch die Parther. Bruch zwischen Caesar und Pompeius, der zum

v. Chr.

51 Senat übertritt. Ciceros Schrift über den Staat. Caesar sucht durch Verhandlungen der Feindschaft der Optimaten zu begegnen.

49–46 **2. Bürgerkrieg: Pompeius gegen Caesar.** Caesar überschreitet den Rubikon, vertreibt Pompeius aus Rom und Italien, gewinnt Spanien, sucht Pompeius vergeblich in Dyrrhachium
48 (Durazzo an der albanischen Küste) einzuschließen und besiegt ihn entscheidend bei **Pharsalos** in Thessalien. Pompeius wird in Ägypten ermordet. Caesar macht die Ptolemäerprinzessin **Kleopatra** zur Königin von Ägypten, unterdrückt eine gefährliche Erhebung in Alexandria (Brand der
47 Bibliothek) und siegt leicht und rasch über Mithridates' Sohn Pharnakes bei Zela in Kleinasien. Die in Afrika wie-
46 der gesammelten Pompejaner werden bei **Thapsus** geschlagen; Cato gibt sich in Utica den Tod.

Triumph und **Alleinherrschaft Caesars:** Diktator auf Lebenszeit. Neuordnung des Staates in allen Zweigen der Verwaltung. **Julianischer Kalender** (Sonnenjahr, aus Ägypten übernommen; alle 4 Jahre ein Schaltjahr). Milde gegenüber seinen Gegnern (Cicero). Streben nach Errichtung der **Monarchie;** Rom und Italien sollen in einem absolutistisch regierten Weltreich aufgehen. Kleopatra nach Rom geholt.
45 Sieg über die Söhne des Pompeius bei **Munda** in Spanien. Vorbereitung des Rachezugs gegen die Parther, der Caesar die Weltherrschaft bringen soll. Als Caesar immer ungescheuter den (in Rom seit 510 verfemten) **Königstitel** anstrebt, kommt es zu einer **Verschwörung der Republikaner** unter C. Cassius, der auch der Cäsarianer M. Iunius Brutus beitritt.

44 **(15. März) Ermordung Caesars. 3. Bürgerkrieg: Brutus, Antonius, Octavian.**

Der Konsul **Marcus Antonius** sucht die Nachfolge Caesars an sich zu reißen und vertreibt die Caesarmörder aus Rom, die sich nach dem Osten wenden und dort Truppen sammeln und Gelder erpressen. Gegen Antonius setzt Caesars 19jähriger Neffe und Adoptivsohn C. Iulius Caesar **Octavianus** nur mit Mühe seine Ansprüche auf Caesars Erbe durch. Nach kriegerischen Erfolgen im Auftrag des Senats gegen Antonius in Oberitalien (Mutina) erzwingt er für sich das Konsulat und vereinigt sich mit Antonius und dem Cäsari-
43 aner Lepidus zum **2. Triumvirat.** Abermalige Proskriptionen; unter den Ermordeten ist auch Cicero.

42 **Doppelschlacht bei Philippi:** Niederlage des Cassius und Brutus, die sich töten, gegen Antonius und Octavian. Wäh-

v. Chr.

rend Octavian die Versorgung der Veteranen in Italien durchsetzen muß (Perusinischer Krieg), weilt Antonius im Osten und gerät unter den Einfluß der Königin **Kleopatra.** – Der Geschichtsschreiber **Sallust.**

40 Friedensvertrag zwischen den Triumvirn in Brundisium (4. Hirtengedicht Vergils). – Heirat des Antonius mit Octavians Schwester Octavia.

36 Octavians Feldherr M. Vipsanius **Agrippa** beseitigt die Seemacht des Sex. Pompeius durch Gewinnung Siziliens, Sardiniens und Korsikas; Lepidus verliert Nordafrika an Octavian. Unglücklicher Partherzug des Antonius. Er verstößt Octavia zugunsten Kleopatras. Offensive gegen Rom.

32 Römische Kriegserklärung an Kleopatra.

31 Seesieg Octavians bei **Actium;** Flucht der Kleopatra und des Antonius nach Alexandria. Beide töten sich.

30 Ägypten, von Octavian erobert, wird römische Provinz.

3. Die römische Kaiserzeit

Als Alleinherrscher gibt Augustus der antiken Welt nach innen durch eine sinnreiche Vereinigung von Republik und Monarchie und nach außen durch Herstellung und Sicherung einer dauerhaften Reichsgrenze ein Zeitalter des Weltfriedens, das nahezu 220 Jahre Bestand hat. Unter Trajan erhält das Weltreich seine größte Ausdehnung. Mit Trajans Tod tritt der griechische Osten allmählich geistig in den Vordergrund des Geschehens. Römische Monumentalarchitektur und Porträtkunst bestimmen das künstlerische Gesicht des Zeitalters. Im Geistesleben ist die Religion in ständigem Vordringen. Während die Oberschicht weithin im Kaiserkult einen Ersatz für die verlorengegangene alte Religion sucht, dringen (vor allem durch die Legionen) orientalische Gottheiten bis nach Britannien und in das römische Germanien vor. Das Christentum breitet sich überraschend schnell in den Reichsprovinzen aus und festigt sich geistig in der Auseinandersetzung mit der orientalischen Theosophie des sog. Gnostizismus. Am Kaiserkult entzündet sich sein Konflikt mit dem Römerreich, den seit der Mitte des 3. Jhs. die „Soldatenkaiser" unter dem Einfluß der erneuten Bedrohung der Reichsgrenzen (Germanen, Neuperser) durch systematische Verfolgung auf die Spitze treiben. Je mehr sich das Reich innerlich (Mysterienreligionen, Philosophie des Neuplatonismus, Formen der spätantiken Kunst) und dann auch äußerlich (Zwangsstaat, Zwangswirtschaft, Umwandlung des Bürgers zum Untertanen, Verlegung der Residenz von Rom nach dem Osten) in einem Prozeß der Orientalisierung unter schweren Kämpfen von seiner abendländischen Tradition abkehrt, um so mehr erwächst die Christenheit zur Hüterin des geistigen Erbes der zusammenbrechenden Antike, namentlich im Westen. Mit Konstantin d. Gr. wird der Kampf zwischen Kirche und Imperium beendet, gleichzeitig jedoch der Schwerpunkt des Reiches endgültig nach Osten (Konstantinopel) verlegt. Damit mündet die Geschichte des Römischen in die des Byzantinischen Reiches ein.

30 v. – 68 n. Chr. **a) Die julisch-claudischen Kaiser**

30 v. – 14 n. Chr. Caesar Octavianus, seit 27 v. Chr. mit dem Ehrennamen **Augustus** (der Erhabene). 3. Gemahlin Livia. Errichtung des **Prinzipats:** Versuch, die Republik wiederherzustellen und ihr die unentbehrliche monarchische Leitung des Weltreichs einzugliedern. Augustus überragt alle – nicht durch Amtsgewalt (potestas), sondern durch **auctoritas** („Autorität"). Er behält das Heer in der Hand, um einer Wiederkehr von Bürgerkriegen vorzubeugen, stationiert es aber draußen an den Grenzen (kaiserliche Provinzen, zum Unterschied von den senatorischen im Innern des Reiches). Vorrangstellung Italiens und des Römertums. Proklamierung des **Weltfriedens** (pax Romana) durch Schließung des Janustempels in Rom. Wiederherstellung
v. Chr. der Tempel und der alten römischen Religion. Übernahme
23 der Tribunengewalt auf Lebenszeit durch Augustus.

Augusteisches Zeitalter: römische Klassik. Blüte der Dichtung und Literatur: Augustus' Freund **Maecenas** Beschützer der Dichter **Horaz, Vergil,** Tibull, Properz, Ovid. T. **Livius'** „Römische Geschichte". Vitruvs „Handbuch der Architektur". Blüte der Kunst (**Ara Pacis** Augustae).
Ausbau der römischen Weltherrschaft zum **Weltreich:** Au-
27–25 gustus in Gallien und Spanien. Unterwerfung der Kantabrer und Asturer.
Augustus ordnet persönlich die Verhältnisse des römischen
20 Vorderasien. **Vertrag mit den Parthern.** Rückgabe der bei Carrhae eroberten römischen Feldzeichen durch die Parther.
Versuch, die **Elbe-Donau-Grenze** zu gewinnen. Augustus
16–13 abermals in Gallien und Spanien. Seine Stiefsöhne Tiberius und Drusus erobern Noricum, Rätien und Vindelicien.

12–9 Feldzüge des **Drusus in Germanien** bis zur Elbe, des Tiberius in Pannonien.

7–6 Siegesdenkmal von La Turbie (nördlich von Monaco) für die Bezwingung der Alpenvölker.

Julisch-claudisches Herrscherhaus

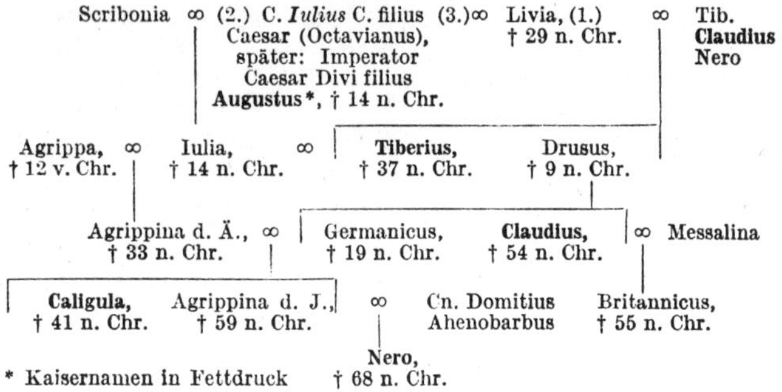

* Kaisernamen in Fettdruck

v. Chr.
7 ? **Geburt Jesu Christi** in Bethlehem (vgl. S. 54).
4 Tod Herodes' d. Gr.
n. Chr. Tiberius, als Nachfolger von Augustus adoptiert, vollendet
4–6 die Unterwerfung Germaniens bis zur Elbe. Der Angriff auf das Markomannenreich des **Marbod** in Böhmen muß infolge der Erhebung Pannoniens abgebrochen werden.
6–9 Niederwerfung der Dalmater und Pannonier durch Tiberius.
9 Vernichtung dreier Elite-Legionen unter P. Quinctilius **Varus** durch den Cheruskerfürsten **Arminius** im **Teutoburger Wald.** Germanien bis zum Rhein frei. Tiberius sichert die Reichsgrenze; Augustus verzichtet auf die Elblinie, stirbt 14 in Nola.

14–37 Tiberius.

14–16 Erfolglose Kriegszüge des **Germanicus,** des Sohnes von Drusus und Gemahls der älteren Agrippina, **gegen Arminius** in Nordwestdeutschland (Verrat des Segestes, Gefangennahme von Armins Gemahlin Thusnelda, Schlachten von Idistaviso unweit von Minden und am Angrivarierwall bei Leese a. d. Weser).
17 Unentschiedene Schlacht zwischen Armin und Marbod, der
19 zu den Römern flieht. Armin wird von den Seinigen ermordet. Germanicus stirbt in Antiochia.
26 Tiberius zieht sich nach Kampanien, dann nach Capri zurück; in Rom regiert für ihn der Befehlshaber (Präfekt) der Leibgarde der Prätorianer, Sejan.
31 Sturz Sejans. Umdüsterung des Tiberius; argwöhnisches und grausames Regiment.

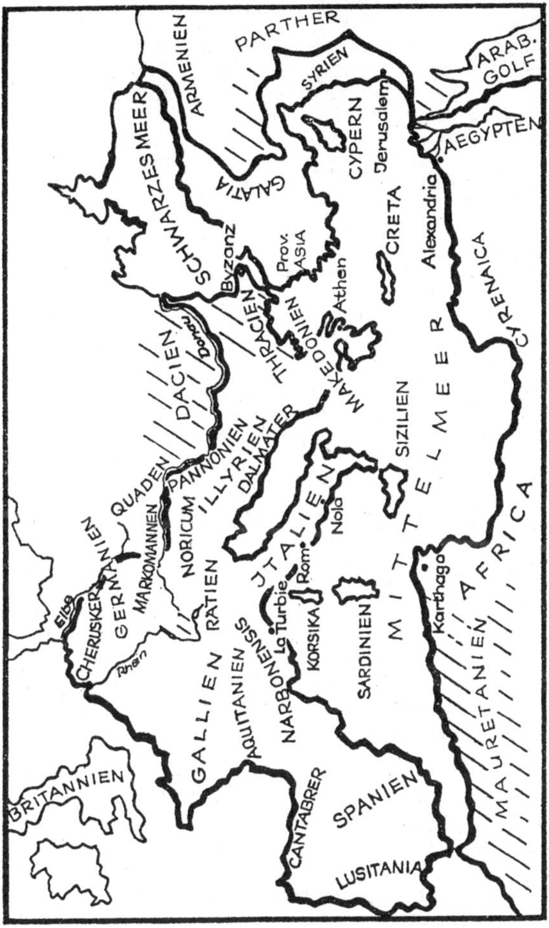

Das Römische Weltreich zur Zeit des Kaisers Augustus

n. Chr.

37–41 Gaius (Caligula), Sohn des Germanicus, lasterhaft, despotisch **(Cäsarenwahn),** wird ermordet.

41–54 **Claudius,** Bruder des Germanicus. Regiment der Freigelassenen am Hofe. Gemahlinnen: die sittenlose Messalina, dann die ehrgeizige jüngere Agrippina, die für ihren Sohn aus erster Ehe, Nero, den Thron erstrebt. Beginn der Eroberung Britanniens (43/44).

54–68 **Nero.** Grausames Mißregiment. Ermordung seines Stiefbruders Britannicus (55) und seiner Mutter Agrippina (59). Der Romandichter Petronius.

64 Brand Roms. Erste **Christenverfolgung.**

65 Verschwörung des Piso entdeckt und unterdrückt; der Philosoph **Seneca,** Neros Lehrer, und der Dichter Lucanus zum Selbstmord gezwungen. **Erhebung** in Gallien und Spanien (Galba) gegen die entartete Herrschaft Neros in Rom.

68 Nero läßt sich töten.

68–69 **Vierkaiserjahr:** Galba, entthront von Otho, der bald dem Vitellius weichen muß. Die syrischen Legionen erheben den im Kampf gegen die aufständischen Juden stehenden Vespasian zum Kaiser. Brand des Kapitols.

69–96 b) Die flavischen Kaiser

69–79 **Vespasian.** Wiederherstellung der Ordnung im Reich. Unterdrückung des Aufstands der germanischen Bataver (Civilis). Bau des **Kolosseums.**

70 **Zerstörung Jerusalems** durch Vespasians Sohn Titus (Titusbogen in Rom). Der Historiker Josephus.

79–81 **Titus.** Glückliche Regierung. – Der Redner und Stilist
79 Quintilian. Ausbruch des Vesuvs; **Untergang Pompejis** und Herculaneums; Tod des älteren Plinius.

81–96 **Domitian,** Bruder des Titus, streng und grausam. **Unter-**
84 **werfung Britanniens** durch Iulius **Agricola.** Anlage des **Limes** (Grenzwalles) vom mittleren Rhein bis zur oberen Donau zum Schutz des **„Zehntlandes“** (agri decumates) begonnen. Absolutistische Neigungen („Herr und Gott“, dominus et deus). Christenverfolgung. Vertreibung der Philosophen aus Italien (Epiktet). Domitian wird ermordet. Der Dichter Martial.

96–180 c) Die Adoptivkaiser oder „Guten Kaiser“

96–98 Nerva. Milde Regierung. Fürsorge für notleidende Kinder (Alimentationen). Adoption des Spaniers M. Ulpius Traianus, des Statthalters von Obergermanien.

n. Chr.
98–117 **Trajan,** bedeutendster Herrscher seit Augustus. Unterwer-
107 fung Dakiens (Siebenbürgen und Rumänien). **Größte Ausdehnung des Reiches.** Trajansforum und Trajanssäule (mit Darstellung der Dakerkriege) in Rom. Nachblüte der römischen Literatur: der Historiker **Tacitus,** der Satiriker Juvenal, der jüngere Plinius, der Biograph Sueton. Wiedergeburt der griechischen Literatur: der Biograph **Plutarch.** Tod Trajans während eines Eroberungskrieges gegen die Parther.

117–138 **Hadrian,** friedliebend. Herausbildung einer **Reichsbeamtenschaft** aus dem Ritterstand. Jerusalem in die Kolonie Aelia Capitolina umgewandelt (130). Niederwerfung eines Judenaufstandes. Reisen durch das ganze Reich, um für die Verwaltung zu sorgen. Ausbau des germanischen Limes, Hadrianswall in Britannien. Bau des **Pantheons** und der **Engelsburg** (moles Hadriani) in Rom. Besondere Fürsorge für die griechische Reichshälfte (Bauten in Athen).

138–161 **Antoninus Pius.** Friedliche Regierung. Vollendung des obergermanischen Limes. **Weltfriede. Griechische Renaissance:** die Geschichtsschreiber Arrian und Appian, der Redner Aristides, der Arzt Galen, der Astronom Ptolemäus, der Spötter Lukian; Pausanias' Beschreibung Griechenlands. Jupitertempel von Baalbek (Syrien); Säulenstraße von Palmyra.

161–180 Marcus Aurelius, der „Philosoph auf dem Thron", weiser
166 und tätiger Regent. Pest, Kriege gegen die **Markomannen**
–180 und Quaden, die von Böhmen und Mähren her die Donaugrenze bedrohen. Christenprozeß in Lyon (177). Tod des Kaisers in Vindobona (Wien).

180–260 d) „Soldatenkaiser" und Reichskrise

Umwandlung des Prinzipats in das **Dominat** (Absolutismus). Fortschreitende **Orientalisierung.** Siegeszug der orientalischen Götter nach Westen **(Mithras).**

Angriffe der Randvölker, besonders der jetzt in größeren Stammesverbänden (Alamannen, Franken usw.) auftretenden **Germanen.** Niedergang der Antike. Das **Heer** wird wieder zum **wichtigsten Faktor** auch der Innenpolitik; Ende des augusteischen Kaiserfriedens, Barbarisierung.

180–192 Commodus, Sohn Mark Aurels. Beginn des **Niedergangs.** Friedensschluß mit den Markomannen. Kraftloses Regiment. Ermordung durch den Präfekten der Garde.

193–211 **Septimius Severus** aus Nordafrika besiegt mehrere Rivalen und die Parther (Erstürmung Ktesiphons 197).

n. Chr.

Auflösung der Prätorianergarde. Förderung der Soldateska. Ausbau seiner Heimatstadt Leptis Magna und Roms. Der Jurist Papinian. Tod des Kaisers in Eburacum (York). Sammelliteratur: Athenaeus, Aelian. Fresken von Dura.

211–217 **Caracalla,** Sohn des Septimius Severus, erteilt allen freien Angehörigen des Reiches das römische Bürgerrecht **(Consti-**
212 **tutio Antoniniana).** – Die Rechtsgelehrten Ulpian und Paulus. Longus' Roman „Daphnis und Chloe". **Caracallathermen** in Rom. Kastell **Saalburg** im Taunus. Rätischer Limes nördlich der Donau.

226 Sturz des Partherreiches durch Ardaschir, den Begründer des Neupersischen Reiches der **Sassaniden.** Der Religionsstifter Mani in Persien **(Manichäismus).** Nach seinem Tod Sieg der wiederhergestellten Religion Zarathustras (Parsismus) in Iran.

248 Tausendjahrfeier Roms unter Philippus Arabs.

250 **Erste allgemeine, staatlich angeordnete Christenverfolgung** durch Decius. Der erste Kaiser illyrischer Herkunft erliegt schon im nächsten Jahr den Goten.

257/8 **Christenverfolgung Valerians** (Martyrium Cyprians von
260 Karthago). Kaiser Valerian wird vom Perserkönig Sapor I. gefangengenommen. Höhepunkt der **Verwirrung** (Zeit der „30 Tyrannen"). Gallienus überwindet die Krise des Reiches, besiegt die nach Zerstörung des Limes in Italien eingebrochenen **Alamannen** und kämpft auf der Balkanhalbinsel gegen die **Goten.** – Der Philosoph Plotin, Begründer des **Neuplatonismus,** in Rom und Kampanien. **Hörigkeit der Kleinbauern** (coloni, s. S. 53).

260–305 e) Wiederherstellung des Reiches

268–305 Illyrische Kaiser.

268–270 Claudius II. schlägt 269 die Alamannen am Gardasee, die Goten bei Naissus (Nisch), stirbt an der Pest.

270–275 **Aurelian,** Verehrer des (orientalischen) Sonnengottes (Sol invictus). Ummauerung Roms **(Aurelianische Mauer)** begonnen. Wiederherstellung des Reiches: Aurelian gibt Dakien auf, sichert die Donaugrenze, vertreibt Alamannenscharen aus Italien und entthront die vom Römerreich abgefallene Königin **Zenobia v. Palmyra** (in Syrien), das zerstört wird.

276–282 Probus. Abwehrkämpfe an Rhein und Donau gegen Franken, Alamannen, Burgunder, Vandalen. Aufnahme germanischer Soldtruppen.

n. Chr.

284–305 **Diokletian.** Vollendung der Entwicklung zur absoluten Monarchie **(Dominat).** Orientalisches Hofzeremoniell.

293 Schutz der Reichsgrenzen. **Neuordnung** der Reichsregierung: Diokletian und Maximian als Regenten **(Augusti),** Galerius und Constantius Chlorus als Mitregenten **(Caesares)** und Nachfolger. Neuorganisation der Reichsverwaltung: 4 Reichsteile mit 12 Diözesen und 101 Provinzen. Ausschaltung des Senats und Roms. Nikomedia im Osten Residenz Diokletians. Umwandlung des Staates freier Bürger in den **Zwangsstaat;** die Bevölkerung als **Untertanen.** Fesselung der Bauern an die Scholle **(Kolonat).** Zwangs-

301 wirtschaft (Höchstpreise); **Steuerdruck.**

305 Amtsniederlegung Diokletians und Maximians. Diokletian zieht sich in seinen Palast in Spalato **(Split)** zurück (gest. 316). Rascher Zusammenbruch seiner Politik: **Wiederherstellung der Alleinherrschaft;** Triumph des Christentums.

305–565 f) Von Rom zu Byzanz

312 **Sieg Konstantins,** des Sohnes des Constantius Chlorus, über Maximians Sohn Maxentius **an der Milvischen Brücke** vor Rom.

313 **Toleranzedikt von Mailand:** Ende der Christenverfolgung proklamiert. 315 Konstantinsbogen in Rom.

324 Siege Konstantins über Licinius: Gewinnung des Ostens.

325–337 **Konstantin d. Gr. Alleinherrscher.** Das **Christentum** erhält volle **Gleichberechtigung.** Eusebius von Caesarea.

330 Einweihung der neuen Reichshauptstadt **Konstantinopel** (Byzanz). Vollendung des monarchischen Absolutismus.

357 Sieg des Caesar Julian (Apostata) über die Alamannen bei Straßburg.

361–363 Kaiser **Julian** Apostata (d. Abtrünnige) scheitert mit dem Versuch einer Wiederherstellung des Heidentums auf der Grundlage des Neuplatonismus.

364–383 Unter Valentinian I. und seinem Sohn Gratian letzte Blüte der Kaiserresidenz **Trier.** 371 Ausonius' „Mosella".

378 Tod des Kaisers Valens in der Schlacht bei **Adrianopel** gegen die Westgoten. Der Geschichtsschreiber Ammianus Marcellinus.

379–395 **Theodosius d. Gr.** Wiederherstellung der Reichsmacht; Freundschaft mit den Goten, die Verbündete (Föderaten) werden.

381 2. ökumenisches **Konzil in Konstantinopel.**

395 **Teilung des Reiches** unter die Söhne des Theodosius: Arca-

n. Chr.

dius wird Kaiser des Ostens, Honorius Kaiser des Westens.

476 **Ende des weströmischen Kaisertums:** Absetzung des Romulus (Augustulus) durch den Germanen Odoaker. Das Oströmische Reich endet mit der Eroberung Konstantinopels durch die osmanischen Türken 1453.

527–565 Blüte des Ostreiches **(Byzantinisches Reich)** unter **Justi-**
534 **nian.** Sammlung des **Corpus juris civilis.** Der Jurist Tribonian.

D. Die Entwicklung des frühen Christentums

7 v. Chr. ?* Geburt Jesu in Bethlehem.

bis 64 n. Chr. 1. Apostolisches Zeitalter

um 30 **Kreuzestod und Auferstehung Jesu in Jerusalem.** Rasche Ausbreitung des Evangeliums.

um 31 **Bekehrung des Paulus** vor Damaskus.

um 48 Apostelkonzil in Jerusalem (über Anerkennung des **Heidenchristentums**).
3 Missionsreisen des Paulus nach Kleinasien und Griechenland.

um 50/51 Paulus in Athen (Areopagrede) und Korinth.

um 58 Gefangennahme des Paulus in Jerusalem.

seit etwa 61 Wirksamkeit des Paulus in Rom (neben Petrus).

64 **Neronische Christenverfolgung in Rom.** Märtyrertod des Petrus und Paulus.

64 bis um 140 2. Nachapostolisches Zeitalter

70 **Zerstörung Jerusalems;** Ende des Judenchristentums.

um 62–95 Entstehung der **Evangelien** des Markus, Matthäus, Lukas und Johannes.

95 Domitianische Verfolgung in Rom. Johannesapokalypse.

um 110 Bischof Ignatius v. Antiochia.

135 Niederwerfung des jüdischen Aufstands unter Bar Kochba in Jerusalem.

---

* Unsere Zeitrechnung und die – nicht einwandfreie – Festlegung des Ausgangspunktes gehen auf den im 6. Jh. (525) wirkenden christlichen Gelehrten Dionysius Exiguus zurück. Das wirkliche Geburtsjahr Jesu lag einige Zeit vor Dionysius' Ansetzung.

n. Chr.

um 140–313 3. Die Herausbildung der katholischen Kirche

Formulierung des **Dogmas** im Kampf gegen die orientalischen Systeme des **Gnostizismus** (seit 144 Marcion in Rom), Montanismus (um 150 Montanus in Phrygien) u. a.

um 167 Martyrium Polykarps v. Smyrna.

um 165 Märtyrertod Justins in Rom.

177 Christenverfolgung in Gallien (Lugdunum-Lyon). Celsus'
178 „Wahres Wort".

um 180–200 Kanon der Heiligen Schrift.

188 Der Kirchenvater Irenaeus gegen die Gnostiker.

um 200 Blüte der alexandrinischen Katechetenschule: Clemens Alexandrinus, Origenes (gest. 251).

202 Martyrium der Perpetua und Felicitas in Karthago.

vor 207 Übertritt des Nordafrikaners Tertullian zum Montanismus.

250 **Erste allgemeine Christenverfolgung** im Römerreich (s. S. 52). Anfänge des Märtyrerkultes.

257–260 Fortsetzung der Christenverfolgung unter Valerian. Märtyrertod Cyprians v. Karthago.

270 Der Neuplatoniker Porphyrius gegen die Christen.

um 285 Der Anachoret (Eremit) Antonius begründet in Ägypten das **Mönchtum.**

seit 303 **Letzte** und größte **Christenverfolgung** unter Diokletian.

seit 305 Häretische Bewegung der Donatisten in Nordafrika.

312 Sieg Konstantins an der Milvischen Brücke („In hoc signo vinces").

313 **Toleranzedikt** des Konstantin und Licinius (Mailand).

314 Beginn des Baues der Laterankirche als Gemeindebasilika in Rom.

314–451 4. Zeitalter der Reichskirche

314 Synode von Arles (Donatistenstreit).

um 320 Pachomius begründet in Ägypten das erste **Mönchskloster.** Der Kirchenhistoriker Eusebius v. Caesarea.

gegen 325 Anfänge des Baues der alten **Peterskirche in Rom** unter Konstantin als Märtyrerbasilika über dem Petrusgrab.

325 1. ökumenisches **Konzil von Nicaea** unter Vorsitz Konstantins; Verurteilung der Lehre des **Arius.** Wirken des **Athanasius** gegen die Arianer.

336 Athanasius als Verbannter in der Kaiserstadt Trier.

337 **Taufe und Tod Konstantins d. Gr.**

n. Chr.

Erneutes Anwachsen des **Arianismus** (Synode von Mailand 355) infolge kaiserlicher Sympathien für seinen strengen Monotheismus.

seit 341 Der Westgote Wulfila **(Ulfilas)** arianischer Missionsbischof (gest. 383 in Konstantinopel); gotische Bibelübersetzung.

354 Augustin in Thagaste (Nordafrika) geboren.

seit etwa 350 Das Weihnachtsfest in Rom wird auf den Geburtstag des Mithras (25. Dez.) verlegt.

359 Sarkophag des Junius Bassus (in der Peterskirche zu Rom).

361–363 Kaiser Julian d. Abtrünnige. Vergeblicher Versuch einer Wiederherstellung des Heidentums auf der Grundlage des Neuplatonismus unter Anlehnung an christliche Institutionen. Martyrium Viktors in Xanten.

um 370 Anfänge **abendländischen Mönchtums** (Martin v. Tours). – Die Kirche des Westreichs erhebt unter Papst Damasus das **Lateinische** anstelle des Griechischen zur **Kultsprache.** Die lateinische Christenheit wird zur Keimzelle eines neuen Europa innerhalb der orientalisch-griechischen **Spätantike.**

378 Melania v. Rom gründet ein Nonnenkloster am Ölberg in Jerusalem.

um 375 Die großen Kappadozier Basilius v. Caesarea (gest. 379), Gregor v. Nyssa (gest. 394), Gregor v. Nazianz (gest. 390).

378 Papst Damasus erhält von Kaiser Gratian staatliche Hilfe für die bischöfliche Disziplinargerichtsbarkeit.

381 2. ökumenisches **Konzil von Konstantinopel: Christentum Staatsreligion, Verbot der heidnischen Kulte;** Vollendung des Trinitätsdogmas.

382 ff. Streit um die Beseitigung des heidnischen Victoria-Altars im Senat zu Rom. Bischof Ambrosius v. Mailand gegen den römischen Stadtpräfekten Symmachus.

385 Hinrichtung Priscillians in Trier wegen „Magie“.

387 **Taufe Augustins durch Ambrosius.**

389 Zerstörung des Serapeums in Alexandria.

390 **Theodosius d. Gr. demütigt sich** nach dem Massaker von Thessalonike auf Ambrosius' Geheiß vor Gott.

392 Verbot der heidnischen Kulte durch Theodosius d. Gr.

393 Letzte Feier der Olympischen Spiele.

395 Theodosius d. Gr. gestorben; Grabrede des Ambrosius.

397 Ambrosius gestorben. Johannes Chrysostomus von Antiochia wird 398 Patriarch von Konstantinopel (gest. 407).

um 400 Lateinische Bibelübersetzung des **Hieronymus (Vulgata).**

410 Alarich in Rom. **Augustin** beginnt seinen **„Gottesstaat“** („De civitate Dei“, vollendet 426).

n. Chr.
413 Bischof Synesios v. Kyrene gestorben.
415 Ermordung der Neuplatonikerin Hypatia in Alexandria.
418 Verurteilung des Pelagianismus (der gegen Augustin die Erbsünde bestreitet).
430 Tod Augustins in seinem Bischofssitz Hippo Regius in Nordafrika während der Belagerung durch die Vandalen.
431 3. ökumenisches **Konzil von Ephesus:** Absetzung des **Nestorius** v. Konstantinopel. Ausbreitung des nestorianischen Christentums im Osten (schließlich im Frühmittelalter bis nach China).
432 Mission des Briten Patrick in Irland.
438 Codex Theodosianus.
440–461 **Papst Leo I.** d. Gr. (s. S. 70).
449 „Räubersynode" von Ephesus.
451 4. ökumenisches **Konzil von Chalcedon:** Absetzung des Dioskur v. Alexandria; Beginn der **monophysitischen** Bewegung.

452–800 5. Aufstieg der abendländischen Kirche

452 Leo I. bewegt den Hunnenkönig Attila zum Abzug aus Italien. Die Kirche als Schützerin der staatlichen Ordnung und Zufluchtsstätte der versinkenden antiken Kultur.
455 Leo I. d. Gr. rettet Rom vor der Brandschatzung durch den Vandalenfürsten Geiserich.
um 496 **Chlodwig** (S. 65) tritt **zum Katholizismus** über.
529 Gründung des Klosters Monte Cassino durch **Benedikt v. Nursia.** Ordensregel für das abendländische Mönchtum. – Schließung der (neu)platonischen Akademie in Athen durch Kaiser Justinian.
um 540 **Cassiodor,** einstiger römischer Minister des Ostgotenkönigs Theoderich, gründet das Kloster Vivarium: **Abschriften** und Sammlungen antiker und christlicher Literatur.
553 5. ökumenisches Konzil von Konstantinopel.
566 Bischof Nicetius v. Trier, Erneuerer des Doms, gestorben.
590–604 Papst **Gregor d. Gr.** (s. S. 70).
594 Bischof Gregor v. Tours, Geschichtsschreiber der Franken, gestorben.
597 Columban d. Ä., Bekehrer Schottlands, gestorben.
um 601 Venantius Fortunatus, Bischof v. Poitiers, gestorben.
615 **Columban** d. J., Gründer der Klöster Luxeuil und Bobbio, gestorben.

n. Chr.

nach 615 Der iro-schottische Missionar Gallus, Gründer von St. Gallen, gestorben.

seit 633 Eroberung Syriens, Palästinas, Mesopotamiens, Persiens durch die islamischen **Araber.** Rascher **Rückgang des Christentums im Orient.**

680 –681 6. ökumenisches Konzil von Konstantinopel: Verurteilung des Monophysitismus und Monotheletismus.

690 Der Angelsachse Willibrord landet bei den Friesen und nimmt seinen Sitz in Utrecht.

719 Aussendung des Angelsachsen **Bonifatius** (Winfried) durch Papst Gregor II. zur Christianisierung der Germanen. Zusammenarbeit mit Willibrord (Kloster Echternach).

722 Weihung Bonifatius' in Rom zum Missionsbischof.

723 Fällung der Donarseiche bei Geismar.

730 **Bilderverbot** durch Kaiser Leo III. v. Byzanz; 731 Widerspruch Papst Gregors III.

732 Bonifatius Erzbischof; Unterstellung der neugegründeten Kirchen unter das Papsttum.

735 Der angelsächsische Kirchenhistoriker **Beda** Venerabilis gestorben.

744 Bonifatius gründet das Kloster Fulda. 754 Märtyrertod in Friesland.

E. Außereuropäische Kulturen

a) Indien

v. Chr.

Um 2300–2200 Drawidische **Induskultur:** städtische Siedlungen (Mohenjo-daro und Harappa), Schrift.
Einwanderung der indogermanischen **Arier** im Nordwesten um 1500. Kastengliederung. Religiosität des Brahmanentums. Streitwagen-Adel (vgl. S. 11).

484 Tod des Gautama **Buddha,** dessen Religion, der **Buddhismus,** zu einer Weltreligion wird.

Durch Alexanders d. Gr. Zug nach Indien (S. 30) Berührung mit dem Hellenismus von Baktrien aus, vor allem im **Maurya-Reich** unter König **Aschoka** (um 250). Ausbreitung indischer Religionen und Zivilisation nach Hinterindien, Indonesien, Ostturkestan.

n. Chr.

um 140 **Indoskythisches Reich** in Nordwestindien. Mission des Buddhismus. Gräko-buddhistische Gandhara-Kunst. Buddhastatue. Römische Handelsfaktoreien in Südindien.

n. Chr.
um 320 Großreich der **Gupta-Dynastie.** Blüte der Sanskritliteratur.
um 500 Blüte des Buddhismus: Verbreitung von Ceylon und Java bis Turkestan, China, Japan, Südostasien.
Einbruch der Hunnen (um 510). Ab 700 Auflösung Indiens in Teilstaaten. Sieg der brahmanischen Reaktion gegen den Buddhismus. Herausbildung des **Hinduismus.**
Einbruch des Islams, dann der Mongolen (S. 69f).

b) China

v. Chr.
3. Jtsd. **Jungsteinzeitliche Kulturen** in Nordchina (Hoangho-
um Becken). Um 1500 Auftreten der **Bronze.** Streitwagen.
1450 **Schang-Dynastie.**
–1050 Ackerbau, Stadtkultur, Schrift. Sturz des Schang-Reiches durch das feudale Reich der **Tschou** (11. Jh.–256).
um 600 **Lao-tse,** Begründer des Taoismus, geboren.
551–479 **Konfuzius.**
Nach der Periode der kämpfenden Reiche (480–221) stellt
221 **Schi-huang-ti** (= erster Kaiser) die Reichseinheit wieder her.
–210 Bau der Großen Mauer (Abschirmung im Norden gegen die Hunnen). Auf die **westliche Han-Dynastie** (206 v. Chr. bis 25 n. Chr.; Staatsaufbau auf der Grundlage des **Kon-**
n. Chr. **fuzianismus,** Seidenhandel mit dem Westen) und die **östliche Han-Dynastie** (25–220; Eindringen des Buddhis-
220 mus seit 65) folgt die Periode der „Drei Reiche". Völker-
–265 wanderung der Hunnen, Tungusen, Tibeter. Spaltung des Reiches in Norden und Süden (420–588). Wiedervereinigung unter der Sui-Dynastie (589–618).
618 Blüte Chinas unter der **T'ang-** und **Sung-Dynastie.** Weite
–1280 Verbreitung der chinesisch-konfuzianischen Kultur. Erfindung des Buchdrucks. Lyrik und Malerei; **Porzellankunst.** Einbruch der Mongolen (S. 69).

IV. Mittlere Geschichte

Das Mittelalter kann man als Geschichtsabschnitt charakterisieren, in dem sich – beginnend mit den germanischen und slawischen Wanderungen – die auf antiker Tradition beruhende und vom Christentum entscheidend geformte vielgestaltige Einheit Europas herausbildet, vorwiegend getragen von der germanisch-romanischen Völkerfamilie und Byzanz sowie von der vornehmlich aus diesen Kräften gespeisten Slawenwelt. Dieses Europa hat in den Bereichen der Kirche und der Nationen, insbesondere in deren Staats- und Kulturschöpfungen, bis in die Gegenwart hinein Werte hinterlassen, die erst jetzt durch den Zusammenstoß kontinentaler Welten und Weltanschauungen in ihrem Bestand bedroht sind.

A. Vom Beginn der Völkerwanderung bis zur Entstehung des Deutschen Reiches

Das frühe Mittelalter (375–911)

Mit dem Erscheinen der Turkvölker in Europa i.J. 375 und ihrem Einbruch in die Donau-Theiß-Ebene geraten die germanischen Stämme in eine starke Bewegung: ihrem Druck hält der im wesentlichen germanische Grenzschutz des römischen Imperiums an Donau und Rhein nicht stand. Der Übergang germanischer Völkerschaften auf römisches Reichsgebiet ist die Folge. Mit diesem Vorstoß der Hunnen beginnt die eigentliche Völkerwanderung, die eine völlige Umgestaltung der Karte Europas und bald auch eine politische, kulturelle und blutsmäßige Erneuerung der Welt rund um das Mittelmeer hervorruft. Im Zuge dieses weltgeschichtlichen Vorganges Zusammenschluß der romanisch-germanischen Völkerfamilie, hinter der die Landnahme der Slawen zwischen oberer Wolga, Balkan, Adria und Elbe vom 4. bis zum 8. Jh. vor sich geht. Die Einheit der Mittelmeerwelt aber wird durch die Eroberungen der Araber im 7. Jh. zerstört, die Bildung eines kontinentalen Europa hingegen gefördert. Mit der Wikingerbewegung (Völkerwanderung zur See) und dem Einbruch der Ungarn (Magyaren) nach Europa klingt dieses Zeitalter der Wanderungen aus. Um 900 haben fast alle Völker auf dem europäischen Kontinent ihre endgültigen Wohnsitze erreicht: an die Stelle der bisherigen Mittelmeerkulturwelt ist ein kontinentales Europa getreten, dessen Umrisse und innere Gliederung sich bereits in den Herrschaftsbildungen abzuzeichnen beginnen. Damit hat die erste Phase des Mittelalters ihren Abschluß gefunden.

1. Die Germanen auf römischem Boden bis zur Gründung des Langobardenreiches (375–568)

Die Germanen gliedern sich ethnographisch in 2 Gruppen: 1. Westgermanen, 2. Nord- und Ostgermanen.

Bis zum 4. Jh. haben sich bei den **Westgermanen** – aus der Fülle kleiner Stämme und Stammesverbände zur Zeit Caesars und des Tacitus – größere Volks- und Kampfverbände gebildet, die zu Stämmen und Völkern werden: **1. Franken** (Salier am Niederrhein bis Nordgallien, Ripuarier beiderseits des Rheins), **2. Chatten** (vielleicht Teile des Frankenbundes, jedenfalls nah verwandt mit Ripuariern, an Fulda und Eder), **3. Alamannen** (aus suebischen Völkerschaften an Main, Neckar, Oberrhein, oberer Donau), **4. Bayern** (suebischer Herkunft, aus Böhmen – Bojerheim – eingewandert), **5. Langobarden** (Herkunft von Sueben zweifelhaft, da eigene Überlieferung Abstammung von Nordgermanen aus Skandinavien berichtet, ursprüngliche Sitze im Bardengau bei Lüneburg, vgl. Bardowick), **6. Thüringer** (suebische Hermunduren, östlich der Elbe und zwischen Thüringer Wald und Harz), **7. Sachsen** (ingwäonischer Verband der meisten Völkerschaften zwischen Niederrhein und Jütland), **8. Friesen** (verwandt mit Sachsen und Angeln im Gebiet von Schleswig-Holstein, Küstengebiet zwischen Ems und Zuidersee, vielleicht Urheimat in Schleswig-Holstein).

Ost- und Nordgermanen bildeten ursprünglich eine einheitliche Gruppe. Bereits in den letzten vorchristlichen Jhn. erste Züge an die Südküste der Ostsee. Die wichtigsten Völker der **Ostgermanen** sind: **1. Bastarnen** (um 300 am Schwarzen Meer untergegangen), **2. Skiren, 3. Vandalen** (mit vielen Teilstämmen, u. a. Silingen, Lugier; Sitze in Schlesien), **4. Burgunder** (an Warthe und mittlerer Oder), **5. Rugier** (um 350 an mittlerer Donau), **6. Goten** (Ostgoten, Westgoten und Gepiden, von der Weichsel bis zum Schwarzen Meer, seit um 350 unter dem Ostgotenkönig Ermanarich Großreich vom Schwarzen Meer bis zur Ostsee über germanische, slawische und finnische Völkerschaften).
Von den **Nordgermanen** sind in früherer Zeit bekannt: **1. Gauten** (südlich von Mälar- und Vättersee), **2. Schweden** (nördlich davon), **3. Heruler** (südlich der Gauten), **4. Dänen, 5. Rugier** (im südlichen Schweden).

Über Familie und Sippe erhebt sich bei den Germanen schon früh eine stammesrechtliche Organisation, bestehend aus der Gesamtheit der Wehrfähigen. Lockeres Einheitsgefühl erklärt häufige Verschmelzungen und Neubildungen und den (besonders bei den Ostgermanen) stark ausgeprägten Hang zum raschen Verlassen der Wohnsitze. Soziale Gliederung (Adel, Freie, Freigelassene, Hörige) ist in historischer Zeit früh nachweisbar. Königtum, wahrscheinlich aus einem durch Kriege ständig notwendigen Herzogtum hervorgegangen, vorwiegend bei den Ostgermanen. König aus Adel vom Volk erwählt unter Berücksichtigung von Erblichkeit, Treueverhältnis, Gefolgschaftswesen. Volksversammlung (Ding = Gerichtstag des Adels und der Freien, zugleich Opfer- und Heeresversammlung). Bei fehlendem Königtum oft übermächtiger Einfluß des Adels (Gaufürsten).

375 Die **Hunnen,** ein türkisch-mongolisches Steppenvolk, infolge der Expansion des Chinesischen Reiches nach Westen gedrängt, vernichten – nach Niederwerfung der Alanen über Wolga und Donau vordringend – das **Ostgotenreich** unter Ermanarich in den russischen Ebenen. Teile der **Westgoten** finden Aufnahme auf römischem Reichsboden südlich der Donau als Föderaten (376). Muster für die Gründung germanischer Herrschaften auf weströmischem Boden.

378 Sieg der ihr Recht fordernden Goten bei **Adrianopel** über Kaiser Valens. Sein Nachfolger Theodosius betreibt gotenfreundliche Politik: 382 endgültiger Friede mit den Goten, die als Föderaten Wohnsitze in Mösien und Thrakien, Sold und weitgehende Selbständigkeit zum Zweck der Verteidigung der römischen Grenze erhalten.

Hunnenreich zwischen Kaukasus und unterer Donau. Einfälle in Kleinasien und Syrien. Ende des 4. Jhs. Ausdehnung nach Westen.

395 Teilung des Römischen Reiches in **Ostrom** (Arcadius) und **Westrom** (Honorius). Ende der germanenfreundlichen Politik im Osten. **Alarich** (395–410), König der **Westgoten,** erobert den Balkan und Griechenland und wendet sich seit 401 gegen das Westreich. Abwehr der Westgoten und anderer Germanenstämme durch den Vandalen **Stilicho,** den Feldherrn des Kaisers Honorius. Die Truppen von der Rheingrenze für die Verteidigung Italiens zurückgezogen. Als

406 Folge dieser Maßnahme Einbruch germanischer Stämme

–409 (Vandalen, Sueben, Silingen) durch Gallien und Spanien, wo sie ihre Aufnahme als Föderaten erzwingen. Herrschaft der **Vandalen** und **Sueben** in Spanien. **Burgunder** am Main und mittleren Rhein (Herrschaft in Worms. 436 von dem

römischen Feldherrn Aetius im Bund mit den Hunnen aufgerieben. Historischer Kern des Nibelungenliedes). Teile der Burgunder 443 in Savoyen angesiedelt (Lex Burgundionum 616); 534 Unterwerfung durch die Franken.
Ausbreitung der **salischen Franken** in Nordgallien. Abberufung der römischen Legionen aus Britannien zum Schutz Galliens, Verfall der römischen Herrschaft in Britannien, Einfälle der **Pikten, Skoten** und **Sachsen.**

410 Einnahme und Plünderung Roms durch die **Westgoten** unter Alarich. Beim Versuch, Sizilien und Afrika zu erobern, stirbt Alarich (beigesetzt im Busento bei Cosenza).

418 Begründung des **Westgotenreiches** in **Südgallien** und **Spanien** durch Vertrag zwischen dem Westgotenkönig Walja und Westrom. Hauptstadt Tolosa (Toulouse).
Westgotenreich unter **Eurich** (466–484) selbständig. Hauptstadt Toledo. **Codex Euricianus die älteste Kodifikation eines germanischen Stammesrechtes.**

429 Übergang der **Vandalen** von Spanien nach **Afrika** infolge des westgotischen Drucks. Begründung einer von Rom unabhängigen Herrschaft unter Geiserich über Nordafrika (Karthago) und zeitweise über Sizilien. Flotte als Machtbasis.

436 Alamannenreich am Oberrhein.

449 Beginn der Eroberung Britanniens durch Angeln, Sachsen und Jüten. Kent, Sussex und Teile der Südküste bis 500 besiedelt.

451 **Attila** (434–453), Beherrscher des Hunnenreiches (u. a. auch über Ostgoten, Gepiden, Heruler und Rugier), dessen Politik mit Westrom meist freundschaftlich, mit Ostrom dagegen sehr gespannt ist (Konstantinopel mehrfach belagert), von den vereinigten Römern, Westgoten (König Theoderich I. gefallen) und Burgundern auf den **Katalaunischen Feldern** (zwischen Châlons-sur-Marne und Troyes) zum Rückzug gezwungen. Einbruch nach Italien erfolglos (452 Zerstörung Aquilejas – Entstehung Venedigs). Plan eines entscheidenden Schlages gegen Konstantinopel. Infolge von Attilas plötzlichem Tod (453; Krimhildsage) rascher Zerfall des Hunnenreiches. Die Masse der Hunnen zieht sich ins Dnjeprgebiet zurück. Zuweisung der Grenzgebiete an mittlerer und unterer Donau an die Ostgoten, Gepiden und Sarmaten durch Kaiser Marcian (450–457). Im **Westreich** rascher Zerfall. Absetzung des mächtigen Feldherrn **Aetius** durch den Kaiser **Valentinian III.** Plünderung Roms durch die Vandalen (455). Im **Ostreich** endgültiger Sieg der germanenfeindlichen Richtung durch Zeno (474–491), der die Germanen nur dazu benutzt, den Usurpator des Westreichs, Odoaker, zu beseitigen.

476 Erhebung **Odoakers,** eines germanischen Söldnerführers in römischen Diensten, zum Herrscher Italiens durch die germanischen Truppen, die Siedlungsland erhalten. Abdankung des letzten weströmischen Kaisers Romulus Augustulus. **Auflösung des Westreichs.** Preisgabe an die germanischen Völker trotz Fortbestehens römischer Einrichtungen; das führt zu einer zukunftsträchtigen Synthese aus den Ordnungen des eindringenden bäuerlich bestimmten Germanentums und denen der spätantiken Stadtkultur.

489 **Theoderich d. Gr.** begründet nach Sieg über Odoaker das **Ostgotenreich in Italien** (493–553), Hauptstadt Ravenna. Vergeblicher Versuch der Aussöhnung germanischer (Heer, $^1/_3$ Grundbesitz) und römischer (Verwaltung, Wirtschaft) Interessen, Spaltung der Nationen durch arianisches Bekenntnis der Ostgoten verschärft. Bund der germanischen Staaten des Mittelmeerraumes gegen Ostrom, der durch die energische Expansionspolitik des Franken Chlodwig erschüttert wird (S. 65).

507 Niederlage der Westgoten durch die **Franken,** die ganz Aquitanien besetzen (Septimanien bleibt westgotisch). Fortbestand des Westgotenreichs (seit Rekkared, 586–601, katholisch, um 654 Lex Visigothorum für Goten und Römer gemeinsam) bis zur Eroberung durch die Araber 711.

526 Tod Theoderichs d. Gr. Rascher **Verfall des Ostgotenreichs. Kaiser Justinian I.** versucht, das Westreich von den germanischen Eroberern zu befreien.

534 **Ende des** schwachen **Vandalenreichs** durch **Belisar,** der 535 den Krieg gegen die **Ostgoten** eröffnet; diesen kann erst sein Nachfolger **Narses** 553 beenden (vgl. S. 67).

568 Eindringen der **Langobarden** nach Oberitalien unter **Alboin.** Begründung eines Staates mit der Hauptstadt Pavia. Langobardische Siedlung dehnt sich über die Nordtoskana, Umbrien bis Spoleto und Benevent aus. Einigung durch Königtum (584) und Beseitigung der römischen Verwaltung. Langobardisches Volksrecht (Edictus Rothari) 643; Übergang zur katholischen Lehre im 7. Jh. Zusammenbruch der oströmischen Herrschaft im Westen. Reste: Exarchate von Ravenna und Karthago, Dukate von Rom und Neapel, in Süditalien und Sizilien. Geschickte Politik des aufsteigenden **Papsttums.**

680 Anerkennung des langobardischen Besitzes durch Ostrom. Kaiserlich bleiben nur Rom, die Landschaften um Bologna und Ravenna (bis 751), die Mark Ancona und die unteritalienischen Küstenstädte.
Das langobardische Königreich somit sehr zersplittert: das Kerngebiet mit Pavia als Hauptstadt durch byzantinischen Besitz von den Herzogtümern Spoleto und Benevent, deren fast unabhängige Stellung Liutprand (712–744) beseitigt, getrennt. Sein Druck auf Rom führt in der Zeit der Schwäche Ostroms zum Bund des Papstes mit dem Frankenreich.

2. Das Frankenreich

Neuer und dauerhafter machtpolitischer Schwerpunkt im germanisch-romanischen Nordwesten auf vorwiegend agrarischen Grundlagen. Aus der Synthese germanischer, römischer und christlicher Elemente entsteht die fränkische Kultur. Die Verbindung mit dem Papsttum und die Errichtung des Kaiserreiches Karls d. Gr. bestimmen die weitere geschichtliche Entwicklung des Abendlandes.

486 Der Merowinger **Chlodwig** (482–511) zerstört die Reste der römischen Herrschaft in Nordgallien durch seinen Sieg über Syagrius bei Soissons.

496 Chlodwig befestigt seine Stellung an Mittel- und Oberrhein durch Sieg über die Alamannen. Übertritt zum katholischen Christentum von weltgeschichtlicher Bedeutung: Durch Bund mit der Kirche Arianismus der Ostgermanen ohne Zukunft, Austritt aus dem politischen System Theoderichs. Große Wirkung auf die romanische Bevölkerung der arianischen Germanenstaaten.

507 Sieg über das von Theoderich gestützte Westgotenreich. Chlodwig Herr in fast ganz Gallien. Beseitigung aller salischen und ripuarischen Mitkönige. Gesamtfränkisches Reich von Aquitanien bis zum Rhein- und Maingebiet.

511 Nach Chlodwigs Tod Reichsteilung unter seine 4 Söhne. Gemeinsame Außenpolitik und Kirche als einendes Band.

531–534 Einverleibung des thüringischen und burgundischen Reiches in die fränkische Gesamtmonarchie infolge der Auflösung der ostgotischen Macht.

534–548 Theudebert I., Vollender des Reiches Chlodwigs. Ausweitung zur mittleren Donau: Bayern dem Frankenreich angegliedert. Eroberung Oberitaliens mißlingt. Anspruch auf imperiale Stellung im Wettbewerb mit dem Oströmischen Reich. Das **Frankenreich führende Großmacht des**

Westens, in dem neben dem Fortleben der römischen Institutionen die germanische Königsherrschaft durch Siedlung bis zur Loire das fränkische Element auch jenseits der sich später herausbildenden Sprachgrenze stärkt.

Letzte Vereinigung des gesamtfränkischen Reiches unter
558–561 Chlothar I. Unter seinen Söhnen und Enkeln Zerfall der Zentralgewalt. 4 (später 3) Reichsteile: Austrasien (Hauptstädte Metz und Reims), Neustrien (Soissons und Paris), Burgund (Orléans) und Aquitanien (später aufgeteilt, um 672 selbständig). Bis 613 erbitterte Kämpfe zwischen den Mitgliedern der merowingischen Dynastie (Kampf der Königinnen Brunhild–Fredegunde, vgl. Nibelungenlied).

614 Edikt Chlothars II. (613–629) beschränkt Herrschergewalt und stärkt Aristokratie: königliche Grafen nur noch aus einheimischem Grundbesitzadel (Indigenat). Folge: Aufstieg der Aristokratie unter Führung des austrasischen Adels, womit der auf dem Besitz von Land und der Bindung persönlicher Treuepflicht ruhende **Feudalismus** sich durchsetzt. Schwergewichtsverlagerung von Gallien in die Gebiete von Maas, Mosel und Rhein (Austrasien). Die Hausmeier der drei Teilgebiete (Maiores domus, höchste königliche Beamte für Hofverwaltung und Gefolgschaft) werden allmählich die eigentlichen Herrscher. Gegensätze zwischen Austrasien und Neustrien sowie Burgund bestimmen die weitere Geschichte.

687 **Pippin d. Mittlere*** (bis 714), Hausmeier von Austrasien, aus dem Hause der Karolinger, wird Majordomus des ganzen Reiches (durch Sieg über Ebroin von Neustrien-Burgund). Sein Sohn **Karl Martell (714–741) siegt (732) über die Araber zwischen Tours und Poitiers** und unterwirft erneut Alamannen, Thüringer und Bayern. Teilung der Herrschaft (741) unter die Söhne Karlmann (Osten) und Pippin (Westen), der 747 Alleinherrscher wird.

751 **Pippin d. Kleine** (bis 768) schickt den letzten merowingischen König (Childerich III.) ins Kloster und macht sich nach Zustimmung des Papstes zum König der Franken, von Bonifatius gesalbt. Zur Legitimierung des Staatsstreiches Salbung durch Papst Stephan II. in St. Denis (754): Hilfegesuch gegen Langobardengefahr. **„Pippinische Schenkung" (Kirchenstaat:** Dukat von Rom mit Exarchat von Ravenna und Pentapolis). Pippin Patricius Romanorum: schicksalbestimmende Verbindung des Frankenreiches mit Papsttum und Italien.

* s. Stammt. S. 72

3. Ostrom und das Sassanidenreich

Ostrom, das neue oder zweite Rom, führt ungebrochen die Tradition des römischen Imperiums fort und entwickelt sich nach dem Sieg der hellenischen Sprache und Kultur im 7. Jh. im Gegensatz zum Papsttum und dem späteren Kaisertum des Westens zu einem Heiligen Römischen Reich griechischer Nation, in dem die Überlieferung von Christentum und Antike in einer einzigartigen Form und Stärke verbunden bleiben, auch nachdem die meisten östlichen Provinzen verloren sind und dieses Reich sich zeitweilig nur auf die Stadtmauern von Konstantinopel beschränkt.

527–565 **Blüte des Ostreiches (Byzantinisches Reich)** unter **Justi-**
534 **nian I.** Sammlung des **Corpus juris civilis, Codex Justini-**
anus (kaiserliche Konstitutionen) und Novellen (Gesetze
Justinians nach 534). Der Jurist Tribonian. Der Geschichts-
schreiber Prokop von Caesarea. Sophienkirche (Hagia
537 Sophia) in Konstantinopel vollendet; 563 Einweihung.

Dieses Oströmische (Byzantinische) Reich wird im Osten schwer bedrängt vom Neupersischen Reich der **Sassaniden** (Chosrau I., 531–579, Ausdehnung des Perserreichs vom Mittelmeer bis zum Indus, vom Jaxartes und Schwarzen Meer über Arabien bis zur Grenze Ägyptens): 532 Friedensschluß, um die westliche Reichshälfte zurückzuerobern (Ostgotenkrieg s. S. 64; Nordafrika 535, Italien 553 und Südostspanien 554 in oströmischer Hand). Nach dem Tode Justinians I. immer stärkerer Reichszerfall: Langobarden in Italien; Einfälle der Avaren, Bulgaren und Slawen. **Slawisierung der Balkanhalbinsel.** Errichtung eines Bulgarenreichs nach Unterwerfung der Slawen südlich der Donau 680.

627 **Sieg des oströmischen Kaisers Herakleios I.** (610–641) über Chosrau II. v. **Persien** (durch Einführung der Themenverfassung mit Vereinigung militärischer und ziviler Gewalt und Ansiedlung von Soldaten Stärkung des Reiches, in dem Griechisch Verwaltungssprache wird): Die Grenzen Persiens wieder nach dem mittleren Euphrat zurückgeschoben. Eroberung Persiens durch die Araber 642–643. Unter Kaiser Konstantin IV. wiederholte Abwehr der Araber vor Konstantinopel.

718 Vernichtende **Niederlage der Araber vor Konstantinopel** durch Kaiser Leo III. Auch unter den folgenden Kaisern dauernd schwere Kämpfe gegen Araber und Bulgaren und innere kirchliche Wirren (Bilderdienst, Streit mit dem Papst); Verlust des Exarchats von Ravenna (751).

4. Mohammed und die Ausbreitung des Islams Die Mongolen

Begründung einer neuen Religion durch den Araber **Mohammed,** womit ein Wiederaufbruch der semitischen Völkerwelt seinen Anfang nimmt. Mohammed fühlt sich als Prophet des „Einen Gottes Allah" und predigt den **Islam** (= Ergebung in Gottes Willen) mit stark nationaler Tendenz. Heilige Schrift **Koran** („Verkündigung", unter Othman, Mohammeds Schwiegersohn, schriftlich fixierte Lehre des Propheten in 114 Suren).

622 **Mohammeds Flucht aus Mekka** („Hidschra") nach Medina (Beginn der islamischen Zeitrechnung). Von hier aus Unterwerfung und Bekehrung der arabischen Stämme. Seit 630 Mekka wieder religiöser Mittelpunkt des Islams. Tod Mohammeds 632.

Seine Nachfolger werden **Kalifen** genannt. Der Kalif Omar (634–644) schafft die Grundlage des **arabischen Weltreichs:** Zusammenstöße mit Persien und Byzanz; Seemacht der Araber. Bis 650 Syrien, Palästina, Ägypten, Nordafrika und Persien erobert (Islam und arabische Sprache).

661–749/50 **Kalifat der Omaijaden.** Residenz Damaskus. Mehrfache vergebliche Angriffe auf Konstantinopel (674–678); im Osten Eroberung von Buchara, Samarkand und Indusgebiet (712). Seit 691/93 Golddenar und Silberdrachme verbindliche Währung im Handel während des Mittelalters, besonders in Asien und Afrika.

711 **Vernichtung des Westgotenreichs** in **Spanien** durch die Araber in der Schlacht am Fluß Guadalete **(Jerez de la Frontera).** Eroberung Spaniens bis zu den Pyrenäen.

732 **Karl Martell** (S. 66) siegt über die Araber zwischen **Tours und Poitiers.** Ende des arabischen Vordringens in West- und Osteuropa. Größte Ausdehnung des Kalifenreiches von Arabien bis zum Kaukasus, von Spanien und Nordafrika bis Transoxanien und zum Industal. Innere religiöse und politische Zwistigkeiten führen zu Sturz und Ausrottung

749/50–1258 der Omaijaden (749/50) und zum **Kalifat der Abbasiden.** Residenz **Bagdad** (1258 von den Mongolen erobert, s. u.). Persische Erneuerung. Arabisch-persische Symbiose.

Der Islam wird übernational. Größte Machtentfaltung unter **Harun al-Raschid** (786–809). Danach steigender Einfluß der türkischen Leibwache; Aufkommen von Teilfürsten, Verselbständigung der Teilreiche (Nordafrika, Ägypten, im Osten) seit dem 9. Jh. Politische Ohnmacht des Kalifats (seit 955 Kalif nur geistliches Oberhaupt; politische Herrschaft bis 1055 durch persische Dynastie der Bujiden ausgeübt).

756 Der flüchtige Omaijade Abderrahman gründet in Spanien ein selbständiges Reich: seit 929 **Kalifat** von **Córdoba,** das nach dem Sturz der Omaijaden (1010) in viele kleine Herrschaften zerfällt (Glanzzeit im 10. Jh., Alhambra 1232 bis 1273, Ausbau im 14. Jh.; Historiker Ibn Chaldun) und durch das Vordringen Kastiliens (1085 Toledo erobert und Hauptstadt) teilweise unterworfen wird (Restreich: Emirat von Granada 1246–1492).

800–1100 Hochblüte der islamischen Kultur (um 1000 im Osten der Philosoph Avicenna; um 1150 in Spanien **Averroes,** Kommentator der Werke des Aristoteles).

1001 Der türkische Sultan Mahmud von Ghasna beginnt die Eroberung Indiens. An seinem Hof der persische Dichter **Fird(a)usi** (Nationalepos „Königsbuch").

1055 Das Kalifat von Bagdad gerät unter den Einfluß der kriegerischen türkischen **Seldschuken** (Togrulbeg). Melikschah (gest. 1092), Sultan der Seldschuken (türkischer Stamm), stellt die Einheit des Kalifenreiches wieder her. Nach seinem Tod neue Teilung. Besondere Sultanate in Iran, Kerman (östliches Persien; persischer Dichter Hafis, gest. um 1389/90), Aleppo, Damaskus, Iconium. Bagdad bleibt glänzender Herrschersitz bis zum Eindringen der Mongolen.

um 1200 **Eroberung Indiens durch die Mohammedaner.** Islamisierung eines großen Teils von Indien. Mohammedanische Dynastien herrschen bis zur englischen Eroberung (S. 152, 171). 1206 Begründung des Sultanats von Delhi.

1215 Die **Mongolen** unter Dschingis-Khan erobern **Peking.** 1234 Nordchina mongolisch. **Kubilai-Khan,** Großkhan der Mongolen, 1280–1294 Kaiser von China (Yüan-Dynastie bis 1368). Blüte des Chinesischen Reiches. Eindringen des Islams. Westöstlicher Handelsverkehr; der Venezianer **Marco Polo** in China.

1221 **Dschingis-Khan** am **Indus.** Die Mongolen unter Timur Lenk plündern 1398 Delhi. 1525 begründet **Baber,** ein Nachkomme

Dschingis-Khans und Timurs, in Indien das Reich der Großmoguln (mongolische Kaiserdynastie). Blütezeit unter **Akbar** (1556–1605).

1250–1517 Ägypten unter der Herrschaft der türkischen **Mamelucken** (d. h. Sklaven).

1258 **Hulagu,** Enkel des mongolischen Welteroberers **Dschingis-Khan,** stürzt das Abbasidenkalifat und **zerstört Bagdad.** Sein Heer wird 1260 in Palästina von den ägyptischen Mamelucken vernichtet.

Die Kultureinheit des Mittelmeerraumes ist durch das Eindringen der Araber zerschlagen und die Bildung des kontinentalen Europa begünstigt.

5. Kirche und Mission

(s. a. S. 56 ff.)

Nach der Einführung des Christentums durch Konstantin d. Gr. entwickelt sich eine Rangordnung der Kirchenbeamten nach dem Vorbild der Reichsverfassung. Die Bischöfe einer Provinz werden dem Bischof in der Provinzhauptstadt unterstellt. An die Spitze treten nach und nach die Bischöfe (Patriarchen) von Rom, Konstantinopel, Antiochia, Alexandria und Jerusalem.

440–461 **Leo I. d. Gr.** beansprucht zuerst offen den päpstlichen Primat über alle anderen Bischöfe. Ein Reichsgesetz spricht 445 dem Bischof von Rom (Basis: Patrimonium Petri) die höchste Gewalt in der Kirche zu.

Papst Gelasius I. (492–496) stellt geistliche Autorität der weltlichen Macht gegenüber (Grundlage für die **Zweigewaltenlehre des Mittelalters).** Ausbreitung des Mönchtums nach der Regel des **hl. Benedikt v. Nursia** (vgl. S. 57). Dionysius Exiguus, in Rom wirkender skythischer Mönch (gest. um 540), stellt durch Sammlung der Konzilkanones das erste lateinische Kirchengesetzbuch zusammen und schlägt 525 die Datierung nach Christi Geburt (um 5 Jahre zu früh errechnet) vor, die im Westen erstmals 742, im Osten erst in der Neuzeit angewandt wird.

590–604 **Gregor I. d. Gr.,** erster Mönchspapst, erstmals „servus servorum Dei", bringt das **Papsttum** zu höherer Geltung: Beginn der Stadtherrschaft. Bekehrung der Angelsachsen (Entsendung des Mönches Augustin zu Ethelbert von Kent, 596), die ihrerseits ihre stark romgebundene Mission ins

Frankenreich tragen, wo bereits die Predigt der Schottenmönche erfolgreich vorangegangen war (s. S. 65 f.); Märtyrertod des Iroschotten Kilian in Würzburg 689.

752–757 **Stephan II.** wendet sich in seiner bedrängten Lage an das Frankenreich (Pippinische Schenkung) und begründet seine Ansprüche auf unabhängige Landesherrschaft mit der gefälschten **Konstantinischen Schenkung** (angebliche Übertragung der Herrschaft über Rom und die westliche Reichshälfte durch Konstantin d. Gr.).

6. Karl der Große. Frankenreich und Kaisertum

768–814 **Karl d. Gr.,** nach dem Tod seines Bruders Karlmann (771) Alleinherrscher, schafft durch die Festigung des Reiches nach innen, Ausdehnung über **alle germanischen Stämme des Kontinents** und Sicherung der Grenzen durch einen Markengürtel das **fränkische Großreich.**

773/4 Eroberung und **Eingliederung des Langobardenreichs.**

772–804 Kämpfe gegen die **Sachsen** unter Herzog **Widukind.** Sie werden gewaltsam **dem Reich eingegliedert und christianisiert:** Abwendung der Möglichkeit ihres Zusammenschlusses mit den Nordgermanen und eines das Festland bedrohenden Seereiches.

788 Herzog Tassilo v. Bayern abgesetzt.

789 Zug Karls gegen die Slawen; Unterwerfung bis zur Peene.

791 Siege über die Avaren in Ungarn: **Avarische Mark.**

–796 Nach Karls unglücklichem Zug 778 (Rolands Tod) kommt es 795–811 zur Gründung der **Spanischen Mark** (Stütze für die kleinen christlichen Reststaaten Asturien und Aragon).

810 Errichtung der **Nordmark** gegen die Dänen.

800 Weltgeschichtliche Bedeutung gewinnt die **Kaiserkrönung**
25. Dez. **Karls in Rom** durch Papst Leo III. Hierdurch wird er vom germanischen König zum christlichen Herrscher, der im Auftrag Gottes den Frieden zu schützen, das Recht zu wahren und für Schutz und Ausbreitung des christlichen Glaubens zu sorgen hat. Papst und Geistlichkeit auf das fürbittende Gebet beschränkt. Der Konflikt mit Ostrom, das die Krönung als Usurpation ansieht, wird erst 812 durch den Vertrag von Aachen beigelegt (Anerkennung des westlichen Kaisertums durch Byzanz nach Abtretung Venetiens, Istriens und Dalmatiens).

Das karolingische Kaisertum bedeutet sichtbare Förderung der abendländischen Einheit. Seine Ordnungselemente wer-

Die Karolinger

- Pippin d. M., HM, † 714
  - Karl Martell, HM, † 741
    - Karlmann, HM, † 754
    - Pippin I., HM, 752 Kg., † 768
      - **Karl I. d. Gr.***, Kg., 800 Ks., † 814
        - **Ludwig I. d. Fromme**, Ks., † 840
          - **Lothar I.**, 817 Ks., † 855
            - **Ludwig II.**, Kg., 850 Ks., † 875
            - Lothar II., Kg., † 869
            - Karl, Kg., † 863
          - Ludwig II. d. Deutsche, Kg., † 876
            - Karlmann, Kg., † 880
              - **Arnulf v. Kärnten**, Kg., 896 Ks., † 899
                - Ludwig d. Kind, Kg., † 911
            - **Karl III. d. Dicke**, Kg., 881 Ks., 887 abges., † 888
          - **Karl II. d. Kahle**, Kg., 875 Ks., † 877
            - ⌇ französische Karolinger bis 987
      - Karlmann, Kg., † 771

* Kaisernamen in Fettdruck

den ebenso wie die byzantinischen weitgehend vorbildlich für die Barbarenvölker (Karls Name als Herrscherbezeichnung bei den Slawen).

Grenzen des Reiches: Ebro, Raab, Böhmerwald, Saale, Elbe, Eider (im Vorfeld Slawen tributpflichtig). Austausch von Gesandtschaften mit ausländischen Mächten, u. a. mit Byzanz und Bagdad (Harun al-Raschid), Schirmherrschaft über die heiligen Stätten. – Innere Verfassung: Aufhebung der Herzogsgewalt, Einteilung des Reiches in Grafschaften, zum Grenzschutz Marken, Königsboten zur Kontrolle der Grafen. Weise Gesetzgebung (Capitularia), Einführung der Schöffen, Sorge für Landbau und Schulwesen, Aufzeichnung der Volksrechte. – Entstehen einer Reichsaristokratie (fränkisch, alamannisch), die zur Erhaltung der Einheit im 9. Jh. beiträgt. Ausformung des Lehnswesens durch Bindung der Vasallen an Lehnsherren mittels Landvergabe zum Nießbrauch gegen Dienst (Heerfahrt, Hoffahrt) bei gegenseitiger Treuepflicht; Tendenz zur Erblichkeit der Lehen. Vorherrschen der Naturalwirtschaft, Übergewicht des Grundbesitzes (Fronhof, zinspflichtige Bauernhufen); geringe Bedeutung der Städte, des Handels; Niedergang des Fernhandels. Keine feste Residenz Karls (Pfalzen: Aachen, Ingelheim, Worms, Nimwegen, Diedenhofen u.a.). An der Hofschule (Vorsteher Alkuin) Pflege antiker Bildung (Karolingische Renaissance) und Ausnutzung der formalen logischen Mittel der Antike zum besseren Verständnis der christlichen Wahrheit. Durch den Angelsachsen Alkuin geistiger Austausch des angelsächsischen mit dem italienischen Kulturkreis. Akademie. Geschichtsschreibung: Einhard, Paulus Diaconus. Pflege des deutschen Volkstums, der deutschen Sprache; karolingische Schrift.

814–840 Unter Karls Sohn, **Ludwig d. Frommen,** führen Einfälle der Sarazenen, Normannen und Slawen und Aufstände der Söhne gegen den Vater (817 Reichsordnung: Kaiserwürde für ältesten Sohn, für die jüngeren Teilreiche vorgesehen; Lügenfeld bei Colmar 833) und Kämpfe der Brüder untereinander **(842 Straßburger Eide** in altfranzösischer und althochdeutscher Sprache) zum Zerfall des Reiches.

843 **Vertrag von Verdun** zwischen den Söhnen Ludwigs. **Lothar** erhält die Kaiserwürde und **Mittelfranken** (später Lotharingien), Burgund, die Provence und Italien, **Ludwig d. Deutsche Ostfranken** (Deutschland), **Karl d. Kahle Westfranken** (Frankreich). Teilung des Frankenreiches in germanisches und romanisches Sprachgebiet eingeleitet. Anfänge eines Nationalgefühls, bei der Teilung aber nicht bestimmend. Idee der Reichseinheit erhalten. Nach Aufteilungen des Mittelreichs 855 (Italien mit Kaiserkrone unter Ludwig II., Burgund und Provence unter Karl, Lothringen unter Lothar II.) und 863 (nach Karls Tod) teilen nach Lothars II.
870 Tod im Vertrag zu **Mersen** Ludwig d. Deutsche und Karl d. Kahle Mittelfranken unter sich: Osthälfte Lothringens mit Aachen und Metz an Deutschland, 880 in Ribemont auch die Westhälfte. Die in Verdun 843 festgelegte Westgrenze des Mittelreiches bleibt während des Mittelalters im wesentlichen die Grenze zwischen Deutschland und Frankreich. 875 Karl d. Kahle Nachfolger Ludwigs II. in Italien, von Papst Johann VIII. zum Kaiser gekrönt.

843–876 **Ludwig d. Deutsche.** Kämpfe gegen Westfranken, Normannen und Slawen. Sein Sohn

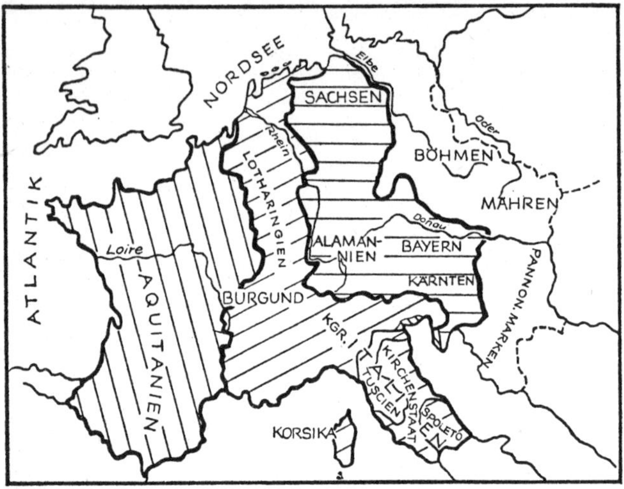

Die fränkischen Reiche nach dem Vertrag von Verdun 843

Reich Karls II. d. Kahlen
Reich Lothars I.
Reich Ludwigs d. Deutschen

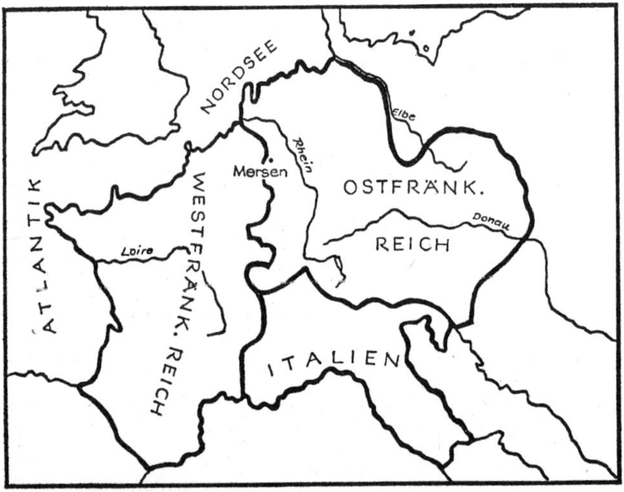

Die fränkischen Reiche nach dem Vertrag von Mersen 870

876–887 Karl d. Dicke vereinigt als Kaiser Karl III. (seit 881) noch einmal (885–887) das Gesamtreich. Wegen seiner Schwäche gegen die Normannen abgesetzt. Besondere Königreiche entstehen in Nieder- und Hochburgund, 933 vereinigt als Königreich Burgund (Hauptstadt Arles).

887–899 Arnulf v. Kärnten, König von Ostfranken, besiegt die Normannen bei **Löwen** und im Bund mit den Magyaren Herzog Svatopluk v. Mähren (S. 76). Kaiserkrönung 896.

900–911 Ludwig d. Kind. Verheerung Deutschlands durch die Magyaren (907 Niederlage bei Preßburg, Verlust der Ostmark). Gleichzeitig schwere innere Kämpfe und Fehden. Bedeutungslosigkeit des Kaisertitels. Ohnmacht der Krone in Frankreich (Feudalisierung) und in Deutschland (Stammesherzogtum). Verfall der karolingischen Dynastie.

7. Der Norden und Osten bis zum Ende des 9. Jhs.

Im 6. Jh. Ausbreitung der **Dänen** von Schonen über die Inseln nach Jütland, wo das **erste dänische Großreich** entsteht. Die Ynglinger-Könige der **Svear** (Uppsala) unterwerfen um 600 die **Gauten** und beherrschen die Ostsee.

In Nordnorwegen und am Oslofjord zwischen dem 6. und 8. Jh. erste Herrschaftsbildung. Einigung **Norwegens** unter Harald **Schönhaar** (872–936).

Skandinavische **Wikinger,** auf Beute, Handelserwerb und Landeroberung bedacht, werden seit dem 8. Jh. mit ihren wagemutigen und weltweiten Unternehmungen zum Schrekken der Kulturwelt durch ihre Einfälle

in **Irland:** Kämpfe der Norweger gegen die Dänen und Begründung mehrerer norwegischer Herrschaften im 9. und 10. Jh.; Zerstörung der irischen Kulturblüte;

in **Schottland** und **England:** 793 Lindisfarne zerstört, 836 Plünderung Londons, 866–870 Besetzung Northumbriens und Ostenglands durch die Dänen, 878 von Alfred besiegt;

in das **Frankenreich** und das **Mittelmeer:** 860 Angriff auf Konstantinopel durch Normannen von Westen und Waräger (Name für die Normannen in Osteuropa) von Osten.

825 Nach der Schlacht von Ellandun sind die 7 christlichen **angelsächsischen Staaten** zum erstenmal vereinigt (bis 830) unter **König Egbert v. Wessex.** Einfälle heidnischer Normannen bis zur Linie London–Liverpool.

871–899 Alfred d. Gr. bekämpft siegreich die Dänen. Aufzeichnung des Landrechts und der Landesgeschichte. Förderung von Dichtung und Schulwesen. Blüte der Kultur. – Alfreds Nachfolger dehnen ihre Herrschaft über die ganze Insel aus.

Beginn der Besiedlung **Islands** von Norwegen aus.

Seit dem Einbruch der Steppenvölker aus Asien und der Abwanderung der Germanen vollzieht sich vom 5. bis 7. Jh. die Ausbreitung der Slawen aus ihrer „Urheimat" zwischen Karpaten, Pripjet und mittlerem Dnjepr und ihre Landnahme nach Süden bis zur Adria, zum Balkan und nach Griechenland, nach Westen bis zur Ostsee und den Grenzgebieten der seßhaften Westgermanen sowie nach Norden und Osten – teilweise über baltisches Siedlungsgebiet hinweg – bis zum Ilmensee, oberem Wolga- und Donaugebiet im Bereich finnischer Stämme. Bäuerlich-agrarischer Charakter der frühslawischen Kulturen. Im Süden kommt es rasch zu herrschaftlicher Gestaltung (kein Stammesstaat erkennbar), während vor allem im Westen Stämme zur Grundlage einer Herrschaftsbildung werden. Starke Einflüsse auf West- und Südslawen vom Frankenreich seit dem 7. Jh., auf Süd- und Ostslawen von Byzanz.

Große Bedeutung der **Waräger** als Krieger und Kaufleute in **Osteuropa.** Handelsfaktoreien im Ostseegebiet und längs der Ströme Osteuropas. Orienthandel mit Bulgaren (Wolga) und Chazaren (Kaspisches Meer). Vordringen bis Bagdad und Konstantinopel. Im Zuge dieser Entwicklung bildet
um 860 sich das **Russische Reich.** Älteste Zentren Ladoga, Nowgorod. Durch Handel mit Byzanz Schwerpunktverlagerung nach Kiew (Dnjeprstraße) gegen Ende des 9. Jhs. Warägische Herrschaft an der Schlei zur Kontrolle des fränkisch-nordischen Handels. Zentrum Haithabu.

Seit Beginn des 7. Jhs. **Entstehung west- und südslawischer Staatsgebilde:** um 650 Reich des fränkischen Kaufmanns **Samo** (Zentrum Mähren?); im 9. Jh. **Großmähren,** nach **Svatopluks** Tod 894 zerfallen. 863 die Slawenapostel **Methodius** und **Kyrill** nach Mähren berufen, schaffen eine vom Fränkischen Reich unabhängige kirchliche Organisation unter Rom: Slawische Liturgie, Mission nach Böhmen und Polen. Das slawisierte **Bulgarische Reich** wird Rivale Ostroms und empfängt von hier 864 das Christentum. Anfänge politischer Ordnungen bei den Tschechen, Polen, Kroaten und Serben sowie bei den Nordwestslawen (Verbindungen mit dem skandinavischen Norden) im 9. Jh. Durch den Einfall der Magyaren in die Donau-Theiß-Ebene um 900

Trennung der Slawen in eine nördliche und südliche Hälfte, bedeutsam für die weitere Verselbständigung der slawischen Sprachen, Kulturen und Völker.

B. Von der Geburtsstunde des Deutschen Reiches bis zum Tode Kaiser Friedrichs II.

Das hohe Mittelalter (911–1250)

Nach dem Zerfall der karolingischen Einheit geht die Vormachtstellung des Abendlandes zunächst auf den deutschen Teil über. Die Aufgabe der Schutzherrschaft über die Christenheit und die größeren Wirkungsmöglichkeiten auf die östliche und skandinavische Welt geben dabei den Ausschlag. Die Verbindung von deutschem Königtum und römischem Kaisertum hat die Verquickung nationaler Interessen und universaler Ziele im Gang der deutschen Geschichte zur Folge und führt bald zu einem Machtkampf der beiden Universalgewalten, Papsttum und Kaisertum. In dieser Auseinandersetzung kämpfen beide Parteien von verschiedenen Standpunkten für die Durchsetzung einer gerechten Ordnung innerhalb einer Einheit, die grundsätzlich nicht in Frage gestellt wird. Der damit verbundene Aufstieg des deutschen Fürstentums und die Schwächung der Zentralgewalt beginnt für die Sonderentwicklung Deutschlands höchst bedeutsam und folgenreich zu werden. Dies sowie die Entstehung dynastischer, national bestimmter Herrschaftsbildungen, ihre Christianisierung und allmähliche Europäisierung, die schließlich in der Ostkolonisationsbewegung gipfelt, sind die entscheidenden Merkmale dieser zweiten Phase der mittelalterlichen Entwicklung.

1. Der Aufstieg des Reiches zur Vormacht des Abendlandes

911–918 König **Konrad I.**, Herzog v. Franken, kämpft vergeblich im Bund mit der Kirche gegen Adel und Stämme. Herausbildung der **Herzogtümer** Sachsen, Schwaben, Bayern, Franken und Lothringen. Zur Sicherung der gefährdeten Einheit Übertragung der Krone von den Franken auf die Sachsen.

919–1024 Deutsche Könige aus dem sächsischen Haus.

919–936 Heinrich I. Gegenkönig Arnulf v. Bayern unterwirft sich 921. Die Rückgewinnung Lothringens begründet die Überlegenheit des Deutschen Reiches gegenüber Frankreich (Heinrich als Schiedsrichter in französischen Fragen). Festigung des Königshauses gegenüber den Herzögen. Anlage von Burgen (Zentren der Verwaltung) und Schaffung eines Reiterheeres. Tributhoheit über Böhmen und Slawen bis zur Oder (929 Brandenburg erobert). Siege über die Dänen.

933 Sieg über die Ungarn bei Riade nahe der Unstrut. Hegemoniale Stellung Deutschlands begründet.

936–973 **Otto I. d. Gr.** Krönung in Aachen. Vorbild Karl d. Gr. Kämpfe mit den Herzögen (Franken mit der Krone 939 vereinigt) und seinem aufständischen Bruder Heinrich (Mordplan). Vergebung der Herzogtümer an seine Verwandten; nach neuen Aufständen werden die geistlichen Fürsten zur Hauptstütze der Reichsverwaltung (Ernennung durch den König, keine Erblichkeit der geistlichen Lehen).

951 **Zug Ottos nach Italien.** Vermählung mit **Adelheid,** Witwe König Lothars v. Italien. Krönung in Pavia.

955 **Entscheidender,** das deutsche Gemeinschaftsgefühl belebender **Sieg über die Magyaren bei Augsburg.** Sie beunruhigen seitdem das Reich nicht mehr, werden im Gebiet des heutigen Ungarn seßhaft und nehmen das Christentum an (endgültig 1001; Stephanskrone). Errichtung eines Marken- und Bistumsgürtels an der Slawengrenze (Hermann Billung, Gero) zur Sicherung des Reiches.

961 Zum Schutz des bedrängten Papstes Johann XII. (vgl. die
–965 Geschehnisse 754 und 800, S. 66 u. 71) zweiter Zug Ottos
962 nach Italien und **Krönung Ottos zum römischen Kaiser.** Die Kaiserwürde seitdem mit dem deutschen Königtum verbunden. Starke Machtstellung des Kaisers gegenüber dem Papst. Bis 1250 bleibt es festes Recht der deutschen Könige, vom Papst die Kaiserkrone zu erhalten. (Streit über Berechtigung der Italien- und Kaiserpolitik von modernen Gesichtspunkten aus eröffnet und darum gegenstandslos.) „Zweikaiserproblem" führt zu Spannung mit Byzanz (Rückzug Ottos aus Kalabrien und Eheverbindung der Kaiserfamilien).

968 Gründung des **Erzbistums Magdeburg** als Mittelpunkt für die Missionierung der nordöstlichen Slawenwelt. Für Böhmen Bistum Prag (973). Polen bis zur Warthe tributpflichtig.

Erste deutsche Kulturblüte (Ottonische Renaissance) unter starkem Anteil der königlichen Frauen (Mathilde, Mutter Ottos; Adelheid; Hrotsvitha v. Gandersheim; Hadwig v. Schwaben), Kämpfe im Innern gegen seinen Vetter Heinrich d. Zänker v. Bayern (Absetzung 976; Kärnten selbständig; Ostmark unter Babenberger) und gegen Dänen und Slawen. Anfänge des romanischen Baustils (Gernrode).

973–983 **Otto II.** (Gemahlin die Griechin Theophano). Er wird im Kampf gegen die von Sizilien aus in Unteritalien eindrin-
982 genden **Sarazenen** bei Cotrone besiegt. Daraufhin **großer**
983 **Aufstand der heidnischen Slawen** zwischen Elbe und Oder. Der von Otto I. gewonnene Markengürtel zum größten Teil (außer Sorbenland) verloren. Grenze jetzt Eider und Elbe.

983–1002 **Otto III.** (geb. 980, bis 995 Reichsregierung durch Theophano [gest. 991], Adelheid und Erzbischof Willigis v. Mainz) will die „Renovatio imperii Romanorum" verwirklichen und Rom zum Mittelpunkt des einheitlich zusammengefaßten Imperiums machen. Enges Zusammenwirken von Kaiser und Papst (996–999 sein Vetter Brun v. Kärnten als Gregor V., 999–1003 sein Lehrer Gerbert als Sylvester II.) soll die Macht der christlichen Kirche ausbreiten (Freundschaft mit Adalbert v. Prag, der 997 Martyrium in Preußen erleidet). National selbständige Kirchen in Polen (Erzbistum Gnesen; ottonisch-piastischer Ehebund) und Ungarn (Gran; König Stephan d. Hl. vermählt mit Gisela v. Bayern). Polen und Ungarn Glieder des Imperium Romanum. Kaiser als „servus apostolorum" auch Herr der universalen Kirche. Eheverbindung mit Byzantinerin vorgesehen. Konturen des Abendlandes bereits deutlich. Ottos Tod macht allen Plänen ein Ende.

1002–1024 **Heinrich II.** kämpft im Bund mit den heidnischen Liutizen von 1003 bis 1018 (kritisch von den Zeitgenossen beurteilt; negative Wirkung auf das deutsch-polnische Verhältnis) gegen Boleslaw Chrobrys Anspruch auf Böhmen (1003/04) und die Herrschaft über die Lausitzen und Mähren (zeitweise im Bund mit Ungarn und Kiew), deren Besitz Boleslaw 1018 im Frieden zu Bautzen behauptet. Heinrich gründet das **Bistum Bamberg** als Missionszentrum für Main-Sorben und sichert die deutsche Herrschaft über die langobardischen Fürstentümer gegen byzantinisches Vordringen. Erstes Auftreten der Normannen in Süditalien und Begründung der Seegeltung Pisas und Genuas durch Siege über die Sarazenen. Geistliches Beamtentum als Stütze.

1024–1125 Fränkische (salische) Kaiser in Deutschland.

1024–1039 **Konrad II.,** realistisch und tatkräftig, zieht zweimal nach Italien, wo er die Reichsgewalt mit Hilfe der kleinen Vasallen (Erblichkeit ihrer Lehen) durchsetzt. 1027 Kaiserkrönung. Kämpfe gegen Polen (1033 Unterwerfung und Verzicht Mieszkos II. auf Königswürde; Zerfall Polens), Ungarn und Liutizen. Freundschaft mit Knut d. Gr. (Ehebund, Eidergrenze).

1033 **Königreich Burgund mit dem Reich vereinigt.** Das Reich umfaßt seitdem Deutschland, Italien, Burgund (westliche Alpenpässe). Frankreichs Einfluß auf Italien gemindert.

1038 Rainulf mit der Grafschaft Aversa belehnt.

1039–1056 **Heinrich III. Hohe Machtstellung des Kaisertums.** Herzöge, Nachbarländer und Kirche vom Kaiser abhängig; gleichzeitig kaiserliche Unterstützung der cluniazensischen Kirchenreform. Aufgabe einer neuen Heiligung der Kirche und Kampf gegen Simonie und Priesterehe; Anhänger der Reform in die Reichsverwaltung berufen. **Höhe der kaiserlichen Macht über das Papsttum.** Heinrich setzt drei von verschiedenen Parteien erwählte Päpste ab (**Synode von Sutri** 1046). Es folgen bis 1058 fünf deutsche Päpste auf dem Stuhl Petri. Böhmen nach Unterwerfung Břetislavs 1041 im Reichsverband, Polen mit deutscher Hilfe restauriert; anfängliche Oberhoheit über Ungarn entgleitet.

1056–1106 **Heinrich IV.**, anfangs unter Vormundschaft seiner Mutter, 1062 gewaltsam von Erzbischof **Anno v. Köln** entführt. Dieser und Erzbischof **Adalbert v. Bremen** (Patriarchatsanspruch für Nordeuropa) Reichsverweser bis 1066. Heinrich IV. besiegt die aufständischen Sachsen 1073–1075.

2. Aufstieg des Papsttums und erste Auseinandersetzung mit dem Kaisertum

962–1056 Trotz politischer Abhängigkeit vom Kaisertum erfährt das Papsttum eine geistig-moralische Stärkung, einmal durch kirchlich-religiöse Ideale der Kaiser selbst (Otto III., Heinrich II., Heinrich III.) und durch die **cluniazensische Reform** (Kloster Cluny). Disziplinierte Askese und Arbeit sollen das alte mönchische Ideal erneuern. Gleichzeitig durch Predigt vertieftes Verständnis der christlichen Lehre an die Laienwelt vermittelt. Seit **Leo IX.** (1048–1054) übernimmt das Papsttum die Führung der Kirchenreform. Erweiterung des Kardinalskollegiums und straffe Abhängigkeit der Geistlichkeit sowie der Klöster vom Papst. Papstwahldekret Nikolaus' II. 1059 schaltet Einspruchsrecht des deutschen Kaisers aus. Lehnsvertrag mit Normannen 1059 (Robert Guiscard und Richard v. Aversa) gewährt militärischen

Schutz und gibt der gereinigten Kirche das Muster für Vorherrschaft über weltliche Staaten. **Gregor VII.** (Hildebrand, 1073–1085) beansprucht aus religiösen Motiven mit politischen Mitteln Oberlehnsherrschaft über alle weltlichen Fürsten.

Diese Ideale und politischen Ziele sowie das Bündnis von Kurie und oberitalienischer Aufstandsbewegung gefährden die Grundlagen der Reichsverfassung.

1054 Das gesteigerte Selbstbewußtsein Roms führt zum Bruch mit der Ostkirche. Folgenreich für die wachsende Entfremdung zwischen dem lateinischen und byzantinischen Kulturraum **(Zweiteilung ganz Europas).**

Ausbruch des Konflikts zwischen den Ideen und Zielen des Reformpapsttums und den realen Interessen des auf Treue und Ergebenheit der geistlichen Fürsten angewiesenen deutschen Königtums. **Gregor VII.** fordert Durchführung des **Zölibats, verbietet Simonie** (Kauf geistlicher Ämter) **und Laieninvestitur** (Einsetzung der Geistlichen durch weltliche Gewalten). Seine Ziele sind die Unterordnung der weltlichen Gewalt unter die geistliche und die Beherrschung der Kirche durch den Papst. Eröffnung des **Investiturstreits** durch Gregor auf der Fastensynode 1075 mit Banndrohung gegen Heinrich.

1076 **Synode** deutscher Bischöfe **in Worms.** Heinrich läßt den Papst für abgesetzt erklären. Daraufhin wird **Heinrich gebannt.** Heinrich, gestützt von Ministerialen und Städten, muß, um seine Absetzung und ein Bündnis zwischen Papst
1077 und deutschen Fürsten zu verhindern, in **Canossa** Buße tun und erhält **Absolution.**

1080 Der Gegenkönig Rudolf v. Schwaben wird in der Schlacht an der Weißen Elster tödlich verwundet.

1081–1084 Heinrich, zum zweitenmal gebannt, kämpft in Italien. Der Papst, in der Engelsburg belagert, wird von seinen normannischen Lehnsleuten befreit und stirbt in Salerno (1085). **Heinrich,** von Clemens III. 1084 **zum Kaiser gekrönt,** stellt in Deutschland den Landfrieden her. Aufstand des jungen Heinrich (V.); Thronverzicht und Tod Heinrichs IV. in Lüttich 1106.

1106–1125 **Heinrich V. beendet** nach Übereinkommen mit dem Papst im Vertrag von Sutri (1111) **durch das Wormser**
1122 **Konkordat vorläufig den Investiturstreit.** Die deutschen Bischöfe zuerst vom Kaiser mit dem Zepter, dann vom Papst mit Ring und Stab belehnt; in Italien und Burgund zuerst päpstliche Belehnung. Der Konflikt hat die Kirche stärker

mit der Welt verstrickt. Sehnsucht nach Reformen bleibt bestehen. Hegemonie des Reiches stark erschüttert: Krone geschwächt, Aufstieg der weltlichen Fürsten in Deutschland und der Städte in Italien. Papsttum vom deutschen Königtum unabhängig.

3. Die Kreuzzüge

Papst und Kirche hoffen, mit Hilfe des christlichen Adels Europas die Ostkirche von Syrien und Palästina aus zu erobern. Die Befreiung des Hl. Grabes in Jerusalem von den Ungläubigen bleibt schließlich ideales Ziel der Christenheit, getragen von dem Wunsch nach Sündenvergebung durch Teilnahme an einem „heiligen" Krieg sowie von wirtschaftlichen Interessen des Adels (Wunsch nach Landbesitz) und der italienischen Seestädte (Sicherung ihrer Handelsvorherrschaft im Orient). Vordringen der Christenheit im Zeichen des Zerfalls der muslimischen Mittelmeerherrschaft seit dem 10. Jh. (Byzanz, Venedig, Pisa, Normannen, Kastilien). Der Einbruch der sich zum Islam bekennenden türkischen Seldschuken über Bagdad (1055) nach Syrien, Palästina und Kleinasien zwingt Byzanz trotz des Schismas der Kirche, sich um militärische Hilfe des Westens zu bemühen.

1071 Schlacht bei Mantzikert: Kleinasien wird türkisch.

1077 Eroberung Jerusalems durch den Seldschukenführer Melikschah: Anlaß für den 1. Kreuzzug der abendländischen Ritterschaft.

1096–1099 1. Kreuzzug, angeregt von Papst Urban II. Teilnehmer meist Franzosen und Normannen (Gottfried v. Bouillon, Robert v. d. Normandie u. a.). Nach schweren, blutigen Kämpfen **Einnahme von Antiochia und Jerusalem. Gründung des Königreichs Jerusalem** (unter Balduin I. 1100 bis 1118). Daneben kleinere Lehnsstaaten: Antiochia, Edessa, Tripolis.

Stiftung geistlicher **Ritterorden** (Tempelherren, Johanniter; mönchische Askese und Heidenkrieg). Entstehung italienischer Handelsniederlassungen in Syrien und Palästina mit Monopolstellung im Nachschubwesen. Orienthandel.

1147–1149 2. Kreuzzug, aufgerufen von Abt Bernhard v. Clairvaux, von Kaiser Konrad III. und König Ludwig VII. v. Frankreich unternommen, bleibt erfolglos.

1187 Saladin, Sultan v. Ägypten seit 1171, erobert Jerusalem.

1189–1192 3. Kreuzzug, unternommen von Kaiser **Friedrich Barbarossa** zu Lande und von **Richard Löwenherz,** König v. England, und **Philipp II. August,** König v. Frankreich, zur
1190 See. Sieg Barbarossas bei Iconium. Er ertrinkt kurz darauf im Kalykadnus (Saleph). 1191 Eroberung von **Akkon (1190 Deutscher Ritterorden gegründet).** Jerusalem bleibt in den Händen Saladins. Rückgang der Kreuzzugsbereitschaft.

1202–1204 4. Kreuzzug, angeregt von Innozenz III., durch Venedig mißbraucht. **Konstantinopel erobert:**

1204–1261 Gründung des Lateinischen Kaisertums unter Balduin v. Flandern. Damit zeitweiliger Erfolg kirchlicher und politischer Unionsbestrebungen, aber verhängnisvolle psychologische Wirkung innerhalb der Ostkirche. Durch den Orienthandel Aufblühen der **venezianischen und genuesischen Seemacht.** Daneben das Königreich von Thessalonike (unter Bonifaz v. Montferrat und seinem Sohn bis 1223) und mehrere Fürstentümer in Mittelgriechenland unter der Herrschaft der westlichen Ritterschaft.

1228–1229 5. Kreuzzug. Kaiser Friedrich II., von Papst Gregor IX. wegen Verzögerung des versprochenen Kreuzzugs gebannt, **gewinnt durch Vertrag Jerusalem** und krönt sich in der Grabeskirche zum **König von Jerusalem.** Seither veränderte Haltung der Kurie gegenüber dem Kreuzzugsgedanken. 1244 geht Jerusalem endgültig an die Muslime verloren.

1248–1254 6. Kreuzzug. Ludwig IX. (d. Hl.) v. Frankreich von den Sarazenen in Ägypten vorübergehend gefangengehalten.

1270 7. Kreuzzug. Ludwig IX. zieht gegen Tunis. Er stirbt an einer Seuche. Untergang der Kreuzfahrerstaaten im Orient zwischen 1244 und 1291.

1291 Die Christen räumen Akkon, die letzte Besitzung in Palästina.

Ergebnisse der Kreuzzüge: Das Ziel einer dauernden Gewinnung der heiligen Stätten wird trotz großer Blutopfer nicht erreicht. Doch Steigerung des Ansehens von Kirche und Papst, Herausbildung eines auf gemeinsamen Idealen und Zielen aufgebauten europäischen Adelsstandes (Rittertum); Anregung und Entwicklung der geistigen Bildung; wirtschaftlicher Aufschwung, besonders des Mittelmeerhandels und der italienischen Städte. Toleranz und Zweifel an der Alleinrichtigkeit der christlichen Lehre. Steigerung der Lebenshaltung und Förderung des städtischen Lebens und Bürgertums.

4. Die zweite Phase der Auseinandersetzung zwischen Papsttum und Kaisertum. Das Kaisertum auf der Höhe seiner Macht. Die Hohenstaufen

Die Schwächung des Königtums zeigt sich im Druck der Kurie auf die geistlichen Fürsten bei der Königswahl Lothars v. Sachsen, die eine Abweichung vom Geblütsrecht darstellt.

1125–1137 Kaiser Lothar v. Sachsen zieht zweimal nach Rom, vertreibt für kurze Zeit den Normannen Roger II., Gründer des Königreichs beider Sizilien (modernster Staat), vom italienischen Festland. Dänenkönig Vasall des Reiches, Polen für Rügen und Pommern (christianisiert durch Otto v. Bamberg) tributpflichtig (1135). Auftakt zur Ostsiedlungsbewegung. Einsetzung der **Schauenburger** in Holstein, der **Wettiner** in Meißen, der **Askanier** in der Nordmark (Albrecht d. Bär). Die Vormacht der Welfen (Heinrich d. Stolze, Lothars Schwiegersohn, von Lothar zum Nachfolger bestimmt; Wirren und Ohnmacht des Reiches infolge des welfisch-hohenstaufischen Gegensatzes) führen zur Wahl

1138–1254 der **Könige aus dem Hause der Hohenstaufen.**

1138–1152 Auf den unbedeutenden ersten Staufer **Konrad III.** (1147 Wendenkreuzzug der weltlichen und geistlichen Fürsten an der Ostgrenze und Polens gegen heidnische Reste zwischen unterer Elbe und Oder) folgt sein Neffe,

1152–1190 Friedrich I. Barbarossa, der das Ansehen des Reiches im Geiste der Ottonen (Italienpolitik und Abhängigkeit der Reichskirche) erneuert **(Kanzler Rainald v. Dassel).** 1155 Kaiserkrönung in Rom. Ausgleich mit den Welfen 1156; Heinrich d. Löwe erhält Bayern. Österreich selbständiges Herzogtum. 1158 Königskrone an Vladislav II. v. Böhmen verliehen.

1157 Erfolgreicher Zug nach Polen (deutscher Einfluß in Schlesien). Streit mit den aufständischen **lombardischen Städten;** Reichstag auf den Ronkalischen Feldern (1158): Sicherung der königlichen Rechte durch Reichsbeamtentum. Durch Eingriff in die Papstwahl und Verweigerung der Anerkennung für Roland v. Siena (Alexander III.) 1159 kommt es zum Schisma der Kirche bis 1177 und zur Spaltung Europas: Frankreich und England neben Sizilien und Lombardei auf seiten des von gregorianischen Ideen beherrschten Alexander gegen Friedrichs kaiserlichen Führungsanspruch.

1162 **Zerstörung Mailands.** Nach erneutem Aufstand Mailands (Bildung des Lombardischen Bundes; Errichtung Alessan-
1176 drias) **Niederlage Friedrichs** bei **Legnano** (sein Vetter, **Heinrich d. Löwe v. Sachsen-Bayern,** verweigert die Heerfolge).

1177 **Aussöhnung zwischen Kaiser und Papst in Venedig.**

1180 Heinrich d. Löwe, dessen Ziel Mehrung persönlicher Macht ist, wird geächtet, verliert Bayern (an Otto v. Wittelsbach) und Sachsen (Westfalen an Erzbistum Köln, den Osten an Anhaltiner) und behält nur sein Erbland Braunschweig-Lüneburg. Er geht nach England in die Verbannung.

1183 **Friede zu Konstanz** mit den lombardischen Städten. Sie dürfen ihre Stadtobrigkeit (consules) selbst wählen, müssen aber die Oberhoheit des Reiches anerkennen.

1184 Glänzendes Reichsfest in Mainz. **Das Kaisertum auf der Höhe seiner Macht:** Verwaltung durch Ministeriale überwindet Feudalismus. Blüte der ritterlichen Kultur. **1186 Friedrichs Sohn Heinrich mit der Erbin des sizilischen Normannenreiches, Konstanze, vermählt.**

1190 Friedrich stirbt auf dem 3. Kreuzzug (S. 83).

1190–1197 **Heinrich VI.** vereinigt Deutschland und fast ganz Italien; Ohnmacht des umklammerten Papsttums. Kaiserkrönung (1191) und Krönung zum König des Normannenreiches in Palermo (1194). Pläne auf Eingliederung des Oströmischen Reiches und des Westens in das staufische Herrschaftssystem. Plan, Deutschland und Sizilien zur Grundlage eines Erbkaiserreiches zu machen, scheitert am Widerspruch des Papstes und der Fürsten. Heinrich stirbt, erst 32 Jahre alt, und hinterläßt als Erben seinen dreijährigen Sohn Friedrich.
Diese Lage wird von dem hochbedeutenden Papst **Innozenz III.** (Vormund Friedrichs II.) zur Machtsteigerung der Kurie genutzt und führt zum letzten Entscheidungskampf zwischen Kaiser- und Papsttum.

5. Endkampf der Universalmächte

Doppelwahl in Deutschland (endgültige Verdrängung des Geblütsrechts durch freie Fürstenwahl). Thronkrieg zwischen Staufern und Welfen, der das Ende der hegemonialen Stellung des Reiches einleitet und den Aufstieg der westlichen Staaten und des Papsttums bringt.

1198–1208 Der Staufer **Philipp v. Schwaben** (jüngster Sohn Barbarossas), im Bund mit Frankreich, von Papst Innozenz III. gebannt. Dieser unterstützt Philipps Gegner, den **Welfen**

1198–1215 Otto IV., Sohn Heinrichs d. Löwen, der – mit England verbündet – einen Verzicht auf die oberitalienischen Besitzungen leistet. Nach Ermordung Philipps (1208) und Erneuerung der Reichsrechte in Italien durch Otto (Kaiserkrönung) kommt es zum Bruch zwischen Otto und dem Papst. Innozenz stellt sein Mündel **Friedrich,** Sohn Heinrichs VI., als Gegenkaiser auf, der verspricht, Sizilien nicht mit dem Reich zu vereinigen (Goldene Bulle von Eger 1213).

1214 **Schlacht bei Bouvines.** Otto IV., im Bund mit England, von der gegnerischen Partei und Philipp II. August v. Frankreich besiegt. Politisches Schwergewicht geht auf den Westen über. **Weltstellung des Papsttums erreicht:** 1215 4. Laterankonzil. Zentralisation der Kirchenverwaltung. Lehnshoheit über Sizilien und England. Schiedsrichterstellung im Abendland.

1212–1250 Friedrich II. v. Hohenstaufen, hochgebildet, staatsmännisch, künstlerisch und wissenschaftlich bedeutend; das Hauptinteresse auf seine sizilischen Erblande gerichtet. Deutschland wird zum Nebenland, in dem die **fürstliche Landeshoheit** begründet wird (1220, 1231). 1235 Mainzer Landfriedensgesetz.

Der 1190 vor Akkon gegründete Orden der Brüder vom Hause des St. Marien-Hospitals der Deutschen zu Jerusalem (1211 von König Andreas II. v. Ungarn gegen die Kumanen gerufen, 1225 vertrieben) wird von dem polnischen Herzog Konrad v. Masowien für den Kampf gegen die Preußen eingesetzt und mit dem Kulmerland an der Weichsel ausgestattet. Besitzrechte von Kaiser und Papst bestätigt.

1226 **Deutscher Orden,** zur Missionierung Preußens bevollmächtigt (Zusammenwirken von Polen, Kurie und Reich), entwickelt sich zu einem machtvollen deutschen Ostseestaat (1255 Gründung von Königsberg) mit eigener Landeshoheit (s. S. 96).

Waldemar II. v. Dänemark von Friedrich II. im Besitz
1214 von Holstein und „Slawien“ (Pommern) bestätigt, bei **Born-**
1227 **höved** von deutschen Fürsten und Bürgern besiegt. Niedergang der dänischen Ostseevorherrschaft.

1227 Ausbruch des **Kampfes zwischen Friedrich II. und Papst Gregor IX. um die Alleinherrschaft in Italien und um die Realisierung des päpstlichen Weltherrschaftsanspruches über alle weltlichen Fürsten.**

1231 Gesetzgebung Friedrichs für das unteritalienische Reich **(Constitutio Monarchiae Siculae). Erster moderner Einheitsstaat** mit besoldeten Beamten anstelle des Lehnssystems; starke Einflüsse auf die werdenden Nationalstaaten des Westens.

1237 Sieg Friedrichs über die lombardischen Städte bei **Cortenuova.** Durch Forderungen des Kaisers kein Ausgleich; Bündnis zwischen Lombardei und Papst gefestigt. Der erneut gebannte Kaiser wird auf dem Konzil von Lyon abgesetzt. Gegenkönige: 1246–1247 Heinrich Raspe, Landgraf v. Thüringen, 1247–1256 Wilhelm v. Holland. Friedrich II. stirbt in Apulien; in Palermo beigesetzt.

1250–1254 **Konrad IV.,** Sohn Friedrichs II., kämpft erfolglos in Italien. In dem leidenschaftlich geführten Endkampf unterliegt das Kaisertum dem von Frankreich gestützten Papsttum. Beginn des Zeitalters der Nationalstaaten.

1256–1273 **Interregnum in Deutschland.** Englische und französische Thronkandidaten; erstmals Wahlen durch die Fürsten, die später als Kolleg der sieben Kurfürsten erscheinen (s. S. 95).

1268 **Konradin,** Sohn Konrads IV., wird von Karl v. Anjou, der vom Papst mit Neapel und Sizilien belehnt ist, bei **Tagliacozzo** besiegt und **in Neapel hingerichtet.**

In der Stauferzeit hohe **Kulturblüte,** getragen vom **Rittertum** (in Frankreich durch die Troubadours). Minnesang: **Walther v. d. Vogelweide.** Volksepos: Nibelungen- und Gudrunlied. Höfisches Epos: **Wolfram v. Eschenbachs** „Parzival" (Ideal des „geistlichen Ritters". Verbindung von christlicher Liebe und weltlicher Zucht. Ausdruck eines „klassischen" Lebensgefühls), **Gottfried v. Straßburgs** „Tristan", **Hartmann v. Aues** „Armer Heinrich" u. a. **Hochromanische Baukunst:** Dome von Worms, Mainz und Speyer. Plastik: Uta v. Naumburg, Bamberger Reiter. Durchbruch zur **Gotik:** Notre Dame (Paris), Chartres, Laon, Canterbury, Marburg. – Der große Theologe und Scholastiker **Thomas v. Aquino** entwirft ein Weltbild, in dem die antike Tradition des Aristoteles sich mit der christlichen Grundhaltung durchdringt.

6. Der neue europäische Osten und Norden bis 1250

Herrschaftsbildung und Christianisierung, die zugleich den Anschluß an die germanisch-romanisch oder griechisch bestimmte Kulturwelt bedeuten, sind die wichtigsten Faktoren des Europäisierungsvorgangs der östlichen Völker.

Böhmen, seit 9. Jh. unter den Přemysliden (bis 1306), von Regensburg christianisiert, 950 endgültig vom Deutschen Reich lehnsabhängig, erhält 973/76 eigenes Bistum Prag (unter Erzbistum Mainz; Kult des hl. Wenzel), gewinnt **Mähren** und die **Königswürde** (erblich seit 1198: Primogenitur). Es verbleibt im Verband des Deutschen Reiches. Höhe der Machtentfaltung unter Přemysl Ottokar II. (1253–1278), der als Bewerber um die deutsche Königskrone Rudolf v. Habsburg auf dem Marchfeld erliegt. – Die **Slawen zwischen Elbe und Oder** verharren im Widerstand gegen die deutsche Macht in Uneinigkeit und im Heidentum und werden im 12. Jh. endgültig ein Opfer des Kampfes um die Hegemonie unter den christlichen Mächten, in dem das Deutsche Reich Dänemark und Polen überflügelt. Christianisierung und Kolonisierung, die zur raschen Eindeutschung (auch Pommerns) führen.

Polen unter dem Herzog Mieszko aus dem Hause der Piasten (bis 1370 bzw. 16. Jh. in Masowien und Schlesien) schließt sich durch Übertritt zum katholischen Christentum dem Westen an (966): Missionsbistum Posen, Tributpflicht Mieszkos und Bund mit den Ottonen, wodurch die Eroberung Pommerns, Schlesiens und des Krakauer Landes erleichtert wird. Unter Boleslaw Chrobry Glied des Imperium Romanum Ottos III. und Vormacht im Osten (zeitweise bis Kiew) mit eigener Landeskirche (Erzbistum Gnesen 999/1000). Nach raschem Machtverfall neuer Aufstieg unter Boleslaw III. (gest. 1138): Hauptstadt Krakau. Bildung von Teilfürstentümern. Senioratsverfassung. Eindringen westlicher Kultur- und Siedlungselemente. 1241 Einfall der Mongolen; Niederlage und Tod Heinrichs II. v. Schlesien in der Schlacht bei Liegnitz. Eroberung des Abendlandes durch Mongolen unterbleibt. Erneuerung des Gesamtstaates unter böhmischer Bedrohung seit Ende des 13. Jhs. (1295 Przemysl II. v. Großpolen König, 1300 Wenzel II. v. Böhmen).

Ungarn unter den Arpaden (bis 1301) erhält vom Papst die Königskrone 1001 **(Stephan d. Hl.);** nach einer Schwächeperiode Erneuerung der Zentralgewalt unter Koloman I. (1095–1116). Seit 1102 durch Kroatien erweitert. Im 12. Jh. Rivalität mit Byzanz. Stärkung des Adels 1222 durch die Goldene Bulle Andreas' II. (Privilegien für den Adel).

Bulgarien, kirchlich dem Patriarchen von Konstantinopel unterstellt (864), erlebt größte Macht und Kulturblüte unter

Symeon d. Gr. (893–927). Nach langen, schweren Kämpfen vereinigt das Byzantinische Reich die bulgarischen Teilreiche mit sich (1018). Bulgariens Erneuerung 1186 von Trnovo aus.

Die Serben, von Byzanz christianisiert, um 1050 für kurze Zeit im Königreich **Serbien** vereinigt, erlangen 1180 endgültig Selbständigkeit unter Stephan Nemanja.

Kroatien, seit 924 selbständiges Königreich, wird 1102 ein Teil Ungarns.

In **Rußland** beherrschen die Rurikiden die Dnjeprstraße. Mittelpunkt **Kiew.** Kultur- und Wirtschaftsbeziehungen zu **Byzanz** (Taufe der Fürstin Olga 957). Expansion unter Swjatoslaw (gest. 972) gegen Chazaren und Donaubulgaren führt zu Konflikt mit Byzanz.

980–1015 Unter **Wladimir** (988 Taufe, 989 Ehe mit Anna v. Byzanz) erfolgt Christianisierung (slawische Kirchensprache; Metropolit in Kiew; Anschluß an Byzanz). Blüte Rußlands unter **Jaroslaw I.** d. Weisen (1019–1054): Europäische Stellung, Baukunst, Literatur, Geschichtsschreibung. Rußlands Aufgabe im 11. und 12. Jh. Abwehr der Steppenvölker. Allmählicher Verfall der Zentralgewalt (Seniorat), Machtverlagerung nach Nowgorod, Wladimir, Halitsch. Einfälle der Mongolen (1223, 1240 Kiew zerstört) machen fast ganz Rußland der Goldenen Horde tributpflichtig. Große Bedeutung für die europäische Geschichte. **Ausscheiden Rußlands aus der europäischen Gemeinschaft** und tiefe innere Wandlungen durch die Mongolenherrschaft (bis 1480).

Unter den Mongolen wird der Südosten und Osten Europas schwer erschüttert und der kulturelle Zusammenhalt der slawischen Christenheit zerstört. Die Macht der Mongolen, die bald in Teilreiche zerfällt, erstreckt sich von Asien bis an den Rand Mitteleuropas.

1206–1227 Die **Mongolen** unter **Dschingis-Khan** unternehmen Eroberungszüge (vgl. S. 69). Sein Reich umfaßt ganz Asien von China bis Kleinasien, von Tibet bis zur Wolga. Sein Enkel **Batu** dringt in Rußland, Polen und Schlesien ein.

1241 Gleichzeitige Niederlage eines deutsch-polnischen Ritterheeres in der **Schlacht bei Liegnitz** und der Ungarn in der **Theißebene.** Nur der Tod des Großkhans Ügedei bewahrt das Abendland vor der Mongoleninvasion.

1242 An der unteren Wolga entsteht das Teilreich der **Goldenen Horde,** das die Kontrolle über den russischen Raum gegen den Aufstieg des **Großfürstentums Litauen** im 14. Jh. nicht behalten kann.

Dänemark (seit Harald Blauzahn 948 Bistümer in Ripen, Aarhus und Schleswig) wird unter Knut d. Gr. (seit 1018 König v. Dänemark, gest. 1035) mit England (s. unten) und Norwegen (1028) zu einem Nordseereich verbunden und von Angelsachsen missioniert. Häufige Lehnsabhängigkeit vom Deutschen Reich im 11. und 12. Jh. 1104 Gründung des Erzbistums Lund. Aufstieg unter **Waldemar I. d. Gr.** im Ostseeraum.

1202 **Waldemar II.** bringt viele Küstenländer der Ostsee (Grün-
–1241 dung Revals 1219) unter dänische Herrschaft. Niedergang
1227 der dänischen Ostseevormacht durch die Schlacht bei Bornhöved (S. 86). 984 **Grönland** besiedelt; um 1000 wird **Labrador** von **Leif Erikson** entdeckt. **Island** um 1000 christlich.

Norwegen unter **Olaf d. Hl.** im 11. Jh. endgültig christianisiert. Der Versuch Harald Harðraðis (1047–1066), England zu erobern, mißlingt 1066 bei Stamfordbridge. 1152 Erzbistum Nidaros (Drontheim). Seit 1164 (Reichstag in Bergen) Konflikt zwischen Krone und Bischöfen, der 1277 durch Privilegien an die Kirche beendet wird. Seit 1261 Grönland, 1262/64 Island in norwegischem Besitz.

Konsolidierung und Christianisierung **Schwedens** erst nach langen Auseinandersetzungen zwischen den christlichen Gauten und den heidnischen Svear Upplands im 12. Jh. (1164 Erzbistum Uppsala). Blüte unter **Birger Jarl** (1250–1266): Ausdehnung nach Südfinnland; Städtegründungen, Gesetzgebung, Privilegien für die Hanse.

7. Der Westen: England – Frankreich – Spanien

a) England

Nach der Rückeroberung des dänischen Gebietes im 10. Jh. unter Ethelred II. (978–1016) neue Däneneinfälle **(Danegeld,** daraus **erste mittelalterliche Staatssteuer).**

1016–1042 Dänische Herrschaft über England unter **Knut d. Gr.** und unter seinen Söhnen.

1042–1066 Regiment der angelsächsischen Könige wiederherge-

stellt durch Edward d. Bekenner, Sohn Ethelreds II.; nach seinem Tod Harald, Sohn Godwins v. Kent, König, der die Eroberung Englands durch Harald v. Norwegen bei Stamfordbridge (1066) verhindert.

1066–1154 Normannische Könige.

1066–1087 Wilhelm I. d. Eroberer, Herzog d. Normandie, siegt
1066 bei **Hastings** (14. Okt.) über den angelsächsischen König Harald II. und läßt sich in Westminster zum **König von England** krönen. Tiefer Einfluß auf Sprache und Kultur durch die romanisierten Normannen.
Er richtet in **England** den normannischen Lehnsstaat ein unter Beibehaltung der angelsächsischen Grafschaftseinteilung. Starke Stellung des Königtums; keine Ausbildung von Territorien und Landeshoheit durch die großen Barone (wesentlicher Unterschied zur kontinentalen Verfassungsentwicklung). Aufzeichnung des Domesday Book (1086). Das Angelsächsische und das Französische werden lange Zeit nebeneinander gesprochen. Wilhelms Sohn Robert (Führer im 1. Kreuzzug) erbt die **Normandie,** die nach seiner Niederlage 1106 von seinem jüngsten Bruder Heinrich I. (1100–1135) mit England vereinigt wird.

1154–1399 Haus Anjou-Plantagenet.

1154–1189 **Heinrich II.,** Enkel Heinrichs I. und Sohn der Mathilde (Witwe Kaiser Heinrichs V.) und des Grafen Gottfried v. Anjou, bedeutendster englischer König des Mittelalters, besitzt große französische Lehen: 1. Normandie und Bretagne, 2. Anjou, Maine, Touraine, 3. Poitou, Guyenne
1171 und Gascogne. Angevinisches Reich, **Vormacht des Westens,** von Schottland bis zu den Pyrenäen unter Einschluß der Hälfte Frankreichs. Zug Heinrichs nach Irland und Unterwerfung eines Teiles des Landes. Ausbau der königlichen Gerichtsbarkeit. Entstehung des Common Law. Thomas Becket Kanzler (1170 ermordet).

1189–1199 Richard Löwenherz, berühmt als ritterlicher Kämpfer; Kreuzzug (S. 83). Unglückliche Kriege gegen Philipp II. August v. Frankreich. Sein Bruder,

1199–1216 Johann ohne Land, verliert 1204 die Normandie und andere französische Lehen an die Krone Frankreichs. England wird päpstliches Lehen (1213), wodurch der Angriff Philipps II. v. Frankreich unterbleibt. Infolge der Niederlage Ottos IV. bei Bouvines (S. 86) kommt es zum Aufstand
1215 der großen Vasallen, die die Bewilligung der **Magna charta libertatum** erzwingen: Reform des Steuerwesens und der

königlichen Gerichtsbarkeit. Bindung des Königs an die Gesetze des Landes. Parlament der Barone. Starke Wirkung auf moderne Verfassungsentwicklung.

b) Frankreich

987–1328 Nach dem Aussterben der Karolinger in Frankreich bringen die Kapetinger im 12. Jh. das Königtum wieder zu Ansehen durch Förderung des Städtewesens und Verbindung von Monarchie mit Bürgertum. Das Herzogtum Burgund (Hauptstadt Dijon) seit 1032 Lehen der französischen Krone.

1108–1137 Ludwig VI. (Verbindung mit der Kurie eröffnet; französisches Nationalgefühl). Veredelung des Rittertums durch die Kreuzzüge (S. 82f.). Ludwig VII. (1137–1180) führt Kriege mit Heinrich II. v. England.

1180–1223 Philipp II. August (S. 91) kämpft siegreich gegen die Umklammerung durch englische Lehen. Seit Bouvines (1214) löst Frankreich das Angevinische Reich als Vormacht im Westen ab. Philipp festigt die königliche Macht, mischt sich aber nicht in die Religionskriege der **Albigenser** (Ketzer) in Südfrankreich. Nach blutigen Kämpfen werden die Albigenser durch Inquisition gewaltsam bekehrt.

1226–1270 **Ludwig IX. d. Hl.,** friedliche Regierung. Aufblühen der Universität Paris (1256–1261, 1269–1272 **Thomas v. Aquino,** gest. 1274; um 1258 Kollegienhaus Sorbonne gestiftet). Ergebnislose Kreuzzüge. Seit 1250 (Tod Kaiser Friedrichs II.) wird Frankreich Vormacht im Abendland. 1258 verliert England im Frieden von Paris die Normandie, Maine, Anjou und Poitou und erkennt französische Lehnshoheit über Guyenne (Aquitanien) an.

c) Spanien

Nach Untergang des Westgotenreiches (711) ganz Spanien und Septimanien unter Statthaltern des Kalifen von Damaskus (756 Omaijaden, seit 929 als Kalifen von Córdoba), mit Ausnahme von Randgebieten im Norden, wo christliche Staaten entstehen: Königreich Asturien-León (718 bis 1037) bis zum Duero (Fortsetzung der westgotischen Tradition), Grafschaft Kastilien, Königreich Navarra (Hauptstadt Pamplona) mit Grafschaft Aragon, Grafschaft Barcelona (späteres Katalonien, aus der Mark Karls d. Gr. entstanden). Sancho d. Ä. v. Navarra (1000–1035) erobert

Kastilien und teilt das Reich: es entstehen die Königreiche Navarra – Kastilien – Aragon. Ferdinand I. v. Navarra vereinigt 1037 León mit Kastilien. Alfons VI. (1065/1072–1109) Gesamtherrscher (Imperator-Titel; 1085 Toledo Hauptstadt). Beginn der Reconquista: Unterwerfung maurischer Kleinstaaten beginnt. Die spanische Geschichte des Mittelalters ist weitgehend vom Kampf der christlichen Königreiche gegen die Maurenherrschaft bestimmt. Zuerst als rein weltliche Eroberungskriege geführt, nehmen sie seit dem 12. Jh. Kreuzzugscharakter an.

1094 Eroberung von Valencia durch Rodrigo Diaz (Cid = Herr), 1099 wieder preisgegeben. Von Aragon (seit 1151 mit Katalonien vereinigt) 1118 Eroberung Zaragozas, Besetzung der Balearen 1229–1235 und Einnahme Valencias 1238.

1212 Großer **Sieg** der Könige und Ritter von Kastilien, Aragon und Navarra über die Araber **bei Navas de Tolosa;** Auflösung des Almohadenreiches. 1236 Eroberung von Córdoba, 1248 von Sevilla. Arabische Restherrschaft seit 1246 in Granada (bis 1492).

Aus der Grafschaft um Porto (1093) entsteht 1109 das unabhängige Portugal, das sich südwärts ausdehnt (1147 Einnahme von Lissabon) und 1179 vom Papsttum als Königreich anerkannt wird.

8. Das Byzantinische Reich

Byzanz steht nach dem siegreichen Vordringen gegen die Araber (Eroberung Kretas, Cyperns und großer Teile Syriens) und der Abwendung der Russengefahr auf dem Balkan unter

976–1025 Basileios II. auf der Höhe seiner Macht: Bekehrung der Russen (988), Unterwerfung der Bulgaren (1018), Sicherung der östlichen Grenzen durch Bündnis mit Armenien. Zugleich höchste Blüte der byzantinischen Kunst und Literatur. Beginn des Verfalls im 11. Jh. durch Vordringen der Türken und Normannen sowie Feudalisierung im Innern.

1054 Endgültige **Trennung der christlichen Kirchen:** Schisma zwischen Rom und Konstantinopel.

Angriffe der Normannen, Petschenegen und Türken, die nach dem Sieg bei Mantzikert (1071) das Sultanat von Ikonion (Osthälfte Kleinasiens) 1080 errichten.

1081–1185 Komnenendynastie. Abwehr der Petschenegen und Normannen (als Entschädigung Privileg für Venedigs zollfreien Handel 1082, für Pisa 1111). Offensive Politik

Johannes' II. (1118–1143) erfolgreich gegen Petschenegen, Ungarn und Türken. Steigender Einfluß auf dem Balkan unter Manuel I. (1143–1180), der in seiner Italienpolitik aber scheitert und seinen imperialen Anspruch durch Friedrich I. beeinträchtigt sieht, vor Venedig und den Normannen zurückweichen muß und 1176 durch die Türken die Niederlage bei Myriokephalon erleidet.

1186 Aufstand und Befreiung der **Bulgaren.** Auch die **Serben** erweitern ihr Reich immer mehr. Dagegen hat das von
1204 Venezianern und Kreuzfahrern errichtete **Lateinische Kaisertum** (S. 83) keinen Bestand. Griechische Sprache und Sitte behaupten sich. Das griechische Kaisertum besteht fort in **Nikaia,** von wo 1261 Michael Palaiologos das Lateinische Kaisertum stürzt. Vom Mongolensturm bleibt das Reich verschont.

C. Die Auflösung der abendländischen Einheit Niedergang der Universalmächte und Aufstieg der modernen Welt

Das späte Mittelalter (1250–1492)

Die letzte Phase des Mittelalters ist gekennzeichnet durch die schon im Zeitalter Friedrichs II. beginnende Auflösung der Reichseinheit, den Machtsturz des Papsttums und die Säkularisierung der mittelalterlichen Ordnung, ferner durch den Aufstieg des Bürgertums und der Geldwirtschaft, die Überwindung des Feudalstaates durch Übergang zum modernen Beamtenstaat sowie durch die Herausbildung einer in ihrer Abstufung den Werdeprozeß noch spiegelnden europäischen Staatengemeinschaft, aus der Rußland durch die Mongolenherrschaft ausscheidet. Mächtekombinationen werden entscheidend.

1. Das Deutsche Reich bis 1493

1256–1273 Interregnum in Deutschland.
Parteikönige: Richard v. Cornwall und Alfons v. Kastilien. Sinken der Kaisermacht. Die Reichsgüter von Fürsten, Städten, Klöstern und Rittern widerrechtlich angeeignet. Daher sind die Könige gezwungen, eine **Hausmacht** zu gewinnen. Von wichtigen Reichsgebieten macht sich **Italien**

weitgehend selbständig (Hauptstaaten: Savoyen, Mailand, Venedig, Genua, Florenz, Kirchenstaat, Neapel und Sizilien). Die Schwäche des Reiches zeigt sich in der allmählichen Verselbständigung Burgunds seit der 2. Hälfte des 14. Jhs.

Ausbildung der **Landeshoheit.** Weltlicher und geistlicher Fürstenstand (Herzöge, Markgrafen, Pfalzgrafen, Landgrafen, Erzbischöfe, Bischöfe und Äbte). Das Recht der Königswahl schließlich sieben **Kurfürsten** übertragen. Dieses Kurfürstenkolleg wird durch schrankenlosen Egoismus zum Krebsschaden des Reiches. Aufblühen der **Städte,** von denen viele allmählich **Freie Reichsstädte** werden. Im Interesse ihres Handelsverkehrs oder zum Schutz gegen die Fürsten entstehen Städtebünde, z. B. der Rheinische und der Schwäbische Bund.

Das Wachstum der Städte nach Zahl und Bedeutung ist eines der charakteristischen Kennzeichen in Deutschland seit 1200. Ihre Entwicklung beruht auf der Verbindung eines festen Platzes (Burg, Verwaltungsmittelpunkt, Bischofsresidenz, Pfalz) mit einer Kaufmannssiedlung (Wik), einem Markt und Handwerkersiedlungen. In ottonischer und salischer Zeit bereits füllt sich der Raum zwischen Rhein und Elbe mit solchen Plätzen, denen meist Münz-, Markt- und Zollrechte eigen sind, aus denen vielfältige Formen „bürgerlicher“ (bis 1200 burg = Stadt) Gemeinwesen hervorgehen, mit unterschiedlichen Graden „städtischer Freiheiten“. Grundlage des Stadtrechts bilden die Privilegien, die oft gegen den Widerstand der Stadtherren erkämpft werden müssen bis zur vollen Selbstverwaltung, Gerichtshoheit, Wehrhoheit. Die zunehmende Bedeutung des Städtewesens ist ein Spiegel für die Intensivierung des Fernhandels, in dessen Netz das Deutsche Reich besonders seit der Ausweitung des Abendlandes nach Osten und Norden eine beherrschende Vermittlerrolle erhält (massenhafte Verbreitung deutscher Münzen im Ostraum bis nach Nordrußland seit dem 10. Jh. und Verdrängung der orientalischen Münzen aus diesem Raum). Handelswege nach Osten über Haithabu (später Lübeck), Magdeburg, Erfurt, Prag, Donau, nach Westen Handel über Köln und England, Flandern und Burgund, über die Alpenpässe und Italien. Die früheste Entfaltung und Blüte erleben neben den norditalienischen Städten die flandrischen Städte (Gent, Brügge u. a.), nach deren Muster sich auch in den selbständig gewordenen deutschen Städten die Herrschaft der führenden ratsfähigen Geschlechter (Patriziat) durchsetzt, gegen die der Kampf der Zünfte (Handwerker) im 13./14. Jh. beginnt. Im mittelalterlichen Deutschen Reich – ohne die Niederlande – gab es etwa

4000 Städte, deren größte über 20000 Einwohner (Köln, Lübeck, Magdeburg, Nürnberg, Metz, Straßburg, Augsburg, Prag, Wien, später auch Danzig) hatten; 16 weitere hatten über 10000 Einwohner; etwa 50 waren Mittelstädte (2000 bis 10000 Bewohner), die große Masse Kleinstädte.

Im Ostseeraum seit der Gründung Lübecks Vorherrschaft des deutschen Kaufmanns. Unter der Führung Lübecks (wichtigste Handelsmetropole und nach Köln zweitgrößte deutsche Stadt des Mittelalters) entsteht faktisch ein Interessenverband deutscher Städte zum Schutz ihrer Handelsprivilegien, der sich lange nach seinem Zusammenschluß 1358 erstmals als Bund der **„Städte von der deutschen Hanse“** (Hanse = Schar; Gemeinschaft der Kaufleute) bezeichnet, die politischen Interessen des Reiches im Norden und Osten vertritt und durch den Beitritt zahlreicher Binnenstädte (insgesamt über 200) wächst. Gemeinsame Hansetage. Vorort Lübeck. Auswärtige Kontore in Nowgorod (Peterhof), Brügge, Bergen („Deutsche Brücke“) und London (Stalhof) als Stapelplätze und Wohnung der Kaufleute.

seit 1230 Eindeutschung der ostelbischen Gebiete durch volle Entfaltung der deutschen Siedlungsbewegung. Zielbewußte Politik der Städtegründungen und bäuerlichen Ansiedlung von allen deutschen und slawischen Territorialherren betrieben. Beispiel: **Kolonisierung der Mark Brandenburg** durch die **Askanier.** Städtegründer besonders die Markgrafen Johann I. und Otto III. (u. a. Spandau, Berlin, Cölln, Frankfurt a. d. O., Landsberg a. d. W.). Aus der Verschmelzung der verschiedenen Siedlerstämme und ihrer Verbindung mit der autochthonen slawischen und baltischen Bevölkerung entstehen völlig neue deutsche Stämme im Osten. Dem westlichen Altsiedelland wächst rasch ein junger „kolonialer“ Osten zu (geplante Siedlung, Erbzinsrecht, Hufenverfassung, Dreifelderwirtschaft, Ausbreitung westlicher Ordnungsformen), in den sich bereits im 14. Jh. das politische Schwergewicht verlagert (Prag, Wien).

Die Gründung des **Deutschordensstaates** (seit 1237 verbunden mit dem Schwertbrüderorden in Livland) nach der Unterwerfung der Preußen 1280 vollzogen (keine Ausrottung der Preußen, deren Sprache erst Anfang des 17. Jhs. erlischt). Anlage von Burgen, Städten und Dörfern nach dem Recht der Kulmer Handfeste (1233). Straffe Verwaltung, stärkste Militärmacht. Der Gewinn Pommerellens mit Danzig 1308 (Landbrücke zum Reich) trägt ihm die Feindschaft Polens ein. Seit 1309 Marienburg Sitz des Hochmeisters. 1346 Estland erworben. Blüte und größte Machtentfaltung unter Hochmeister Winrich v. Kniprode (1351 bis 1382). Seit der Verbindung Polens mit Litauen und dessen Christianisierung ist der Auftrag des Ritterordens als Heidenbekämpfer erfüllt. Die polnisch-litauische Feindschaft beginnt sich mit den Spannungen innerhalb des Ordensstaates zu verbinden.

Allmähliches Eindringen des gotischen Baustils aus Nordfrankreich (Spitzbogen). Entstehung mehrerer Rechtsbücher (Sachsenspiegel, Schwabenspiegel).

1273–1347 Könige und Kaiser aus verschiedenen Häusern.

1273–1291 **Rudolf I. v. Habsburg.** Er versucht erfolgreich, eine starke Hausmacht zu erwerben, und schafft damit die Grundlage zur künftigen Vormachtstellung seines Geschlechtes unter den deutschen Fürsten. Die innere Auflösung des Reiches kann er jedoch nicht aufhalten.

1278 Er besiegt in der Schlacht auf dem **Marchfeld** König **Ottokar v. Böhmen.** Dadurch gelangen Österreich und Steiermark als Hinterlassenschaft der 1246 ausgestorbenen Babenberger an das Haus Habsburg. Ottokars Sohn, Wenzel, behält nur Böhmen und Mähren.

1291 Ewiger Bund der Waldorte Uri, Schwyz und Unterwalden (Sage von Wilhelm Tell Ende des 15. Jhs.).

1292–1298 **Adolf v. Nassau.** Er fällt bei Göllheim gegen Rudolfs
1298–1308 Sohn, **Albrecht I. v. Österreich.** Sein Versuch, Böhmen nach dem Aussterben der Přemysliden als Hausmacht zu gewinnen, scheitert. Ermordet 1308 (von seinem Neffen Johann Parricida).

1308–1313 **Heinrich VII. v. Luxemburg** gewinnt durch Heirat seines Sohnes Johann mit der Přemyslidentochter Elisabeth die Herrschaft über die reichen böhmischen Erblande und begründet damit die Vormachtstellung des luxemburgischen Hauses. Romzug und Kaiserkrönung **(Dante).** Die deutsche Herrschaft über Italien kann nicht wiederhergestellt werden.

1314–1347 **Ludwig IV. d. Bayer.** Gegenkönig **Friedrich d. Schöne v. Österreich,** Albrechts I. Sohn. Doppelwahl infolge des habsburgisch-luxemburgischen Gegensatzes.

1315 Sieg der Schweizer bei Morgarten über Friedrichs Bruder, Leopold v. Österreich. Bestätigung ihrer Reichsunmittelbarkeit. Ausweitung der Eidgenossenschaft.

1322 Ludwig siegt über Friedrich v. Österreich bei Mühldorf am Inn. Er wird später als nomineller Mitregent anerkannt, stirbt jedoch 1330 ohne königliche Rechte. Einmischung

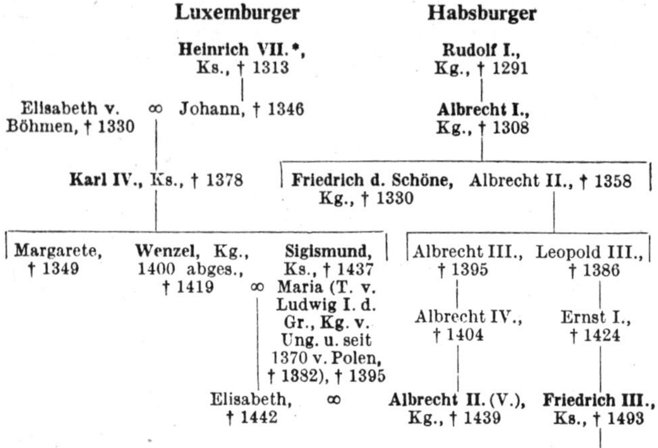

* Kaiser- und Königsnamen in Fettdruck

Forts. s. Stammt. S. 117

des Papstes unter französischem Einfluß führt dazu, daß Ludwig mit dem Bann belegt wird.

1327–1330 Ludwig zieht nach Rom und stellt einen Gegenpapst auf. Kaiserkrönung, doch keine kaiserliche Herrscherstellung in Italien. Zielbewußte Hausmachtpolitik: Brandenburg (Aussterben der Askanier 1320), Tirol, Hennegau.

1338 Einigung der Kurfürsten zur Unterstützung Ludwigs. Sie erklären im **Kurverein zu Rense,** daß ein rechtmäßig gewählter deutscher König keine päpstliche Bestätigung brauche, um kaiserliche Rechte auszuüben.

1346 Ludwigs eigenmächtige Versuche, seine Hausmacht zu vergrößern, führen zur Wahl eines Gegenkönigs: **Karl** aus dem Hause **Luxemburg,** Sohn Johanns von Böhmen und Enkel Heinrichs VII.

1346–1378 Karl IV. v. Luxemburg, realpolitisch, gelehrt und

1348 kunstsinnig. Gründung der **ersten Universität des Deutschen Reiches in Prag.** Heranziehung deutscher Ansiedler und Künstler. Bau des Hradschin und des St.-Veit-Domes. Erhebung zum Erzbistum. Vereinigung Schlesiens und der Lausitz mit Böhmen.

1355 **Kaiserkrönung in Rom.**

1356 **Goldene Bulle.** Reichsgrundgesetz, das das Recht der Königswahl nebst einigen Vorrechten dem Kurfürstenkolleg überträgt: den Erzbischöfen von Mainz, Trier, Köln und dem König von Böhmen, Pfalzgraf bei Rhein, Herzog von Sachsen-Wittenberg, Markgraf von Brandenburg. (Mehrheitswahl; Wahlort: Frankfurt a. M.; Krönung in Aachen, später in Frankfurt a. M.) Vergebliche Versuche Karls, den Papst zur Rückkehr aus Avignon nach Rom zu bewegen.

1373 Erwerbung der Mark Brandenburg und Vereinigung mit Böhmen. Residenz Tangermünde. Ordnung der Verwaltung durch Anlegen eines Landbuches. Versuch der Erneuerung des Königtums durch starke Hausmacht (S. 97) und Schaffung eines mitteleuropäischen Herrschafts- und Wirtschaftssystems weitgehend gelungen. Weitgespannte Ostraumpolitik, die auf die Erwerbung der ungarischen und polnischen Krone abzielt.

1378–1400 Unter Karls IV. Sohn, **Wenzel,** Zerrüttung des Reiches und Kirchenspaltung (S. 101). Sieg der Schweizer bei **Sempach** über Leopold v. Österreich (1386). Absetzung.

1400–1410 **Ruprecht v. d. Pfalz.** Fortdauer der inneren Wirren.

1410 Sieg der Polen über den Deutschen Orden bei **Tannenberg.**

1411 Erster Thorner Frieden. Verlust Samogitiens.

1410–1437 Kaiser **Sigismund** (seit 1382 König von Ungarn), Wenzels Bruder. Seine Politik durch Ostinteresse bestimmt.

1414–1418 **Konzil zu Konstanz** (S. 101), von Sigismund berufen. Der Böhme Johann Hus, dessen Lehre auf John Wiclif fußt, 1415 verbrannt. Beseitigung der Kirchenspaltung.

1415 **Burggraf Friedrich VI. v. Hohenzollern** erhält die **Mark Brandenburg** (1417 belehnt). Kämpfe gegen den märkischen Adel (Quitzows).

1419–1436 Hussitenkriege (Ziska). Religiöse, soziale und nationalböhmische Tendenzen verbinden sich. Sigismund aus Böhmen vertrieben. Die Hussiten verheeren die Nachbarländer.

1423 Kurfürstentum Sachsen-Wittenberg an die Wettiner.

1431–1449 **Konzil zu Basel.** Neuer Versuch einer Kirchenreform. Vertrag mit den Hussiten (Laienkelch).

1438–1439 **Albrecht II. v. Österreich,** Schwiegersohn und Erbe Sigismunds auch in Ungarn und Böhmen, kämpft gegen die Türken. Seither nur Habsburger auf dem deutschen Thron (bis 1806).

1440–1493 **Friedrich III.,** Vetter Albrechts. Unter seiner Regierung Schwäche des Reichs nach innen und außen. Im Innern

Fehden zwischen Fürsten und Städten. Nach außen gehen
1460 dem Reich verloren: im Norden Schleswig-Holstein (mit Dänemark in Personalunion vereinigt bis 1864). Im Westen dringt **Karl d. Kühne v. Burgund** ins Elsaß und nach Lothringen ein (S. 104). Erfolgreicher Krieg der Eidgenossen gegen Habsburg (1443–1450). Verlust fast aller Besitzungen südlich des Rheins. Nationale Könige in Böhmen und Ungarn. Der Deutsche Ordensstaat muß nach 13jährigem Krieg
1466 im 2. Thorner Frieden Westpreußen und Ermland an Polen abtreten; der Hochmeister dem polnischen König zum persönlichen Treueid verpflichtet.

1450 Erfindung der Buchdruckerkunst in Europa durch Johann Gensfleisch zum **Gutenberg** in Mainz (gest. 1468).

In dieser Zeit geht die Vormachtstellung des Reiches im Osten und Südosten verloren. Die Seeherrschaft in der Ostsee ist durch die Holländer in Frage gestellt. Im Westen Einbruch in das Reichsgebiet durch den erstarkenden burgundischen Staat. Ohnmacht des Königtums. Wiedererstarken erst durch Erfolge der habsburgischen Hausmachtpolitik möglich.

2. Das Papsttum und die Reformkonzilien

Nach dem Zeitalter höchster päpstlicher Macht (**Höhepunkt Innozenz III.**, 1198–1216) allmählicher Verfall des päpstlichen Ansehens durch Verweltlichung und Mißbräuche. Im Gegensatz hierzu immer stärkeres Anwachsen **nationaler** Kräfte, besonders in Frankreich, wo sich seit Philipp II. August das Königtum festigt.

Konflikt des **Papstes Bonifaz VIII.** mit **König Philipp IV.** (d. Schönen) v. Frankreich, der in die Verhältnisse der französischen Kirche ständig eingreift. In der Bulle „Unam
1302 Sanctam“ bezeichnet sich der Papst als der Inhaber der höchsten geistlichen und weltlichen Gewalt, der alle Könige und Kaiser ein- und absetzen könne. Bulle und Bann bleiben jedoch unwirksam. Der Papst, 1303 in Anagni auf Betreiben des Königs gefangengenommen, wird zwar von seinen Anhängern befreit, stirbt aber bald danach. **Sturz der Universalherrschaft des Papsttums.**

1309–1377 Von nun an **Abhängigkeit des Papsttums vom französischen Königtum.** Residenz der Päpste in Avignon (Babylonische Gefangenschaft der Kirche). Sie versuchen zwar, noch weiterhin die große Politik mitzubestimmen (vgl.

Thronwirren in Deutschland, Ludwig IV. d. Bayer, S. 98), aber meist ohne wesentlichen Erfolg. Wachsende Kritik an der Kirche: „Defensor pacis“ des Marsilius v. Padua, Wilhelm v. Ockham, Mystik Meister Eckeharts.

1377 Papst Gregor XI. kehrt von Avignon nach Rom zurück (gest. 1378). Nach Zwist Urbans VI. mit den Kardinälen wählen diese erneut einen Franzosen (Clemens VII., der nach Avignon geht). Dieses Schisma fördert die Tendenzen zur **Glaubensspaltung** (Reform der Kirche; konziliare Theorie).

1409 **Konzil zu Pisa.** Absetzung der beiden regierenden Päpste. Neuwahl Alexanders V. Gleichzeitige Regierung dreier Päpste.

Immer stärkerer Wunsch nach einem Konzil, das zugleich die Frage der **Einheit** und einer **allgemeinen Reform** der Kirche an Haupt und Gliedern in Angriff nehmen soll.

Kaiser Sigismund übernimmt selbst die Führung in dieser

1414–1418 Frage und beruft das **Konzil zu Konstanz.** Verkündigung des Satzes, daß das Konzil über dem Papst stehe. Gelöst wird nur die Frage der Einheit. Absetzung der drei Päpste; Neuwahl des Kardinals Colonna als **Martin V.** (1417–1431). Trotz nationaler Aufgliederung des Konzils und Eindringens demokratischer Tendenzen zeigt das Konzil zu Konstanz noch einmal das **eine** christliche Abendland. Martin V. letzter zur geistigen Welt des Mittelalters gehöriger Papst. Zur inneren Reform der Kirche kommt es nicht. Eugen IV. (1431–1447) leitet mit dem Versuch, das Konzil von Basel (1431–1449) aufzulösen, den Sieg der papalen Idee ein: Gegenkonzil in Ferrara bzw. Florenz (seit 1438). 1449 Ende des Schismas; Pius II. erklärt 1460 die konziliare Theorie für ketzerisch.

1439–1453 Unionsbestrebungen zwischen der östlichen und westlichen Kirche führen auf dem **Konzil von Florenz** zur Union. Aber Widerstand in der Ostkirche.

3. England

Verlust der französischen Lehen. Bürgerkriege. Überwindung der Feudalaristokratie und Stärkung der Krone durch nationale Wirtschaftspolitik.

König Eduard I. (1272–1307) unterwirft **Wales** und beruft Vertreter der Grafschaften und Städte zum Parlament, dem das Steuerbewilligungsrecht verliehen wird. Einrichtung von Zentralbehörden, mit Männern des Bürgertums besetzt.

1327–1377 Eduard III. Trennung des Parlaments in Ober- und Unterhaus. Ausbildung des Selfgovernment in den Grafschaften, ausgeübt durch den Friedensrichter (Sheriff). Englisch wird Gerichtssprache. Krieg mit Frankreich (S. 103). Wollexportverbot der Engländer lähmt die flandrische Tuchindustrie und fördert eigenes Tuchgewerbe.

1370 Schottlands Unabhängigkeit unter den Stuarts gesichert; das Haus Stuart führt ständige Kriege mit England. Unter König Richard II. (1377–1399) kirchliche Reformversuche des Oxforder Professors **John Wiclif** (erste englische Bibelübersetzung 1380), der für Abschaffung der päpstlichen Oberherrschaft, des Zölibats, der Ohrenbeichte und für Errichtung einer von Rom unabhängigen Nationalkirche eintritt. 1382 verliert er sein Lehramt; gest. 1384. Reformgedanken durch soziale Unruhen (Bauernaufstand gegen Herabsetzung der Löhne) gehemmt.

1399–1461 Das Haus **Lancaster** (Nebenlinie der Plantagenet). Unter Heinrich IV. und Heinrich V. grausame Verfolgung der Anhänger Wiclifs. Empörungen des hohen Adels wegen des Krieges mit Frankreich (s. S. 103).

1422–1461 **Heinrich VI.** Unglücklicher Ausgang des Krieges mit Frankreich. Die Engländer behalten nur Calais. Heinrichs Vetter, Richard v. York, erhebt 1452 Anspruch auf die Krone.

1455–1485 Bürgerkrieg in England. Parteien der Roten Rose **(Lancaster)** und der Weißen Rose **(York).**

1461–1485 Das Haus York.

1461–1483 Eduard IV. Fortdauer der Parteikämpfe. Fast völlige Ausrottung des Hauses Lancaster. König Heinrich VI. im Tower ermordet (1471). Verkauf der Ansprüche auf den französischen Thron. Insularpolitik.

1483–1485 Richard III. wird besiegt bei Bosworth von **Heinrich Tudor*** (Linie Lancaster, verheiratet mit Elisabeth von York). Stärkung des Königtums der Tudor (1485–1603), das eine neue große Epoche Englands einleitet.

4. Frankreich

Ständiger Machtzuwachs der Krone: Politik der nationalen Ziele. Vermehrung der französischen Kronlehen.

Erstmals Berufung der Reichsstände unter Hinzuziehung der nichtfeudalen Klassen (Stadt, später auch Land)

* s. Stammt. S. 125

1285–1314 unter Philipp IV. (Streit mit dem Papst, S. 100). 1309 Übersiedlung der Päpste nach Avignon. 1312 Auflösung des Templerordens und Konfiskation seines Vermögens. 1297 Besetzung Flanderns (blühende Wolltuchindustrie), das sich durch den Sieg bei Kortrijk (1302) seine Selbständigkeit sichert (wallonische Teile 1312 an Frankreich).

1328–1498 Haus Valois (Nebenlinie der Kapetinger). Gegen Philipp VI. erhebt Eduard III. v. England als Sohn einer Tochter Philipps IV. Ansprüche auf den Thron. Mehr als

1339–1453 **100jähriger Krieg zwischen Frankreich und England** verhindert französische Expansion an den Rhein und bringt wirtschaftlichen Ruin. Englischer Besitz auf französischem Boden ebenso unerträglich wie Lehnsabhängigkeit von der französischen Krone.

1346 Sieg der Engländer bei Crécy.

1347 Eroberung von Calais durch die Engländer. Wirtschaftlicher Verfall durch dauernde Münzverschlechterung, Bevölkerungsrückgang infolge der Pest, Schwund der Produktion und Preissteigerungen verschärft.

1350–1364 König Johann II. d. Gute nach der Niederlage bei Maupertuis (1356) vier Jahre lang in England als Gefangener. Schwere innere Kämpfe in Frankreich. Bauernaufstände blutig niedergeworfen.

1360 Friede mit England zu Brétigny. Eduard III. verzichtet auf die französische Krone und erhält Poitou, Guyenne, Calais und Gascogne als unabhängigen Besitz.

1363 Das Herzogtum Burgund kommt an Johanns jüngeren Sohn, Philipp d. Kühnen. Seine Heirat mit der Erbtochter des Grafen v. Flandern legt den Grund zur Herrschaft des burgundischen Hauses in den Niederlanden. Unter Karl V. d. Weisen (1364–1380) Erneuerung des Krieges mit England 1369. Erfolge im Kleinkrieg mit den Engländern.

1380–1422 Karl VI. (verfällt in Wahnsinn). Die ausbrechenden Parteikämpfe erleichtern das erneute Vordringen der Engländer. König Heinrich V. v. England siegt 1415 bei Azincourt, erobert die Normandie, heiratet Karls Tochter und wird als Nachfolger Karls VI. anerkannt (gest. 1422).

1422–1461 Karl VII., herrscht zuerst nur südlich der Loire. Im Norden der minderjährige Sohn Heinrichs V., König Heinrich VI. v. England.

1429 Auftreten der **Jeanne d'Arc (Jungfrau von Orléans).** Die Engländer zurückgetrieben. Karl VII. in Reims gekrönt. Johanna gefangen und 1431 als Zauberin in Rouen verbrannt (1920 heiliggesprochen). 1435 Ausgleich mit Philipp d. Guten v. Burgund. 1436 gewinnt Karl Paris zurück. Innere Reformen für französischen Einheitsstaat: gallikanische Nationalkirche, Grund- und Kopfsteuer. Die Engländer verlieren alle französischen Besitzungen außer Calais (erst 1558 geräumt).

Nach Einigung Frankreichs Stärkung der Zentralgewalt durch Bündnis mit Bürgertum und durch nationales Wirtschaftssystem.

1461–1483 Ludwig XI. bricht die Macht der großen Vasallen. Nach dem Tod Karls d. Kühnen Einziehung des Herzogtums Burgund. Er legt den Grund zum unumschränkten Königtum.

1483–1498 Karl VIII. gewinnt die Bretagne, zieht 1494 nach Italien, um die Ansprüche des Hauses Anjou auf Neapel durchzusetzen. Ein Bündnis zwischen Papst, Kaiser, Spanien, Mailand und Venedig nötigt ihn zum Rückzug.

Seit 1363 Entwicklung des **Herzogtums Burgund** zu immer größerer Macht und Selbständigkeit. Die Herzöge (Seitenlinie der Valois) bringen auch bedeutende deutsche Reichslehen an sich. Erwerb von Brabant, Limburg, Holland, Seeland, Hennegau und Luxemburg (Erneuerung des karolingischen Lotharingien). Blüte der Wirtschaft und der Künste.

1477 Herzog **Karl d. Kühne** (1467–1477) gegen Frankreich und Deutschland (Eroberung Lothringens 1475; Ehevertrag mit Kaiserhaus), fällt im Kampf gegen den Herzog v. Lothringen bei **Nancy.** Seine Tochter **Maria** vermählt mit Kaiser Friedrichs III. Sohn, **Erzherzog Maximilian.** Dieser gewinnt dadurch die Niederlande und die Freigrafschaft Burgund.

5. Italien

Seit dem Sinken der deutschen Kaisermacht völlige Zersplitterung und Entwicklung zu selbständigen Fürstentümern und Stadtstaaten, die ein politisches Gleichgewicht erzeugen. Die wichtigsten sind:

Mailand: Herzöge des Hauses Visconti, am mächtigsten Giangaleazzo (1385–1402; Herzogswürde). Bau des Mailänder Doms begonnen.

Savoyen: Die Grafen von Savoyen, durch Heirat auch im Besitz von Piemont, erhalten Herzogswürde (1416).

Venedig: Staat unter einem Dogen (dux), durch die Kreuzzüge mächtig geworden, beherrscht nach Niederringung seiner Nebenbuhlerin Genua (1381) das **Mittelmeer und den Levantehandel.** Seemacht stützt sich auf den Besitz von Dalmatien, Candia und Korfu. Streng aristokratische Verfassung *(Großer Rat* bestimmter ratsfähiger Familien; *Signoria* mit Dogen als Regierung).

Verona: Nach Sturz der Ghibellinen, die von den Visconti vertrieben wurden, Haus Scala bis 1387. 1406 kommt Verona an Venedig.

Genua: Von den byzantinischen Herrschern mit großen Vorrechten bedacht, im Besitz der Inseln Sardinien, Korsika, Elba. Später durch Kriege mit Venedig geschwächt, seit 1353 bald von Frankreich, bald von Mailand abhängig.

Florenz: Tuch- und Seidenindustrie; Frühformen des Kapitalismus (S. 114f.). Handelsgesellschaften und Bankhäuser gewinnen vom 13. Jh. an auch politische Bedeutung als Geldgeber der Päpste und Fürsten. Demokratische Verfassung, gewinnt allmählich die Herrschaft über Toskana. Seit 1400 Geschlecht der **Medici.**

Der Kirchenstaat: In der Langobardenzeit begründet, durch Schenkung Pippins erweitert (S. 66), seit Innozenz II. vom deutschen König unabhängig. 1347 richtet Cola di Rienzo einen Freistaat nach altrömischem Muster ein, wird aber bei einem Aufstand getötet.

Neapel: Haus Anjou bis 1435. Sizilien nach Volksaufstand der Sizilianischen Vesper (1282) mit Aragon verbunden, dann unter Nebenlinie dieses Hauses.

Aufblühen der italienischen Literatur: **Dante,** Petrarca (Humanismus), Boccaccio. Beginn der Renaissancemalerei durch Giotto. Italien wird zum klassischen Feld der Diplomatie.

6. Die Pyrenäenhalbinsel

Aufstieg der Stände und Schwäche des Königtums lähmen den Prozeß der Reconquista. Mittelmeerreich Aragons und Vereinigung der beiden Königreiche Kastilien und Aragon leiten neue Ära ein.

1276–1285 Peter III. v. **Aragon** greift nach Italien aus und erobert 1282 (Sizilianische Vesper) Sizilien. Jakob II. (in Sizilien 1285–1296, in Aragon 1291–1327) kämpft mit Pisa und Genua und gewinnt 1326 Sardinien. Konflikt zwischen Peter IV. (1336–1387) und den Ständen. Nach Erlöschen der Dynastie (1409) Ferdinand I., Bruder Heinrichs III. v. Kastilien, durch Schiedsspruch der Stände gewählt (1412–1416). Sein Sohn Alfons V. d. Weise (1416–1458) gewinnt die Nachfolge in Neapel 1443.

Kastilien, durch dynastische Interessen eng in die europäischen Konflikte verflochten, im 13. Jh. abwechselnd auf englischer oder französischer Seite, bleibt seit Heinrich II. (1369–1379) aus wirtschaftlichen Gründen (Wollexport nach Flandern) an der Seite Frankreichs. Versuche, Portugal zu unterwerfen, scheitern 1385. Unter Heinrich III. (1390–1406) Kanarische Inseln erobert. Unter den Nachfolgern rascher Verfall der Dynastie, Adelsunruhen. Isabella, Schwester Heinrichs IV. und seine Statthalterin, heiratet 1469 Ferdinand v. Aragon:

1479 Lose Vereinigung der beiden Königreiche, in denen Isabella (1474–1504) und Ferdinand (1479–1516) selbständig herrschen.

Die Macht der Krone durch die Verbindung mit der Großmeisterwürde der drei Ritterorden (Heer), Reform des Rechtswesens und des Klerus gestärkt; königlicher Rat (Juristen); Ausbau zum modernen Staat. – 1481 Erneuerung der Inquisition macht Spanien zum Land des Glaubensfanatismus. 1492 fällt Granada: Spanien dringt in Nordafrika vor. Christoph Kolumbus, im Dienst Isabellas, entdeckt Amerika (1493 Schiedsspruch des Papstes über Spaniens und Portugals Besitz in Amerika). 1496 heiratet Johanna d. Wahnsinnige, Tochter Ferdinands und Isabellas, Philipp d. Schönen v. Österreich, Sohn Kaiser Maximilians; ihr Sohn Karl (I.) tritt 1516 Ferdinands Erbe an (Haus Habsburg in Spanien).

Portugal, im 14. und 15. Jh. im Bund mit England (Handelsbeziehungen). Abwehr kastilischer Angriffe (1385) unter Johann I. (1383–1433). Ausgreifen nach Nordafrika (Ceuta 1415). Sein Sohn Heinrich d. Seefahrer fördert Wissenschaft und Entdeckungsfahrten (Handel und Kreuzzugsidee): 1455 Cap Verde, 1482 Kongomündung, 1487 Kap der Guten Hoffnung (Bartolomeu Diaz).

7. Byzanz und die Türken

Byzanz bleibt auch nach der Vertreibung der Lateiner aus Konstantinopel politisch schwach und auf die Kunst der Diplomatie und fremde Hilfe gegen Serben und Osmanen angewiesen. In einem hundertjährigen Ringen unterliegt schließlich dieser auf sich allein gestellte Hort des orthodoxen Christentums und der antiken Bildung dem Ansturm der Osmanen infolge der Zersplitterung der Balkanslawen und der Uneinigkeit des Abendlandes.

Das politische Erbe des orthodoxen Kaisertums beansprucht Moskau (Vermählung der Nichte des letzten Kaisers mit Iwan III. v. Moskau: Idee des „Dritten Rom“), das kulturelle Erbe übernimmt mit der Übersiedlung griechischer Gelehrter Italien (Auslösung der Renaissancebewegung).

Aus der Vielzahl der türkischen Kleinstaaten in Kleinasien begründet Osman I. mit seiner Kriegergemeinschaft der **Osmanen** eine Vormacht: Sultan der Osmanen (1299–1326). Sein Nachfolger ist Orchan (1326–1359). Aus dem Knabentribut der unterworfenen christlichen Völker Fußvolk der Janitscharen gebildet.

Seit 1356 Unterwerfung Thraziens und Beginn der türkischen Landnahme auf europäischem Boden: Adrianopel (1362). **Byzanz** unter den Palaiologen, nach Abwehr aller lateinischen Restaurationsversuche beschränkt auf das westliche Kleinasien und den Balkan, gerät durch dynastische, religiöse und sozialrevolutionäre Auseinandersetzungen seit 1320 in eine Phase permanenter Bürgerkriege und hofft nach dem Verlust Kleinasiens vergeblich auf Rettung durch Widerstand der christlichen Balkanvölker und Hilfe aus dem Westen.

1389 Sieg der Türken über Balkanslawen auf dem **Amselfeld,**

1396 Serbien tributpflichtig. Bulgarien türkische Provinz. Sieg über ein Kreuzheer unter Sigismund bei Nikopolis. Byzanz seither vom Sultan völlig abhängig.

1402 Sultan Bajasid I. vom Mongolenkhan **Timur Lenk,** der Persien, Indusland, Syrien, Kleinasien unterwirft, besiegt. Nach Timurs Tod Wiedererstarken der Osmanen.

1422 Erste Belagerung von Konstantinopel. Die bedrängten oströmischen Kaiser suchen vergeblich Hilfe bei den Päpsten.

1439 Abschluß der Florentiner Kirchenunion, die ebensowenig eine Rettung für Byzanz bedeutet wie der vergebliche Einsatz eines abendländischen Kreuzheeres unter dem Jagiellonen Wladyslaw III. (Niederlage bei Varna 1444).

1453 **Eroberung von Konstantinopel** durch Sultan Mohammed II. Tapfere Verteidigung durch den letzten Kaiser, Konstantin XII. (XI.) Dragases. **Ende des Oströmischen Reiches.** Die Türken dehnen ihr Reich über die griechische Halbinsel, Kleinasien, Syrien und Ägypten aus.

8. Der Norden und der Osten bis 1500

a) Der Norden

Starker deutscher Kultureinfluß im Zeichen enger wirtschaftlicher Verflechtung.

1227 **Dänemark,** seit der Schlacht von Bornhöved (S. 86) geschwächt, wird in seinem alten Reichsumfang von
1340–1375 Waldemar IV. Atterdag erneuert. Zerstörung Wisbys
1361–1362 löst Krieg mit der Hanse aus, erneut 1367–1370.
1370 Friede von Stralsund. Waldemar muß Schonen an die Hanse abtreten. Sein Nachfolger soll nur mit Zustimmung der Hanse gewählt werden. Hanse und Deutscher Ordensstaat (Winrich v. Kniprode) auf der Höhe ihrer Macht.
1387–1412 Waldemars Tochter **Margarete,** Gemahlin Haakons VI. v. Norwegen, nach dessen Tod auch Regentin von Norwegen, 1389 ebenfalls von Schweden.
1397 **Kalmarische Union.** Die Stände der drei nordischen Reiche beschließen Vereinigung unter einem gemeinsamen Wahlkönigtum (bis 1814 für Dänemark und Norwegen).
Rückgang der hansischen Vormachtstellung im 15. Jh.
1523 Schweden löst sich aus der Union durch Gustav I. Wasa, Neffe des Reichsverwesers Sten Sture und Begründer des Hauses Wasa (1523–1654).
1460 König **Christian I. v. Dänemark** nach dem Aussterben der Schauenburger Herzog v. Schleswig und Graf v. Holstein. Seitdem **Personalunion mit Dänemark** (bis 1863).

b) Der Osten

Die deutsche Kolonisation, von deutschen und slawischen Fürsten zum Aufbau und zur wirtschaftlichen Stärkung des Landes durch Übernahme und Nachahmung der westlichen Rechts-, Wirtschafts-, Sozial- und Kulturordnungen im 12. Jh. begonnen, führt zur Hebung und Angleichung des Kulturniveaus der abendländischen Randzone an das des Westens (erste Universitäten nördlich der Alpen 1348 Prag, 1364 Krakau, 1365 Wien, 1367 Fünfkirchen) und zur Assimilierung und Eindeutschung der slawischen Bevölkerung der Elbe-Oder-Gebiete, Pommerns, Schlesiens und der westlichen Randgebiete Polens (**Heinrich d. Löwe:** 1158 Neugründung Lübecks. – Schauenburger, Wettiner und Askanier. Heinrich I. und II. v. Schlesien). Sie bildet den wichtigsten abschließenden Beitrag zur **Europäisierung des**

Jagiellonen

- Gedymin, Gft. v. Lit., † 1341
  - Olgierd, Gft. v. Lit., † 1377
    - Jagiello, Gft. v. Lit., als **Wladyslaw II. Jagiello** seit 1386 Kg. v. Polen, † 1434 ∞ **Hedwig*** (T. v. Kg. Ludwig I. v. Ung.), Kg. v. Polen, † 1399
      - **Wladyslaw III.**, Kg. v. Polen u. (seit 1440) v. Ung., † 1444
      - **Kasimir IV.**, Gft. v. Lit., Kg. v. Polen, † 1492
        - **Vladislav II.**, seit 1471 Kg. v. Böhmen, seit 1490 v. Ung., † 1516
          - **Ludwig II.**, Kg. v. Ung. u. Böhmen, † 1526 ∞ Maria v. Österreich-Burgund, † 1558
        - **Johann Albrecht**, Kg. v. Polen, † 1501
        - **Alexander**, Kg. v. Polen, † 1506
        - **Sigismund I.**, Kg. v. Polen, † 1548
          - **Sigismund II. August**, Kg. v. Polen, † 1572
          - Anna, † 1596 ∞ **Stefan Báthory**, Kg. v. Polen, † 1586
          - Katharina, † 1583 ∞ Johann III. v. Schweden, † 1592
            - **Sigismund III.**, Kg. v. Polen u. (seit 1592) v. Schweden, † 1632
    - Switrigal, Gft. v. Lit., † 1452
  - Keistut, Gft. v. Lit., † 1382
    - Witold, Gft. v. Lit., † 1430
    - Sigismund, Gft. v. Lit., † 1440

* Königsnamen in Fettdruck

Ostens. Parallele Erscheinungen bilden die dänische und schwedische Ostbewegung, wenig später die polnische.

1320 **Wladyslaw Lokietek** erneuert die Einheit des **Königtums Polen** (Stütze Papst und Ungarn; Ehe Karl Roberts v. Anjou mit Elisabeth, Tochter Wladyslaws).

1333–1370 **Kasimir d. Gr.** Sorge für Bauernstand und Städte, Heranziehung von deutschen Ansiedlern; er verzichtet auf Schlesien zugunsten Böhmens, schließt Frieden mit dem Deutschen Orden. Im Kampf mit Litauen Eroberung von Wolynien und Galizien. Erste geschriebene Gesetzgebung.

Universität Krakau. Unter seinem Neffen Ludwig I. d. Gr. v. Ungarn (1370–1382) Beginn der Privilegierung des
1386 Adels. Durch Ehe seiner Tochter Hedwig mit **Jagiello v. Litauen** folgenreiche **Verbindung von Polen und Litauen** bis zu den Teilungen im 18. Jh.; **Jagiellonendynastie** bis 1572; zunehmende Christianisierung Litauens; Reich zwischen Ostsee und Schwarzem Meer einschließlich Weißrußlands und der Ukraine. Seine innere Schwäche später ausschlaggebend für den **Aufstieg Moskaus** und dessen Eindringen in die europäische Politik in der Neuzeit. Gefährliche Umklammerung des Deutschen Ordens.

Polen-Litauen wird nach den Siegen über den Deutschen Orden (1410 Tannenberg, 1466 2. Friede von Thorn) unter den Jagiellonen mächtigster Staat Osteuropas, Vormauer der abendländischen Christenheit gegen Moskau, Mongolen und Türken.
Doch bereits jetzt Keim des Zerfalls durch Privilegien des Adels (Weg zur Wahlmonarchie angebahnt), durch multinationalen und multikonfessionellen Charakter der Union.

In **Ungarn** folgt auf die Arpaden das Haus Anjou (bis 1382). Blütezeit unter **Ludwig I. d. Gr.** Dann beginnender Verfall des Reiches infolge der Bedrohung durch die Türken. Der europäische Südosten wird zum Gefahrenherd.
Ungarn kommt durch Heirat Kaiser Sigismunds mit der Erbtochter des Landes an die Luxemburger. Schwere Kämpfe gegen die Türken. Heldenmütige Verteidigung der Donaugrenze. Nach kurzer habsburgischer Zwischenregierung wird der polnische Jagiellone Wladyslaw I. (III. v. Polen)
1444 König. Er fällt in der unglücklichen Schlacht bei **Varna** gegen die Türken.

1458–1490 Matthias I. Corvinus, Sohn des Reichsverwesers Hunyádi, König. Er zwingt König **Podiebrad v. Böhmen** zur Abtretung Mährens, Schlesiens und der Lausitz. Nach seinem Tode Verbindung mit Böhmen. Anwartschaft der Habsburger 1491. Nach der Schlacht bei **Mohács 1526** fällt der Rest des von den Türken eroberten Ungarn an Habsburg (Doppelhochzeit 1515 in Wien zwischen habsburgischer und jagiellonischer Dynastie), das dadurch die wichtige Aufgabe der Türkenabwehr übernimmt.

Seit 1360 Zweites **Mongolisches Reich** unter Timur Lenk (1360 bis 1405), der seine Heereszüge bis an die Wolga ausdehnt.

Unter Bewahrung der altrussischen Überlieferungen des Kiewer Reiches wachsen seit 1330 die **Moskauer Teilfürsten** auf dem alten Kolonialboden des Nordostens als treue Vasallen der Khane der Goldenen Horde in eine führende Stellung und übernehmen die Aufgabe einer neuen nationalen „Sammlung der russischen Erde". Unter Dmitrij Donskoj.
1380 **Sieg über die Tataren** auf dem **Kulikower Feld.** Große nationale Bedeutung für Einigung Rußlands durch Moskau. Aber noch Fortdauer der Herrschaft der Goldenen Horde über Rußland. Fast die ganze Ukraine mit Kiew von Olgierd und Witold v. Litauen erobert.

Von Moskau aus unterwirft **Iwan III. d. Gr.** (1462–1505) die reiche und unabhängige Handelsrepublik Nowgorod
1480 und **macht der Mongolenherrschaft ein Ende.** Gründung des Moskauer zentralistischen Staates.

V. Neuere Geschichte

Die neuere Geschichte wird eingeleitet durch eine Reihe tiefgreifender geistiger, politischer und wirtschaftlicher Umwälzungen, deren Keime vielfach bereits im späten Mittelalter liegen. Das allgemeine Kennzeichen der Entwicklung ist die Lösung des Individuums aus den kirchlichen und sozialen Bindungen. Die alten Ordnungen zersetzen sich mehr und mehr, und neue Kräfte werden entbunden durch die freie, auf die Vernunft bauende menschliche Persönlichkeit.

A. Von der Entdeckung Amerikas bis zum Westfälischen Frieden (1492–1648)

Der Übergang vom Mittelalter zur Neuzeit ist gekennzeichnet durch die Entdeckungen der Portugiesen und Spanier, durch Humanismus und Renaissance sowie die zweite Spaltung der europäischen Christenheit infolge der Reformationsbewegung, die, in Verbindung mit politischen und sozialen Fragen, Glaubenskämpfe hervorruft.

1. Die Entdeckungen

Wirtschaftliche und missionarische Motive verbinden sich mit wissenschaftlichen Fortschritten und Entdeckerfreude; sie führen die westeuropäischen Nationen auf den Ozean. Die atlantischen Inseln in der ersten Hälfte des 15. Jhs. bereits erreicht. Zur Durchbrechung des arabischen und venezianischen Handelsmonopols für Indien Suche nach dem Seeweg in den Indischen Ozean.

1487 Der Portugiese **Bartolomeu Diaz umsegelt** das **Kap der Guten Hoffnung.**

1492 **Entdeckung Amerikas** (mit Hilfe des Kompasses) durch den Genuesen **Christoph Kolumbus** für die Krone Kastiliens (Isabella). Ihre geographische Lage wies die erstarkten Pyrenäenstaaten auf den Ozean, da das östliche Mittelmeer in der Hand der Türken war. Vier Reisen. Erste spanische Kolonie auf Haiti. Während der dritten Reise angeklagt, wird Kolumbus in Ketten nach Spanien zurückgeführt, dort aber freigesprochen. Er stirbt 1506 in Valladolid. Der Name Amerika nach dem Florentiner Amerigo Vespucci, der später mehrere Fahrten nach Südamerika unternimmt.

1498 **Entdeckung des Seeweges nach Ostindien** durch den Portugiesen **Vasco da Gama.** Erste Niederlassungen (1534 Bombay von den Portugiesen erworben).

1500 **Brasilien** von Cabral für Portugal entdeckt.

Die Eroberer finden bereits hochentwickelte Kulturen vor. Hochkultur der **Maya** in **Guatemala** (monumentale Tempelstädte, Zahlensystem, Bilderschrift; Ruinen von Copán, Quiriguá u. a.) und **Yucatán** (Mayapán u. a.). In Mexiko Kultur der **Nahuavölker** (Tempelpyramiden von Teotihuacán und Cholula; Ruinen von Tula u. a.). Die **Azteken** gründen Ende des 15. Jhs. ein Großreich in Mittelamerika (Sonnenkult; Menschenopfer). In Südamerika Aufstieg der **Inka,** die ab 1450 ein Großreich von Ecuador bis zum Rio Maule in Chile errichten. Hauptstadt Cuzco. Sonnenreligion; Goldreichtum; hochentwickelte Steinarchitektur; Knotenschrift; Kenntnis der Bronze. Bedeutendster Herrscher Huayna Capac (1527 gest.).

1519–1521 **Eroberung Mexikos** (Aztekenkönig Montezuma II.) durch **Hernán Cortés.** Untergang der altmexikanischen Kultur. Sammlung der geistigen Hinterlassenschaft durch christliche Missionare (B. de Sahagún u. a.).

1519–1522 Erste Erdumsegelung durch den Portugiesen **Fernão de Magalhães.**

1531–1534 Eroberung von **Peru** (Inkareich) durch **Francisco Pizarro.** Ausbreitung der spanischen Herrschaft über Mittel- und Südamerika. Die Portugiesen herrschen an den Küsten von Ostindien (Gôa), Südafrika (Loanda), Brasilien.

Erste Ansätze einer Erschließung **Chinas und Japans** durch die Portugiesen im 16. Jh. 1516 Portugiesen in Kanton, 1557 Macao portugiesische Kolonie. 1543 Portugiesen in Japan; 1549 Jesuitenmissionar Francisco de Xavier.

Folgen der Entdeckungen: Ausbreitung der europäischen Kultur. Bereicherung der Wissenschaften, besonders der Geographie und Naturkunde. Umwälzung auf dem Gebiet des Welthandels. Das Mittelmeer und die italienischen Handelsstädte verlieren an Bedeutung. Der Welthandel kommt in die Hände der Spanier und Portugiesen, später der Niederländer und Engländer. Die Seemächte werden reich durch die Ausbeutung der überseeischen Kolonien (Edelmetalle) und gründen darauf ihre weltpolitische Machtstellung. Beginn der Auswanderung nach Amerika (Abenteurer, Kapitalisten, Händler; Negersklaven).

2. Die geistigen und wirtschaftlichen Umwälzungen im 15. und 16. Jahrhundert

Die Vertreibung griechischer Gelehrter und Künstler aus Byzanz nach der Eroberung durch die Türken fördert die **Bewegungen des Humanismus und der Renaissance,** die zu einer Säkularisierung des Lebens führen, zur Abkehr von der Scholastik und zur verstärkten Kritik an der Überlieferung und an bestehenden kirchlichen Zuständen. Studium der antiken Quellen und der antiken Kunst, **in Italien** besonders unterstützt von kunstliebenden Päpsten und Fürsten (Medici). Bedeutendste italienische Maler und Bildhauer des 15. Jhs. (Quattrocento): Botticelli und Donatello, des 16. Jhs. (Cinquecento): **Leonardo da Vinci, Raffael Santi** und **Michelangelo Buonarotti.** Dichter: Ariosto, Torquato Tasso, Entdeckung der Naturschönheit und des Individuellen in der menschlichen Persönlichkeit bei starker Betonung der Harmonie der Form.

Im Norden Blüte der flämischen Kunst: Die Brüder **van Eyck** (Genter Altar), Rogier van der Weyden, Hugo van der Goes. **In Deutschland: Albrecht Dürer, Hans Holbein d. J.** Deutsche Humanisten: Konrad Celtis, Willibald Pirkheimer, Johann Reuchlin, **Philipp Melanchthon,** Mitarbeiter und Freund Luthers. Großer niederländischer Humanist: **Erasmus** v. Rotterdam. **In Italien** Schwergewicht auf der **Kunst, im Norden** auf dem **wissenschaftlichen Humanismus.**

Große geistige und politische Impulse durch die reformatorischen Taten von **Zwingli** (geb. 1484, gest. 1531), **Calvin** (geb. 1509, gest. 1564) und **Martin Luther** (S. 118): der **Calvinismus** führt durch seine starke Betonung der Gnadenwahl (Prädestination) zu dem Bestreben, sich in wirtschaftlicher und politischer Beziehung erfolgreich zu erweisen (Wirkung auf Frühkapitalismus und Puritanertum). Das **Luthertum** wirkt dagegen stärker auf innere Vertiefung des einzelnen Individuums, sieht die Rechtfertigung allein im Glauben an Gott als den „verborgenen“, der sich jeder rationalen Erkenntnis entzieht. Durch den lutherischen Einfluß wird die geistige Sonderentwicklung Deutschlands gegenüber dem Westen gefördert. Als Gegenbewegung gegen die Reformation starker religiös-sittlicher Auftrieb in der katholischen Kirche.

Die **Entdeckung Amerikas** und die großen Weltumseglungen erweitern den Gesichtskreis. Das **kopernikanische Weltsystem** (Nikolaus Kopernikus, geb. in Thorn 1473, gest. 1543) zeigt die Unendlichkeit des Weltenraumes. Das aus den spanischen Kolonien einströmende Gold fördert die Entwicklung des frühen **Kapitalismus** (Kampfschrift dagegen: Thomas Morus' „Utopia“),

Bankhäuser der Fugger und Welser in Augsburg. Geldwirtschaft mit Einfluß auf die Kaiserwahlen.

Entwicklung des **fürstlichen Absolutismus,** unterstützt durch das **römische Recht.** Ablösung der Ritter- durch Söldnerheere (Schießpulver). **Druck auf die Bauern** ruft dauernde Unruhen hervor. Entwicklung und Blüte des **Städtewesens** in Handel, Gewerbe und Handwerk (Hans Sachs), wodurch das Bürgertum Wohlstand, Bildung und Macht gewinnt. Ausbildung verfeinerter diplomatischer Methoden; Einrichtung ständiger Gesandtschaften an den Höfen; Flugschriften als Mittel der Propaganda.

Herausbildung eines **Systems des Gleichgewichts** der politischen Kräfte, in dem es zu ständig wechselnden Mächteverbindungen und zu Kämpfen um die Hegemonie kommt. Verlegung des Schwergewichts in Europa wesentlich nach Westen durch Vorsprung in der innerstaatlichen Entwicklung und durch Kolonialreichtum. Beherrschender Gegensatz: Habsburg-Spanien gegen Frankreich.

3. Italiens Zersplitterung und Kulturblüte

Die italienische Staatenwelt bildet im 16. Jh. einen wichtigen Schauplatz der Auseinandersetzung zwischen Frankreich und Habsburg im Kampf um die Vorherrschaft im Mittelmeer und auf dem europäischen Kontinent.

Die **Päpste** sind mit Erfolg bestrebt, den Kirchenstaat zu vergrößern und durch Förderung der Künste ihr weltliches Ansehen zu steigern. Damit verbunden jedoch sittlicher Verfall und Rückgang der geistlichen Macht (berüchtigtes Beispiel: Alexander VI. Borgia). Sie werden nach Überwindung der Konzilstheorien von Basel und Konstanz italienische Herrscher. Julius II. (1503–1513), der Begründer des neuzeitlichen Kirchenstaates, beginnt Neubau der Peterskirche. **Michelangelo, Bramante, Raffael.** Der von seinem Nachfolger Leo X. (1513–1521) zum Bau der Peterskirche ausgeschriebene Ablaß gibt den äußeren Anlaß zur Reformation. Der kunstliebende Paul III. (1534–1549) bestätigt 1540 den Jesuitenorden. Gregor XIII. (1572–1585) führt 1582 den verbesserten Gregorianischen Kalender ein und stützt die Gegenreformation in Deutschland.

Blüte der **florentinischen** Kunst und Wissenschaft (Florentinische Akademie) unter den **Medici,** Kampf der demokratischen Bewegung mit den mächtigen Medici (Savonarolas Tod 1498). Endgültige Herrschaft der Medici seit 1531. Cosimo v. Medici 1569 Großherzog v. Toskana.

Die **Republik Genua,** seit 1529 von französischer Herrschaft befreit und gefestigt, verteidigt ihre Unabhängigkeit gegen ihre mächtigen Nachbarn.

Venedigs Macht im Sinken; meist Parteinahme für Habsburg. Verlust Cyperns an die Türken.

Das Herzogtum **Savoyen** (mit **Piemont**) gewinnt nach vorübergehender Teilung zwischen Karl V. und Franz I. 1559 seine Macht wieder.

Neapel und **Sizilien** seit 1504 Länder der Krone Spaniens; **Mailand,** bis 1556 Streitobjekt zwischen Frankreich und Habsburg, wird spanisches Nebenland. **Parma und Piacenza,** früher zu Mailand gehörig, seit 1545 selbständiges Herzogtum unter dem Haus Farnese.

Heftige innere Kämpfe der Stadtstaaten untereinander unter Führung machthungriger Kondottieri, meist verbündet mit einem der um den Besitz Italiens streitenden europäischen Staaten. Der Florentiner **Machiavelli** vertritt in seinem Buch „Il Principe" die Eigengesetzlichkeit der Politik und das Recht der starken Persönlichkeit.

4. Deutschland und das Zeitalter der Reformation

Verbindung der religiösen Reformbestrebungen mit sozialen und politischen Spannungen. Ringen zwischen Einheits- und Universalstreben der habsburgischen Kaiser, die das Römische Reich Deutscher Nation bis zu seinem Ende (1806) regieren, und den Partikularinteressen der Territorialfürsten.

1493–1519 Maximilian I., Sohn Friedrichs III. v. Habsburg. Er zieht nicht mehr nach Rom. Nennt sich „erwählter römischer Kaiser".

1495 Reichsreform durch die Beschlüsse des **Reichstags zu Worms:** Ewiger Landfriede. Reichssteuer (der Gemeine Pfennig), Reichskammergericht, Annahme des römischen Rechts. – Auf den Reichstagen (Berufung der Reichsstände seit 1487) Beratung der drei Kollegien: Kurfürsten, Fürsten und Reichsstädte. Verkündung der Beschlüsse durch den Kaiser im Reichstagsabschied.

1512 **Reichstag zu Köln.** Einteilung des Reiches in 10 Landfriedenskreise (ausgenommen Böhmen und Schweiz). Oberste Reichsgewalt beim Reichstag mit drei Kollegien (Kurfürsten, Fürsten, Reichsstädte).

Deutsche Linien des Hauses Habsburg – Haus Lothringen

Maximilian I., Ks., † 1519 ∞ Maria v. Burgund, † 1482

Philipp d. Schöne, Kg. v. Kastilien, † 1506 ∞ Johanna d. Wahnsinnige, Kgn. v. Kastilien u. Aragon, † 1555

Karl V., Ks., 1556 abged., † 1558 — **Ferdinand I.**, Ks., † 1564

Maximilian II., Ks., † 1576 — Karl v. Steiermark, † 1590

Rudolf II., Ks., † 1612 — **Matthias**, Ks., † 1619

Ferdinand II., Ks., † 1637

Ferdinand III., Ks., † 1657

Leopold I., Ks., † 1705

Joseph I., Ks., † 1711 — **Karl VI.**, Ks., † 1740

Franz Stephan v. Lothringen, als Ks. **Franz I.**, † 1765 ∞ **Maria Theresia**, Ksn., † 1780

Joseph II., Ks., † 1790 — **Leopold II.**, Ks., † 1792

Franz II., Ks., 1806 abged., 1804 Ks. v. Österr., † 1835

Ferdinand I., Ks. v. Österr., † 1875 — Franz Karl, † 1878

Franz Joseph I., Ks. v. Österr., † 1916 — Karl Ludwig, † 1896

Karl I., Ks. v. Österr., 1918 abged., † 1922

Im Kampf um **Italien,** das noch immer die hauptsächlichsten Welthandelsstraßen Europas beherrscht, geht Mailand an die Franzosen, dann an Spanien verloren. Auch Neapel wird spanisches Nebenland. Vor allem soll Frankreich am Alleinbesitz Italiens gehindert werden. **Maximilians Heiratspolitik:** Durch seine Heirat mit Maria v. Burgund gewinnt Maximilian deren Erbe (S. 104). Er wird dadurch mächtigster deutscher Fürst, legt aber zugleich den Grund zu der Feindschaft seines Hauses mit Frankreich. **Gegensatz Frankreich–Habsburg seitdem ein Grundzug der europäischen Politik.** Sein Sohn **Philipp** heiratet **Johanna** d. Wahnsinnige, die **Erbin Spaniens** und seiner amerikanischen Kolonien, Maximilians Enkel **Ferdinand** gewinnt durch Heirat auch **Böhmen** und **Ungarn** (1526).

1517 **Martin Luther** (geb. 10. Nov. 1483 in Eisleben, 1505 Augustinermönch in Erfurt, 1512 Professor in Wittenberg; religiöses Erlebnis: Rechtfertigung allein durch den Glauben) versendet 95 Thesen gegen den Mißbrauch des Ablasses (Tetzel) an Erzbischof Albrecht v. Magdeburg und andere kirchliche Würdenträger. Noch keine Lösung von Rom beabsichtigt.

1518 Beginn der Reformation in der Schweiz durch **Zwingli.**

1519 Disputation Luthers gegen Johann Eck in Leipzig. Bruch mit Rom (Ablehnung des päpstlichen Primats und der Unfehlbarkeit des Konzils).

1520 Veröffentlichung der drei reformatorischen Schriften:
„An den christlichen Adel deutscher Nation von des christlichen Standes Besserung",
„Von der babylonischen Gefangenschaft der Kirche",
„Von der Freiheit eines Christenmenschen".
Luther **verbrennt die Bannandrohungsbulle** des Papstes in Wittenberg.

1519–1556 **Karl V.** deutscher Kaiser (Gegenkandidat Franz I. v. Frankreich) und König von Spanien (seit 1516, s. S. 122). Der Kaiser, als Spanier erzogen, im Besitz aller spanischen Reiche, der kastilischen Kolonien, Burgunds und der österreichischen Erblande, steht ganz auf seiten des alten katholischen Glaubens. Seine Hauptaufgabe: Auseinandersetzung mit Frankreich und der Türkei. Reorganisierung der spanischen Weltmonarchie und Beilegung des religiösen Konflikts.

1521 Luther weigert sich auf dem **Reichstag in Worms,** vor Kaiser Karl V. zu widerrufen. Luther in die Acht erklärt, von Kur-

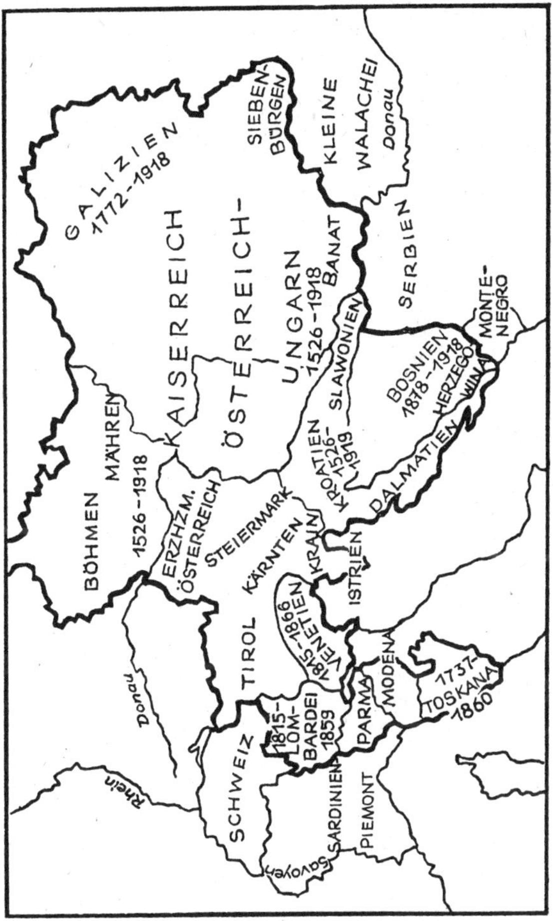

Die Habsburger Länder, Stammlande und Erwerbungen

fürst Friedrich d. Weisen auf die Wartburg gerettet. **Bibelübersetzung** (Grundlage der neuhochdeutschen Schriftsprache). Ausbreitung der Reformation. Frühe Zentren neben Wittenberg Straßburg, Nürnberg und Schweiz.

1521–1526 1. Krieg Karls V. gegen Franz I. v. Frankreich um die Vorherrschaft in Italien. Karl macht alte Ansprüche auf Mailand und Burgund, Franz I. auf Navarra und Neapel geltend.

1525 Schlacht bei Pavia. Franz, besiegt und gefangen, verzichtet im Frieden von Madrid auf Mailand, Burgund und Neapel. – Während des Krieges Ausbreitung der Reformation in Deutschland.

1522–1523 Ritterkrieg. **Ulrich v. Hutten.** Franz v. Sickingen gegen geistliche Fürstentümer. Er belagert vergeblich Trier und fällt bei Kaiserslautern.

1524–1525 **Bauernkrieg** in Schwaben und Franken im Namen des „alten“ und des „göttlichen“ Rechts gegen Fürsten und Herren **(Florian Geyer).** Der Aufstand wird blutig niedergeworfen. In Thüringen Bauernerhebungen unter Führung des Wiedertäufers Thomas Münzer, die Luther in der Sorge um die Reinerhaltung seiner Lehre verurteilt. Das Landesfürstentum steigert seine Macht, die Lage der Bauern verschlechtert sich.

1525 Der Ordensstaat Preußen wird weltliches Herzogtum unter polnischer Lehnshoheit.

Durch den **Angriff der Türken** (seit 1521) sowie die Niederlage und den Tod König Ludwigs II. v. Ungarn und Böhmen
1526 bei Mohács, dessen Kronen an **Ferdinand v. Österreich,** den Bruder Karls V., fallen, wird Habsburg zum wichtigsten Vorkämpfer gegen die Türkengefahr.

1526 1. Reichstag zu Speyer. Durchführung des Wormser Edikts (Ächtung Luthers) vertagt: die religiöse Entscheidung und Bestimmung der Konfession wird Sache der Landesherren (Landeskirchentum).

1526–1529 2. Krieg Karls V. gegen Franz I. Damenfriede zu Cambrai. Burgund bleibt bei Frankreich, das auf Italien verzichtet.

1529 2. Reichstag zu Speyer. Die evangelischen Reichsstände **protestieren** gegen die Durchführung des Wormser Edikts **(Protestanten!).** Gespräch zwischen Luther und Zwingli in Marburg. Keine Einigung über die Abendmahlslehre (Luther: „objektive“, Zwingli: „symbolische“ Gegenwart Christi im Sakrament).

Einführung der Reformation in Schweden durch Gustav I. Wasa (1523–1560), in Dänemark und Norwegen durch König Christian III., in England durch Heinrich VIII. (1534).

1529 Vergebliche **Belagerung Wiens** durch Sultan Suleiman II. d. Gr.

1530 **Reichstag zu Augsburg. Augsburgische Konfession** der Protestanten, verfaßt von Melanchthon. Karl V. weist sie zurück und bestätigt das Wormser Edikt.

1531 **Schmalkaldischer Bund** der Protestanten. Wegen der Türkengefahr bringt Ferdinand, zum römischen König gewählt,
1532 den **Nürnberger Religionsfrieden** zustande. Die Protestanten erhalten bis zu einem allgemeinen Konzil freie Religionsübung und leisten dafür Hilfe gegen die Türken.

1534–1535 Die Wiedertäufer in Münster (Jan Bockelson aus Leiden). Einführung der Wiedertaufe und Gütergemeinschaft gefordert.

1534 Der **Jesuitenorden** von dem Spanier Ignatius v. Loyola gestiftet, vom Papst 1540 bestätigt. **Beginn der Gegenreformation.**

1536–1538 **3. und 4. Krieg Karls V. mit Franz I.,** beendet durch
1542–1544 den Waffenstillstand zu Nizza und den Frieden zu Crépy. Mailand bleibt nominell deutsches Reichslehen, Neapel bei Spanien.

1539 Einführung der Reformation in Brandenburg durch Kurfürst Joachim II.

1541 **Reformation in Genf** durch **Johann Calvin** aus Noyon in der Picardie. Prädestinationslehre. Kirchenzucht beherrscht Alltagsleben. Kirchenverfassung durch Gemeinde bestimmt.

1545–1563 **Konzil zu Trient.** Abstellung kirchlicher Mißstände. Feste Dogmenformulierung im Geiste des Thomas v. Aquino. Der **Papst soll über dem Konzil stehen.** Durch Klärung und Reform neue Widerstandskraft gegen den Protestantismus.

1546 Tod Luthers in Eisleben.

1546–1547 **Schmalkaldischer Krieg.** Karl V. unterwirft die Evangelischen in Oberdeutschland, besiegt den Kurfürsten Johann Friedrich v. Sachsen in der Schlacht bei Mühlberg a. d. Elbe (1547) und nimmt ihn gefangen. Die Kurwürde kommt an Moritz v. Sachsen (Albertinische Linie). Landgraf Philipp v. Hessen unterwirft sich, kommt ebenfalls in Gefangenschaft.

1552 Moritz v. Sachsen, mit Frankreich verbündet, empört sich gegen den Kaiser und erzwingt den **Passauer Vertrag.** Die

Bekenner der Augsburgischen Konfession erhalten bis auf weiteres freie Religionsübung.

1552–1556 **Krieg Karls V. gegen Heinrich II.,** König v. Frankreich. Karl belagert vergeblich Metz, das ebenso wie Toul und Verdun in Frankreichs Besitz bleibt.

1555 **Augsburger Religionsfriede.** Die Landesherren und Freien Städte erhalten Religionsfreiheit und das Recht, auf ihrem Gebiet die Konfession zu bestimmen (Cuius regio, eius religio). Andersgläubige dürfen auswandern. Geistlicher Vorbehalt: Geistliche Reichsstände, die protestantisch werden, verlieren Amt, Gebiet und Einkünfte. Die Reformierten sind von dem Frieden ausgeschlossen. Die Augsburgische Konfession endgültig als gleichberechtigt neben dem katholischen Glauben anerkannt.

Die Lehre Luthers verbreitet sich vornehmlich über Norddeutschland nach den nordischen und baltischen Ländern und Polen, der Calvinismus dringt nach Frankreich, Schottland, England und den Niederlanden, auch nach Polen und Ungarn. Italien und Spanien bleiben beim alten Glauben.

1556 **Abdankung Karls V.** (gest. 1558). Teilung der letzten Universalmacht des Abendlandes: Spanien mit den Kolonien, Neapel, Mailand, Freigrafschaft Burgund und Niederlande kommen an seinen Sohn **Philipp II.** (1556–1598). Karls Bruder, schon seit 1521 im Besitz der deutschen Erblande, wird als

1556–1564 **Ferdinand I. Kaiser.** Ungarn muß zum Teil den Türken überlassen werden.

Ende der Universalreichsidee, Sieg der Fürsten, Vertiefung der Glaubensspaltung.

5. Spanien, Portugal und die Niederlande

a) Spanien und Portugal

1516–1556 Karl I. (als deutscher Kaiser Karl V.) begründet die unumschränkte Königsgewalt in Spanien; die Cortes fortan ohne Bedeutung. Durch Erwerbung der amerikanischen Kolonien großer Machtanstieg Spaniens. Das spanische Kolonialreich umfaßt im 16. Jh. die La-Plata-Länder, Panama, Mexiko, Venezuela, Peru, Nicaragua, Chile, Kolumbien, Paraguay, Bolivien. Unter seinem Sohn

1556–1598 **Philipp II.** zunächst weitere Ausdehnung der spanischen Macht. Krieg mit Frankreich um Ansprüche in Italien und

Burgund. Die Franzosen von den Spaniern unter Graf Egmont bei St. Quentin und Gravelingen geschlagen. Aufstände der calvinistischen Niederländer gegen das spanische Regiment (s. unten u. S. 127).

1571 Die türkische Flotte bei **Lepanto** von Don Juan de Austria, Halbbruder Philipps II., vernichtet. Vorherrschaft Spaniens im Mittelmeer.

1580 **Portugal spanisch** nach dem Aussterben des portugiesischen Königshauses (bis 1640). Seine Kolonien meist Beute der Holländer. Spanien auf dem Höhepunkt seiner Macht.

Goldenes Zeitalter: Humanismus, Führung in der katholischen Welt (u. a. Ignatius v. Loyola). – Blüte der spanischen Dichtung (**Cervantes** [gest. 1616], Lope de Vega, Calderón) und Malerei (**Velásquez,** Murillo, El Greco).

1588 Der Versuch Philipps II., England seinem Weltherrschaftssystem einzugliedern, scheitert. Die spanische **Armada** (S. 126) unter Admiral Medina Sidonia im Kanal von den Engländern besiegt, dann durch Sturm vernichtet.
Im Innern blutige Verfolgung der Protestanten durch die **Inquisition.** Unter Philipp III. (1598–1621) und Philipp IV. (1621–1665) weiterer Abstieg der spanischen Macht. 1640 Befreiung Portugals unter der Dynastie Braganza.

1659 Der Pyrenäenfriede beendet den jahrzehntelangen Krieg mit Frankreich und bedeutet das Ende der Vorherrschaft der spanischen Habsburger in Europa.

b) Die Niederlande

Philipp II. will die 17 niederländischen Provinzen fest in sein Reich eingliedern, während die Niederländer ihre Privilegien behaupten und Selbständigkeit erstreben. Der politische Gegensatz wird durch den religiösen (die nördlichen Provinzen sind calvinistisch) und den nationalen verschärft.

1568–1648 **Der Freiheitskampf der Niederlande.**
Die Niederlande (17 Provinzen) blühend durch Gewerbe, Handel und Schiffahrt. Die zahlreichen Calvinisten schon unter Karl V. verfolgt. Bedrückung unter Philipp II. seit 1565 verschärft.

1567 Herzog Alba wird Nachfolger der Statthalterin Margarete II. v. Parma. Graf Egmont in Brüssel hingerichtet. Geusenbund. **Wilhelm v. Nassau-Oranien** Haupt des Widerstandes.

1579 **Union** der 7 nördlichen Provinzen zu **Utrecht.** Sie sagen sich

1581 von Spanien los und übertragen die Führung Wilhelm von Oranien. Bildung der „Generalstaaten“ im Haag.

1584 **Wilhelm** in Delft **ermordet.** Sein Sohn Moritz setzt den Krieg fort. Elisabeth v. England sendet Hilfe.

1602 Niederländisch-Ostindische Kompanie. Aufschwung der Seemacht. Kolonien: Java, Kapstadt, Ceylon. Aufstieg zur führenden Handelsmacht, vor allem aufgrund ihres Frachtmonopols.

1609 Waffenstillstand auf 12 Jahre, dann Fortsetzung des Krieges bis zur Anerkennung der Selbständigkeit (1648). Die südlichen Provinzen (Belgien) bleiben spanisch (1714 an Österreich).

1600–1680 **Blüte der Kunst und Wissenschaft.** In der Barockkultur gleichzeitig Erfassen des Individuellen und dynamischer Drang in die Weite. An der Universität Leiden (gegr. 1575) der Völkerrechtslehrer **Hugo Grotius.** Philosophischer Pantheismus im System Baruch de **Spinozas** (gest. 1677). Tiefste seelische und künstlerische Gestaltungskraft bei **Rembrandt** (gest. 1669), barocke Kraft und impressionistische Meisterschaft bei Frans Hals, Vermeer van Delft u. a. Entfaltung von Dichtung (Vondel) und Musik (Orlando di Lasso). In den spanisch gebliebenen Niederlanden Höhepunkt der Barockmalerei bei **Rubens** (gest. 1640) und seinem Schüler van Dyck.

6. England und Schottland

Glaubenskämpfe und Abwendung vom Kontinent. Grundlegung der englischen Seemacht.

1485–1603 **Haus Tudor** in England.

1509–1547 **Heinrich VIII. Trennung der englischen Kirche vom**
1534 **päpstlichen Stuhl.** Der König, dem der Papst die Ehescheidung verweigert, macht sich selbst zum Oberhaupt der anglikanischen Landeskirche (1534 Suprematsakte; Verfolgung der Gegner: Hinrichtung des Kanzlers Thomas Morus, des Verfassers der „Utopia“, 1535).

1542 Irland wird Königreich unter Heinrich VIII.

1547–1553 Eduard VI. Gründung der episkopalen Hochkirche (High Church), die in der Lehre protestantisch, in der bischöflichen Verfassung und in der Form des Gottesdienstes katholisch ist.

1553–1558 Maria d. Katholische. Vermählt mit Philipp II. v.

Häuser Tudor, Stuart, Hannover

Heinrich VII.* (Tudor), Kg. v. Engld., † 1509 ∞ Elisabeth v. York, † 1503

Jakob IV. Stuart, Kg. v. Schottld., † 1513 ∞ Margarete, † 1541

Heinrich VIII., Kg. v. Engld., † 1547

Jakob V., Kg. v. Schottld., † 1542

Margarete, † 1578

Maria d. Katholische, Kgn. v. Engld., † 1558 — **Elisabeth**, Kgn. v. Engld., † 1603 — **Eduard VI.**, Kg. v. Engld., † 1553

Maria Stuart, Kgn. v. Schottld., 1567 abges., † 1587 ∞ Henry Stuart, Lord Darnley, † 1567

Jakob VI., Kg. v. Schottld., seit 1603 als **Jakob I.** Kg. v. GB u. Irld., † 1625

Elisabeth, † 1662 — **Karl I.**, Kg. v. GB, † 1649

Ernst August, Kft. v. Hann., † 1698 ∞ Sophia, † 1714

Karl II., Kg. v. GB, † 1685 — Maria, † 1660 ∞ Wilhelm II. v. Oranien, † 1650 — **Jakob II.**, Kg. v. GB, 1688 vertr., † 1701

Georg I., Kg. v. GB, † 1727

Georg II., Kg. v. GB, † 1760

Wilhelm III., Kg. v. GB., † 1702 ∞ **Maria**, Kgn. v. GB, † 1695 — **Anna**, Kgn. v. GB, † 1714

Friedrich Ludwig, Pr. v. Wales, † 1751

Georg III., Kg. v. GB u. Hann., † 1820

Georg IV., Kg. v. GB u. Hann., † 1830 — **Wilhelm IV.**, Kg. v. GB u. Hann., † 1837 — Eduard, † 1820 — **Ernst August**, Kg. v. Hann., † 1851

Viktoria, Kgn. v. GB, † 1901 — **Georg V.**, Kg. v. Hann., 1866 abges., † 1878

* Königsnamen in Fettdruck

Spanien. Wiedereinführung der katholischen Religion. Krieg im Bund mit Spanien gegen Frankreich.

1558–1603 Elisabeth, Tochter Heinrichs VIII. und der Anna Boleyn. **Wiedereinführung der anglikanischen Kirche.** Glaubensbekenntnis in 39 Artikeln. Entwicklung des englischen Handels und der englischen Seemacht.

1584 Gründung der **ersten englischen Kolonie in Nordamerika** durch Walter Raleigh: **Virginia** (zu Ehren Elisabeths).

1587 Hinrichtung der Königin **Maria Stuart** v. Schottland, die Anspruch auf den englischen Thron erhoben hatte. Krieg mit Philipp v. Spanien aus machtpolitischen und konfessionellen Gründen (Unterstützung der Niederlande).

1588 Mit der **Vernichtung** der spanischen **Armada** Beginn der Seegeltung Englands.

1600 Gründung der Ostindischen Kompanie. Gründung von Madras (1639) und Kalkutta (1690); Erwerb Bombays (1668).

1601 Unterwerfung Irlands.

1603–1714 Das Haus Stuart in England. Schottland und England vereinigt unter

1603–1625 **Jakob I.,** Sohn der Maria Stuart.

Weitere Ausdehnung des englischen Kolonialbesitzes in Nordamerika: Landung puritanischer Kolonisten **(„Pilgerväter")** in „Neu-England".

Kulturblüte des Elisabethanischen Zeitalters:
William Shakespeare (geb. 1564, gest. 1616) schafft das **moderne Drama. Francis Bacon** (geb. 1561, gest. 1626) begründet die **empiristische** (sich auf Erfahrung gründende) Linie der modernen **Philosophie.**

7. Frankreich

Frankreich im Kampf gegen die Umklammerung durch die habsburgische Macht. Religionskriege bedrohen die französische Einheit.

1498–1515 Auf König Ludwig XII. (1500 Mailand erobert) folgt

1515–1589 das **Haus Orléans-Angoulême** (Nebenlinie der Valois).

1515–1547 **Franz I.,** der, absolutistisch im Innern, sich in die europäischen Machtkämpfe um die Hegemonie in Italien einmischt (vgl. S. 118).

1515 Sieg über die Schweizer bei Marignano. Die Lombardei (Mailand) französisch.

1516 Erhöhung der königlichen Macht durch Konkordat mit Papst Leo X. Förderung von Kunst und Wissenschaft in enger Verbindung mit Italien. Bau des Louvre in Paris.
Krieg gegen Kaiser Karl V. Niederlage und Gefangennahme
1525 Franz' I. bei **Pavia.** Die Lombardei habsburgisch. Drei weitere Kriege (S. 120f.) gegen Karl V. (dabei Bündnis mit den Türken) ändern nichts an der habsburgischen Vormachtstellung in Italien.

1547–1559 Heinrich II., vermählt mit Katharina v. Medici. Wachsende Macht der Guisen, einer Nebenlinie des Hauses Lothringen. Verfolgung der **Hugenotten,** aber Verbindung mit den protestantischen Reichsfürsten.
1552 Metz, Toul und Verdun für Frankreich gewonnen.
Auf Heinrich II. folgen hintereinander seine zwei schwachen Söhne Franz II. und Karl IX.; Regierung unter Leitung ihrer Mutter, Katharina v. Medici.

1562–1598 Hugenottenkriege in Frankreich. England unterstützt, Spanien bekämpft die Hugenotten.
1572 (23./24. Aug.) **Bartholomäusnacht** oder Pariser Bluthochzeit. Tausende von Hugenotten finden in Paris und in der Provinz den Tod (Admiral Coligny; sein außenpolitisches Ziel ist Unterstützung der Niederlande).
1577 Jean Bodin: Lehre von der Souveränität der Fürsten.
1574–1589 Heinrich III. Erneuter Ausbruch des Religionskrieges, der 20 Jahre dauert. In Paris bildet sich die „heilige Liga" gegen die Hugenotten. Nach der Ermordung Heinrichs III. gelangen mit **Heinrich v. Navarra** die Bourbonen auf den französischen Thron.

1589–1792 Haus Bourbon* in Frankreich.
1589–1610 Heinrich IV. Um Paris zu gewinnen, wird der protestantische Heinrich 1593 katholisch und gewährt den Huge-
1598 notten durch das **Edikt von Nantes** Gleichberechtigung mit den Katholiken. Grundlage für Toleranz. Hebung des Wohlstands und der Finanzen. Französische Kolonien in Kanada. Heinrichs oder seines Staatsmannes Sully bemerkenswerter Plan eines europäischen christlichen Staatenbundes.
1610–1643 Unter Heinrichs Sohn, Ludwig XIII., regiert der geniale Staatsmann **Richelieu** (geb. 1585, gest. 1642). Ziele: Niederringung des Hauses Habsburg, Erhebung Frankreichs zur ersten Macht Europas, Befestigung des absoluten Königtums.

---

* s. Stammt. S. 135

8. Skandinavien und Osteuropa

Die politischen, dynastischen und religiösen Gegensätze rund um die Ostsee verursachen die Schwächung des Jagiellonenreiches und ermöglichen das Vordringen Moskaus nach Westen.

Allmähliche **Auflösung der skandinavischen Union** (1520 Stockholmer Blutbad), da Schweden sich gegen das dänische Unionskönigtum auflehnt.

1523–1654 Das Haus Wasa in Schweden.
Unter Gustav I. Wasa **Einführung der Reformation** (S. 118).
Die Vormachtstellung der **Hanse** nach Aufhebung ihrer Privilegien in England, Rußland und den skandinavischen Reichen sowie durch Verlagerung des Weltverkehrs gebrochen.

1561 Die **Auflösung des Deutschen Ordensstaates** in Kurland, Livland und Estland führt zum Kampf um das Dominium maris Baltici zwischen Schweden *(Privilegium Sigismundi Augusti)*, Polen, Moskau und Dänemark. Livland kommt an Polen, Estland an Schweden. Kurland weltliches Herzogtum unter polnischer Lehnshoheit (1795 an Rußland).
Wegen der Ehe Johanns III. mit der Jagiellonin Katharina polnisch-schwedischer Konflikt. Der katholische Sohn aus dieser Ehe, Sigismund, seit 1587 König v. Polen, wird 1599 von seinem Oheim, Karl IX., aus Schweden verdrängt.

1611–1632 Gustav II. Adolf. Verbindung von protestantisch-religiöser Tiefe und hochfliegenden machtpolitischen Plänen: Ziel schwedische Ostseeherrschaft. Er gewinnt im Krieg gegen Rußland Karelien und Ingermanland, gegen Polen Livland, Memel, Pillau, Elbing, den größten Teil des Danziger Werders und weitere Gebiete des polnischen Lehnsstaates Preußen. Waffenstillstand mit Polen zum Zweck der Teilnahme am Krieg in Deutschland (s. S. 131).

1632 Tod Gustav II. Adolfs in der Schlacht bei Lützen. Seine Politik wird von seinem Kanzler Oxenstierna (gest. 1654) fortgeführt.
Gustav Adolfs Tochter **Christine** dankt 1654 zugunsten ihres Vetters Karl Gustav v. Pfalz-Zweibrücken ab, wird katholisch und stirbt in Rom 1689.
Vorherrschaft Schwedens in der Ostsee, von der Rußland weiterhin ausgeschlossen bleibt.

Dänemark und Norwegen bleiben bis 1814 vereinigt.

1588–1648 Christian IV. v. Dänemark, volkstümlich und unternehmend, kämpft mit wechselndem Erfolg gegen den Erbfeind Schweden (Gewinnung der norwegischen Lappmark, Verlust von Jämtland, Härjedalen, Gotland und Ösel). Über seine Teilnahme am Dreißigjährigen Krieg s. S. 131. Dänemark von Schweden in der Ostsee überflügelt.

Polen, die abendländische Vormacht in Osteuropa, beginnt durch die Selbstsucht des privilegierten Adels zu verfallen. Unter **Sigismund II. August** (1548–1572) Ausbreitung der Reformation in Polen. (Schriftsprache und Literaturblüte.) Verwicklung in die Kriege um die baltische Küste: Anschluß Livlands (Kurland Lehen der polnischen Krone) 1561 löst Kriege zwischen Polen-Litauen, im Bund mit Dänemark, und Schweden, das mit Moskau verbündet ist, aus (bis 1582).

1569 **Union von Lublin:** staatsrechtliche Vereinigung von Polen und Litauen. Westpreußen verliert seine Sonderstellung. Wachsen fremder Einflüsse durch Zunahme der Konflikte.

1572 Heinrich v. Valois zum polnischen König gewählt (1574 abgedankt). Polen seither **Wahlreich,** in dem das Adelsparlament entscheidet (Adelsrepublik).

1575–1586 Stephan Báthory, Wojewode von Siebenbürgen, polnischer König, vermählt mit Anna, der Schwester Sigismunds II. August, erfolgreich gegen Iwan IV. v. Moskau, der 1582 im Frieden von Jam Zapol'ski auf Livland verzichten muß.

1587–1632 Sigismund III., Sohn Johanns v. Schweden (Wasa) und der Schwester Sigismunds II. August, Katharina, katholisch erzogen, seit 1592 König v. Schweden. Eindringen der Gegenreformation. 1596 Union von Brest: Teile der orthodoxen Kirche erkennen den Papst an. Gegensatz zwischen Krone und Adel, Protestantismus und Gegenreformation (Einbeziehung Polens in den habsburgisch-spanischen Block erstrebt). Erhebung der protestantischen Stände Schwedens führt zum Kampf um die Ostsee; Eingreifen in die russischen Wirren (der „falsche Demetrius") löst die polnischen Kriege mit Moskau aus. Seit 1634 Rückgang der polnischen Macht. Das „Liberum Veto" seit 1652 zerstört die Monarchie. Preußen löst sich 1657 aus der polnischen Lehnshoheit. Smolensk und die östliche Ukraine bis zum Dnjepr an Rußland verloren (1667).

1533–1584 In **Rußland** Zar Iwan IV. d. Schreckliche. Eroberung von Kasan und Astrachan. Eindringen in Sibirien. Vorstoß zur Ostsee schlägt noch fehl (1582). Festigung der zaristischen Autokratie gegen den Hochadel. Autokratie und Orthodoxie: Moskau das „Dritte Rom". Ziel: Sammlung der russischen Erde. Handelsverbindungen mit Westeuropa durch Engländer 1553 angebahnt. 1589 wird die Moskauer Kirche durch Errichtung des Patriarchats unabhängig von Konstantinopel. 1598 stirbt das Geschlecht der Rurikiden (seit ca. 860) aus. Nach der „Zeit der Wirren" kommt

1613–1762 **das Haus Romanow*** zur Regierung.

Seit 1453 ist Konstantinopel Mittelpunkt des **Osmanischen Reiches,** das seine Eroberungen auf dem Balkan, der Krim und im Vorderen Orient (Ägypten 1517–1798 türkisch) fortsetzt und gegen Ungarn und die habsburgische Macht (1529 erste Türkenbelagerung Wiens) vorzudringen beginnt.

1520–1566 Höchste Blüte des Osmanischen Reiches unter **Suleiman II.** (1550–1566 Erbauung der Suleimanije-Moschee in Konstantinopel), einem Zeitgenossen Karls V. Er stirbt in Ungarn bei der Belagerung der Festung Szigeth (Verteidiger Zrinyi). Unter seinen Nachfolgern beginnender Verfall, besonders durch die Unbotmäßigkeit der Janitscharen (als Elitetruppe verwendete, mohammedanisch erzogene Christenknaben).

9. Deutschland und der Dreißigjährige Krieg

Die Auseinandersetzungen zwischen den Konfessionen und zwischen dem Kaiser und den Ständen werden auf dem Hintergrund des französisch-habsburgischen Weltgegensatzes ausgetragen, Deutschland aber wird dadurch zum Kampfplatz der europäischen Mächte.

1564–1576 **Maximilian II.**** Höhepunkt des Protestantismus in Österreich. Wahrung des religiösen Friedens.

1576–1612 **Rudolf II.** Verschärfung des Gegensatzes zwischen Protestanten und Katholiken. Gegenreformation in den habsburgischen Ländern seit 1579 verschärft. Ausweisungen in Steiermark, Kärnten und Krain 1596.

1608 Protestantische Union, 1609 katholische Liga gegründet.

1609 Kaiser Rudolf erteilt durch den **Majestätsbrief** den böhmischen Ständen Religionsfreiheit.

1609–1614 Jülich-Clevescher Erbfolgestreit. Cleve, Mark und Ravensberg kommen an Johann Sigismund, Kurfürst v. Brandenburg, Jülich und Berg an Pfalz-Neuburg.

1618 Das lehnsabhängige Herzogtum Preußen fällt durch Erbschaft an die brandenburgischen Hohenzollern, die zu den Stützpunkten im Westen des Reiches eine neue Machtbasis außerhalb der Reichsgrenzen gewinnen.

---

* s. Stammt. S. 144 ** s. Stammt. S. 117

1612–1619 **Matthias,** Rudolfs II. Bruder, Kaiser.

1618–1648 **Dreißigjähriger Krieg.** *Die Ursachen sind zugleich religiöser und machtpolitischer Art: katholisch-protestantischer Gegensatz, Streben der Kaiser nach religiöser und politischer Einheit im Reich, Machtstreben der Reichsstände und Konkurrenzkampf der europäischen Staaten untereinander (Gegensatz Frankreich–Habsburg, Kampf Schwedens um die Vorherrschaft im Ostseeraum).*

1618–1623 **Böhmisch-pfälzischer Krieg.**

1618 Aufstand in Prag wegen Verletzung des Majestätsbriefes. „Prager Fenstersturz". Ständeregierung.

1619–1637 **Kaiser Ferdinand II.** Durch seine Wahl wesentliche Stärkung der katholischen Seite; Unterstützung durch Spanien und die Liga (Maximilian I. v. Bayern). In Böhmen wird der Führer der protestantischen Union, **Kurfürst Friedrich V. v. d. Pfalz,** zum König gewählt.

1620 **Schlacht am Weißen Berg** bei Prag. Friedrich (Winterkönig) geächtet, flieht nach Holland.

1621 Auflösung der Union. Gewaltsame Gegenreformation in Böhmen, verbunden mit Todesurteilen, Enteignung von Adelsgütern und Regermanisierung. Wendepunkt in der böhmischen Geschichte, der für das Verhältnis der Tschechen zum Deutschtum von großer Bedeutung wird. Die Länder der Wenzelskrone fortan unter Habsburg.

1622 Spanier und Truppen der Liga unter Tilly besetzen die Pfalz und Heidelberg.

1623 Maximilian v. Bayern erhält die pfälzische Kurwürde. Tilly dringt nach Westfalen vor.

1625–1629 **Dänisch-niedersächsischer Krieg.** Christian IV., König v. Dänemark und Herzog v. Holstein, tritt als Oberster des niedersächsischen Kreises an die Spitze der Protestanten.

1626 **Wallenstein,** Herzog v. Friedland, erhält den Oberbefehl über das kaiserliche Heer.

1627 Tilly und Wallenstein erobern Holstein, Schleswig und Jütland. Die Herzöge von Mecklenburg vertrieben.

1629 Friede zu Lübeck zwischen dem Kaiser und Christian IV. (Wiederherstellung seines Besitzes gegen Verzicht auf Einmischung). Restitutionsedikt: Rückgabe aller seit dem Passauer Vertrag (1552) von den Protestanten eingezogenen geistlichen Güter gefordert. Ferdinand II. auf der Höhe seiner Macht.

1630 Kurfürstentag zu Regensburg. Wallenstein abgesetzt.

1630–1635 Schwedischer Krieg.

1630 **Gustav II. Adolf v. Schweden** (S. 128) landet in Pommern, schließt Subsidienvertrag mit Frankreich (Richelieu), vertreibt die Kaiserlichen aus Pommern.

1631 Tilly erobert Magdeburg, wird von Gustav Adolf bei Breitenfeld besiegt. Brandenburg und Sachsen schließen sich dem Schwedenkönig an. Gustav Adolf zieht durch Thüringen und Franken bis Mainz, befreit die Pfalz und dringt 1632 nach Bayern vor (Sieg über Tilly am Lech); Ziel Wien.

1632 Wallenstein, wieder zum kaiserlichen Feldherrn eingesetzt, schlägt die Schweden bei Nürnberg zurück. Beide Heere gehen nach Sachsen.

1632 Schlacht bei Lützen, Gustav Adolf fällt. Die Schweden siegen unter Bernhard v. Sachsen-Weimar in der Pfalz und in Bayern.

1634 Wallenstein, wegen Konspiration mit den Schweden (eigenmächtige Friedensverhandlungen) wiederum abgesetzt und geächtet, begibt sich nach Eger und wird dort **ermordet.** Die Schweden verlieren durch die Niederlage bei Nördlingen Süddeutschland.

1635 Friede von Prag zwischen dem Kaiser und Sachsen. Der Kaiser verzichtet auf Durchführung des Restitutionsedikts. Brandenburg (seit 1618 im Besitz des Herzogtums Preußen) und die meisten protestantischen Stände treten dem Frieden bei.

1635–1648 Schwedisch-französischer Krieg.

Der schwedische Kanzler **Oxenstierna** schließt ein Bündnis mit Frankreich (Richelieu), das die spanisch-habsburgische Stellung am Rhein zerstören will. Hierdurch Verlängerung des Krieges, der sich in Sachsen und Böhmen sowie in Süddeutschland abspielt. Letzte Kriegshandlungen 1645 (Angriffe der Franzosen und Schweden auf Bayern).

1637–1657 **Kaiser Ferdinand III.** zum Frieden geneigt.

1640–1688 Friedrich Wilhelm v. Brandenburg, **d. Gr. Kurfürst*,** legt durch zentralisierte Verwaltung, Schaffung eines stehenden Heeres, kluge Realpolitik (1660 im Frieden von Oliva Anerkennung der Souveränität Preußens) und kühne Waffentaten den Grund zum **Aufstieg des brandenburgisch-preußischen Staates.**

1644 Eröffnung der Friedensverhandlungen in **Osnabrück** mit den Schweden, in **Münster** mit den Franzosen.

---

* s. Stammt. S. 183

Westfälischer Frieden zu Münster und Osnabrück. **Schweden** erhält Vorpommern mit Stettin und Rügen, Wismar und die Bistümer Bremen und Verden, **Frankreich** einen großen Teil des Elsaß (ohne Straßburg) sowie Metz, Toul und Verdun, **Brandenburg** erhält Hinterpommern mit Kammin, Halberstadt, Minden und die Anwartschaft auf Magdeburg. Kurwürde und Oberpfalz bleiben bei **Bayern.** Für die **Rheinpfalz** wird eine achte Kurwürde errichtet. Die **Niederlande** und die **Schweiz** werden als unabhängig anerkannt und scheiden aus dem Reichsverband aus. Mitbestimmung der Reichsstände sowie staatliche Souveränität und Bündnisrecht anerkannt. **Lutherische und Reformierte erhalten im Deutschen Reich gleiche Rechte mit den Katholiken.** Für den Besitz der geistlichen Güter und die Religionsübung wird das Jahr 1624 als Stichjahr festgesetzt. Abschluß des Kampfes der Großmächte erst 1659 durch den Pyrenäenfrieden zwischen Frankreich und Spanien, das das Elsaß und flandrische Gebiete abtreten muß, erreicht.
Folgen des Krieges: Großer **Machtschwund von Kaiser und Reich, Festigung der fürstlichen Souveränität.** Sieg der fürstlichen Libertät über kaiserliche Zentralgewalt macht Deutschland zu einem politisch und militärisch machtlosen Staatenbund. Spanische Vorherrschaft gebrochen. Aufstieg **Frankreichs, Schwedens** und **Brandenburgs.** Verwüstung Deutschlands und Verarmung des Bürger- und Bauernstandes.

B. Vom Westfälischen Frieden bis zur Französischen Revolution (1648–1789)

Die Zeit bis zum Beginn der Französischen Revolution ist gekennzeichnet durch die im Westfälischen Frieden auch politisch festgelegte Selbständigkeit der Einzelstaaten des Reiches und den immer stärker ausgebildeten fürstlichen Absolutismus (Ausnahmen: England und Polen). Die Rivalität Frankreich–Habsburg bestimmt weitgehend die große Politik in Europa, während im überseeischen Raum der Kampf um die koloniale Vormacht zwischen Frankreich und England ausgetragen wird. Das Ausscheiden Spaniens als Großmacht, der Niedergang Polens und Schwedens und der Aufstieg Preußens und Rußlands verändern das Gleichgewicht in Europa. England wird bahnbrechend für den Kontinent durch politisch-verfassungsrechtliche und theologische Aufklärung sowie durch die „Industrielle Revolution“. Das Bürgertum erringt lediglich kulturelle, noch keine politische Macht. Die Wirtschaft wird weitgehend vom Staat gelenkt mit dem Ziel einer aktiven Handelsbilanz: Merkantilismus, Ausbau der Manufakturen, Zollpolitik, Kolonien.

1. Frankreichs Kampf um die Hegemonie auf dem Kontinent

In Frankreich bildet sich die neue Auffassung vom absolutistischen Fürstenstaat (letzte Einberufung der Generalstände 1614), in dem der Fürst allein die Verantwortung trägt, zuerst aus und wirkt als Vorbild auf die europäischen Höfe. Richtschnur für das politische Handeln: Staatsraison. Ihr klassischer Vertreter ist Kardinal **Richelieu** (S. 127), Leiter der französischen Politik unter Ludwig XIII. (1610–1643); sein Ziel die Wiederherstellung der natürlichen Grenzen an Pyrenäen und Rhein (gegen Umklammerung durch Habsburg).

Französisches Kolonialreich in Nordamerika: Kanada (Gründung von Quebec 1608 und Montreal 1642); an der Mississippimündung Louisiana (1718 New Orleans gegründet); in Südamerika 1664 Cayenne französische Kolonie (Französisch-Guayana).

1643–1715 Ludwig XIV. Regierung zuerst geleitet von **Mazarin.**

1659 Spaniens Vormacht durch Pyrenäenfrieden gebrochen.

1661 Tod Mazarins. Selbstregierung Ludwigs, der das staatliche Prinzip zu verkörpern beansprucht (L'Etat c'est moi). Ziel der **Politik Ludwigs** ist die **Zurückdrängung Habsburgs** und die **Gewinnung der Rheingrenze** (Allianzen mit Schweden, Polen, Türken). Gleichzeitig soll **Frankreich** in Handel, Industrie und Kolonialbesitz die **Vormachtstellung in Europa** erringen. Colbert Finanzminister, Louvois Kriegsminister. Feldherren: Turenne, Condé, Luxembourg, Vauban.

1667–1668 1. Eroberungskrieg Ludwigs gegen **Spanien.** Im Frieden zu Aachen Abtretung von Grenzgebieten in den Spanischen Niederlanden an Frankreich. Spanien immer mehr zugunsten Frankreichs geschwächt.

1672–1678 **2. Eroberungskrieg** Ludwigs XIV. gegen **Holland** (Wilhelm III. v. Oranien Generalstatthalter). Der Große Kurfürst kommt den Holländern zu Hilfe, wird 1673 zum Frieden von **Vossem** genötigt. Er unterstützt 1674 den Feldzug des Reichsheeres im Elsaß, muß sich dann aber gegen die Schweden wenden.

1675 Sieg des Großen Kurfürsten bei **Fehrbellin.** Er erobert Schwedisch-Pommern und Rügen und vertreibt die Schwe-

Die Bourbonen in Frankreich, Spanien, Neapel-Sizilien

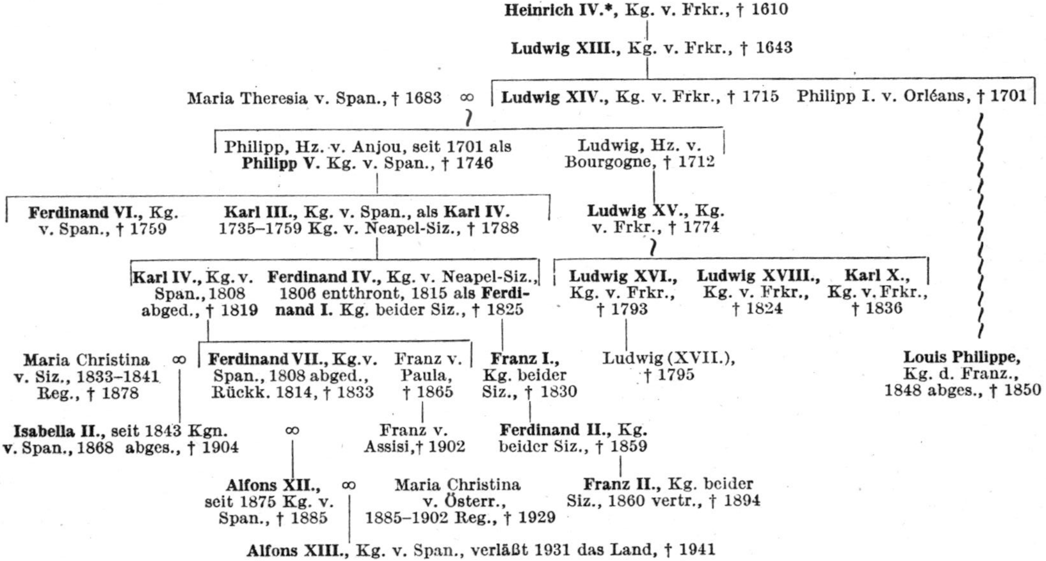

* Königsnamen in Fettdruck

den aus Ostpreußen. **Brandenburg wird ein Faktor der europäischen Politik.**

1678/79 Friede zu Nimwegen. Holland verliert nichts. Spanien tritt die Freigrafschaft Burgund und abermals Grenzgebiete in den Niederlanden an Frankreich ab.

1679 Friede von St. Germain. Der Große Kurfürst, von Kaiser und Reich im Stich gelassen, muß auf das eroberte Schwedisch-Pommern verzichten und verbindet sich mit Ludwig XIV. Ludwig XIV. nimmt aufgrund der Beschlüsse französischer Gerichtshöfe (Reunionskammern) große Teile von Elsaß und Lothringen in Besitz.

1681 Straßburg von den **Franzosen besetzt.**

1685 Aufhebung des Edikts von Nantes. Viele Hugenotten fliehen nach Holland und Brandenburg.

1688–1697 **3. Eroberungskrieg** Ludwigs gegen die **Pfalz,** die von den Franzosen verwüstet wird (Heidelberger Schloß). Europäische Koalition: Kaiser, Spanien, Holland, Schweden, England (Seesieg der dominierenden englischen Flotte 1692 bei Cap de la Hogue) gegen Frankreich. **Frieden von Rys-**
1697 **wijk.** Frankreich behält die im Elsaß besetzten Gebiete, gibt Lothringen an Herzog Leopold zurück.

Frankreich ist Vormacht in Europa. Eindringen der französischen Sprache und Kultur in die deutschen Höfe und Adelskreise. Aber grundlegende Änderung des europäischen Kräfteverhältnisses durch die „Glorreiche Revolution“ („Glorious Revolution“) in England.

Im Spanischen Erbfolgekrieg (S. 148f.) geht die französische Hegemonie auf dem Kontinent verloren. Das Gleichgewicht wird durch den Frieden von Utrecht 1713 wiederhergestellt.

1715–1774 Ludwig XV., Urenkel Ludwigs XIV. Mißglückter Versuch des Schotten John Law, durch Ausgabe von Papiergeld die zerrütteten Finanzen in Ordnung zu bringen.

1726–1743 **Kardinal Fleury** leitender Staatsmann.

1735 Lothringen gewonnen, 1766 endgültig einverleibt (S.139). Erfolglose Teilnahme am Österreichischen Erbfolgekrieg und am Siebenjährigen Krieg. Egoismus der privilegierten Stände (Adel, Klerus) verhindert Reformen. Wachsende Kritik am absolutistischen System.

1763 Verlust Kanadas an England im Frieden von Paris. Beim Tod des Königs völlige Zerrüttung der Finanzen und des Staates.

1774–1792 Ludwig XVI., Enkel Ludwigs XV., vermählt mit Marie Antoinette, Tochter Maria Theresias. Redlicher Wille, doch fehlende Tatkraft. Schwache Reformversuche (Wiederherstellung der Parlamente) können die herannahende Revolution nicht mehr abwenden. Frankreichs Teilnahme am Nordamerikanischen Freiheitskrieg verschärft den Gegensatz zu England.

Geistige Wegbereiter der **Revolution: Rousseau** (geb. 1712, gest. 1778; natürliche Gleichheit der Menschen soll durch Rechtsgleichheit ersetzt werden. Volkssouveränität), **Montesquieu** (von dem Engländer Locke übernommene liberalistisch-parlamentarische Ideen), Diderot und d'Alembert (Popularisierung der aufklärerischen Tendenzen der Zeit in der „Encyclopédie"). Gleichzeitig Blüte der Kunst im Louis-Seize-Stil. Maler: Watteau, Pesne, Boucher.

Kulturblüte: René Descartes (geb. 1596, gest. 1650) geht im „methodischen Zweifel" bis zur Selbstgewißheit des erkennenden Subjekts zurück, begründet die **rationalistische Richtung** der modernen Philosophie; Blaise Pascal, Mathematiker und Religionsphilosoph; Dichter: Corneille, Racine, Molière, La Fontaine. Barockbauten: **Versailles.**

2. Deutschland

Die religiöse Spaltung, die binnenländische Beschränkung und Erstarrung der politischen Formen sind Kennzeichen der deutschen Entwicklung. Das Deutsche Reich vermag in den europäischen Kriegen das Eindringen fremder Truppen nicht abzuwehren. Die habsburgischen Kaiser bleiben in erster Linie auf Vermehrung ihrer Hausmacht bedacht. Der Aufstieg Brandenburg-Preußens zur Großmacht schafft in Deutschland den politischen Dualismus.

1658–1705 Kaiser **Leopold I.*** schafft gegen die Verluste im Westen durch tapferen Widerstand gegen die Türken einen Ausgleich.

Die Türkenkriege

Seit dem Wiedererstarken des Türkischen Reiches unter Mehmed IV. um die Mitte des 17. Jhs. wird der Kampf gegen Habsburg 1663 gemeinsam mit Frankreich wieder aufgenommen.

---

* s. Stammt. S. 117

1683 **Belagerung Wiens** durch die Türken (Starhemberg). Entsatzschlacht am Kahlenberg (Herzog Karl v. Lothringen, König Johann III. Sobieski v. Polen).

1686 Ofen erobert. Die Türken aus Ungarn vertrieben. Die ungarischen Stände übertragen 1687 die Stephanskrone dem Haus Habsburg (österreichisch-ungarische Doppelmonarchie).

1697 Sieg des Prinzen Eugen v. Savoyen (kaiserlicher Oberbefehlshaber) über die Türken bei Zenta.

1699 **Friede** mit den Türken zu **Karlowitz.** Ungarn und Siebenbürgen, der größte Teil von Slawonien und Kroatien kommen an Österreich, Teile der Ukraine und Podolien durch Polen zurückgewonnen. Türkisch bleibt nur das Gebiet um Temesvár. Morea an Venedig. Asow an Rußland (1700, endgültig 1739).

Der letzte große Vorstoß der Türken gegen Europa ist gescheitert, Österreichs Großmacht gestärkt.

1714–1718 Krieg der Türken gegen Venedig zieht auch Österreich hinein. Eroberung Belgrads durch Prinz Eugen.

1718 **Friede von Passarowitz.** Österreich im Besitz von Belgrad, des größten Teiles Serbiens, der Kleinen Walachei und des Banats von Temesvár bestätigt, 1739 aber wieder verloren.

Österreich politische, wirtschaftliche und kulturelle Vormacht in Mittel- und Südosteuropa, als absolutistischer, zentralistisch verwalteter multinationaler Staat mit Zentrum Wien.

Die Erfolge im Kampf gegen die französische Hegemonie während des Spanischen Erbfolgekrieges (S. 148f.) werden durch die politische Schwenkung der Seemächte revidiert: der Frieden von Utrecht schwächt aber die Position Frankreichs und stärkt Österreich durch den Erwerb der Spanischen Niederlande, Mailands, Neapels und Sardiniens (1714) als Erbe der spanischen Machtstellung. Gleichzeitig ist mit dem Niedergang Schwedens der Eintritt Rußlands in das europäische Mächtesystem über Ostsee, Polen und Türkenkriege erfolgt.

1705–1711 Joseph I.

1711–1740 Karl VI., Bruder Josephs I., Gegenkönig in Spanien (Wiederherstellung des Reiches Karls V. befürchtet). Seit Spanischem Erbfolgekrieg Rachebedürfnis und Konvenienzpolitik der Kabinette zur Erhaltung des europäischen Gleichgewichts.

1713 **Pragmatische Sanktion:** Unteilbarkeit der österreichischen Monarchie. In Ermanglung männlicher Nachkommen weibliche Erbfolge.

1720 Der Herzog v. **Savoyen** muß Sizilien an Österreich überlassen, erhält dafür Sardinien und den **Königstitel.**

1733–1735 **Polnischer Thronfolgekrieg** (S. 146). August III. v. Sachsen-Polen im Bund mit Österreich und Rußland gegen Stanislaus Leszczynski, der als Schwiegervater Ludwigs XV. von Frankreich unterstützt wird.

1735 **Friede von Wien** (endgültig 1738). Stanislaus Leszczynski erhält Lothringen, das nach seinem Tod (1766) an Frankreich fällt. Herzog Franz v. Lothringen, seit 1736 mit Maria Theresia vermählt, wird Großherzog v. Toskana. Österreich tritt Neapel und Sizilien an einen Prinzen aus der spanischen Linie des Hauses Bourbon ab. Durch den Wiener Frieden großer Machtanstieg. Rußland seitdem Rivale im Kampf um die Befreiung der Balkanvölker von der Türkenherrschaft.

Deutschland erholt sich allmählich von den Verwüstungen des Dreißigjährigen Krieges. Aufschwung von Kunst und Wissenschaft. Kirchenlieder Paul Gerhardts.

Zentren der **Wissenschaft** an den Universitäten und Akademien (Halle, Berlin). Große Rechtslehrer: Pufendorf (gest. 1694) und Thomasius (gest. 1728). Der Philosoph und Mathematiker **Leibniz** (geb. 1646, gest. 1716), eines der größten Universalgenies der Weltgeschichte, vertritt gegenüber dem Empirismus des Engländers Locke den Rationalismus und baut in seiner Monadologie ein Weltbild auf, das in seiner Harmonie an Aristoteles und Thomas erinnert und eine Fülle fruchtbarer Gedanken für die Zukunft gibt.

Blüte des **Barockbaus,** besonders im katholischen Süddeutschland: Wien (Hofburg und Karlskirche von Fischer v. Erlach), Würzburg (Residenz von Balthasar Neumann), München (die Schlösser Nymphenburg und Schleißheim), Dresden (Zwinger von Pöppelmann), Berlin (Königliches Schloß von Andreas Schlüter), Prag (Adelspaläste und Kirchen; J. B. Fischer v. Erlach, J. B. Mathey, K. I. Dientzenhofer) u. a.

Die **Barockmusik** findet ihre größten Vertreter in **Johann Sebastian Bach** (geb. 1685, gest. 1750) und **Georg Friedrich Händel** (geb. 1685, gest. 1759).

Preußen, seit 1701 Königreich, erhält von

1713–1740 **König Friedrich Wilhelm I.** eine zentrale Verwaltung, ein unbestechliches Beamtentum und ein bedeutendes Heer. Erziehung zur Pflicht, aber auch zum unbedingten Gehorsam. Steuerlasten auf Bürger- und Bauerntum, Adel steuerfrei; zwei Drittel der Staatsausgaben für stehendes Heer; Siedlungspolitik in Ostpreußen; Aufnahme der vertriebenen Salzburger (1732).

1740–1786 Friedrich II. d. Gr., der die innere Politik seines Vaters weiterführt, Preußen aber auch äußerlich zu einer Großmacht erheben will, beansprucht zur „Arrondierung“ seines Landes **Schlesien.**

1740–1780 Maria Theresia (seit 1745 Kaiserin), Erzherzogin v. Österreich, Gemahl **Franz Stephan v. Lothringen-Toskana.** Sie vereinigt Staatsklugheit mit warmherziger Mütterlichkeit. Theresianische Staatsreformen des Heeres, der Finanzen, der Verwaltung und des Schulwesens.

1740–1748 Österreichischer Erbfolgekrieg um die Anerkennung der Pragmatischen Sanktion. Frankreich, Spanien, Bayern, Sachsen und Preußen gegen Maria Theresia. **Karl Albrecht, Kurfürst v. Bayern,** zum **deutschen Kaiser** gewählt als

1742–1745 Karl VII., aber bald von Österreichern und Ungarn aus Bayern vertrieben. Ausgelöst wird der Krieg durch den Einmarsch Friedrichs II. in Schlesien.

1740–1742 1. Schlesischer Krieg. Friedrich II. erhebt Anspruch auf Teile Schlesiens (Liegnitz, Brieg und Wohlau, Jägerndorf). Beginn des Kampfes um die Hegemonie in Deutschland.

1741 Niederlage der Österreicher bei Mollwitz. Bündnis Friedrichs II. mit Frankreich.

1742 Friede von Breslau. Friedrich II. erhält fast ganz Schlesien.

1743 König Georg II. v. England, mit Österreich verbündet, schlägt die Franzosen bei Dettingen.

1744–1745 2. Schlesischer Krieg. Friedrich rückt durch Sachsen in Böhmen ein und erobert Prag, muß dann aber Böhmen wieder räumen.

1745 Kurfürst Max Joseph v. Bayern schließt in Füssen Frieden und entsagt seinen Ansprüchen auf Österreich.

1745–1765 Kaiser Franz I. v. Lothringen-Toskana.

1745 Friedrich schlägt die Österreicher bei Hohenfriedeberg und bei Soor. **Friede von Dresden.** Friedrich behält Schlesien und die Grafschaft Glatz und erkennt Maria Theresias Gemahl, Franz I., als Kaiser an.

1748 Friede von Aachen zwischen Österreich, England, Frankreich, Spanien. Pragmatische Sanktion anerkannt. Die scharfe Rivalität zwischen England und Frankreich in den Kolonien (Nordamerika, Ostindien) dauert an.

Wegbereiter der **klassischen Dichtung:** Klopstock, Lessing, Wieland. – Voltaire in Sanssouci.

Kaiserin Maria Theresia (Minister Fürst Kaunitz) bringt ein großes Bündnis gegen Friedrich zustande: Österreich, Frankreich, Rußland und Sachsen. England (Ministerium Pitt) unterstützt wegen des „europäischen Gleichgewichts" und zum Schutz Hannovers in der Westminsterkonvention (1756) Friedrich:

1756–1763 3. Schlesischer Krieg (Siebenjähriger Krieg). Gleichzeitig **See- und Kolonialkrieg zwischen England und Frankreich.**

1756 Friedrich fällt überraschend in Sachsen ein. Wechselvolle Kämpfe erweisen seine Feldherrnkunst wie auch die Übermacht seiner Feinde.

1757 Sieg Friedrichs bei Prag, Niederlage bei Kolin, Sieg bei **Roßbach** über die Franzosen und die Reichsarmee, bei **Leuthen** über die Österreicher.

1758 Sieg Friedrichs bei Zorndorf über die Russen, Niederlage bei Hochkirch durch die Österreicher (Daun). Besetzung Ostpreußens durch die Russen.

1759 Schwerste Niederlage Friedrichs bei **Kunersdorf** durch die Österreicher und Russen (Besetzung Berlins). Obwohl von jetzt an nur noch in der Verteidigung, gibt Friedrich den Kampf nicht auf. Nach Erfolgen in Kanada (Eroberung von Quebec) und Sturz Pitts stellt England die Subsidien an Friedrich ein.

1762 Umschwung zugunsten Preußens durch den **Tod der Kaiserin Elisabeth v. Rußland** (5. Januar). Ihr Nachfolger, **Peter III.,** schließt Frieden mit Friedrich; nach seiner Ermordung setzt Katharina II. den Krieg nicht fort.

1763 Friede von Hubertusburg. Preußen als Großmacht **behält Schlesien.** (Gleichzeitig Friede von Paris, S. 136.)
Sorge Friedrichs für Landwirtschaft und Gewerbe, Justiz und Verwaltung zur Beseitigung der Mißstände und der durch die langen Kriegsjahre eingetretenen Notlage des Volkes. Innere Kolonisation durch Trockenlegung des Oder-, Warthe- und Netzebruchs. Der preußische Adel gibt seine Opposition auf und wird zur Stütze von Armee und Königtum durch Übernahme von Offiziersstellen.

1765–1790 Kaiser Joseph II., in Österreich bis 1780 nur Mitregent. Aufhebung der Leibeigenschaft. Verbesserung der Rechtspflege, Freizügigkeit, Handelsfreiheit, kirchliche Toleranz. Erfolg der Reformen gering.

1778–1779 Bayerischer Erbfolgekrieg. Preußen schützt Bayern gegen die Ansprüche Josephs II. Friede von **Teschen.** Österreich gewinnt das bisher bayerische Innviertel.

1785 Der deutsche Fürstenbund gegen Österreich von Friedrich d. Gr. gestiftet, weil Kaiser Joseph Bayern gegen Abtretung der österreichischen Niederlande zu erwerben sucht.

1790–1792 Kaiser Leopold II. (Teilungen Polens vgl. S. 146ff.).

Blüte der klassischen Dichtung: Herder (geb. 1744, gest. 1803), großer Anreger und Kulturphilosoph. Entdeckung des Individuellen in der Geschichte. Johann Wolfgang **Goethe** (geb. 1749, gest. 1832), Friedrich **Schiller** (geb. 1759, gest. 1805). Johann Joachim Winckelmann (geb. 1717, gest. 1768) formt in seiner „Geschichte der Kunst des Altertums" das klassische Bild des Griechentums (später stark angegriffen von Nietzsche).

Im gleichen Jahr wie Schillers „Räuber" erscheint **Kants „Kritik der reinen Vernunft"** (1781), die den Rationalismus zugleich auf seinen Höhepunkt führt und überwindet. Mit seiner **„Kritik der praktischen Vernunft"** bereitet Kant die philosophische Haltung des **deutschen Idealismus** vor. Grundgedanke: höchste menschliche Gabe und Aufgabe ist Freiheit, d.h. freiwillige Unterwerfung des Menschen unter das sittliche Gesetz (kategorischer Imperativ).

Die **Musik** findet ihren genialen Ausdruck in Joseph Haydn (geb. 1732, gest. 1809) und Wolfgang Amadeus **Mozart** (geb. 1756, gest. 1791).

Auch die Wissenschaft – besonders Naturwissenschaften und Mathematik – macht große Fortschritte (Euler, Herschel u. a.).

3. Skandinavien und Osteuropa

Der Zerfall Polens, Aufstieg und Sturz der schwedischen Ostseemacht sowie die erfolgreiche Einigung Rußlands und sein Vordringen an die Ostsee, nach Mitteleuropa und an das Schwarze Meer sind die entscheidenden Merkmale.

1654–1718 Haus Pfalz-Zweibrücken in **Schweden.**

1655–1660 Schwedisch-polnischer Krieg, weil das katholische Haus Wasa in Polen die schwedischen Thronansprüche nicht aufgibt. Karl X. Gustav gewinnt im Bündnis mit dem Großen Kurfürsten v. Brandenburg, dessen Ziel die Souveränität

1656 Preußens ist, gegen Polen die Schlacht bei **Warschau.** Daraufhin Bündnis zwischen Rußland, Dänemark, Kaiser Leopold I. und schließlich auch Brandenburg gegen Schweden. Die Schweden aus Polen zurückgedrängt. Karl Gustav

greift Dänemark an und erzwingt durch kühnes Vordringen
1658 den **Frieden von Roskilde.** Dänemark tritt den südlichen Teil Skandinaviens, Drontheim und Bornholm an Schweden ab. Ein nochmaliger Angriff Karl Gustavs und Belagerung Kopenhagens durch die Verbündeten abgeschlagen. Karl Gustav stirbt in Gotenburg.

1660 **Friede von Oliva.** Johann Kasimir v. Polen entsagt allen Ansprüchen auf den schwedischen Thron, auf Livland und Estland. **Souveränität Preußens von Schweden und Polen bestätigt.** Höhe der schwedischen Macht. Beschränkung der schwedischen Politik auf innere Konsolidierung. Einführung des Absolutismus.

1660–1697 Karl XI.

In **Dänemark** Schwächung des Adels zugunsten des König-
1660 tums. Durch Beschluß des Reichstags Dänemark zum Erbreich in männlicher und weiblicher Linie erklärt, mit Ausnahme von Schleswig-Holstein. 1665 Reichsgrundgesetz.

In **Polen** jedoch zunehmende Schwächung des Königtums. Der Staat wird mehr und mehr zur Adelsrepublik.

Erfolglose Kriege gegen Schweden, Russen und Türken un-
1648 ter Johann II. Kasimir. Nach seiner Abdankung blutige
–1668 Thronwirren.

1674–1696 **Johann III. Sobieski.** Ruhmvolle Kriege gegen die Türken (Wien 1683, S. 137f.). Ihm folgt

1697–1733 August II. d. Starke v. Sachsen. Vergebliche Versuche, die Königsmacht zu stärken (Liberum Veto des Adels!).

Unter den ersten Romanows (ab 1613 Michail Fedorowitsch) Expansion **Rußlands** auf Kosten der polnischen und türkischen Herrschaft.

1654 Eingliederung der Ukraine östlich des Dnjepr (Kosakenrepublik unter dem Hetman Bogdan Chmel'nyckyj).

1667 Waffenstillstand von Andrusowo mit Polen: die Gebiete links des Dnjepr einschließlich von Kiew und Smolensk sind in russischer Hand. Seither Übergewicht Rußlands über Polen-Litauen unverkennbar (1686 bestätigt: gemeinsamer Kampf gegen die Türken und Moskaus Beitritt zur „Heiligen Liga" mit Österreich, Polen und Venedig).

1689–1725 Peter d. Gr. Begründer des russischen Staates als Großmacht. Reisen nach Holland und Deutschland. Organisation des Heeres nach europäischem Muster. Heranziehung vieler Ausländer aus dem Westen. Verwaltungs- und Wirtschaftsreform von Bedürfnissen des Krieges bestimmt. Eintritt Rußlands in die europäische Politik vollzogen.

Haus Romanow, Holstein-Gottorp-Romanow

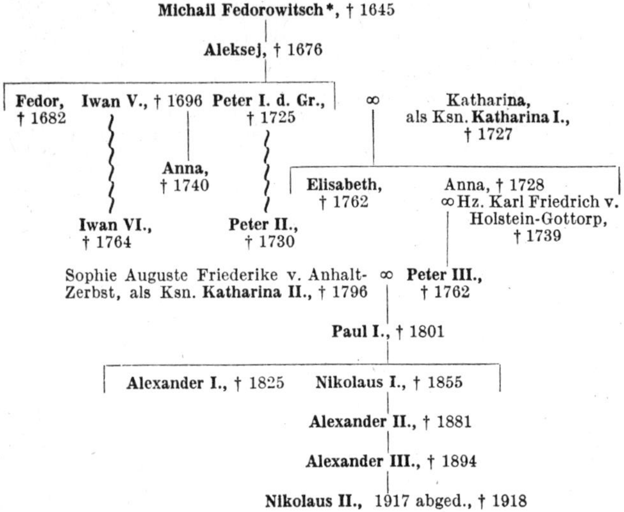

* Zaren- bzw. Kaisernamen in Fettdruck

Dynastische Heiratspolitik mit deutschen Fürstenhäusern. Im Mittelpunkt der Herrschaft Peters steht die Auseinandersetzung mit Schweden, dessen beherrschende Ostseestellung Rußland von der baltischen Küste fernhält.

1700–1721 **Der Nordische Krieg** bringt eine umwälzende Veränderung der Kräfteverhältnisse in Osteuropa und im Ostseeraum.

Peter will Rußland auch zu einer Seemacht erheben. Daher Bündnis mit August d. Starken v. Polen gegen Schweden. Friedrich IV. v. Dänemark, von Schweden in der holsteinischen Frage gereizt, schließt sich an. **Karl XII.** v. Schweden (1697–1718) besiegt die Dänen und schlägt die Russen
1700 bei **Narwa**, besetzt Livland und Kurland und dringt in Po-
1703 len ein. St. Petersburg als neue Residenz (1712) gegründet.
1704 **Stanislaus Leszczynski** auf Betreiben Karls XII. vom polnischen Reichstag zum König gewählt. Peter erstürmt

Narwa. Karl dringt in Schlesien und Sachsen ein und er-
1706 zwingt den **Frieden von Altranstädt** (bei Leipzig). August entsagt der polnischen Krone und erkennt Stanislaus Leszczynski als König an. Er gibt das Bündnis mit dem Zaren auf und liefert dessen Bevollmächtigten Patkul aus. Karl überschätzt seine militärischen Kräfte und wird von
1709 Peter **bei Poltawa** geschlagen. **Entscheidender Wendepunkt in der osteuropäischen Geschichte.** Fast völlige Auflösung des schwedischen Heeres. Karl flieht zu den Türken, die er schließlich zum Krieg gegen Peter bewegt.

1711 **Frieden am Pruth.** Asow an die Türken zurückgegeben. August d. Starke kehrt nach Polen zurück. Dänemark erneuert den Krieg, Friedrich Wilhelm I. v. Preußen erobert Stettin. **Peter** nimmt **Livland, Estland, Ingermanland, Karelien** und **Finnland** vollständig in Besitz. Karl XII., aus der Türkei herbeieilend, sucht vergeblich Pommern zu behaupten.

1716 Feldzug Karls nach Norwegen. **Er fällt vor der Festung**
1718 **Fredriksten** (Fredrikshald).

1719–1721 **Friedensschlüsse in Stockholm und Nystad. Rußland** behält die Ostseeprovinzen und gibt nur Finnland an Schweden zurück. **Preußen** erhält Stettin, Vorpommern bis zur Peene, Usedom und Wollin, **Dänemark** den Anteil des Herzogs v. Holstein-Gottorf an Schleswig, **Hannover** Bremen und Verden. **Damit ist die Vormachtstellung Schwedens beseitigt, Rußland zur Ostsee vorgestoßen und europäische Großmacht geworden** (Kaiserreich). Zug Peters gegen **Persien.** Versuch der Machterweiterung am Kaspischen Meer und in Sibirien. Festigung der absoluten Zarenmacht. Einführung und Förderung westeuropäischer Kultur in Rußland.

Dänemark (mit **Norwegen**), nach dem Nordischen Krieg im vollständigen Besitz Schleswigs, erfreut sich einer langen Friedenszeit. Unter dem schwachen Christian VII. be-
1770 ginnt der Minister **Struensee** (aus Halle/Saale) Reformen nach dem Vorbild Friedrichs II. und Josephs II. Abschaffung der Folter, Beschränkung der Frondienste, Reformen in Handel, Verkehr, Unterricht und Justiz. Struensee durch eine Adelsverschwörung gestürzt und enthauptet. Graf Andreas **Bernstorff** beschränkt die Vorrechte des Adels und bringt das Land zur Blüte.

Schweden im Innern zerrüttet, die königliche Gewalt unbedeutend.

1741–1743 Unglücklicher Krieg gegen Rußland um die Ostseeprovinzen und Finnland, beendet durch den **Frieden von Åbo:** Abtretung des südlichen Finnland. Adolf Friedrich v. Holstein-Gottorf Thronfolger in Schweden auf Rußlands Wunsch.

1751–1818 Haus Holstein-Gottorf in Schweden.

1771–1792 Gustav III. stürzt durch einen Staatsstreich die Macht des Adels (1772).

1788–1790 Erfolgloser Krieg gegen Rußland. Der Friede von Åbo bestätigt.

1792 Gustav III. ermordet.

Nach Peters d. Gr. Tod (1725) kommt es in **Rußland** zum Regiment dreier Kaiserinnen, unter denen der Einfluß verschiedener Günstlinge und Bojaren die Verwaltung und Außenpolitik beherrscht.

1733 Rußland setzt in Polen nach Augusts II. Tod gegen den gewählten König Stanislaus Leszczynski die Thronfolge Augusts III. v. Sachsen durch.

1755 Universität Moskau gegründet.

1762 Mit dem Neffen der Kaiserin Elisabeth, **Peter III.,** kommt das Haus Holstein-Gottorp auf den russischen Thron (bis 1917). Nach Peters Ermordung übernimmt seine Witwe,

1762–1796 Katharina II., geb. Prinzessin v. Anhalt-Zerbst, als Kaiserin v. Rußland die Regierung. Zunächst als Ausländerin bei den Russen unbeliebt, gewinnt sie Anhänger durch Bevorzugung moskowitischer Sitten und russischer Beamten. Sie ist zugleich auf innere Reform des Staates und erhöhte Machtstellung Rußlands bedacht. Die seit Peter d. Gr. verfolgten Haupttendenzen Rußlands – Ostsee und Schwarzes Meer – bestimmen auch ihre Außenpolitik. Interessenkonflikt mit Österreich in Polen und besonders in Südosteuropa.

1764 Bündnis Katharinas mit Friedrich d. Gr.

1764–1795 Der frühere Günstling Katharinas wird als Stanislaus II. August König v. Polen. Kampf der Adelskonföderationen als Instrumente auswärtiger Mächte auf polnischem Boden führt die Adelsrepublik an den Rand des Abgrunds.

1772 1. Teilung Polens, das durch innere Wirren völlig zerrüttet ist: durch Ausnutzung der Adelskonföderationen infolge des unbeschränkten Vetorechts jedes Adligen auf den polnischen Reichstagen beherrscht Rußland praktisch bereits seit 1717 („Stummer Reichstag") die polnische Adelsrepublik. **Rußland** nimmt das Land östlich der Düna und des Dnjepr,

Die Polnischen Teilungen 1772, 1793 und 1795

Preußen besetzt Westpreußen mit Ausnahme von Thorn und Danzig, das Bistum Ermland und den Netzedistrikt, **Österreich** Ostgalizien. Der polnische Reichstag stimmt widerwillig zu.

1768–1774 Krieg Rußlands gegen die Türkei. Erfolge der Russen an Dnjestr und Pruth. Eroberung der Moldau und Walachei.

1774 Friede von Kütschük Kainardschi (bei Silistria). Rußland erhält die Mündungen von Don, Dnjepr und Bug, dazu die Meerenge von Kertsch und freie Schiffahrt auf den türkischen Gewässern. Rußland gewinnt eine Art Schutzrecht über die christlichen Untertanen in der Türkei. Rivalität Rußland–Österreich.

1783 Die Krim in Rußland einverleibt.

1787–1792 **2. Türkenkrieg** und Bündnis Rußlands mit Österreich. Erfolge der Russen bei Otschakow (1788) und bei Ismail (1790). Rußland erhält im Frieden von **Jassy** das Küstenland am Schwarzen Meer bis zum Dnjestr. Aufblühen der Hafenstadt Odessa.

Eine Reorganisation des polnischen Staates (Abschaffung des Liberum Veto und des Rechtes der Adelskonföderationen durch die moderne Verfassung vom 3. Mai 1791) verhindert das Eingreifen Rußlands, das den König Stanislaus II. zwingt, die beschworene Verfassung aufzugeben.

1793 Dadurch **2. Teilung Polens.** Rußland besetzt den noch übrigen Teil von Litauen, Wolynien und Podolien. **Preußen** verleibt sich Danzig und Thorn, Posen und Kalisch (Südpreußen) ein.

1794 **Freiheitskampf der Polen** unter **Kosciuszko.** Der russische Feldherr Suworow erobert Warschau.

1795 **3. Teilung Polens. Preußen** besetzt Masowien und Warschau, das Land zwischen Weichsel, Bug und Njemen (Neuostpreußen) und einen Teil des Gebietes von Krakau (Neuschlesien). **Österreich** erhält Westgalizien und Krakau, **Rußland** den Rest des polnischen Gebietes und das Herzogtum Kurland. Die innere Schwäche und die Vielzahl der außenpolitischen Konfliktstoffe haben das Ende der einstigen Vormacht des Abendlandes in Osteuropa herbeigeführt. Die Aufteilung Polens stellt einen beispiellosen Gewaltakt in der europäischen Staatengeschichte dar. **Machtanstieg Rußlands in Ostmittel- und Südosteuropa.**

4. Spanien, Portugal, Italien und die Niederlande

a) Spanien, Portugal und Italien

Nach dem Scheitern der Errichtung der Hegemonie verliert Spanien, seit 1701 unter den Bourbonen und im Bund mit Frankreich, weiter an Bedeutung. Italien bleibt Objekt der europäischen Mächtepolitik.

1701–1714 **Der Spanische Erbfolgekrieg.** Nach dem Tod des letzten Habsburgers auf dem spanischen Thron (Karl II. 1665–1700) erhebt Kaiser Leopold I. Anspruch auf das spanische Erbe für seinen zweiten Sohn **Karl,** Ludwig XIV. für seinen Enkel **Philipp v. Anjou.** Großes Bündnis der Seemächte mit

Kaiser Leopold, dem Deutschen Reich, Preußen, Portugal, Savoyen. Die Kurfürsten von Bayern und Köln mit Ludwig XIV. verbündet.

1704 **Die Engländer besetzen Gibraltar. Prinz Eugen** v. Savoyen und **Marlborough** siegen bei Höchstädt über Franzosen und Bayern. Nach weiteren Siegen Marlboroughs und des Prinzen Eugen bringen 1711 der Ministerwechsel in England und der Tod des kinderlosen deutschen Kaisers Joseph I. (1705–1711), durch den sein Bruder Karl Erbe Spaniens und der deutschen Länder wird (erneute Gefahr einer habsburgischen Weltmacht), eine Verschiebung des Kräfteverhältnisses zugunsten Ludwigs XIV. Abberufung Marlboroughs. Ausgleich zwischen Frankreich und den Seemächten.

1713 **Friede von Utrecht** stellt das Gleichgewicht auf dem Kontinent wieder her. **Ludwigs XIV. Enkel, Philipp V., als König v. Spanien anerkannt. Savoyen** erhält Sizilien. An **England** tritt Frankreich Neufundland, Neuschottland und die Hudsonbailänder ab, England behält Gibraltar und Menorca; Stärkung seiner kolonialen Vormachtstellung. **Preußen als Königreich** (seit 1701) **anerkannt** und im Besitz seiner oranischen Erbschaft Lingen und Moers, Neuenburg und Valangin sowie Obergeldern bestätigt. **Österreich** erhält die spanischen Nebenländer Belgien, Mai-
1714 land, Neapel, Sardinien im Frieden von Rastatt und wird dadurch italienische Macht.

Spanien unter dem Haus Bourbon* versucht vergeblich durch Reformen und Rüstungen, sich für einen neuen Machtkampf vorzubereiten. Politische Annäherung an Frankreich. Ausbau der Kolonialherrschaft. Die 4 Vizekönigreiche und 3 Generalkapitanate aus dem Anfang des 19. Jhs. bestimmen im wesentlichen die Grenzen der späteren Republiken.

Portugal, seit 1640 selbständig unter den **Braganza,** wird durch die Erwerbung **Brasiliens** Kolonialmacht und seit dem 1703 geschlossenen Handelsvertrag von England abhängig. Große Macht der Geistlichkeit. Der Minister Marquis v. **Pombal** versucht, das Land unabhängig zu machen, die Macht der Geistlichkeit einzuschränken, sorgt für Ackerbau, Handel und Gewerbe.

1755 Lissabon durch Erdbeben größtenteils zerstört.

Sardinien, seit 1720 **Königreich,** erwirbt 1748 einen Teil des Herzogtums Mailand.

---

* s. Stammt. S. 135

1768 **Die Insel Korsika** kommt **an Frankreich.**
Venedig verliert **Kreta** an die **Türken** (1669) und kann im Schatten Österreichs seine frühere Stellung nicht wieder erringen.
Toskana seit 1737 österreichische Sekundogenitur.
Der **Kirchenstaat** kann sein Gebiet im Einvernehmen mit
1773 Österreich und Spanien aufrechterhalten. Papst Clemens XIV. hebt den Jesuitenorden auf.
1735 **Neapel-Sizilien** unter Königen aus dem Haus **Bourbon***.

b) Die Niederlande

Gegen die holländische Vormacht zur See wendet sich vor allem England als Seemacht. Die englische Navigationsakte 1651 richtet sich gegen die holländische Frachtschiffahrt im Zusammenhang mit der Handelsrivalität.

1652–1654 1. holländisch-englischer Seekrieg. Holland wird zur Anerkennung der Navigationsakte und der englischen Vorherrschaft zur See gezwungen.
1664–1667 2. holländisch-englischer Seekrieg endet mit einem Kompromißfrieden.
1672–1674 3. holländisch-englischer Seekrieg, verbunden mit dem holländisch-französischen Landkrieg (S. 134), endet mit einem Sonderfrieden zwischen Holland und England: das bisherige Verhältnis bestätigt und das Zusammengehen der beiden Seemächte gegen Frankreich begründet.
Holland während der Französischen Revolution und der napoleonischen Zeit s. S. 156, 164.

5. England und die Gründung der Vereinigten Staaten von Amerika

Verschont von den kontinentalen Kriegszügen, wird England zur führenden See- und Kolonialmacht und beginnt geistig, politisch und wirtschaftlich auf den Kontinent zu wirken.

1603–1714 **Haus Stuart**. Personalunion zwischen England und Schottland.** Jakob I. (1603–1625) seit 1604 „König v. Großbritannien und Irland". Opposition gegen absolutistisches Regiment.

1625–1649 **Karl I.** Begünstigung der Katholiken, Kampf mit dem Parlament. Der König muß 1628 die „Petition of rights"

---

* s. Stammt. S. 135 ** s. Stammt. S. 125

(Steuerbewilligungsrecht, Schutz gegen willkürliche Verhaftungen) dem Parlament zugestehen. Opposition der **Puritaner,** die wegen der Begünstigung des Katholizismus in großer Zahl in die amerikanischen Kolonien auswandern. Der König regiert 11 Jahre ohne Parlament.

1638 Aufstand in Schottland gegen englische kirchliche Einrichtungen.

1640 –1653 Das neu berufene „Lange Parlament" wird bald mächtiger als der König. Aufstand der katholischen Einwohner Irlands. Versuch des Königs, die Häupter der Opposition im Parlament zu verhaften, führt zum

1642–1646 Bürgerkrieg in England. Karl flieht zu den Schotten, die ihn an das Parlament ausliefern. Die „Independenten", Führer **Oliver Cromwell,** die Glaubensfreiheit und Volkssouveränität fordern, erhalten das Übergewicht im Heer. Absetzung des Königs.

1649 Karl I. hingerichtet.

1649–1660 England Republik. Das elisabethanische vom puritanischen England abgelöst. Nach Auflösung des Rumpfparlaments

1653–1658 Cromwell Lord-Protektor der drei Reiche England, Schottland, Irland. Er stellt die Ordnung im Innern wieder her und macht England vorübergehend zur führenden protestantischen Macht Europas. Gewaltsames Vorgehen gegen katholisches Irland (Enteignungen).

1651 Navigationsakte gegen den holländischen Zwischenhandel.

1652–1654 Siegreicher Krieg gegen Holland (S. 150). Seitdem England erste Seemacht. Neugründung von Kolonien (1655 Jamaica erobert). 1658 Tod Cromwells.

1660 Wiederherstellung des Königtums.

1660–1685 Karl II. Restauration der Episkopalkirche. Abhängigkeit Karls von der Politik Ludwigs XIV.

1664 Im 2. Krieg mit Holland erobert und behält England Neu-Amsterdam, das in New York umbenannt wird (3. Krieg mit Holland vgl. S. 150).

1679 Habeaskorpusakte zum Schutz der persönlichen Freiheit vom Parlament durchgesetzt. Entstehung der Parteinamen Whigs (Liberale) und Tories (Konservative).

1685–1688 Jakob II. versucht, die unumschränkte Königsgewalt und den Katholizismus in England wieder durchzusetzen.

1688 Landung Wilhelms v. Oranien, des Enkels Karls I., in England. Das Heer und die Nation fallen ihm zu. Jakob flieht zu Ludwig XIV.

1689–1702 Wilhelm III. und seine Gemahlin Maria, Tochter Jakobs II., nach der unblutigen **„Glorreichen Revolution"** auf den Thron erhoben. Die „Declaration of rights" (Steuerbewilligungsrecht des Parlaments, kein stehendes Heer) sichert die Rechte der Nation; Ende des Absolutismus, Entstehung der konstitutionellen Monarchie. Aufstand der katholischen Iren niedergeschlagen.

1701 Krieg gegen Ludwig XIV. (S. 148f.). Ordnung der Thronfolge. Erbberechtigt ist das Haus Hannover.

1707 Staatsrechtliche Union Englands und Schottlands.

1714 Großbritannien mit Hannover vereinigt (bis 1837).

1714–1901 Haus Hannover in England. Unter Georg II. (1727 bis 1760) Seekriege gegen Spanien und Frankreich (1739 bzw. 1744–1747; 1756/57–1761 Leiter der Außenpolitik William Pitt d. Ä.).

Erweiterung des englischen Kolonialbesitzes. In **Nordamerika:** Carolina, New York, New Jersey, Pennsylvania, Delaware; 1759 Quebec und 1760 Montreal erobert. Am Ende des 18. Jhs. ist die ganze Küste englisch. In **Vorderindien:** Bombay, Madras, Kalkutta. In **Westafrika:** Gambia.

1760–1820 Georg III. Die Entscheidung in Nordamerika fällt durch den Verzicht Frankreichs auf Kanada **im Frieden von Paris 1763** (S. 136). Großbritanniens Vormachtstellung als koloniale Macht bestätigt.

In Indien kulturelle Blütezeit unter Schah Dschahan (1628–1658; Bau des Mausoleums Tadsch Mahal). Beginnender Niedergang unter Aurangzeb (1658–1707), der zwar das Mogulreich gebietsmäßig erweitert, aber den Gegensatz zwischen Hindus und Mohammedanern vertieft. In Südindien Aufstieg selbständiger Hindustaaten. Begünstigt durch innere Wirren, dehnt England seine Macht auf dem indischen Subkontinent aus.

1757–1784 Eroberung **Ostindiens** durch Lord **Clive** und Warren **Hastings.** Englische Herrschaft vom Himalaja bis Ceylon, vom Indus bis zum Irawadi. Beherrschung von über 200 Millionen Menschen, dazu die Schutzstaaten mit 50 Millionen Bewohnern. 1819 Singapur gegründet.

1770 James Cook entdeckt die anbaufähige Südostküste **Australiens** und nimmt das Land für die englische Krone in Be-
1788 sitz. Sydney wird erste englische Kolonie in Australien. Die Ausweitung des Kolonialreichs (1802 Trinidad) bringt die **Öffnung neuer Märkte** für den englischen Handel, deren Bedürfnisse die englische Industrie nicht befriedigen kann.

Steigerung der Produktion durch technische Erfindungen (Webstuhl, Dampfmaschine) führt zur Bildung eines vom Unternehmer völlig abhängigen Proletariats (**„Industrielle Revolution"**).

Entfaltung von **Wissenschaft und Kunst: Milton** (geb. 1608, gest. 1674), Dichter des Barock („Das verlorene Paradies"); Thomas **Hobbes** (geb. 1588, gest. 1679), Empirist, Rationalist und staatstheoretischer Vertreter des Absolutismus (cuius regio, eius religio); John **Locke** (geb. 1632, gest. 1704), Empirist, Vertreter des Liberalismus und Parlamentarismus (Gewaltentrennung, Naturrecht des Individuums auf Leben, Freiheit, Eigentum); Isaac **Newton** (geb. 1643, gest. 1727), Naturforscher, Entdecker des Gravitationsgesetzes und Begründer der Differentialrechnung (gleichzeitig mit Leibniz). Adam **Smith** (geb. 1723, gest. 1790) begründet die moderne Volkswirtschaftslehre. Der Philosoph David **Hume** (geb. 1711, gest. 1776) vollendet den englischen Empirismus. **Shaftesbury** (geb. 1671, gest. 1713) entwickelt ein an Plato orientiertes ästhetisches Weltbild. Richardson begründet den bürgerlichen Roman. Hogarth, Reynolds und Gainsborough (geb. 1727, gest. 1788) führen eine Blüte der englischen Malerei herauf.

1775–1783 Schwere Belastungsprobe für England durch den **Nordamerikanischen Unabhängigkeitskrieg.** Unter dem Einfluß freiheitlicher Ideen von Milton und Locke wenden sich die selbstbewußten, von keiner spanischen und französischen Angriffsgefahr mehr bedrohten Kolonien gegen die streng merkantilistische Politik des Mutterlandes: Protest gegen britische Gesetze und Zollmaßnahmen (1773 Teesturm in Boston) führt zum Boykott englischer Waren durch Kongreß aller Kolonien, deren Oberbefehlshaber George Washington (1775 ernannt) mit England Krieg führt.

1776 **4. Juli Unabhängigkeitserklärung** der 13 vereinigten Staaten. Betonung des Gedankens der ursprünglichen **Freiheit und Gleichheit der Menschen** (Naturrecht), Volkssouveränität, Widerstandsrecht.

1778 Benjamin Franklin (1706–1790) schließt ein Bündnis mit Frankreich und Spanien.

1781 Entscheidung des Landkriegs zugunsten der Amerikaner.

1783 **Friede von Versailles. Die Unabhängigkeit der Vereinigten Staaten von Amerika wird von England anerkannt.**

1789 Proklamation der **amerikanischen Verfassung:** Gesetzgebende und ausführende Gewalt hat der Kongreß (Senat und

Repräsentantenhaus), der über Krieg und Frieden sowie alle außenpolitischen Fragen beschließt, ferner über Münze, Zölle und Steuern. Die Einzelstaaten verwalten nur ihre inneren Angelegenheiten. Der Präsident, in indirekter Wahl auf 4 Jahre gewählt, bildet ein Kabinett und ernennt die Beamten. Er hat ein aufschiebendes Veto. Im Krieg hat er den Oberbefehl über das Heer. Ein oberstes Bundesgericht wacht über die Rechtsprechung. George Washington erster Präsident (1789–1797).

1793 Hauptstadt Washington gegründet.
Nachfolger Washingtons als Präsidenten: John Adams (1797–1801), Thomas Jefferson (1801–1809), James Madison (1809–1817), James Monroe (1817–1825); wachsende Ausdehnung der USA in Nordamerika. 1819 Erwerb Floridas.

Starke Wirkung der Ideen der amerikanischen Revolution auf Europa: Wahrung der Freiheit des Individuums im Staat. Die Vereinigten Staaten von Amerika bilden die erste Demokratie der modernen Welt.

C. Von der Französischen Revolution bis zum Ersten Weltkrieg (1789–1914)

Das Gedankengut der Französischen Revolution (Freiheit, Gleichheit, Volkssouveränität) wird zum Leitbild in Europa und führt ein bürgerliches Zeitalter herauf, das die alte Ständeordnung überwindet.

In der großen Politik bildet sich nach Vernichtung der napoleonischen Hegemonie ein Gleichgewicht der Großmächte heraus, unter denen Rußland, Habsburg und Preußen die konservativen, England und Frankreich die fortschrittlichen Kräfte repräsentieren. Die Einigung Italiens und Deutschlands bringt eine wesentliche Kräfteverschiebung zu Beginn der zweiten Hälfte des 19. Jhs. zustande. Die zunehmende Industrialisierung und die Kolonialpolitik führen zu einem gefährlichen Imperialismus der modernen Staaten. Das gesteigerte Nationalgefühl der unter Rußland, Preußen-Deutschland, Habsburg und dem Osmanenreich aufgeteilten und unselbständigen West- und Südslawen erhält durch die Ideen der Französischen Revolution und der deutschen Romantik politische Kraft und wird zum Sprengmittel dieser Staatsgebäude.

1. Frankreich und die Revolution

Die Voraussetzungen der Französischen Revolution liegen im machtpolitischen Niedergang Frankreichs im 18. Jh., in der einseitigen Privilegierung des Adels (Steuerfreiheit, Ämtermonopol), an der die bürgerliche Schicht reicher Kaufleute, Unternehmer und Finanziers keinen Anteil hat, und in der Verarmung der breiten bürgerlichen und bäuerlichen Massen. Das Scheitern aller Reformversuche der Regierung an der Opposition des auf die Wahrung seiner Feudalrechte und Privilegien bedachten Parlamentsadels, die wachsende Staatsschuld, eine Industrie- und Agrarkrise in den 80er Jahren des 18. Jhs. sowie der immer offener um sich greifende Geist der Kritik lösen den Unwillen des Volkes aus und gipfeln in der Forderung nach „Freiheit und Gleichheit".

1789–1795 Französische Revolution.

1789 Am 5. Mai treten die Generalstände zusammen unter Verdoppelung der Abgeordnetenzahl des 3. Standes (Geistlichkeit und Adel je 300, 3. Stand 600). Der 3. Stand erklärt
1789–1791 sich als Träger des Volkswillens zur **Nationalversammlung** (La Constituante). Führer Graf Mirabeau (geb. 1749,
1789 gest. 1791). Beginn revolutionärer Ausbrüche mit der
14. Juli **Erstürmung der Bastille.** Viele Adlige wandern aus (Emigranten). Abschaffung des Feudalsystems.

26. Aug. **Erklärung der Menschen- und Bürgerrechte** nach amerikanischem Muster.

5. Okt. König und Nationalversammlung zur Übersiedlung nach Paris genötigt.

1790 **Demokratisch-monarchische Verfassung.** Abschaffung der Privilegien von Adel und Geistlichkeit. Einziehung der Kirchengüter. Assignaten. Klubs: Jakobiner, Cordeliers, Feuillants. Einteilung Frankreichs in 83 Departements.

1791 Mißglückter Fluchtversuch König Ludwigs XVI.

1791–1792 Gesetzgebende Versammlung (Assemblée législative). Die monarchistische Partei wird immer schwächer. Die Republikaner gewinnen die Oberhand.

1792 Erstürmung der Tuilerien. König Ludwig XVI. und seine Familie als Gefangene in den Temple gebracht. Septembermorde in Paris (Danton).

1792–1795 Nationalkonvent. Parteien: Girondisten und Bergpartei („Montagnards", u. a. Robespierre).

1792 **(21. Sept.) Abschaffung des Königtums. Frankreich wird Republik.**

1792–1797 1. Koalitionskrieg gegen Frankreich zum Schutz der Idee der Legalität. Bündnis zwischen Österreich (Kaiser Leopold II.) und Preußen (König Friedrich Wilhelm II.) gegen Frankreich.

Die Preußen erobern Verdun, gehen aber nach der Kanonade

von Valmy zurück. Der französische General Custine nimmt Mainz, Dumouriez besiegt die Österreicher bei Jemappes und nimmt Brüssel.

1793 **(21. Jan.) Hinrichtung Ludwigs XVI.** Daraufhin treten England, Holland, Spanien, das Deutsche Reich dem Bündnis gegen Frankreich bei. Dumouriez von den Österreichern bei Neerwinden geschlagen. Mainz von den Preußen wieder erobert. Aufstand der Royalisten in der Vendée. Sturz der gemäßigteren Girondisten durch die Bergpartei (besonders Jakobiner). Aufstände in Lyon, Bordeaux, Toulon usw.

1793–1794 Schreckensherrschaft in Frankreich. Wohlfahrtsausschuß (Robespierre). Wüten der Revolutionstribunale. Viele Aristokraten guillotiniert. Abschaffung aller Gottesdienste. Königin Marie Antoinette hingerichtet. – Die Landesverteidigung (allgemeine Wehrpflicht) energisch geleitet. Lyon blutig bestraft, die Vendeer geschlagen. Der junge Napoleon Bonaparte entreißt Toulon den Engländern.

1794 (9. Thermidor = 27. Juli) **Sturz** und Hinrichtung **Robespierres.**

Die Preußen, mehrmals siegreich bei Kaiserslautern, gehen jedoch über den Rhein zurück; ebenso die Österreicher, von Jourdan bei Fleurus geschlagen.

1794/95 Pichegru erobert Holland, das **„Batavische Republik"** wird. Die Engländer bringen holländische Kolonien (Ceylon, Kapstadt) in ihren Besitz.

1795 **Friede von Basel** zwischen Frankreich und Preußen. Frankreich bleibt im Besitz des linken Rheinufers.
Demarkationslinie für die Neutralität Norddeutschlands festgesetzt. Österreich setzt den Krieg fort.

1795–1799 **Direktorialregierung in Frankreich.**

Direktorium von fünf Konventsmitgliedern, Rat der Alten (250), Rat der 500. Das französische Volk, der inneren Parteikämpfe überdrüssig, versucht, zu geordneten staatlichen Verhältnissen zurückzukehren. Doch begünstigt es eine kriegerische Politik, um äußeren Ruhm zu gewinnen (Verbindung von revolutionärem Geist und Nationalismus) und um den Finanzen durch Kriegskontributionen aufzuhelfen. Gleichzeitiger Angriff auf Deutschland und Italien beschlossen. Napoleon erhält den Oberbefehl in Italien.

1796 Erzherzog Karl v. Österreich (Bruder von Kaiser Franz II.) schlägt die Franzosen bei Amberg und Würzburg, Moreau geht über den Rhein zurück.

1796 **Glänzender Feldzug Bonapartes in Italien.** Er besiegt mehrmals die Österreicher (Erstürmung der Addabrücke bei Lodi), zwingt den König von Sardinien und Papst Pius VI. zum Frieden (Abtretung von Savoyen und Nizza, Avignon, Ferrara, Romagna), erobert die Lombardei, belagert Mantua. **Cispadanische Republik.**

1797 Nach der Einnahme Mantuas Vordringen Bonapartes über die Ostalpen. Friedensverhandlungen in Leoben. **Cisalpinische Republik** (Mailand, Modena, Ferrara, Bologna, Romagna) errichtet und mit Cispadanischer vereinigt. **Ligurische Republik** (Genua). Aufhebung der Republik Venedig.

1797 **Friede von Campoformio.** Österreich tritt Belgien gegen Venedig an Frankreich ab und willigt in die Abtretung des linken Rheinufers. Die dadurch beeinträchtigten Fürsten sollen in Deutschland entschädigt werden (S. 158). Kongreß in Rastatt.

1798 Die Franzosen besetzen Rom. **Tiberinische Republik.** Papst Pius VI. als Gefangener nach Frankreich gebracht. **Helvetische Republik** statt des Bundes der Eidgenossen.

1798–1799 **Bonapartes Zug nach Ägypten,** um England in den Kolonien zu treffen. Sieg bei den Pyramiden über die Mamelucken, Einnahme von Kairo. Sieg der englischen Flotte

1798 über die französische bei **Abukir** (Nelson), wodurch das französische Heer von Frankreich abgeschnitten wird.

1799 Bonaparte zieht nach Syrien, kann aber die mit englischer Hilfe verteidigte Festung Akkon nicht nehmen.

1799–1802 **2. Koalitionskrieg** gegen Frankreich.
Verbündet sind Rußland (Kaiser Paul I., 1796–1801), Österreich, England, Portugal, Neapel, Türkei. Preußen bleibt neutral.

1799 Die Franzosen erobern Neapel **(Parthenopäische Republik),** werden in Deutschland von Erzherzog Karl, in Italien von Österreichern und Russen (Suworow) wiederholt geschlagen. **Aufhebung der Cisalpinischen, Tiberinischen und Parthenopäischen Republik.** Rückkehr des Königs von Neapel. Suworow muß auf Betreiben Österreichs sein Heer über die Alpen nach der Schweiz führen, kehrt dann voll Erbitterung gegen Österreich nach Rußland zurück.
Bonaparte, aus Ägypten zurückgekehrt, stürzt durch einen Staatsstreich (18. Brumaire = 9./10. Nov.) das Direktorium und treibt den Rat der 500 auseinander.

1799–1804 Konsularregierung in Frankreich. Napoleon Bonaparte erster Konsul (Minister Talleyrand). Beginn des Wiederaufbaus in Verwaltung, Gesetzgebung, Kirchenpolitik.

1800 Napoleon siegt bei **Marengo,** Moreau bei Hohenlinden (in Bayern) über die Österreicher.

1801 Friede von Lunéville. Bestätigung des Friedens von Campoformio. Das linke Rheinufer bleibt französisch. In Italien die **Cisalpinische Republik** wiederhergestellt. Nach der Räu-
1802 mung Ägyptens **Friede von Amiens** zwischen England und Frankreich. England behält von allen Eroberungen nur **Ceylon** und Trinidad. Die Franzosen besetzen Hannover; Lager bei Boulogne, Plan einer Landung in England. **Konsulat Napoleons auf Lebenszeit.**

Die inneren Verhältnisse Deutschlands regelt und überwacht gemäß den Bestimmungen des Friedens von Lunéville der
1803 Reichsdeputationshauptschluß zu Regensburg: Viele deutsche Kleinstaaten aufgehoben. Die geistlichen Gebiete (außer Mainz und den beiden geistlichen Ritterorden) und die Reichsstädte (außer Hamburg, Lübeck, Bremen, Frankfurt, Nürnberg, Augsburg) werden zur Ausführung der 1797 zugesicherten Entschädigungen verwendet. Napoleon will deutsche Mittelstaaten schaffen, die stark gegen Österreich, aber zu schwach gegen Frankreich sind. **Preußen** erwirbt die Bistümer Hildesheim und Paderborn, die Südhälfte von Münster, Erfurt und das Eichsfeld, die Abteien Elten, Essen, Werden, Herford, Quedlinburg, die Reichsstädte Mühlhausen, Nordhausen, Goslar. Gründung von vier neuen Kurfürstentümern: **Hessen-Kassel, Baden, Württemberg, Salzburg.**

Ergebnisse der Französischen Revolution:

1. Abschaffung des unumschränkten Königtums in Frankreich. Einführung einer Verfassung. Grundsatz der Volkssouveränität und der Gleichheit vor dem Gesetz. 2. Mit den Ideen der Revolution verbinden sich die imperialistischen Bestrebungen des französischen Kaiserreichs. 3. Frankreichs Beispiel weckt in allen bisher absolutistisch regierten Staaten Europas das Verlangen nach freien Verfassungen. Die durch die Revolution geschaffene Form der Demokratie hat überall auf dem Kontinent stark gewirkt und im Unterschied zum englischen liberalen Parlamentarismus die sozialistischen Tendenzen gefördert (Freiheit und Gleichheit, Volkssouveränität).

2. Europa unter der Herrschaft Napoleons I. bis zum Wiener Kongreß

Napoleon beendet die Revolution, nutzt aber ihre nationalistischen Kräfte für seine imperialistischen Ziele aus. Seine Eroberungspolitik scheitert schließlich an der englischen Weltmacht, der russischen Weite und dem nationalen Erwachen der Völker.

1804–1814 (1815) **Napoleon I. Kaiser d. Franzosen.** Volksabstimmung, dann Krönung in Paris. Papst Pius VII. vollzieht die Salbung. (Napoleon, geb. 15. Aug. 1769 in Ajaccio auf Korsika. 1793 Hauptmann, dann in Paris mit den Jakobinern in Beziehung, nach der Einnahme von Toulon Brigadegeneral.) Politische Hauptziele: Stabilisierung der inneren Verhältnisse. Hegemonie Frankreichs in Europa. Ausschaltung der englischen Konkurrenz und Erringung der kolonialen Vormachtstellung in der Welt. Ausbreitung der „civilisation française".

1792–1806 Kaiser Franz II.* (als Franz I. seit 1804 Kaiser v. Österreich).

Über die Teilnahme des Reichs an den Koalitionskriegen, die durch seine antirevolutionäre Haltung verursacht sind, s. S. 155 ff.

In **Preußen** Niedergang des Staates nach dem Tod Friedrichs d. Gr. unter seinem schwachen Neffen,

1786–1797 Friedrich Wilhelm II. (Außenminister: Hertzberg, Bischoffwerder). Ihm folgt sein Sohn,

1797–1840 Friedrich Wilhelm III. (Gemahlin **Königin Luise**). Über die Teilnahme Preußens an den Koalitionskriegen s. S. 155 ff.

In **Rußland** folgt 1801 dem ermordeten Paul I. sein Sohn,

1801–1825 Alexander I., auf den Zarenthron.

England, nochmals in seiner Machtstellung durch Frankreich bedroht, hat, meist erfolgreich, an den Koalitionskriegen gegen Frankreich teilgenommen (S. 156 ff.). Minister **William Pitt** d. J. Ein Aufstand in **Irland** in blutigen Bürgerkriegen niedergeschlagen. Irland in Verwaltung und Gesetzgebung mit England gleichgestellt.

1805 3. Koalitionskrieg gegen Frankreich zur Wiederherstellung des Gleichgewichts. England, Rußland, Österreich und Schweden gegen Frankreich. Preußen bleibt neutral. Napoleons Feldherrnkunst (Vernichtungsstrategie) erringt den

* s. Stammt. S. 117

1805 Sieg bei **Ulm:** General Mack mit 25000 Österreichern gefangen. Der seit 1803 zwischen England und Frankreich geführte Seekrieg wird beendet durch den glänzenden Sieg
21. Okt. des englischen Admirals **Nelson** bei **Kap Trafalgar** über die französische und spanische Flotte, wodurch Englands Seeherrschaft gesichert bleibt und Napoleon sich auf das Festland beschränkt sieht.

2. Dez. Dreikaiserschlacht bei **Austerlitz.** Napoleon siegt über die vereinigten Russen (Alexander I.) und Österreicher (Kaiser Franz II.).

15. Dez. Vertrag zwischen Preußen, das den entscheidenden Bruch noch vermeiden will, und Frankreich in **Schönbrunn** (Haugwitz). Preußen tritt Neuenburg, Wesel, Ansbach und Bayreuth ab, soll dafür das Kurfürstentum Hannover erhalten.

26. Dez. **Friede von Preßburg:** Österreich tritt Venetien an das Königreich Italien ab, an Bayern Tirol und Vorarlberg. Bayern und Württemberg werden Königreiche. Österreich erhält als Entschädigung Salzburg.
Napoleon König von Italien. Das Haus **Bourbon** in Neapel entthront.

1806 Napoleon gibt seine europäischen Eroberungen an seine Verwandten: seine Brüder Joseph und Louis werden Könige von Neapel bzw. Holland (Batavische Republik), sein Schwager Joachim Murat wird Großherzog v. Berg.

1806 **Errichtung des Rheinbundes** (Napoleon Protektor), dem nach und nach die meisten deutschen Fürsten beitreten.

6. Aug. **Kaiser Franz II. legt die römisch-deutsche Kaiserwürde nieder. Ende des Heiligen Römischen Reiches Deutscher Nation.**

1806–1807 **Krieg Frankreichs gegen Preußen und Rußland.** Das mit Rußland verbündete Preußen verlangt Rückzug der französischen Truppen aus seinen widerrechtlich besetzten Gebieten.

1806 14. Okt. Sieg Napoleons über die Preußen bei **Jena** und **Auerstedt** (Marschall Davout).
Marsch nach **Berlin.** Die **Kontinentalsperre** gegen den englischen Handel wird zum entscheidenden Ziel von Napoleons Gesamtpolitik. Die hierdurch den Völkern auferlegten Entbehrungen fördern Mißstimmung und nationale Empörungen. Bündnis mit Kurfürst Friedrich August v. Sachsen, der als König dem Rheinbund beitritt.

1807 (7.–8. Febr.) Schlacht bei Preußisch Eylau, unentschieden. König Friedrich Wilhelm flüchtet von Königsberg nach Memel.

1807 Napoleon siegt in der Schlacht bei Friedland über die
14. Juni Russen. Daraufhin
7.–9. Juli **Friede von Tilsit. Rußland** erhält einen Teil von Neuostpreußen, erkennt Napoleons Brüder als Könige an. Vergeblicher Vermittlungsversuch der preußischen Königin Luise. Preußen tritt alles Land links der Elbe und die meisten polnischen Gebiete ab. **Die Großmachtstellung des friderizianischen Staates vernichtet.** – Königreich Westfalen unter Jérôme, dem jüngsten Bruder Napoleons, Herzogtum Warschau unter König Friedrich August v. Sachsen. England führt, da Dänemark ein Bündnis verweigert, die dänische Flotte von Kopenhagen weg und besetzt Helgoland. Daraufhin Bündnis Dänemarks mit Frankreich. Napoleon wendet sich nun auch nach Süden. **Portugal** von einem französischen Heer besetzt.

1808 Ein zweites französisches Heer rückt in **Spanien** ein.
König Karl IV. v. Spanien und sein Sohn, Ferdinand VII., zur Abdankung genötigt. Napoleons Bruder **Joseph wird König v. Spanien,** an Josephs Stelle **Murat König v. Neapel.** Jedoch allgemeiner Aufstand der Spanier, unterstützt von einem englischen Heer unter Wellesley, dem späteren Herzog v. Wellington.

1808–1814 Krieg Napoleons in Spanien und Portugal. Bedeutung Spaniens für Kriegführung gegen Napoleon von England erkannt. Nach dem **Fürstentag in Erfurt** (Treffen mit Alexander I., Abgrenzung der Interessensphären. **Napoleon auf der Höhe seiner Macht)** eilt Napoleon nach Spanien, führt seinen Bruder Joseph nach Madrid. Napoleons Plan eines „Grand Empire“ im Sinne Karls d. Gr. Entscheidende Schwächen: Verhältnis Napoleons zu den eingesetzten Königen und Freiheitswille der Völker.

1807–1814 In **Preußen Reform** des Staates unter dem geistigen Einfluß der Philosophie Kants und Fichtes (deutscher Idealismus) durch die Freiherren K. vom u. zum **Stein** und K. A. v. **Hardenberg:** Aufhebung der Erbuntertänigkeit, Städteordnung, Gewerbefreiheit, religiöse Toleranz. Neuordnung des Heeres (allgemeine Wehrpflicht 1814) durch **Scharnhorst** und **Gneisenau.** Stein, von Napoleon geächtet, begibt sich nach Österreich, dann nach Rußland. – Stärkung des nationalen Gefühls durch Fichte, Arndt, Turnvater Jahn. Reform des Bildungswesens durch Wilhelm v. Humboldt. 1810 **Gründung der Universität Berlin.**

Napoleons Stern beginnt zu sinken, seit er es nicht mehr nur mit „Staaten“, sondern auch mit **Völkern** zu tun hat, deren Kraft und Selbstgefühl durch die nationalen Tendenzen der Zeit erweckt wurden. Spaniens Freiheitskampf wirkt beispielhaft auf Österreich.

1809 **Krieg Frankreichs gegen Österreich.** Erhebung der Tiroler (Andreas Hofer) gegen Bayern. In Norddeutschland Züge des Majors v. Schill und des Herzogs Friedrich Wilhelm v. Braunschweig, der nach England entkommt. Eine große bewaffnete Volkserhebung bleibt in Deutschland noch aus.

21.–22. Mai Napoleon, von Erzherzog Karl bei **Aspern** geschlagen, geht über die Donau, siegt aber dann

5.–6. Juli bei **Wagram.** Waffenstillstand, doch Fortdauer der Erhebung in Tirol.

14. Okt. **Friede von Wien (Schönbrunn):** Österreich tritt Salzburg, das Innviertel, Galizien und die illyrischen Provinzen ab.

1810 Andreas Hofer in Mantua erschossen.

1809 Gustav IV., König v. **Schweden,** erbitterter Feind der Revolution und Napoleons, zur Abdankung gezwungen. Sein Oheim Karl XIII. schließt Frieden mit Frankreich und Rußland, tritt Finnland an Rußland ab. Der französische Marschall **Bernadotte** wird Kronprinz v. Schweden (S. 163). Entführung des Papstes Pius VII. nach Savona (bei Genua). Der **Kirchenstaat** mit Frankreich vereinigt.

1810 Napoleon, von seiner Gemahlin Josephine Beauharnais geschieden, heiratet die Tochter von Kaiser Franz I. v. Österreich, Marie Louise. – Einverleibung **Hollands, Oldenburgs, Ostfrieslands,** der **Hansestädte** in das **französische Kaiserreich.**

19. Juli Tod der Königin Luise v. Preußen.

1811 Geburt des französischen Thronfolgers (König von Rom).

1812 **Krieg Napoleons gegen Rußland,** das sich als Großmacht gegen den französischen Imperialismus behaupten will (Differenzen über Türkenfrage und Kontinentalsperre, Gefährdung Rußlands durch das 1809 vergrößerte Herzogtum Warschau). Preußen und Österreich zwangsweise mit Napoleon verbündet. Aufstellung der Großen Armee (500000 Mann).

Das Hauptheer nimmt Wilna und Smolensk. Die Preußen unter General **Yorck** belagern Riga, die Österreicher rücken in Wolynien ein.

7. Sept. Sieg der Franzosen bei **Borodino.** Die Russen ziehen sich zurück, um Napoleon während des russischen Winters tief in ihr Land zu locken. **Napoleon nimmt Moskau ein,** das von den Russen in Brand gesteckt wird (Rostoptschin).

15.–20. Sept. Brand von Moskau.

1812 **Rückzug** aus Rußland angetreten. Furchtbares Elend
19. Okt. durch Hunger und Frost.
26.–28. Nov. Übergang über die **Beresina.** Auflösung des von Napoleon verlassenen Heeres. Murat eilt nach Neapel und sagt sich vom „Grand Empire" los.
30. Dez. General Yorck schließt bei Tauroggen ohne königlichen Befehl einen Neutralitätsvertrag mit dem russischen General Diebitsch.

1813–1814 Die deutschen Befreiungskriege.

1813 (28. Febr.) **Bündnis zwischen Rußland und Preußen zu Kalisch** gegen Napoleon.
17. März **Friedrich Wilhelm III.** erläßt in Breslau den Aufruf „An mein Volk". Errichtung der Landwehr und des Landsturms (10. März Stiftung des Eisernen Kreuzes).
Mai Die Verbündeten werden nach den verlustreichen Schlachten in Sachsen bei **Groß-Görschen** und **Bautzen** nach Schlesien abgedrängt (Scharnhorst wird verwundet und stirbt in Prag).
Juni–Aug. **Waffenstillstand.** Anschluß Österreichs, Englands und Schwedens an die Koalition gegen Napoleon.
Aug. Die Franzosen werden durch den Sieg des preußischen Feldherrn Blücher **a. d. Katzbach** (bei Wahlstatt) aus Schlesien vertrieben. Ihre Vorstöße gegen **Berlin** bei **Großbeeren** und **Dennewitz** abgewehrt (Sept.).
Nach wechselvollen Kämpfen entscheidender Sieg der Verbündeten in der
16., 18., 19. Okt. Völkerschlacht bei Leipzig. Während der Schlacht Übergang der Sachsen und Württemberger auf die Seite der Verbündeten. Am 19. Erstürmung von Leipzig. **Rückzug Napoleons nach Frankreich.**
Auflösung des Rheinbundes. Die Franzosen werden aus Nordwestdeutschland und Holland vertrieben. Der Kronprinz v. Schweden zwingt Dänemark im Frieden von **Kiel** zur **Abtretung Norwegens an Schweden. Schwarzenberg** mit dem Hauptheer **überschreitet den Rhein bei Basel, Blücher** mit dem schlesischen Heer in der Neujahrsnacht **bei Kaub und Koblenz.**
1814 Fortsetzung des Krieges in Frankreich. Nach mehrfachen Rückschlägen Sieg der Verbündeten in der
30. März Schlacht bei Paris. Erstürmung des Montmartre.
31. März **Einzug der Verbündeten in Paris. Napoleon entsagt** in Fontainebleau **der Krone,** erhält die Insel **Elba** als Fürstentum, seine Gemahlin Marie Louise Parma mit Erbrecht für ihren Sohn, den Herzog v. Reichstadt.

Rückkehr der Bourbonen nach Frankreich.

1814-1824 Ludwig XVIII. (Bruder Ludwigs XVI.) gewährt Verfassung nach englischem Vorbild (Pairs- und Deputiertenkammer), aber keine wirkliche Anpassung an die politischen Kräfte der Zeit.

30. Mai Erster Friede von Paris. Frankreich nimmt seine Grenzen von 1792 wieder ein.

1. Nov. 1814-8. Juni 1815. Wiener Kongreß, Neuordnung der europäischen Verhältnisse. Hauptunterhändler Castlereagh (England), Metternich (Österreich), Hardenberg (Preußen) und Nesselrode (Rußland); seit Januar 1815 Hinzuziehung Talleyrands.

Unter den Fürsten dominiert Alexander I. als „Befreier Europas" (Verbindung liberaler Neigungen mit russischen machtpolitischen Zielen). Das Legitimitätsprinzip und das englische Programm der „Barrieren" gegen Frankreich bilden die Grundlage für die Neuordnung. **Österreich** tritt Belgien ab und überläßt den Breisgau und benachbarte Gebiete an Baden und Württemberg. Die anderen verlorenen Provinzen erhält es zurück, darunter Mailand, Venetien, Salzburg.

Preußen überläßt an **Bayern** Ansbach und Bayreuth, an **Hannover,** das Königreich wird, Ostfriesland, Hildesheim, Goslar und Lingen, an **Rußland** die polnischen Gebiete aus der dritten Teilung (S. 148). Dafür erhält Preußen Schwedisch-Pommern mit Rügen, die Rheinprovinz (Kurtrier, Kurköln, Aachen, Jülich und Berg), die Hälfte des Königreichs Sachsen; Westfalen wird vergrößert.

An **Bayern** kommen außerdem die Reichsstädte Nürnberg und Augsburg.

An die Stelle des früheren Deutschen Reiches tritt der Deutsche Bund (39 Staaten) unter Österreichs Leitung. Grundgesetz ist die Bundesakte vom 8. Juni 1815 (ergänzt 1820). Oberste Behörde ist der Bundestag in Frankfurt a. Main. Die **Schweiz** für neutral erklärt. **Holland und Belgien zum Königreich der Niederlande vereinigt.** König Wilhelm I. v. Oranien zugleich als Großherzog v. Luxemburg im Deutschen Bund.

Rußland erhält den größten Teil des Herzogtums Warschau als **Königreich Polen.** Der Freistaat **Krakau** (1846 an Österreich) gebildet.

England behält Malta, Helgoland, die Kapkolonie und Ceylon (S. 152).

Mit Schweden wird **Norwegen** in **Personalunion** verbunden. **Dänemark** erhält als Ersatz das Herzogtum Lauenburg. Der König von Dänemark als Herzog von Schleswig-Holstein Mitglied des Deutschen Bundes.
Wiederherstellung der alten Fürstenhäuser in Spanien und Italien. **Papst Pius VII.** kehrt nach Rom zurück, stellt den Kirchenstaat und den Jesuitenorden (S. 150) wieder her.

1815 **(1. März) Landung Napoleons in Frankreich.**
20. März Einzug Napoleons in Paris. In Belgien wird ein preußisches Heer unter Blücher und ein englisches unter Wellington zusammengezogen.
18. **Juni Schlacht bei Belle-Alliance (Waterloo).** Wellingtons Heer schwer bedrängt; Blücher eilt mit dem preußischen Heer zu Hilfe und entscheidet den Sieg. **Abdankung Napoleons 22. Juni.**
Zweite Einnahme von Paris. Rückkehr Ludwigs XVIII.
Napoleon wird nach St. Helena verbannt. Er stirbt dort 1821 (5. Mai).
1815 **Zweiter Friede von Paris. Frankreich** tritt Saarlouis und Saarbrücken an **Preußen,** Landau an **Bayern,** Savoyen und Nizza an **Sardinien** ab **(Grenzen von 1790).** Es bezahlt 700 Mill. Franken Kriegskosten. Die von den Franzosen erbeuteten Kunstschätze werden zurückgegeben. Trotz dieser Bestimmungen bleibt Frankreich als Großmacht erhalten. Zur Aufrechterhaltung des allgemeinen Friedens und der internationalen Sicherheit am 20. Nov. 1815 Bündnis der Großmächte England, Österreich, Rußland und Preußen **(Große Allianz)** gegen den Bonapartismus in Frankreich und gegen revolutionäre Bewegungen überhaupt. Damit Ära der Konferenzen eingeleitet. Gleichzeitig auf Vorschlag Alexanders I. Bildung der **„Heiligen Allianz"** durch Rußland, Österreich und Preußen, der die übrigen europäischen Staaten außer England, der Türkei und dem Kirchenstaat beitreten.

3. Die Großmächte von 1815 bis 1848

Aus dem Kampf mit Napoleon sind die großen Mächte erstarkt hervorgegangen und bilden mit Frankreich die „Pentarchie" des europäischen Staatensystems. Zugleich haben die alten Gewalten (Dynastien, Bürokratie, Kirche) ihre frühere Machtstellung restauriert und suchen sie gegen die vom Bürgertum aufgenommenen Ideen des Liberalismus und der Demokratie zu konsolidieren. Von Frank-

reichs Revolutionen 1830 und 1848 gehen in Europa geistige und politische Bewegungen aus, die aber an den konservativen Mächten scheitern. Das Streben der Völker nach Freiheit und Mitbestimmung wird in den liberalen Staaten des Westens schneller erfüllt als in Mittel- und Osteuropa.

Staatliche und dynastische Interessen ringen nach der Wiederherstellung des europäischen Gleichgewichts mit den freiheitlichen und nationalen Bestrebungen der Völker. Allmähliche Aufspaltung der Großmächte in einen Ost- und einen Westblock.

Aufkommen neuer **sozialer** Schichten: des bürgerlichen Unternehmers (Ziel: Produktionssteigerung, Kapitalanhäufung) und der Industriearbeiterschaft zuerst in England, dann in Holland, Belgien und im westlichen Deutschland. Konflikt mit der sich bildenden Arbeiterschaft wird durch das Anwachsen der Industrie unvermeidlich. Aufstieg des Bürgertums politisch, wirtschaftlich und gesellschaftlich.

Die revolutionäre Umgestaltung der **Wirtschaft** wird durch Erfindungen (Gasbeleuchtung, Gasmotor, Textilmaschinen, Automaten, Rotationspresse u. a.) und besonders durch die Einführung der Eisenbahn als öffentliches Verkehrsmittel (1830 Manchester–Liverpool; 1840 bereits 4000 km Schienennetz in England) beschleunigt und die Führung des Westens dadurch gefestigt. Die wirtschaftlichen Wirkungen: Aufschwung des Bergbaus, der Metallindustrie und Kohlenproduktion; Steigerung der landwirtschaftlichen und industriellen Produktion und des Exports. Ausbreitung der bürgerlich-städtischen Kultur auf das flache Land. Ausbau der Dampfschiffahrt (1840 regelmäßige Dampfschiffverbindung zwischen England und Amerika durch Cunard) sowie wirtschaftliche und politische Nutzbarmachung des Telegraphen (1844 erste Telegraphenlinie Baltimore–Washington) fördern diese Tendenzen.

a) Österreich und der Deutsche Bund

Im Zeichen der Allianzen beginnt überall eine Restaurationspolitik gegen liberale und revolutionäre Bewegungen (Streben nach Verfassung, deren Einrichtung die Bundesakte in Art. 13 versprochen hatte). Metternich ist der führende europäische Staatsmann, der sich gegen Liberalismus und Nationalismus im Interesse bestehender Ordnungen wendet.

1817 Preußische Union zwischen Lutheranern und Reformierten. – Nach den Freiheitskriegen von Jena aus Verbreitung freiheitlicher und nationaler Tendenzen durch die **Jenenser**

Burschenschaft (gegründet 1815; Farben: Schwarz-Rot-Gold; 1848, 1919 und 1949 auch deutsche Nationalflagge). Das von deutschen Studenten veranstaltete **Wartburgfest** erregt Befürchtungen wegen „demagogischer Umtriebe“ gegen die deutsche Bundesverfassung und die Souveränität der Bundesfürsten.

1818 Kongreß in Aachen. Zurückziehung der Besatzungstruppen aus Frankreich, durch dessen Beitritt der Fünfbund (Pentarchie) der Großmächte entsteht. Verfassungen in Nassau (1814), Sachsen-Weimar (1816), Bayern und Baden (1818).

1819 **Kongreß in Karlsbad,** von dem österreichischen Minister **Metternich** berufen zur Unterdrückung befürchteter Unruhen in Deutschland (Kotzebue von dem Studenten Sand ermordet). Karlsbader Beschlüsse: Beaufsichtigung der Universitäten, strenge Zensur der Presse, Turnverbot, Auflösung der Burschenschaften. Sog. Demagogenverfolgung (Arndt, Jahn, Görres).

Ende der preußischen Reformen: Entlassung Wilhelm v. Humboldts. Das Reformwerk des Frhr. vom u. zum Stein bleibt unvollendet. Statt der versprochenen Verfassung werden 1823 nur Provinzialstände berufen.

1820 Wiener Schlußakte zur deutschen Bundesverfassung.

1820–1821 Kongresse der Großmächte in Troppau und Laibach wegen aufständischer Bewegungen in Neapel und Piemont. Österreichische Truppen stellen in Italien die Ruhe her.

1822 Kongreß der Heiligen Allianz in Verona wegen der spanischen und griechischen Unruhen. Frankreich damit beauftragt, die spanische Verfassung zu beseitigen.

1830–1831 Freiheitliche Bewegungen in Deutschland: Kurhessen, Braunschweig, Sachsen unter Einfluß der französischen Julirevolution und des polnischen Aufstands.

1832 Hambacher Fest (Kundgebung des süddeutschen radikalen Liberalismus).

1833 **Gründung des Deutschen Zollvereins** (Friedrich List) zwischen Preußen und den meisten deutschen Staaten (ohne Österreich) fördert Handel und Verkehr. Die wachsende Einheit auf wirtschaftlichem Gebiet wird zur Vorstufe der politischen Einheit Deutschlands.

1840–1861 Friedrich Wilhelm IV. König v. Preußen.

Der **wirtschaftliche Aufstieg** Deutschlands nach den Jahren der napoleonischen Herrschaft wird wesentlich durch die preußische Wirtschaftsreform (Vereinheitlichung der Zölle) und die nachfolgende Ausbreitung dieses Systems durch die

Politik der Zollanschlüsse der mittel- und süddeutschen Staaten (1833 Deutscher Zollverein, 1835 Baden und Nassau; 1836 Frankfurt) begründet (Dezimalsystem) und von den Liberalen als Schritt zur politischen Einheit gewertet. Große Verkehrsumwälzungen durch Eisenbahnen eingeleitet. Erste deutsche Eisenbahnen Nürnberg-Fürth (1835), Leipzig-Dresden (1837). Aufbau der deutschen Industrie (Harkort, Borsig, Krupp, Siemens, Abbe-Zeiss u. a.).

b) Revolutionen in Spanien und Griechenland

Nach dem Pariser Frieden (1814) kehrt Ferdinand VII. v. Spanien nach Madrid zurück. Abschaffung der freisinnigen Verfassung der Cortes von 1812. Grausamer Kampf der unumschränkten Gewalt gegen die liberale Partei.

1820 Ausbruch der Revolution; Verkündung der Verfassung; Bürgerkrieg.

1823 Französische Truppen rücken in Spanien ein, dringen bis Cádiz vor und befreien den dort gefangengehaltenen König. Der Absolutismus wiederhergestellt. Grausame Reaktion. Zahlreiche Hinrichtungen.
Nach dem Tod Ferdinands VII. erhebt sein Bruder Don Carlos Ansprüche auf den Thron gegen die minderjährige Tochter des Königs, Isabella, die nach dem Recht der weiblichen Erbfolge Königin ist. 1834/39 daher Bürgerkrieg (Karlistenkriege). Entscheidung zugunsten Isabellas II. (1843–1868), die aber 1868 wieder durch eine Revolution gestürzt wird. Angebot der Krone an Prinz Leopold v. Hohenzollern-Sigmaringen (S. 184).

1810–1825 **Abfall der spanischen Kolonien in Amerika** unter den Feldherren Simón Bolívar (Venezuela 1810/11, Bolivien 1825) und San Martín (Chile 1818, Peru 1821), von England im Kampf gegen Napoleon unterstützt. England, das sich aus dem Fünfbund löst und zur Hoffnung aller liberalen Kräfte wird, wendet sich gegen Interventionsabsichten in Lateinamerika. Warnung der Heiligen Allianz durch die **Monroe-Doktrin** vom 2. Dez. 1823: „Amerika den Amerikanern." Es bilden sich unabhängige Republiken: Mexiko, die fünf Staaten von Mittelamerika, Neugranada, Venezuela, Ecuador, Peru, Bolivien, Chile, Argentinien, Uruguay, Paraguay. In den neuen Staaten vielfach innere soziale Gegensätze, Revolutionen und Diktaturen. Brasilien (S.149) wird 1822 Kaisertum unter einer portugiesischen Dynastie, 1889 Republik.

1821–1829 Griechischer Befreiungskrieg gegen die Türkei.
1821 Aufstand des griechischen Volkes, unterstützt von der philhellenischen Bewegung Europas (Lord Byron), bedroht die Grundlagen der türkischen Herrschaft im Mittelmeer. Unabhängigkeitserklärung und Verkündung einer Verfassung auf dem Nationalkongreß (1822).
1825–1826 Tapfere Verteidigung von Missolunghi durch die Griechen. England, Rußland und Frankreich treten mit unterschiedlichen politischen Zielen für die Griechen ein.
1827 Schlacht bei **Navarino.** Die türkische Flotte wird von der englischen, französischen und russischen vernichtet.
1828 Russische Truppen unter Diebitsch überschreiten den Bal-
1829 kan. Im **Frieden von Adrianopel** erkennt die Türkei **Griechenlands Unabhängigkeit** an. Moldau, Walachei, Serbien erhalten christliche Statthalter unter türkischer Oberhoheit. Der Sohn des kunstsinnigen Königs Ludwig I. v. Bayern wird König von Griechenland als
1832–1862 Otto I.

c) Frankreich und Belgien

Nach der Wiedereinsetzung
1814–1824 Ludwigs XVIII. erhält Frankreich eine Verfassung (Menschenrechte, Zweikammersystem, aber plutokratisches Wahlrecht).
1824–1830 Karl X., König v. Frankreich, erregt durch sein Streben nach Wiederherstellung des unumschränkten Königtums wachsende Mißstimmung. Wahlsieg der Liberalen. Eroberung des Seeräuberstaates Algerien (1830).
1830 Pariser Julirevolution. König Karl X. dankt ab.
Die neue Revolution, durch Zensur und Wahlbeschränkungen ausgelöst, ist eine breite bürgerliche Bewegung, an deren Spitze Journalisten (Adolphe Thiers; 1871 Präsident der Republik) und Advokaten stehen und von der starke Impulse auf die freiheitlich-nationalen Strömungen in Belgien, Deutschland (Braunschweig, Hannover, Sachsen, Kurhessen) und besonders Polen ausgehen.
1830–1848 Louis Philippe v. Orléans, König d. Franzosen (Bürgerkönig), leitet eine Politik des Widerstands gegen die Gefahren absolutistischer (bonapartistischer) und republikanischer Tendenzen. Paris wird Zuflucht und Mittelpunkt der polnischen Emigration, die starken Einfluß auf alle europäischen revolutionären Bewegungen gewinnt.

1840 Frankreich unterstützt Mehmed Ali v. Ägypten gegen die Türkei. Darauf Bündnis zwischen Rußland, England, Österreich, Preußen, die keine weitere Schwächung der Türkei wünschen. Das isolierte Frankreich muß in dieser ersten Orientkrise nachgeben (1. Londoner Konvention, 1840).

1841 **Dardanellenvertrag** (2. Londoner Konvention). Die Dardanellen bleiben für Kriegsschiffe aller Nationen geschlossen.

1830 **Aufstand in Belgien,** das sich durch Sprache und Konfession von Holland unterscheidet und sich von der holländischen Regierung zurückgesetzt fühlt. Die Londoner Konferenz der Großmächte bewirkt die Anerkennung des neuen Staates, der beständig neutral sein soll und eine freisinnig-monarchische Verfassung erhält.

1831–1865 **Leopold I.** v. Sachsen-Coburg König d. Belgier.

1839 Frieden mit Holland und Anerkennung der Grenzen. Die Vorherrschaft in dem neuen Königreich haben die französisch sprechenden Wallonen. Verfassung sichert politische Vorherrschaft des bürgerlichen Mittelstands. Neutralität Belgiens durch die 5 Großmächte garantiert.

In Frankreich finden soziale Bestrebungen ihren Ausdruck in theoretischen Schriften, die den Gedanken des Sozialismus (Fourier, Proudhon) in der bürgerlichen Schicht verbreiten.

d) England

Nach dem Sieg über Napoleon ist Englands Weltstellung neu gefestigt.

1820–1830 König Georg IV. Das Toryministerium setzt die Zulassung der Katholiken zu Parlament und Staatsämtern durch.

1824 Bildung von Gewerkschaften und Gewährung des Streikrechts für die Arbeiter.

Unter dem Einfluß der Julirevolution in Frankreich Reformbestrebungen; Ende der Toryherrschaft.

1830–1837 Wilhelm IV. Parlamentsreform (stärkerer Einfluß des Bürgertums) 1832. Freiheit für die bisherigen Sklaven in den westindischen Kolonien. Vermittlung in den europäischen Revolutionskämpfen.

1837–1901 **Königin Viktoria** v. England, Nichte Wilhelms IV., vermählt mit Albert v. Sachsen-Coburg-Gotha (Ende der Personalunion mit Hannover).

Zunehmende Bewegung für den **Freihandel** (Richard Cobden in Manchester, Schüler von Adam Smith). Zulassung der Juden auch zum Unterhaus.

1845–1849 In **Nordindien** die Sikhs niedergezwungen. Zerstörung von Kabul. Einnahme von Haiderabad (1843). Das ganze **Pandschab** 1856 englisches Gebiet.

1840–1842 **Krieg gegen China** wegen des Verbots der Opiumeinfuhr nach China (Opiumkrieg). Opiumhandel wieder gestattet. China tritt **Hongkong** an England ab.

1854–1858 Aufstand in Indien. Nach Wiederherstellung der Ruhe Auflösung der Ostindischen Kompanie. Die Regierung In-
1858 diens geht auf die **britische Krone** über.

In **Hinterindien** erwirbt England in mehreren Kriegen ganz **Burma** (endgültig 1886).

1857–1860 Englisch-französischer Krieg gegen China wegen Verletzung des englisch-chinesischen Handelsvertrags von 1842. Besetzung von Kanton, Friede von Peking. Seitdem diplomatischer und handelspolitischer Verkehr Chinas mit fast allen Seemächten.

In der Arbeiterschaft Englands Versuche gewerkschaftlicher Organisation bei Verbindung sozialer mit politischen Forderungen (1838 Chartisten), die am Widerstand des Parlaments scheitern, aber zur Einführung gewisser sozialer Verbesserungen führen (1847 Zehnstundentag-Gesetz). Kampf gegen die Getreidezölle (1839 Anti-Corn-Law-League) führt zum Sieg durch Massenagitation und bringt den Übergang zum Freihandel (Cobden) und Industriestaat bei ständig wachsender Reformbereitschaft der führenden Schichten.

4. Die Revolutionen von 1848 und ihre Folgen

Ausgehend wiederum von Frankreich, breitet sich die revolutionäre Bewegung, in erster Linie vom Bürgertum getragen, über fast ganz Europa aus und erzwingt freisinnige Verfassungen. Das 1847/1848 von Marx und Engels verfaßte „Kommunistische Manifest" entfaltet erst später große Wirkung.

a) Frankreich

Aus Unzufriedenheit mit dem Zensuswahlrecht und der Monarchie überhaupt (außenpolitischer Mißerfolg in der
1848 Orientkrise) kommt es am 22.–24. Febr. zur **Februarrevo-**
Febr. **lution** in Paris. Flucht des Königs Louis Philippe nach England. **Frankreich Republik.** Allgemeines und gleiches Wahlrecht.

Juni Sozialistisch-kommunistische Aufstände in blutigen Straßenkämpfen niedergeworfen.

1848 Prinz **Louis Napoleon,** Neffe Napoleons I., Präsident der
10. Dez. Französischen Republik.
1851 (2. Dez.) Staatsstreich von Louis Napoleon. Er wird Präsident, dann als
1852–1870 **Napoleon III. Kaiser d. Franzosen.**

b) Der Deutsche Bund, Österreich und Preußen

Bei Ausbruch der französischen Februarrevolution befinden sich die deutschen Großmächte Österreich und Preußen in einer Krise.

Unter dem Einfluß der Februarrevolution kommt es in den meisten Staaten des Deutschen Bundes zu Unruhen: Regierungswechsel, Schwarz-Rot-Gold als Bundesfarben.

1835–1848 **Ferdinand I., Kaiser v. Österreich.** Nationale Bestrebungen der Ungarn (Kossuth) und alarmierende Nachrichten aus Frankreich entfachen am 13.–15. März einen
1848 **Aufstand in Wien.** Metternich vertrieben. Ungarn wird selbständiger Staat, in Personalunion mit Österreich verbunden, und erhält eigene Verfassung. Tschechische Forderungen auf Gleichberechtigung mit Deutschen bewilligt. Erhebung der Italiener gegen Österreich.
In Preußen führt der Konflikt zwischen dem König und der Mehrheit des 1847 berufenen vereinigten Landtags zu Unruhen in der Bevölkerung.

18.–19. März **Freiheitskämpfe in Berlin.** Ruf nach nationaler Einheit, Verfassung und Pressefreiheit. Die Regierung zeigt sich der Lage nicht gewachsen. Zusammentreten der preußischen Nationalversammlung in Berlin, dann in Brandenburg. Deutsches Vorparlament in Frankfurt. Erhebungen in Süddeutschland. Ludwig I. v. Bayern dankt ab. Ihm folgt sein Sohn Maximilian II. (gest. 1864).

18. Mai Zusammentritt der langersehnten **ersten Deutschen Nationalversammlung** in der Paulskirche in Frankfurt a. M. Schaffung der deutschen **Reichsverfassung.** Die Nationalversammlung ist eine aus geistreichen Köpfen zusammengesetzte Repräsentation des deutschen Volkes. In erster Linie Dichter und Gelehrte und keine Politiker (u. a. Uhland, Arndt, Dahlmann, v. Gagern), überwiegend monarchistisch; nationales Denken überwiegt liberale Ideen. Auflösung des Bundestages. Erzherzog Johann v. Österreich Reichsverweser. Versuch der Schaffung einer Zentralgewalt und einer Einigung Deutschlands im groß- oder im kleindeutschen Sinn schlägt aus Mangel an finanziellen und militärischen Mitteln fehl. Übergewicht Österreichs ruft Widerstand gegen „großdeutsche“ Lösung hervor. Wiedererstarken der Reaktion. Am 31. Okt. Einnahme von Wien durch kaiserliche Truppen. Abdankung Ferdinands I. (am 2. Dez.).

1848–1916 Kaiser Franz Joseph I. v. Österreich.

Nov. In Preußen Ministerium Brandenburg–Manteuffel.

5. Dez. Auflösung der preußischen Nationalversammlung in Brandenburg und Verkündung einer Verfassung. Vordringen der Reaktion im ganzen Reich.

1849 4. März Der österreichische Gesamtstaat erhält eine oktroyierte Verfassung.

1848–1849 Aufstand in Oberitalien gegen Österreich. Radetzky siegt bei **Custozza** und **Novara** über **Karl Albert, König v. Sardinien** (S. 175).

1848–1849 Aufstand der Ungarn (Kossuth), von den Österreichern mit russischer Hilfe niedergeworfen.

1848–1850 Erhebung Schleswig-Holsteins gegen Dänemark, nachdem Friedrich VII. die Inkorporation Schleswigs in Dänemark verkündet hat (21. März 1848). Unzureichende Hilfe Preußens. 24./25. Juli 1850 Sieg der Dänen bei Idstedt über die Schleswig-Holsteiner. Festsetzung der dänischen

1852 Thronfolge auch für Schleswig-Holstein durch das **Londoner Protokoll.**

Die nach heftigen Parteikämpfen fertiggestellte Reichsverfassung sieht vor: erbliches Kaisertum mit Reichstag, bestehend aus Staatenhaus und Volkshaus.

1849 Friedrich Wilhelm IV. lehnt die ihm von der Nationalversammlung angebotene Kaiserwürde ab. Auflösung des Frankfurter Parlaments. Erhebungen in der Rheinprovinz (Marx, Engels, Freiligrath und Lassalle), in Sachsen, der Rheinpfalz und Baden mit Waffengewalt unterdrückt. Das Stuttgarter Rumpfparlament, das die Reste der Nationalversammlung vereinigt hatte, wird auseinandergetrieben. Erzherzog Johann legt die Würde des Reichsverwesers nieder. Der Versuch der **Einigung Deutschlands** ist vornehmlich am Widerstand der Regierungen und Fürsten sowie an der Rivalität zwischen Preußen und Österreich **gescheitert.** Dennoch Weiterwirken der Ideen von 1848 (nationale Einheit, Verfassung).

1850 Erfurter Parlament. Versuch, einen engeren deutschen Bund, unter Ausschluß Österreichs, unter Leitung Preußens

1850 zu bilden. Österreich durchkreuzt diese Pläne durch die Einladung zur Wiedereröffnung des Bundestags in Frankfurt a. M.

29. Nov. **Vertrag von Olmütz.** Preußen fügt sich den von Rußland unterstützten Forderungen Österreichs. Es gibt seine Pläne, Deutschland zu einigen, auf und überläßt Schleswig-Holstein an Dänemark. Wiederherstellung des Deutschen Bundes unter Österreichs Leitung. Der Bundestag in Frankfurt auch von Preußen wieder beschickt (1851–1859 Bismarck Bundestagsgesandter).

Friedrich Wilhelm IV. erläßt die in Preußen bis 1918 gültige „oktroyierte" Verfassung:
Gleichheit der Staatsbürger vor dem Gesetz, Presse-, Religions- und Meinungsfreiheit garantiert.
König führt Oberbefehl und schließt Verträge, ernennt Minister, die allein ihm, nicht den Kammern verantwortlich sind. Volksvertretung besteht aus Herren- und Abgeordnetenhaus (gleichberechtigt, bei gesonderter Beratung). Das Abgeordnetenhaus aufgrund öffentlichen, indirekten, nach Steuerleistung abgestuften **Dreiklassenwahlrechts** gewählt.

c) Die Revolution in den übrigen europäischen Staaten Die Einigung Italiens

Das **Königreich der Niederlande** (seit 1830 getrennt von Belgien, S. 170) erhält unter König Wilhelm II. eine Ver-
1848 fassung.

1849 Auch **Dänemark** erhält unter Friedrich VII. eine Verfassung. Es hatte durch den „Offenen Brief" König Christians VIII. (1839–1848) den Fortbestand der Union Dänemarks mit Schleswig-Holstein trotz der unterschiedlichen Erbfolge bestimmt. Die Herzogtümer hätten nach dem Aussterben des königlichen Mannesstammes an Herzog Christian v. **Sonderburg-Augustenburg** fallen müssen. Entscheidung zugunsten
1852 Dänemarks durch das **Londoner Protokoll** der fünf Großmächte.

In **Schweden** bleibt unter den Königen Karl XIV. Johann (1818–1844) und Oskar I. (1844–1859) die ständische Verfassung vom Jahre 1809, in **Norwegen** die repräsentative von 1814 in Kraft. Das Zweikammersystem wird in Schweden 1866 unter König Karl XV. (1859–1872) eingeführt.

In **Italien:** Aufstände, Verfassungen in den meisten Staaten, **Befreiungskampf gegen Österreich** (S. 173) unter **König Karl Albert v. Sardinien** (1831–1849). Nationalversammlung. Zunächst Siege über die Österreicher. Aber nach den
1849 Niederlagen bei Custozza (1848) und Novara **Abdankung Karl Alberts** zugunsten seines Sohnes **Viktor Emanuel II.** (1849–1878). Verfassung für Kirchenstaat durch Papst Pius IX. (1846–1878), der sich von der nationalen Einigungs-
1848 bewegung lossagt und nach Gaeta fliehen muß. **Römische**
1849 **Republik** ausgerufen. **Garibaldi** in Rom, von französischen Truppen vertrieben, die die weltliche Herrschaft des Papstes wiederherstellen. 1856 Gründung des Italienischen Na-
1858 tionalvereins. Napoleon III. als Förderer der italienischen Einigungsbewegung (Bündnis mit **Cavour** gegen Österreich). Er macht sich zum Verfechter des Nationalitätenprinzips, um die so neu entstehenden Staaten als Bundesgenossen zu gewinnen.

1859 **Italienischer Einigungskrieg.**

1860 Volksaufstände in der Toskana, in Modena, Parma und der Romagna führen zur Vereinigung mit Sardinien. Savoyen und Nizza an Frankreich abgetreten. Landung **Garibaldis,** von Cavour unterstützt, in Sizilien und Neapel. Sardinische Truppen besetzen den Kirchenstaat (außer Rom) und Gaeta (Zuflucht des letzten Königs v. Neapel, Franz' II.).

1861 **Viktor Emanuel II., König v. Italien. Nationale Einigung.** Hauptstadt zunächst Florenz. Venetien bis 1866 bei Österreich (S. 183). Rom und das umliegende Gebiet bis 1870 Rest des Kirchenstaates.

1869–1870 **1. Vatikanisches Konzil:** Unfehlbarkeitsdogma des Papstes für Entscheidungen ex cathedra; dadurch straffste Zusammenfassung der katholischen Welt.

1870 **20. Sept.** Besetzung Roms durch italienische Truppen.
Rom Hauptstadt des geeinten Italien (1871).

Spanien und **Portugal** werden, abgesehen von Parteikämpfen, von den Stürmen des Jahres 1848 kaum berührt.

d) Die geistige Entwicklung im 19. Jahrhundert

Neben **Liberalismus** und **Nationalismus** (vorwiegend vom Bürgertum getragen) tritt im Zusammenhang mit fortschreitender Technisierung und Industrialisierung der **Sozialismus** marxistischer Prägung (Karl **Marx,** Hauptwerk „Das Kapital"; das „Kommunistische Manifest" 1848 zusammen mit Friedrich **Engels** herausgegeben). **Materialistische** Grundhaltung: die Produktionsmittel bestimmen die Wirtschaftsform, diese die gesellschaftliche Struktur, Politik und Kultur; natürliche Gleichheit aller Menschen (vgl. Naturrecht, S. 153); **Klassenkampf** infolge Ausbeutung der Handarbeiter durch die „Kapitalisten" (die aufgrund günstiger Umwelteinflüsse wirtschaftlich stark Gewordenen); Ziel: internationale, klassenlose Gesellschaft. – Entstehung eines 4. Standes (Industriearbeiterschaft), der um politischen Einfluß ringt. Rasches **Anwachsen der Bevölkerung** (zwischen 1800 und 1910: Deutschland von 25 auf 65 Millionen; Großbritannien und Irland von 16 auf 46 Millionen, Frankreich von 27 auf 39 Millionen, Rußland von 33 auf 140 Millionen, USA von 6 auf 92 Millionen). Wohnungselend in den sprunghaft anwachsenden **Großstädten** („Mietskasernen").

Diese Entwicklung, der politische Einfluß der Masse und das Fraglichwerden letzter religiöser Bindungen fördern eine dem Metaphysischen abgeneigte (letztes großes philosophisches System: Hegel), materialistisch-relativistische Geisteshaltung. Im Leben und in der Kunst zerfällt die Einheit des Stils. Nur noch Nachahmung historischer Stile (Klassizismus, Neugotik, Neurenaissance usw.). In der **Dichtung** nach der Romantik (Kleist, Hölderlin, Novalis, Eichendorff, Grillparzer) Übergang zum Realismus (Heine, Hebbel). Ähnliche literarische Entwicklung in England (Wordsworth, Byron, Tennyson; Dickens) und Frankreich (Balzac). Blüte der Dichtung in Rußland (Puschkin, Lermontow, Gogol) und Polen (Mickiewicz). In der **Malerei** die Romantiker C. D. Friedrich und M. v. Schwind, der Realist Menzel. Eine Hochblüte erreicht noch einmal die **Musik** (Beethoven, geb. 1770, gest. 1827, Schubert, Schumann, Weber, Chopin, Brahms). – Großartige Entwicklung der **Einzelwissenschaften (Geschichte:** Monumenta Germaniae historica, 1819–1821, Ecole des Chartes. Dahlmann, Droysen, Niebuhr, Ranke, Sybel. – **Naturwissenschaften:** Darwin, Helmholtz, A. v. Humboldt, Liebig, Röntgen u. a.). – Durch eine Reihe großer **Erfindungen:** Dampfmaschine (James Watt, 1769), Dampfschifffahrt, Eisenbahn, Telegraph (Gauß und Weber 1832/33) wird die **technische Entwicklung** vorangetrieben.

In der zweiten Hälfte dieses Zeitabschnitts hat den größten Einfluß die **Lebensphilosophie** Friedrich Nietzsches (geb. 1844, gest. 1900), die im schöpferischen Leben der großen Persönlichkeit den Höchstwert sieht. Daneben wirken stark H. Bergsons vitalistische Naturphilosophie und die positivistische Erkenntnislehre J. St. Mills und Ernst Machs. W. Dilthey begründet eine Methodologie der Geisteswissenschaften. In der **Geschichtswissenschaft** Jacob Burckhardt, Lamprecht, Mommsen, Ed. Meyer, Meinecke u. a., der Engländer Gooch, der Franzose Taine. In der **Dichtung** Übergang zum Naturalismus mit besonderer Betonung der Gesellschaftskritik: Ibsen, Strindberg, G. Hauptmann, G. B. Shaw, V. Hugo, Zola, Tolstoi, Dostojewski, Knut Hamsun. Die französischen Lyriker Baudelaire und Verlaine sowie der Engländer Keats zeigen romantische, der deutsche Lyriker Stefan George klassisch-aristokratische Ausdrucksformen. Der Amerikaner Walt Whitman besingt in mystischer Gefühlstiefe Gemeinschaft und Kameradschaft des freien amerikanischen Volkes. In der **bildenden Kunst** sind führend der französische Impressionismus (Manet, Monet, Cézanne) und die Plastik Rodins. Die **Musik** bringt eine klassisch-romantische Nachblüte in den Werken von Bruckner, Tschaikowskij, Verdi, Puccini, Richard Wagner. – Die **Technik** entwickelt sich immer rascher und zwingt dem Zeitalter den eigentümlichen Stempel auf: Hertz (elektromagnetische Wellen), das Ehepaar Curie (Radium), Edison (elektrische Glühbirne, Grammophon), Hughes (Mikrophon), Röntgen (X-Strahlen), Robert Koch (Bakteriologie). Erste Zeppelinversuchsfahrt 1900, erste Fahrt 1908. Erster Motorflug 1903 (Gebrüder Wright). 1909 erste Kanalüberquerung im Flugzeug (Blériot). 1901 erste Funkverbindung Europa–Amerika. Eröffnung des Panamakanals 1914.

5. Das europäische Staatensystem von 1848 bis 1890

Auf dem Kontinent erringt Frankreich gegen Rußland und Österreich die europäische Vormachtstellung. Durch die deutsche Reichsgründung ersteht ihm in dem kleindeutschen Bismarckreich ein Gegengewicht, das maßgebenden Einfluß in der europäischen Politik gewinnt.

a) Frankreich als Kaiserreich und Republik

Kaiser Napoleon III. will gemäß den Traditionen seines Hauses Frankreich wieder zur Vormachtstellung in Europa verhelfen unter Förderung und Benutzung der nationalen Bewegungen (Italiener, Polen, Rumänen, Deutsche, Dänen). Anlaß zum Eingreifen bieten ihm die Pläne Rußlands im Nahen Osten (S. 179). Rußland greift die unter türkischer Oberhoheit stehenden Donaufürstentümer (Moldau und Walachei) an. Daher

1854–1856 **Krieg der Westmächte gegen Rußland.** Bündnis Frankreichs mit England. Französische und englische Truppen landen auf der **Krim.** Siege an der Alma und bei Inkerman. Österreich tritt dem Bund bei, Preußen bleibt neutral.

1855 **Einnahme von Sewastopol.** Im **Frieden von Paris** (S. 180), in dem Rußland der Schutzherrschaft über die Donaufürstentümer entsagt, tritt Frankreich anstelle Rußlands an die Spitze der europäischen Kontinentalmächte. Diese Position
1859 wird gefestigt durch den **Krieg Frankreichs und Sardiniens gegen Österreich.** Siege der Verbündeten bei **Magenta** und **Solferino.** Im Frieden von Zürich tritt Österreich die **Lombardei** an Frankreich ab, das sie **Sardinien** überläßt. Cochinchina 1862 französisch.

1861 Napoleon greift aus Prestigegründen in Mexiko ein und
1863 errichtet das **Kaiserreich Mexiko,** das auf Druck der USA
–1867 hin zusammenbricht. Der auf Veranlassung Napoleons zum Kaiser ausgerufene österreichische Erzherzog **Maximilian** wird 1867 in Querétaro auf Befehl des mexikanischen Präsidenten **Benito Juárez** (Indianer) hingerichtet.

1869 Sueskanal, von Lesseps mit französischer und türkischer Hilfe erbaut, wird eröffnet.

Über den Deutsch-Französischen Krieg 1870/71 vgl. S. 184f.

1870 **4. Sept. Frankreich Republik.**

1871 (13. Febr.) Eine französische Nationalversammlung tritt in Bordeaux zusammen. **Thiers** zum Oberhaupt der vollziehenden Gewalt gewählt (31. Aug.; erster französischer Präsident). Herrschaft der sozialistischen Kommune in Paris (März–Mai) von Mac-Mahon niedergeworfen.

1873–1879 Präsident **Mac-Mahon** (Präsident auf 7 Jahre, Senat, Deputiertenkammer). Republikanische Mehrheit (Gambetta) fördert rasche Konsolidierung des Staates.

1879–1887 Präsident **Jules Grévy.** Sämtliche Mitglieder der Familien Bourbon und Bonaparte aus Frankreich verbannt. Starke Heeresrüstungen (Kriegsminister Boulanger). Ausdehnung des Kolonialbesitzes, von Bismarck begünstigt (Ablenkung vom Revanchegedanken und Elsaß-Lothringen; Gegensatz Frankreich–England).

1881 Frankreich nimmt **Tunesien** in Besitz. Vordringen von Französisch-Kongo bis zum Tschadsee. Gewinnung von Äquatorialafrika. Spannung mit England (Ägypten).

1883 Annam in Hinterindien französischer Schutzstaat.

1885 Madagaskar unter französischem Schutz. 1896 Kolonie.

1887–1894 Präsident Sadi **Carnot.** Zunehmende Freundschaft mit Rußland (1891 Zweibund, 1892 Militärkonvention). Gefährdung der Republik durch Staatsstreich Boulangers (1886–1887 Kriegsminister), der aber vor den Republikanern ins Ausland fliehen muß (Okt. 1887).

1889 Sozialistenkongreß in Paris gründet die II. Internationale (1. Mai Arbeiterfeiertag).

1889/90 Frankreichs Herrschaft in Westafrika und auf Madagaskar von England anerkannt (S. 190).

b) Rußland und Polen

Das russische Kaiserreich, gestützt auf Autokratie und Orthodoxie, stellt als führende Kontinentalmacht den Hort der „legitimen Ordnung" Europas dar.

Rußland beginnt, nachdem 1801 Georgien zur Provinz gemacht, 1813 die Südwestküste des Kaspischen Meeres mit Baku, 1827 Eriwan den Persern entrissen worden ist, mit der Unterwerfung der Kaukasusvölker, die erst 1859 beendet ist. Das Vordringen nach Europa belebt die liberalen Hoffnungen der Intelligenz unter

1801–1825 Alexander I., der sie im Ausland begünstigt, in Rußland aber unterdrückt. Sein Tod führt zum **Dekabristenaufstand** („Dezemberleute": Adel und Offiziere), der von

1825–1855 Nikolaus I. niedergeschlagen wird. Streng autokratisches Regiment. Er beteiligt sich am griechischen Befreiungskrieg (S. 169) und erhält

1829 im Frieden von **Adrianopel** die Inseln vor der Donaumündung, in Asien das Gebiet von Achalzich, südlich des Kaukasus.

1830–1831 Aufstand in Polen unter dem Druck der reaktionären Politik Nikolaus' I. zur Wiederherstellung der nationalen Unabhängigkeit, angeregt durch die französische Julirevolution, in Deutschland und Frankreich begeistert begrüßt.

1831 Mai Sieg des russischen Generals Diebitsch bei Ostrolenka.

8. Sept. **Einnahme von Warschau.** Polen wird fortan als russische Provinz mit Strenge regiert. Polnische Emigration in die Schweiz, nach Frankreich und England.

1840 Beteiligung Rußlands am Krieg zum Schutz der Türkei (S. 170).

Außenpolitische Rückschläge, wirtschaftliche Rückständigkeit, soziale Spannungen und geistige Auseinandersetzungen der Intelligenzschicht sind bezeichnend für die Erschütterung der russischen Vormachtstellung. Der Balkan im Zeichen des „kranken Mannes am Bosporus".

Kaiser **Nikolaus I.**, stolz auf seine Erfolge gegen Ungarn und Preußen (S. 173f.), will die Eroberungspläne Katharinas II. wieder aufnehmen. Er sendet den Fürsten Menschikow nach Konstantinopel und fordert die Schutzherrschaft über alle griechischen Christen im Osmanischen Reich. Dagegen einigen sich Frankreich (S. 177) und England zur Unterstützung des Sultans. Nach dem **Krimkrieg**

1856 muß Rußland im **Frieden von Paris** die Donaumündungen an die Moldau abtreten, der Schutzherrschaft über die Donaufürstentümer und über die Christen in der Türkei entsagen und Kars zurückgeben. Freie Donauschiffahrt. Integrität der Türkei. Rußland darf im Schwarzen Meer keine Kriegsschiffe halten. Neutralität des Schwarzen Meeres (bis 1870). Feindschaft zu Österreich; Gegensatz zu England. Rußland hat durch den Krimkrieg seine Vormachtstellung an Frankreich verloren.

1855–1881 Alexander II. Seit 1856 liberale Reformen in der Verwaltung; 1861 Aufhebung der Leibeigenschaft. 1864 Selbstverwaltungsorganisation und Justizreform. 1870 Städteordnung. Beginn der Industrialisierung. Äußere Politik auf den Balkan und Asien gerichtet. Fortschritte der Allslawischen Bewegung (Panslawismus, 1848 Kongreß in Prag) von russischer Balkanpolitik benutzt. 1863 polnischer Aufstand niedergeschlagen. 1874 allgemeine Wehrpflicht. – Geistiges Ringen zwischen **Slawophilen** und **Westlern.**

1860 Die asiatischen Besitzungen Rußlands werden durch die
1864 Erwerbung des Amurgebietes (von China), von Turkestan,
–1868 Taschkent, Samarkand (Generalgouvernement Turkestan) vergrößert. Alaska (1867) an die Vereinigten Staaten von Amerika für 7,2 Mill. Dollar verkauft.

1861 Moldau und Walachei werden als **Fürstentum Rumänien** unter der Oberhoheit des türkischen Sultans vereinigt. Unter **Carol I.** (Prinz Karl v. Hohenzollern-Sigmaringen, 1866–1914) stürmische Reformen.

In **Serbien** und **Montenegro** innere Parteikämpfe und Wechsel der Dynastien. In **Griechenland** hofft man auf den allmählichen Zerfall der Türkei, der aber durch die Großmächte hinausgeschoben wird. König Otto I. durch einen Militäraufstand vertrieben. Sein Nachfolger König **Georg I.** (1863–1913).

1877–1878 Russisch-türkischer Krieg. Äußerer Anlaß: türkische Ausschreitungen gegen christliche Untertanen in der Herzegowina. Montenegro, Serbien, Rumänien im Bund mit Rußland. Russische Truppen überschreiten die Donau und erobern den Schipkapaß. Die Türken unter Osman Nuri Pascha behaupten sich in Plewna, müssen sich aber im Dez. 1877 den Russen und Rumänen ergeben. Darauf Vorrücken der Russen bis in die Nähe von Konstantinopel.

1878 **Friede von San Stefano.** England erhebt Widerspruch gegen die von Rußland auferlegten Bedingungen, schließt ein Bündnis mit der Türkei, die Cypern an England abtritt. Zur Beilegung des Streites tritt durch Deutschlands Vermittlung der **Berliner Kongreß** zusammen: die der Türkei auferlegten Gebietsabtretungen werden ermäßigt. Das neue, der Türkei tributpflichtige Fürstentum **Bulgarien** (Fürst Alexander von Battenberg, 1879–1886) wird auf das Land nördlich des Balkans mit Sofia beschränkt; der südliche Teil bleibt türkische Provinz (Ostrumelien), erhält jedoch eigene Verwaltung unter einem christlichen Statthalter. Österreich nimmt Bosnien und die Herzegowina vorläufig in Verwaltung. Griechenland soll vergrößert werden. Die erweiterten Fürstentümer **Rumänien** (1881 Königreich), **Serbien** (1882 Königreich) und **Montenegro** werden **unabhängige Staaten.** Rumänien tritt Bessarabien an Rußland ab und erhält dafür die nördliche Dobrudscha. Nach Ermordung Alexanders II.

1881–1894 **Alexander III.**

Die bulgarische Krise (1885–1886) löst den Sturz des Battenbergers aus und wird als russischer Sieg gefeiert. Englands Entgegenkommen ermöglicht Vertrag über Afghanistan (1886). Scharfe Russifizierungspolitik in den Ostseeprovinzen. Nach Nichterneuerung des Rückversicherungsvertrages (S. 189, 191) Freundschaft mit Frankreich (1892 Militärkonvention).

Reaktionäre Gesetzgebung. Zollkrieg mit Deutschland. Getreideexporte. Bau der Transsibirischen Eisenbahn (1891–1904).

In Rußland beginnt seit Einführung hoher Schutzzölle (1877) eine rasche Industrialisierung.

c) Preußen-Deutschland und Österreich

Rivalität zwischen Preußen und Österreich in der Lösung der deutschen Frage sabotiert die Politik des Deutschen Bundes. Der Krimkrieg verbessert das Verhältnis Preußens zu Rußland, das zu Österreich in schärfsten Gegensatz tritt. Österreich erleidet durch den Sieg der italienischen Einigungsbewegung sowie durch Bismarcks Reichsgründung schwere Prestigeverluste.

1861–1888 **Wilhelm I., König v. Preußen.** Beginn der „Neuen Ära“ (zwischen Reaktion und Liberalismus).

1862–1866 Verfassungsstreit in Preußen wegen Verstärkung des Heeres, Kriegsminister v. Roon. Parlamentsauflösung, Neuwahlen.

1862 (23. Sept.) **Otto v. Bismarck preußischer Ministerpräsident** (geb. 1. April 1815), bereit, gegen die liberale Parlamentsmehrheit den Anspruch der Krone zu vertreten.

1863 Aufstand in Polen. Vertrag zwischen Preußen und Rußland zum Zweck gegenseitiger Unterstützung (Alvenslebensche Konvention).

Aug. Fürstentag in Frankfurt a. M. Kaiser Franz Joseph versucht vergeblich eine Einigung Deutschlands im großdeutschen Sinn. Die von Österreich vorgeschlagene Reform der deutschen Bundesverfassung wird von Preußen abgelehnt.

1864 **Krieg Österreichs und Preußens gegen Dänemark** (König Christian IX., 1863–1906), da sich Dänemark im Widerspruch zum „Londoner Protokoll“ von 1852 Schleswig-Holstein einverleiben will. Bismarck im Einvernehmen mit Napoleon III. Die Österreicher vertreiben die Dänen aus Nordschleswig.

18. April Die Preußen erstürmen die Düppeler Schanzen und erzwingen den Übergang nach der Insel Alsen.

30. Okt. **Friede von Wien,** in dem **Dänemark die Herzogtümer Lauenburg, Holstein und Schleswig an Österreich und Preußen abtritt.**

1865 Vertrag von Gastein: Österreich übernimmt einstweilen die Verwaltung in Holstein, Preußen die in Schleswig. Lauenburg kommt an Preußen. Diese Regelung birgt den Keim der Zwietracht in sich. Bismarck benutzt die schleswigholsteinische Frage, um der Einigung Deutschlands im kleindeutschen Sinne näher zu kommen, da er eine großdeutsche Lösung wegen des österreichischen Nationalitätengemisches und der vorwiegend südöstlich gerichteten Interessen der Donaumonarchie für unmöglich hält. Preußen tritt aus dem Deutschen Bund aus. Die erste Entscheidung bringt der

1866 **Deutsche Krieg.** Mit **Preußen** verbündet: die kleineren norddeutschen Staaten und Italien, bei wohlwollender Neutralität Napoleons; mit **Österreich:** Bayern, Württemberg, Sachsen, Hannover, Baden, beide Hessen, Nassau, Meiningen u. a. Hauptkriegsschauplatz in Böhmen.

3. Juli Der Sieg der vereinigten Armeen (König Wilhelm I., Chef des Generalstabs v. Moltke) bei **Königgrätz** (Sadowa) über das österreichische Hauptheer (Benedek) durchkreuzt Napoleons Hoffnungen auf einen langen Krieg. Nach der

Hohenzollern

Friedrich Wilhelm, d. Gr. Kurfürst, † 1688

Friedrich III., Kurfürst v. Brdbg., seit 1701 als **Friedrich I.*** Kg. in Preußen, † 1713

Friedrich Wilhelm I., Kg. in Preußen, † 1740

Friedrich II. d. Gr., Kg. v. Preußen, † 1786 — August Wilhelm, † 1758

Friedrich Wilhelm II., † 1797

Friedrich Wilhelm III., † 1840

Friedrich Wilhelm IV., † 1861 — **Wilhelm I.**, seit 1871 **Deutscher Kaiser**, † 1888

Friedrich III., † 1888

Wilhelm II., 1918 abged., † 1941

Friedrich Wilhelm, † 1951

Louis Ferdinand, * 1907

* Königs- und Kaisernamen in Fettdruck

1866 Einnahme von Prag und Brünn Waffenstillstand von
26. Juli Nikolsburg.

23. Aug. Friede von Prag zwischen **Österreich** und **Preußen.** Im Gegensatz zu König und Generalität setzt Bismarck einen Verständigungsfrieden ohne Annexionen durch. Er will Österreich zwar aus dem Deutschen Bund entfernen, es aber für die Zukunft zum Freund gewinnen. **Auflösung des Deutschen Bundes. Österreich scheidet aus Deutschland aus, überträgt seine Rechte in Schleswig-Holstein an Preußen und erkennt die Neugestaltung Deutschlands an. Schleswig-Holstein, Hannover, Kurhessen, Nassau, Frankfurt a. M. mit Preußen vereinigt.** Schutz- und Trutzbündnisse mit den süddeutschen Staaten.

3. Okt. Friede von Wien zwischen Österreich und Italien. **Venetien** an **Italien** abgetreten.

1866 –1867 **Gründung des Norddeutschen Bundes unter preußischer Führung.** Er wird gebildet aus Preußen, den 1866 mit ihm verbündeten Staaten, dem Königreich Sachsen und dem nördlichen Teil des Großherzogtums Hessen. Erste Tagung des Norddeutschen Bundes in Berlin: Vereinbarung der Verfassung. Die Bundesleitung ist erblich bei der Krone Preußens. Die Vertretung der Regierungen bildet der Bundesrat, in dem Preußen 17, die übrigen 21 Bundesmitglieder 26 Stimmen haben. Reichstag aus allgemeinen, gleichen, direkten und geheimen Wahlen. Allgemeine Wehrpflicht. Im Kriegsfall einheitliches Heer unter dem Oberbefehl des Königs von Preußen als Bundesfeldherr. Einheitliche Zoll-, Post- und Telegraphenverwaltung. Graf Bismarck Bundeskanzler. Kiel und Wilhelmshaven Kriegshäfen für die norddeutsche Flotte.

In **Österreich,** das im Krimkrieg an der Seite der Westmächte gegen Rußland gestanden, 1859 aber durch Frankreichs Krieg die Lombardei verloren hatte, erfolgt nach dem Ausscheiden aus dem Deutschen Bund der Ausgleich mit Beilegung der Verfassungsstreitigkeiten.

1867 **Ungarn** mit seinen Nebenländern als besondere Reichshälfte anerkannt (Transleithanien), in Personalunion mit Österreich (Cisleithanien) verbunden, erhält eigenen Reichstag und Ministerium. Gemeinsam bleiben Heer, Finanzen und Außenpolitik.

Napoleon III. sucht Luxemburg für Frankreich zu erwerben.

1867 Die Londoner Konferenz beschließt, daß es als neutrales Land mit Holland vereinigt bleibt (1890 getrennt, S. 201).

1868 Deutsches Zollparlament. Der Zollverein wiederhergestellt. Abschluß eines Zollvereinigungsvertrags zwischen dem Norddeutschen Bund und den süddeutschen Staaten.

1870–1871 Deutsch-Französischer Krieg.

1870 Das Ansehen Napoleons hat seit 1867 schwere Einbuße erfahren. Die Annahme der spanischen Krone durch den Erbprinzen Leopold v. Hohenzollern-Sigmaringen (Königin Isabella II. 1868 aus Spanien vertrieben) wird, obwohl er alsbald wieder zurücktritt, Anlaß zum Krieg Frankreichs gegen Preußen (Benedetti in Ems: „Emser Depesche“), das durch seinen Machtanstieg eine Gefahr für die französische Hegemonie zu werden droht.

19. Juli Französische Kriegserklärung an Preußen. Die süddeutschen Staaten schließen sich wider Erwarten Frankreichs Preußen und dem Norddeutschen Bund an.

4.–6. Aug. Französische Niederlagen bei Weißenburg, Wörth, Spichern und Metz zwingen die französische Armee zum Rückzug.

1870 Die Schlachten bei Vionville und Mars-la-Tour, bei Grave-
16.–18. Aug. lotte und St. Privat (Chef des Generalstabs v. Moltke) schneiden den Rückzug ab und leiten die Belagerung von Metz ein (Übergabe am 27. Okt.).
1. Sept. Mac-Mahons Armee in der Schlacht bei **Sedan** zur Kapitulation gezwungen. **Napoleon III. kriegsgefangen.**
4. Sept. In Paris wird die **Republik** ausgerufen.
19. Sept. Beginn der Belagerung von Paris. Tapfere Verteidigung. Gambetta Leiter des Widerstandes. Kapitulation Straßburgs (27. Sept.).
Nov.–Jan. 1871 Blutige Siege über die republikanischen Armeen bei Amiens, Orléans, Le Mans und an der Lisaine.
3. Okt. **Baden** bittet um Beitritt zum Norddeutschen Bund, der im November die Verträge mit den übrigen süddeutschen Staa-
1871 ten schließt, die zur **Gründung des deutschen Kaiserreichs** führen. **Bismarck** ist es gelungen, im Zuge der nationalen Begeisterung durch den siegreichen Feldzug auch die süddeutschen Fürsten zu bewegen, den König von Preußen als deutschen Kaiser und gemeinsames Staatsoberhaupt anzu-
18. Jan. erkennen. **Kaiserproklamation im Schloß von Versailles.**
1871–1888 Wilhelm I. deutscher Kaiser. Die deutsche Einheit in der „kleindeutschen" Form zum Abschluß gebracht.
1871 Übergabe von Paris.
26. Febr. Vorfriede von Versailles. Frankreich tritt an Deutschland ab: das **Elsaß** (ohne Belfort) und Teile **Lothringens mit Metz** (zusammen 14500 qkm mit $1^1/_2$ Mill. Einwohnern als „Deutsches Reichsland" dem Kaiser unterstellt und von Statthaltern regiert) und zahlt in 3 Jahren **5 Mrd. Francs.**
10. Mai Bestätigung im **Frieden von Frankfurt a. M.**

Ende der französischen Vormachtstellung. Deutsch-französischer Gegensatz wird Faktor der europäischen Politik, der das Verhältnis Deutschlands zum Westen belastet.

Die Verfassung des Deutschen Reiches

1870: 40,8 Millionen Einwohner. Die bundesstaatliche Verfassung knüpft an die des Norddeutschen Bundes an.

Träger der Reichssouveränität ist die Einheit der Regierungen der 25 verbündeten Staaten mit dem Reichsland Elsaß-Lothringen **(Bundesstaat).** Sie stellt sich dar im **Bundesrat,** dessen Vorsitz der **Reichskanzler** innehat. Die Führung des Bundesstaates, die deutsche **Kaiserwürde,** ist **erblich** bei der **Krone Preußens.** Dem **Kaiser** ist die völkerrechtliche Vertretung, die Wahrung der Interessen des Deutschen Reiches und Volkes und der Schutz aller Deutschen und ihrer Interessen im Ausland übertragen. Er erklärt im Namen des Reiches Krieg, schließt Frieden sowie Staatsverträge. Er führt den Oberbefehl über Heer und Flotte (allgemeine Wehrpflicht). Der Kaiser beruft, eröffnet, vertagt, schließt die Volksvertretung (Reichstag) und kann den Reichstag aufgrund eines Bundesratsbeschlusses auflösen. Er beruft den Bundesrat, löst ihn auch auf und leitet dessen Geschäfte durch den von ihm ernannten Reichskanzler, der die kaiserlichen Erlasse und Verfügungen gegenzeichnet und dadurch die verfassungsmäßige Verantwortung übernimmt. Er ernennt auch, zum Teil unter Mitwirkung des Bundesrates, alle übrigen Reichsbeamten.

Im **Bundesrat** (zusammen 58 Stimmen, davon Preußen 17, Bayern 6, Sachsen und Württemberg je 4 usw.) geben die Einzelstaaten ihre Stimme durch ihren Bevollmächtigten ab. Seine Mitglieder können im Reichstag jederzeit die Ansicht ihrer Regierung vertreten.

Der **Reichstag** (397 Mitglieder) geht aus allgemeinen, gleichen, direkten, geheimen Wahlen hervor. Die einfache Mehrheit entscheidet. Reichsgesetze heben die Bestimmungen der Landesgesetze auf. Der Reichstag setzt auch jedes Jahr den Etat fest. Die Ausgaben werden aus den Reichssteuern sowie aus den Einnahmen aus dem Post- und Telegraphenwesen bestritten, dazu kommen im Bedarfsfall die Zuschüsse der einzelnen Bundesstaaten (Matrikularbeiträge).

Der **Reichskanzler** ist in der Regel **zugleich preußischer Ministerpräsident.** Allein für die Führung der Politik des Reiches verantwortlich, ist er Vorgesetzter aller Reichsbeamten. Sonderrechte Bayerns und Württembergs: Heer, Post, Eisenbahn.

Die wirtschaftliche Entwicklung

Die Gründung der **Hamburg-Amerika-Linie** (1847), der Disconto-Gesellschaft (1851), der Darmstädter Bank für Handel und Gewerbe (1853) und des Norddeutschen Lloyd (1857) kennzeichnen den **Aufschwung der deutschen Wirtschaft,** ihr Hinausgreifen in die Welt sowie den Beginn des Übergangs vom Privatbesitz zu Aktiengesellschaften. Das Anwachsen der Bevölkerung zwingt zu einer Intensivierung der gesamten Wirtschaft, die durch Thaers Fruchtwechselwirtschaft, Liebigs künstlichen Dünger und die industriellen Großbetriebe erreicht wird.

Aufschwung des deutschen Wirtschaftslebens nach der Reichsgründung: Umwandlung vom Agrarstaat zum Industriestaat, wobei aus politischen Gründen der Landwirtschaft großer Einfluß bleibt. Aufsaugung des Kleinbesitzes durch den Großgrundbesitz, der vor der australischen Wolle sowie dem amerikanischen und russischen Getreide durch Zollpolitik geschützt wird (1878); das wird von größter Bedeutung für Bismarcks Politik: Schutzzölle zur Sicherung des heimatlichen Marktes, Sozial- und Kolonialpolitik als Mittel zur Verhinderung übermäßiger Auswanderung wertvoller Bevölkerungsteile. Aufschwung des Kohlenbergbaus und Export nach Skandinavien, Holland, Rußland und Frankreich. Ausbau der Eisen- und Maschinenindustrie (Krupp 1851: 704 Arbeiter; 1873: 16 000 Arbeiter). Vereinheitlichung und Verstaatlichung des Eisenbahnwesens nach 1897. Gründung der Werft Blohm und Voß in Hamburg 1877, der AEG und der Benz- und Daimler-Werke 1883.

Die Blüte der Naturwissenschaften führt zur Bildung neuer Industrien (Arzneimittel, Farbstoffe). Die Technik erhält durch die chemischen und physikalischen Fortschritte ungeheure Entwicklungsmöglichkeiten: Photographie, Telephon (1878), Dynamo, Glühlampe, Gasmotor, Automobil, Wasserkraft für Stromerzeugung, Gefriermaschine.

1871–1890 Otto v. Bismarck Reichskanzler. Nach der äußeren Einigung des Reiches versucht Bismarck, es innerlich zu festigen (wichtigste Partei: Nationalliberale) und durch ein großes System von Verteidigungsbündnissen nach außen zu schützen. Konservative Außenpolitik zur Erhaltung des Friedens zwischen den Großmächten. Hauptgefahr bildet der französische Revanchegedanke (S. 178, 185). Wirtschaftsblüte nach der Reichsgründung.

1873 **Dreikaiserbündnis** zwischen Deutschland (Wilhelm I.), Österreich (Franz Joseph I.) und Rußland (Alexander II.) zur Aufrechterhaltung des Friedens.

1872 Beginn des **„Kulturkampfes“** mit der katholischen Kirche. Das Dogma der Unfehlbarkeit veranlaßt in Deutschland, der Schweiz und Österreich die Bildung altkatholischer Gemeinden, die sich von der römisch-katholischen Kirche lossagen. 1872 Ausweisung der Jesuiten aus dem Deutschen Reich. Kirchengesetze in Preußen („Maigesetze“ des Kultusministers Falk). Der Kulturkampf (seit 1870 katholische Fraktion im Reichstag und im preußischen Abgeordnetenhaus, Zentrum genannt) stärkt das katholische Bewußtsein
1878 und endet nach erbittertem Streit mit einer Niederlage Bismarcks (durch Verhandlungen mit Papst Leo XIII. beigelegt). Es bleiben jedoch das Aufsichtsrecht des Staates

über die kirchlichen Angelegenheiten, die staatliche Schulaufsicht, die Zivilehe und die Standesämter sowie der Ausschluß der Jesuiten in Geltung.

1873 Synodalordnung für die evangelische Kirche in Preußen.

1874 Einführung der bürgerlichen Eheschließung und der Standesämter in Preußen, 1875 im ganzen Reichsgebiet.

1874 **Gründung des Weltpostvereins.** Auf Anregung der deutschen Reichspostverwaltung (Staatssekretär v. Stephan) einigen sich die europäischen und die meisten außereuropäischen Staaten auf dem Kongreß in Bern über gemeinsame, dem Verkehr günstige Grundsätze der Postverwaltung.

Infolge starker Zunahme der Fabrikarbeit, niedriger Löhne, schlechter Wohnverhältnisse der Arbeiter finden die sozialistischen Theorien von **Karl Marx** bei der Arbeiterschaft immer stärkeren Widerhall und drohen das junge, nach außen durch ein kunstvolles Vertragssystem weitgehend gesicherte Deutsche Reich von innen her aufzulösen. Bismarck versucht, gegen diese Bewegung die Machtmittel des Staates einzusetzen und ihr gleichzeitig durch Abstellung der schlimmsten sozialen Mißstände das Wasser abzugraben. Vereinigung der Anhänger von Marx (1869 Gründung der Sozialdemokratischen Arbeiterpartei in Eisenach durch Liebknecht und Bebel) und Lassalle (nicht international) in
1875 Gotha zur **„Sozialistischen Arbeiterpartei Deutschlands".** Das Gothaer Programm fordert die sozialistische Umgestaltung von Staat und Gesellschaft. Die marxistische Richtung wird führend in der deutschen Arbeiterbewegung.

1878 Über die Bestimmungen des **Berliner Kongresses,** auf dem Bismarck nach dem russisch-türkischen Krieg vermittelt, vgl. S. 181.

Gesetz gegen Ausschreitungen der Sozialdemokratie (Attentatsversuche gegen Kaiser Wilhelm).

1881 Großzügige, in dieser Zeit für Europa vorbildliche **soziale Gesetzgebung** (1883–1889: Kranken-, Unfall-, Invaliden- und Altersversicherung; 1911 Angestellten-, 1927 Arbeitslosenversicherung). Diese Bemühungen schlagen fehl, da die Klassengegensätze – auch durch Schuld kapitalistischer Kreise – schon zu tief geworden sind und die Verwurzelung in religiös-sittlichen Ordnungen sich überall lockert.

1879 Gleiche Justizgesetze für das ganze Deutsche Reich (Gerichtsverfassung, Zivil-, Strafprozeß). Oberstes Reichsgericht in Leipzig. Neuer Zolltarif in Deutschland.

1879 **Defensivbündnis Deutschlands mit Österreich-Ungarn** (Zweibund), durch Beitritt **Italiens** (1882) zum **Dreibund** erweitert.

1883 **Bündnis mit Rumänien.** Gleichzeitig österreichisch-rumänische Militärkonvention.

1884 Erneute Dreikaiserzusammenkunft in Skierniewice (Kaiser Wilhelm I., Kaiser Franz Joseph I. v. Österreich und Zar Alexander III. v. Rußland). Russisch-österreichischer Ge-

1887 gensatz bleibt bestehen. Daher **„Rückversicherungsvertrag"** Deutschlands mit Rußland (wegen der Gefahr, durch Österreichs Balkaninteressen in einen Krieg hineingezogen zu werden). Wird eine der beiden Mächte von einer dritten angegriffen, so soll die andere wohlwollende Neutralität bewahren. Zugleich fördert Bismarck den zum Schutz der Türkei gegen Rußland gerichteten Orientdreibund (Österreich–Italien–England), wodurch die Gefährdung des Reiches in den Mächtegegensätzen deutlich wird. Beginn deutscher Kolonialpolitik, bestimmt durch Verschlechterung des Verhältnisses zu Frankreich.

1884 –1885 **Gründung deutscher Kolonien (Schutzgebiete) in Südwestafrika, Togo, Kamerun** (Gustav Nachtigal), in **Ostafrika** (H. v. Wißmann, Karl Peters) und im Pazifik.

1886 Ansiedlungsgesetz für die Provinzen Posen und Westpreußen zur Stärkung des Deutschtums (erneuert und ergänzt 1898, 1902, 1913) mit Einführung eines beschränkten staatlichen Enteignungsrechts bleibt ohne den gewünschten Erfolg, belastet aber das Verhältnis der Polen zum preußischen Staat entscheidend.

Die **bulgarische Krise** (Einsetzung Ferdinands v. Sachsen-Coburg-Gotha-Koháry) wird zu einem Gefahrenherd auf dem Balkan.

1888 Landwehr- und Landsturmgesetz, veranlaßt durch Kriegsrüstungen in Frankreich und Rußland.

9. März **Tod Kaiser Wilhelms I.** Nachfolger wird sein schon vom Tod gezeichneter Sohn, **Friedrich III.** (vermählt mit Viktoria, Tochter der Königin Viktoria v. England). Regierung nur 99 Tage.

15. Juni **Tod Kaiser Friedrichs.** Dadurch fällt in der Regierung des Deutschen Reiches eine ganze Generation der vorwiegend liberalen Richtung aus; es folgt Friedrichs Sohn

1888–1918 **Wilhelm II.** (gest. 1941).

1888 Die **österreichisch-ungarische Donaumonarchie,** von Bismarck gestützt, gerät durch das Erstarken der Slawen in gefährliche Krisen, die die Außenpolitik auf dem Balkan gegenüber Rußland belasten.

1890 Europäische Arbeiterschutzkonferenz in Berlin über allgemeine Maßnahmen zur Verbesserung der Lage des Arbeiterstandes.

20. März Rücktritt des Fürsten Bismarck (gest. 1898) von seinen Ämtern als Reichskanzler und preußischer Ministerpräsident wegen sachlicher und persönlicher Differenzen mit dem Kaiser.

d) Großbritannien

Englands Hauptinteresse liegt in der Erhaltung und Erweiterung seines Kolonialreiches. Politischer und wirtschaftlicher Liberalismus (Beispiel Gladstone: Finanzpolitik und innere Reformen; Heeresreform unter dem Eindruck des deutschen Sieges von 1870/71; Ministerpräsident 1868–1874, 1880–1885, 1886, 1892–1894).

1867 Zweite Parlamentsreform. Erweiterung des Wahlrechts (S. 191). **Disraeli,** bedeutendster Staatsmann des britischen Imperialismus, gegen Frankreich und Rußland eingestellt; Ministerpräsident (Tory) 1868, 1874–1880.

1869 Durch die Eröffnung des Sueskanals wird der Seeweg nach Indien erheblich verkürzt. Ankauf von Sueskanalaktien 1875; steigender Einfluß in Ägypten.

1877 Königin Viktoria nimmt den Titel Kaiserin v. Indien an. Erweiterung des Besitzes in **Südafrika.** Die **Republik Transvaal,** 1848 von holländischen Buren gegründet, wird dem englischen Kolonialgebiet einverleibt.

1878 England nimmt **Cypern** in Verwaltung.

1880/81 Erhebung der Buren gegen die englische Herrschaft. Republik Transvaal wiederhergestellt (Gladstones antiimperialistische Politik). Aufstand des **Mahdi** im Sudan 1883/85.

1882 Ägypten englischer Schutzstaat. Frankreichs früherer Einfluß geht verloren.

1884 Erwerb Britisch-Neuguineas, der Somaliküste und Nigerias. Soziale Konsolidierung abgeschlossen.

1886 Völlige Unterwerfung von Burma in Hinterindien.

1889 Vertrag mit Deutschland und den Vereinigten Staaten über die Samoainseln.

1890 Vertrag mit Deutschland über Ostafrika.

1889/90 Vertrag mit Frankreich über Westafrika. England behält Nigeria bis zum Tschadsee. Spannung mit Frankreich wegen der politischen und wirtschaftlichen Durchdringung Afrikas. In Südafrika weiteres englisches Vordringen unter Leitung von **Cecil Rhodes** (Rhodesia), dem sich die Burenrepubliken widersetzen.

In England Bildung von Gewerkschaften nach dem Muster der Amalgamated Society of Engineers (1851). Wahlrecht für die städtischen Arbeiter 1867 von Disraeli als Gegengewicht gegen die liberale Kaufmannschaft gewährt. Die Reformtätigkeit (Schul-, Rechtswesen; Arbeitslosenproblem) zeigt die steigende Bedeutung der unteren Schichten. Technische Erfindungen und Verbesserungen setzen die „Industrielle Revolution" fort und eröffnen ein neues „Zeitalter des Stahls" (1856 Bessemerprozeß); britische Telegraphenindustrie revolutioniert Überseehandel und Börse (1866 Kabel zwischen England und Amerika, 1870 England–Britisch-Indien). Übergang zu Großbetrieben modernsten Stils aber erst nach 1885 (Umwandlung der Privatbetriebe in Aktiengesellschaften). Erwachen der Kritik am wirtschaftlichen Individualismus (Bentham, Carlyle, J. St. Mill, Henry George. Marx ohne Einfluß in England!).

6. Der Imperialismus der Großmächte von 1890 bis 1914

Nach dem Rücktritt Bismarcks deutsch-russische Spannung wegen Nichterneuerung des Rückversicherungsvertrags. Die deutsche Kolonialpolitik und die unnachgiebige Haltung in der Flottenfrage schaffen Gegensätze zu England, das sich mit Frankreich und Rußland verständigt und eine Abgrenzung der kolonialen Interessensphären vornimmt. Die französischen Revanchewünsche treffen sich mit den panslawistischen, gegen Österreich-Ungarn gerichteten Bestrebungen Rußlands. Damit wird die bisherige Mächtegruppierung in einen konservativen Ost- und einen fortschrittlichen Westblock endgültig bedeutungslos, und die neue europäische Konstellation (Gruppe der Mittelmächte – Gruppe der Randstaaten), in der historische und machtpolitische Interessengegensätze bestimmend sind, beginnt sich abzuzeichnen. Wirtschaftliche und politische Interessen verknüpfen sich bei dem Wettlauf um die Aufteilung der Welt. Der Nationalismus übersteigert sich und führt zu verstärktem Egoismus, Mißtrauen und Rüstungswettbewerb der Mächte. Neben den europäischen Großmächten treten die Vereinigten Staaten von Amerika und Japan in die Weltpolitik ein.

a) Das Deutsche Reich

1890 Der **Rückversicherungsvertrag mit Rußland** wird auf Betreiben des Vortragenden Rates **v. Holstein** („Graue Eminenz", 1906 entlassen), der im Auswärtigen Amt von großem Einfluß ist, **nicht erneuert** (S. 189). Folgen: Militärkonvention und Bündnis zwischen Frankreich und Rußland. Ende des Bismarckischen Systems. Nachfolger Bismarcks: **General v. Caprivi,** 1890–1894, **Fürst Hohenlohe-Schillingsfürst,** 1894–1900, **Fürst Bülow,** 1900–1909. Europapolitik im Zeichen des Drei- und Zweibundes. Grenzregulierung in Ostafrika zwischen Deutschland und England: Somaliland, Uganda, Sansibar an England, die Insel Helgoland an Deutschland. In China Kiautschou 1898 deutsch (bis 1914).

1895 Eröffnung des Kaiser-Wilhelm-Kanals zwischen Nord- und Ostsee. Krüger-Depesche Wilhelms II. verstimmt England. 1897 Tirpitz Staatssekretär des Reichsmarineamts.

1898 Erstes, 1900 zweites Flottengesetz zur Verstärkung der deutschen Kriegsflotte (zum Schutz der Kolonien).

1898 u. 1901 Bündnisverhandlungen zwischen England und Deutschland zerschlagen sich, da Deutschland seine Flotte nicht wesentlich einschränken will.

1899 Deutschland sichert sich die Konzessionen für den Bau der Bagdadbahn, wodurch England den Landweg nach Indien bedroht sieht. Folgen: Englisch-japanisches Bündnis (1902), englisch-französischer Ausgleich über Marokko (1904), schließlich englisch-russische Einigung (1907).

1905–1906 Bei dem Versuch, zum Schutz eigener Handelsinteressen in **Marokko** die französische Politik zu durchkreuzen, erleidet Deutschland durch die geschlossene Gegnerschaft der Großmächte eine schwere diplomatische Niederlage (Konferenz von Algeciras, S. 195).

1909–1917 Reichskanzler v. Bethmann Hollweg.

1909 Erneute Zusammenkunft Kaiser Wilhelms II. mit Kaiser Nikolaus II. bei Fredrikshamn in den finnischen Schären (zuvor 1905, 1907). Besprechung von Fragen über den Balkan, Nordpersien, Bau der Bagdadbahn.

1910 Weitere Besprechungen in Potsdam.

1911 Abkommen mit Frankreich über Marokko und Äquatorialafrika nach der zweiten Marokkokrise (S. 195f.).

1912 Besprechungen zwischen Reichskanzler v. Bethmann Hollweg und dem englischen Kriegsminister Haldane scheitern wiederum an der Flottenfrage und der englischen Verweigerung einer Neutralitätserklärung.
In den Reichstagswahlen haben die Sozialdemokraten ihre Mandate verdoppelt und sind zur stärksten Partei geworden (110 Abgeordnete).

1913 Erhöhung der Friedensstärke des deutschen Heeres auf 780000 Mann.
Zum Ausbruch des Ersten Weltkrieges vgl. S. 194, 207.

Gegen Ende des Jhs. macht sich, wie überall in der Welt, auch in Deutschland eine zunehmende **Konzentration der wirtschaftlichen Kräfte** unter Förderung durch den Staat bemerkbar: Übergang vom Großbetrieb zur Konzern- und Kartellbindung (Zusammenschluß ganzer Wirtschaftsgruppen wie 1893 Ruhrkohlensyndikat, 1904 Stahlwerkverband). Steigerung der deutschen Kohlenproduktion von 89 auf 267 Mill. t zwischen 1890 und 1913 und der Roheisengewinnung von 4,7 auf 19,3 Mill. t.

b) Österreich-Ungarn

Das Schicksal Österreich-Ungarns wird vorwiegend durch sein Nationalitätenproblem bestimmt. In Ungarn ist es der magyarisch-slawische Gegensatz, der die Serben und Kroaten nach 1900 immer mehr zu einer jugoslawischen Gemeinsamkeit gegen Ungarn verbindet. In der österreichischen Reichshälfte ist die böhmische Frage am wichtigsten; Ausgleichsversuche scheitern an der wechselseitigen nationalen Obstruktion der Deutschen und Böhmen in Reichsrat und Landtag. Andere völkische Spannungsursachen sind die italienischen Autonomiebestrebungen in Südtirol und Triest sowie der polnisch-ruthenische Gegensatz in Galizien. Außenpolitisch verschlechtert sich das Verhältnis zu Rußland wegen der sich kreuzenden Balkaninteressen und Österreichs Verhalten während des Krimkrieges (S. 177). Das österreichisch-russische Verhältnis belastet trotz der Bündnissysteme auch die deutsche Außenpolitik.

1878 Ein Aufstand in Bosnien (1876) gegen die Türkei führt mit Rußlands Zustimmung zur Besetzung Bosniens, der Herzegowina und des Sandschak Novipazar (1879) durch österreichisch-ungarische Truppen.

1879 Verteidigungsbündnis mit dem Deutschen Reich gegen Rußland (S. 189) von dem ungarischen Grafen Andrássy abgeschlossen, 1882 zum Dreibund erweitert.

1881 Neutralitätsabkommen mit Deutschland und Rußland.

1889 begeht Kronprinz Rudolf Selbstmord. Thronfolger Erzherzog Franz Ferdinand, Neffe des Kaisers. 1898 Ermordung der Kaiserin Elisabeth in Genf durch italienische Anarchisten.

1903 Zusammenkunft Kaiser Franz Josephs mit Kaiser Nikolaus II. in Mürzsteg: Vereinbarung über die mazedonische Frage (türkische Verwaltungsreform in Mazedonien erzwungen): Erhaltung des Status quo auf dem Balkan.

1905 Mährischer Ausgleich: vorbildliche Regelung der Sprachen- und Nationalitätenfrage in Mähren (gerechte Behandlung der jeweiligen Minderheiten).

1906 Einführung des allgemeinen, gleichen, direkten und geheimen Wahlrechts in der österreichischen Reichshälfte. In Ungarn bleibt das Zensuswahlrecht.

1908 Begegnung Eduards VII. v. England mit Kaiser Franz Joseph in Ischl. Sein Versuch, Österreich von Deutschland zu trennen, mißlingt.
Annexion Bosniens und der Herzegowina durch Österreich-Ungarn nach 30jähriger Verwaltung. Der Sandschak Novipazar den Türken als Entschädigung zurückgegeben. Starke Erregung in England, Rußland und Serbien gegen Österreich. Erneuerung des Dreibunds 1912.

1914 28. Juni. **Ermordung des österreichischen Thronfolgers Franz Ferdinand durch großserbische Nationalisten.** Der Ermordete bildete durch seine Absichten, den Slawen innerhalb Österreich-Ungarns, ähnlich den Ungarn, Autonomie zu geben, eine Gefahr für die panslawistischen Pläne (Trialismus). **Ausbruch des Ersten Weltkriegs** (S. 207).

c) Großbritannien

1898 Weihaiwei durch Pachtvertrag mit China englisch.

1898 Kitchener erobert den Sudan zurück (Faschoda). Frankreich weicht vor der englischen Macht. Der britische Imperialismus in Südafrika führt zum zweiten

1899–1902 Burenkrieg. Die Burenstaaten werden aufgehoben und dem britischen Südafrika einverleibt. Den Buren wird Selbstverwaltung versprochen.

1901 Die englischen Kolonien in Australien zum Commonwealth of Australia vereinigt (englisches Dominion). Erfolglose Kämpfe Irlands um Selbstregierung (Homerule). Gründung der Labour Party (27. Febr.).

1901–1910 Eduard VII. König. Er bemüht sich, nach dem Scheitern der englisch-deutschen Bündnisverhandlungen alle Gegensätze zu Frankreich (Afrika) und Rußland (Persien) auszugleichen und eine Neuorientierung der englischen Außenpolitik unter Verzicht auf die bisherige „splendid isolation“ herbeizuführen.

1902 **Bündnis zwischen England und Japan.**

1904 **Englisch-französische „Entente cordiale“** über Marokko, Siam, Neufundland und Ägypten. 1905 Konservative durch Liberale abgelöst (Außenminister Grey bis 1916).

1907 **Englisch-russisches Abkommen** über Persien, Afghanistan, Tibet. England erreicht Sicherung der indischen Grenze; Rußland erhofft Unterstützung in der Meerengenfrage.

1910–1936 Georg V. König.
1911 Englisch-amerikanischer Schiedsvertrag. Alle Streitigkeiten zwischen beiden Mächten sollen schiedsgerichtlich erledigt werden.
1913 –1914 Vorlage für Einführung der Homerule in Irland mehrmals vom Unterhaus angenommen, vom Oberhaus abgelehnt; Inkrafttreten bis nach dem Krieg verschoben; innenpolitische Krisen, Aufstände in Irland (1914).
Über Englands Teilnahme am Weltkrieg s. S. 207.

d) Frankreich

Frankreich versucht, seinen Kolonialbesitz in Afrika im Wettbewerb mit England zu erweitern und abzurunden.

1891 Französischer Flottenbesuch in Kronstadt bereitet die russisch-französische Militärkonvention gegen den Dreibund 1892 vor.
1894 Dreyfuß-Affäre (1906 Freispruch und Rehabilitierung) erregt die politischen Leidenschaften.
1895–1899 Präsident Faure.
1898 Major Marchand versucht, am Kongo vordringend, **Faschoda** zu besetzen, wird aber durch Kriegsdrohung Englands zum Rückzug genötigt.
1899 Englisch-französischer Vertrag über den Sudan. Die Hoffnungen auf Vereinigung der französischen Besitzungen in Westafrika mit denen am Roten Meer vereitelt.
1899–1906 Präsident Loubet.
1904 **„Entente cordiale" mit England** (S. 194). England räumt den Franzosen Marokko ein. Widerspruch Deutschlands. Reise Kaiser Wilhelms II. nach Tanger (1905).
1905–1906 Erste Marokkokrise. Auf der **Konferenz von Algeciras** bleibt Deutschland isoliert. Frankreich setzt mit Unterstützung Englands, Rußlands und Italiens die Anerkennung seiner Vormachtstellung in Marokko durch. 1905 Gesetz über die Trennung von Kirche und Staat.
1906–1913 Präsident Fallières.
1908 **Bosnische Krise.** Die Entente schließt sich gegenüber Deutschland und Österreich zusammen.
1911 Unruhen in Marokko. Frankreich greift ein und tritt als Herr des Landes auf. Daraufhin Entsendung des deutschen Kanonenbootes „Panther" als Protestaktion.
Zweite Marokkokrise. Nach langen Verhandlungen **Marokkoabkommen** zwischen **Deutschland** und **Frankreich.** Deutschland verzichtet auf jeden Landerwerb im Scherifenreich

(Sûs-Provinz), nachdem seine wirtschaftlichen Interessen sichergestellt sind. Frankreich übernimmt das Protektorat in Marokko und tritt einen Teil von Äquatorialafrika im Süden und Osten von Kamerun an Deutschland ab. Stärkung des französischen Nationalismus. Revanchegedanke.

1912 **Poincaré,** Ministerpräsident und Minister des Auswärtigen. Besuch in St. Petersburg. Französisch-russische Marinekonvention, englisch-französische Flottenkonvention.

1913–1920 Poincaré Präsident der Republik. Delcassé Botschafter in St. Petersburg. Verstärkung des Heeres durch Wiedereinführung der dreijährigen Dienstzeit.

1914 Weitere Besprechungen Poincarés in St. Petersburg.

e) Rußland

Rußland gerät durch innere politische und soziale Unruhen und äußere Niederlagen auf den Weg der Revolution.

1894–1917 Nikolaus II. verbessert die Beziehungen zu Deutschland und Österreich (Balkanabkommen) und regt 1899 die 1. internationale Friedenskonferenz im Haag an.

1898 Besetzung von Port Arthur. Spannungen mit Japan wegen Koreas.

1900 Tibet unter russischem Schutz, Besetzung der Mandschurei vollendet.

1903 Spaltung der Sozialdemokratischen Arbeiterpartei Rußlands in die unter **Lenins** Führung stehende Mehrheit der **Bolschewisten** und die gemäßigtere Minderheit der Menschewisten.

1904–1905 Russisch-japanischer Krieg wegen der beiderseitigen Ansprüche auf Korea und die Mandschurei. Die Japaner gewinnen die **Festung Port Arthur,** siegen bei **Mukden** und zur See bei der Insel **Tsuschima. Friede von Portsmouth; Japan erhält Port Arthur,** die **Südhälfte der Insel Sachalin** und die **Schutzherrschaft über Korea.** Die **Mandschurei an China zurückgegeben** (endgültiger Ausgleich 1912). Erster entscheidender Sieg einer asiatischen Macht über eine europäische Großmacht. Rußland wendet sich aktiver Balkanpolitik zu.

1905 Die infolge des Versagens der Reichs- und Heeresverwaltung im russisch-japanischen Krieg aufflammenden **revolutionären Bewegungen** (Kreuzer Potemkin) erzwingen die Erlasse vom 30. Okt., die Freiheit der Presse, Versammlungsrecht, Schutz gegen Polizeiwillkür u. a. gewährleisten

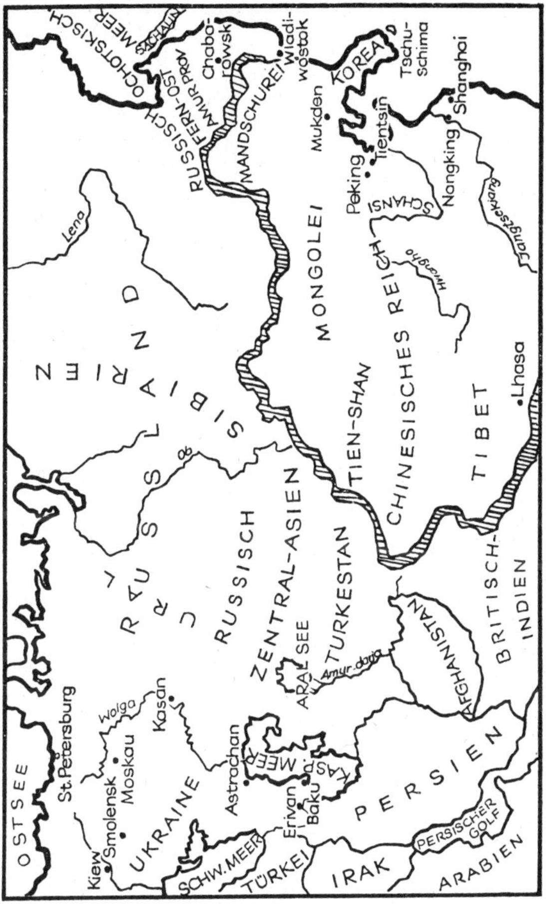

Rußland und China Ende des 19. Jhs.

sollen. Es gelingt noch einmal, die Revolution niederzuhalten. Ihre Führer Lenin, Trotzki, Stalin u.a. nach Sibirien verbannt.

1906 **Verfassung.** Reichsrat und Duma. Nach Auflösung der 1. und 2. Duma tritt 1907 nach voraufgegangener Änderung des Wahlrechts die 3. Duma zusammen. Opposition in der Minderheit. Reformen unter Stolypin (1906–1911): Umwandlung des Gemeindebesitzes in bäuerliches Einzeleigentum.

1907 **Russisch-englischer Ausgleich** über Asien. Nordpersien ist russische, Südpersien englische Einflußsphäre. – Rasputins verhängnisvoller Einfluß am Zarenhof.

1909 Verschärfte Russifizierung Finnlands, das seit 1809 durch Personalunion mit Rußland verbunden ist.

1912 Russisch-französische Marinekonvention. Steigender russischer Einfluß auf dem Balkan.

1913 Rußland erkennt die chinesische Oberhoheit über die Mongolei an, deren Verwaltung jedoch unabhängig bleibt.

1917 Streiks in Petrograd als Vorboten der Revolution.

f) Der Balkan

Infolge der zunehmenden Schwäche der Türkei, des wachsenden Imperialismus der Großmächte und der nationalen Tendenzen der kleinen Völker bleibt der Balkan ein Gefahrenherd.

1881 **Rumänien Königreich** (seit 1878 unabhängig). König Carol I. schließt 1883 ein **Bündnis mit Deutschland und Österreich-Ungarn.** Er erwirbt einen Teil der Dobrudscha mit Silistria. Die Schwäche der Türkei dient in den folgenden Jahren den Großmächten und Balkanstaaten dazu, ihre eigenen Vorteile auszunutzen.

In **Serbien** nimmt Fürst Milan IV. 1882 den Königstitel an. Nach der Ermordung von König Alexander I. folgt König Peter I. (1903–1921). Nach der diplomatischen Niederlage Serbiens in der bosnischen Krise (1909) Besuch des Königs bei Kaiser Nikolaus II. in St. Petersburg. Wachsende Nationalbewegung für Zusammenschluß der Südslawen in der Donaumonarchie und in Serbien.

1910–1918 **Montenegro Königreich.** Nach dem Befreiungskrieg gegen die Türkei Anerkennung der Selbständigkeit (1878).

1879 In **Bulgarien** (der Türkei tributpflichtig) Alexander v. Battenberg zum Fürsten gewählt. 1885 Ostrumelien mit Bulgarien vereinigt. Anlaß zum Krieg mit Serbien (1885 bis

1886). Russisch inspirierte Militärrevolte zwingt Alexander zur Abdankung; der Status quo wiederhergestellt.

1908 **Bulgarien unabhängiges Zarentum** (Ferdinand I. v. Sachsen-Coburg-Gotha-Koháry, 1887–1918). Annexion Ostrumeliens.

1912–1913 **1. Balkankrieg.** Auf russische Initiative Bündnis Bulgariens, Serbiens, Montenegros und Griechenlands gegen die Türkei, angeblich, um der Mißwirtschaft in Mazedonien ein Ende zu machen, in Wahrheit, um russischen Einfluß am Bosporus durch Aufteilung der europäischen Türkei unter die Balkanvölker zu gewinnen. Die Türken überall zurückgeschlagen. Saloniki und Adrianopel fallen in die Hände der Sieger. König Georg I. v. Griechenland wird in Saloniki ermordet. Die Griechen besetzen eine Reihe von Inseln im Ägäischen Meer. **Friedenskonferenz in London** (20. bis 30. Mai 1913): **Die Türkei tritt alles Gebiet nordwestlich der Linie Enos–Midye mit Adrianopel und Kreta an die Verbündeten ab.**

1913 **2. Balkankrieg** (29. Juni – 30. Juli). Serbien, Griechenland, Rumänien gegen Bulgarien um die Verteilung der Beute. Zurückhaltung der Großmächte, deren Absichten aber sichtbar werden. Die Türken nehmen Adrianopel wieder (Enver Pascha). **Friede** zwischen Bulgarien und Rumänien in **Bukarest.** (10. Aug.): **Bulgarien** tritt einen Teil der Dobrudscha mit Silistria ab. **Griechenland** erhält Kreta, fast ganz Epirus und Teile Mazedoniens mit Saloniki, Seres, Drama und Kawala. An **Serbien** fallen Monastir, Istib, Üsküb, Prischtina, Doiran u. a., an **Bulgarien** die Gebiete von Strumitza, Melnik, Xanthi und Dedeagatsch. Auch **Montenegro** erhält einen Gebietszuwachs. – Im **Frieden von Konstantinopel** (29. Sept.) gibt **Bulgarien** Dimotika, Adrianopel und Kirkilisse an die **Türkei** zurück. Die Frage über den Besitz der früher türkischen Inseln soll von den Großmächten geregelt werden. Neugeschaffen wird das **Fürstentum Albanien** (Loslösung von der Türkei 1912; Prinz Wilhelm zu Wied 1914), Hauptstadt Durazzo.

Griechenland, 1863–1913 unter König Georg I., erhält
1881 Thessalien und einen kleinen Teil von Epirus.
1896 1. Olympische Spiele (P. de Coubertin).
1897 Krieg Griechenlands gegen die Türkei um Kreta. Die Griechen werden geschlagen. Kreta erhält auf Verlangen der Großmächte selbständige Verwaltung unter türkischer Oberhoheit (1908 mit Griechenland vereinigt).

1910 Der bisherige kretische Ministerpräsident Venizelos leitender Minister in Athen (1911 Verfassungsreform).
1913–1917 Konstantin I., König v. Griechenland.

Die **Türkei,** seit 1878 in ihrem europäischen Bestand sehr eingeschränkt, hat immer wieder mit Empörungen ihrer christlichen Untertanen zu kämpfen. Unabhängigkeitsstreben der Völker (Serbien, Montenegro, Rumänien unabhängig 1878).

1908 Durch **Aufstand** der **Nationalisten** oder **Jungtürken** wird von Sultan Abdul Hamid II. (1876–1909) eine **Verfassung** erzwungen; jedoch ist der Niedergang nicht aufzuhalten. Infolge der inneren Schwäche aggressive Politik der Großmächte und der Balkanstaaten. **Bosnien,** die **Herzegowina** und **Ostrumelien** verloren. Novipazar wiedergewonnen (S. 194).

1909 Sultan Abdul Hamid abgesetzt. Ihm folgt sein Bruder Mehmed V. (bis 1918).

1911–1912 Türkisch-italienischer Krieg s. S. 202. Über die Balkankriege s. S. 199.

1913 Deutsch-türkische Militärkonvention; 1914 Geheimbündnis mit Deutschland.

g) Die europäischen Friedenszonen

Eine Reihe von kleinen Staaten versucht, sich aus den Interessengegensätzen und Konflikten der Großmächte herauszuhalten.

Skandinavien

In **Dänemark** lange Zeit Zwiespalt zwischen Regierung und Volksvertretung. 1903 neue Verfassung für Island, das sich mehr und mehr selbständig macht (1918 selbständiger Staat in Personalunion mit Dänemark).

Norwegen, seit 1380 mit **Dänemark** vereinigt, seit 1814 mit **Schweden** durch Personalunion verbunden, **sagt sich**
1905 **los.** Prinz Karl v. Dänemark nennt sich als König v. Norwegen **Haakon VII.** (vermählt mit der Tochter Eduards VII. v. England). Fortschrittliche Verfassungsentwicklung.

Schweden (1866 Zweikammersystem) sucht unter Oskar II. (1872–1907) Anlehnung an Deutschland. Verstärkung von Heer und Flotte zum Schutz gegen Rußland. Neutralitätspolitik Gustavs V. (1907–1950).

Der westliche Sicherheitsgürtel

Im Königreich der **Niederlande** folgt auf König Wilhelm III.
1890 Königin Wilhelmina (bis 1948); dadurch Aufhebung der Personalunion und Loslösung Luxemburgs von den Niederlanden (S. 184).
1899 Gründung des **Haager Schiedsgerichtshofes** zur Beilegung internationaler Streitigkeiten.

Belgien unter Leopold II. (1865–1909) in günstiger Entwicklung als Industriestaat, doch nicht ohne Parteikämpfe und Arbeiterunruhen. Daneben Spannung zwischen Flamen
1908 und Wallonen. Der bis dahin neutrale Kongostaat (1885 errichtet) wird vom Königreich Belgien als belgische Kolonie übernommen. 1909–1934 König Albert I. 1913 Heeresreform.

Das **Großherzogtum Luxemburg,** dessen Neutralität von allen Großmächten garantiert wurde (1867), seit 1842 im Deutschen Zollverein, kommt 1890 an Adolf, den ehemaligen Herzog v. Nassau. Ihm folgt (1905–1912) sein Sohn Wilhelm IV. als letzter männlicher erbberechtigter Oranier, dann bis 1919 die Großherzogin Marie Adelheid.

Die **Schweiz,** 1848 aus einem Staatenbund in einen Bundesstaat (mit Präsident) umgewandelt, wird zum Hort liberaler Bestrebungen in Europa.
1864 **Genfer Konvention** (internationale Übereinkunft zur Humanisierung der Kriegführung; 1906 erneuert).

h) Südeuropa

1878–1900 König Humbert I. v. Italien. Der koloniale Gegensatz zu Frankreich führt Italien zum **Bündnis mit Deutschland und Österreich-Ungarn** (1882), das sich durch österreichisch-italienische Gegensätze allmählich lockert (1912 zum letzten Mal erneuert).

Der aufstrebende italienische Staat drängt nach kolonialer Machterweiterung in Nordafrika.
1885 Italien nimmt den Hafen Massaua am Roten Meer in Besitz. Erweiterung im Krieg gegen den Negus von Abessinien zur Kolonie **Eritrea;** 1889 italienisches Protektorat über einen Teil von Somaliland.
1896 Unterwerfung Abessiniens (Adua) fehlgeschlagen.

1900–1944 Viktor Emanuel III. König v. Italien.
1900 Italienisch-französisches Abkommen über Marokko und Tripolis. Frankreich erklärt sich mit der geplanten Besetzung von Tripolis durch Italien einverstanden.
1909 Zusammenkunft Viktor Emanuels mit Zar Nikolaus II. bei Turin. Der Zar stimmt der italienischen Expedition gegen Tripolis zu, Italien der Öffnung der Dardanellen für Ruß-
1911 land. Durch die Annexion von Tripolis und Cyrenaika entsteht der
1911–1912 Krieg Italiens gegen die Türkei. Im Frieden von Lausanne tritt der Sultan **Tripolis** und die **Cyrenaika an Italien** ab, das dadurch seine Macht in Nordafrika wesentlich erweitert.

In **Spanien** wird nach dem Rücktritt des Prinzen Leopold v. Hohenzollern-Sigmaringen der Sohn König Viktor Emanuels II. v. Italien als Amadeo I. (1870–1873) von den Cortes zum König gewählt. Nach seiner Abdankung Bürgerkrieg. König Alfons XII. (1875–1885), Sohn Königin Isabellas II., bringt dem Land endlich Frieden.

1898 **Krieg mit den Vereinigten Staaten** um die Erhaltung des Kolonialbesitzes in Südamerika. Im Frieden von Paris tritt Spanien **Cuba, Puerto Rico, Guam** und die **Philippinen** gegen eine Geldentschädigung an die Union ab.

1899 **An Deutschland** werden gegen eine Geldentschädigung überlassen: **Marianen, Karolinen** und **Palauinseln.** Spanien behält von seinem alten Kolonialbesitz nur noch die Kanarischen Inseln, Spanisch-Guinea, die Küste von Río de Oro und die fünf Presidios an der Küste von Marokko. Unter Alfons XIII. (1902–1931) Marokkoabkommen (1904) und
1909 erfolgreicher Krieg gegen die Rifkabylen in Marokko. Reibereien mit den Franzosen in Marokko werden zum Ab-
1912 schluß gebracht durch den Vertrag von Madrid. Tetuan Sitz des spanischen Generalresidenten.

Portugal kommt langsam zu Ruhe und Frieden unter den Königen aus dem Hause Sachsen-Coburg-Gotha (seit 1853). Ausdehnung des afrikanischen Kolonialbesitzes in das Hinterland. Infolge Verschlechterung der finanziellen Lage kommt es zu Unruhen. Manuel II. 1910 gestürzt.
1911 **Portugal als Republik** von den Mächten anerkannt.
1914 Allen Kolonien eine partielle Autonomie zuerkannt.

i) Aufstieg der USA und Japans zur Weltmacht

Die USA

1848 werden Texas, Neumexiko und Kalifornien von den USA einverleibt. Erste Goldfunde in Kalifornien. Wachsende Volkszahl durch Einwanderung aus Europa. Die gegensätzliche Entwicklung in den Nordstaaten (Industrie, Farmwirtschaft) und den Südstaaten (Pflanzeraristokratie, Großplantagen, Negersklaven) führt zur Sezession (Abfall) der elf Südstaaten, ausgelöst durch den Streit um die Sklavenfrage. Präsident Abraham **Lincoln** (1861–1865, ermordet) von den Gegnern der Sklaverei (Abolitionisten) gewählt.

1861–1865 Der **Sezessionskrieg** endet mit der Kapitulation der Südstaatenarmee bei Appomattox Court House. Der Bestand der Union bleibt erhalten. Aufhebung der Sklaverei. Unter den folgenden Präsidenten Entfaltung von Handel, Wirtschaft und Industrie, Hochkapitalismus, Großkonzerne (Trusts). 1867 Erwerb Alaskas, 1869 Pazifikeisenbahn, 1881 Baubeginn des Panamakanals (1914 beendet). 1897 Ausgreifen nach Übersee (Hawaii-Inseln). 1898 Krieg gegen Spanien (S. 202): Eintritt in die Weltpolitik.

1901–1909 Präsident Theodore Roosevelt. Eingreifen in ostasiatische Fragen und in Südamerika. Innere Reformen (Antitrustgesetze, Bundeseinkommensteuer). Mit dem Ein-

1917 tritt der USA in den Ersten Weltkrieg (S. 211) verlagert sich das finanzielle Zentrum nach New York.

Japan

Nach vorgeschichtlichen Anfängen im 3. Jh. n. Chr. erste Beziehungen zu China. Gottkaisertum (Tenno; Mikado). 5. Jh. Einführung des Buddhismus. Übernahme der chinesischen Staatsorganisation (Taika-Reform 645); zentralistischer Beamtenstaat (Nara-Zeit 710–784). Um 850 Lehnsstaat mit zunehmendem Einfluß der Territorialherren (Daimios). Der Feudaladel entmachtet den Mikado: 1192 Einführung des Schogunats, bei dem die oberste militärische und zivile Gewalt liegt (seit 1603 erblich bei der Tokugawa-Sippe). Erste Berührung mit den Europäern (Portugiesen, S. 113). Abschließung gegen fremde Einflüsse (1639).

1854 Die Amerikaner erzwingen unter Commodore Perry die Öffnung mehrerer Häfen und den Abschluß eines Handelsvertrags. Japan dem Weltverkehr erschlossen. **Europäisie-**

rung und **Modernisierung.** Wiedereinsetzung des Mikado in seine alten Rechte; Abschaffung des Schogunats 1868. Unter Kaiser Mutsuhito (Meiji) Verfassung nach europäischem Vorbild; **Industrialisierung** des Landes.

1894/95 Siegreicher **Krieg gegen China;** Friede von Schimonoseki: Formosa und Pescadores an Japan. 1904/05 siegreicher Krieg gegen Rußland (S. 196). **Aufstieg** Japans **zur Großmacht;** Annexion Koreas 1910. Japan im Ersten Weltkrieg auf seiten der Alliierten.

k) China im Spannungsfeld der Großmächte

1368–1644 Nach Vertreibung der Mongolen (S. 69) nationalchinesische **Ming-Dynastie.** Residenz Peking. Einfälle tungusischer Stämme; Bürgerkriege.

1644–1911 Die **Mandschu,** von den Chinesen zu Hilfe gerufen, beherrschen ganz China. Bedeutendste Kaiser **K'ang-hi** (1662–1722) und **K'ien-lung** (1736–1796). Versuch der europäischen Mächte, China ihrem Handel zu erschließen (Opiumkrieg, S. 171); Erweiterung der asiatischen Besitzungen Rußlands (S. 180). China, durch innere Wirren geschwächt (Taipingaufstand 1850–1866), muß den „ungleichen Verträgen" zustimmen. Gegen den Einfluß der euro-

1900–1901 päischen Mächte sog. **Boxeraufstand,** von den Großmächten niedergeworfen. Beginnende Modernisierung Chinas.

1911 **Revolution der Jungchinesen unter Sun Yat-sen;** Sturz der Mandschu-Dynastie. **China Republik.**

l) Wirtschaftliche Entwicklung vor dem Ersten Weltkrieg

Wichtigstes Kennzeichen: rapider Aufstieg der Wirtschaft durch Expansion des europäischen und US-Kapitals sowie durch Steigerung des Güteraustausches innerhalb der kapitalistisch-marktmäßig aufgebauten Länder und zwischen diesen. Ein unbegrenzter Ausbau dieser Fortschrittsmöglichkeiten scheint realisierbar, findet jedoch durch die Katastrophe des Ersten Weltkriegs ein jähes Ende.

Erhebliche Steigerung der Nahrungsmittelernten in der Welt (Europa – abgesehen von Mais und Reis – führend), der landwirtschaftlich gewonnenen Industrierohstoffe (Vorherrschaft der USA in Baumwolle, Australiens und Südamerikas in Wolle), der Bergbaustoffe (Kohle von etwa 500 [1890] auf etwa 1500 Mill. t [1913], Erdöl von 12 auf 50 Mill. t, Eisen von 27 auf 80 Mill. t; auch hier – außer bei Kohle – Übergewicht schließlich in Amerika und

Asien). Die Steigerung des Außenhandels der wichtigsten Länder der Welt geht daraus hervor, daß der Wert der umgesetzten Güter von 1850 bis 1890 in jedem Jahrzehnt um rund 15 Mrd. Goldmark zunimmt, von 1890 bis 1900 aber um 25 und von 1900 bis 1910 schon um 50 Mrd. (fast 50% der Umsätze verteilen sich auf Großbritannien, Deutschland, die USA und Frankreich). Ausprägung des Industriestaats: in den meisten europäischen Ländern, wie auch in den USA, findet von 1890 bis 1910 eine Abwanderung der Landarbeiter in die Industrie statt. Dank der Produktionssteigerung durch die Weltmarktwirtschaft, die Beschäftigung und Nahrung für alle bietet, ist bis 1914 eine fast ungestörte Entwicklung der sozialen Verhältnisse zu verzeichnen.

VI. Neueste Geschichte

Die imperialistische Machtpolitik und die Überspannung nationalistischer Interessen, die bereits seit dem ausgehenden 19. Jh. zu einer sich ständig verschärfenden Krise geführt haben, lösen schließlich 1914 den Ersten Weltkrieg aus, der wiederum durch seinen Verlauf und besonders durch seine Folgeerscheinungen zur Keimzelle erneuter politischer Spannungen und offener Konflikte zwischen den Staaten wird.

Während sich Rußland, wo noch während des Krieges die bolschewistische Idee durch Revolution zur Macht gelangt, den zaristischen Staat zur UdSSR wandelnd, in den Nachkriegsjahren innerstaatlich wie auch industriell weiterentwickeln kann, führen die im Friedensvertrag von Versailles festgelegten Bestimmungen zu erheblichen Veränderungen im Gefüge der europäischen Staaten. So erhalten unter dem Druck wirtschaftlicher Not neue Ideologien von autoritärem Gepräge – insbesondere in Italien und Deutschland – Auftrieb und haben eine gefährliche Expansionspolitik – nicht nur in Europa, sondern auch in Asien – zur Folge.

Der nach dem Ersten Weltkrieg ins Leben gerufene Völkerbund kann sich nicht durchsetzen. Die rücksichtslose Politik der autoritären Mächte untergräbt schließlich das internationale Vertrauen vollständig und mündet 1939 in den Zweiten Weltkrieg, dessen katastrophale Folgen eine noch viel tiefergreifende Wandlung der gesamten politischen Weltsituation hervorrufen als die Auswirkungen des Ersten Weltkriegs. Europa verliert weiterhin an Bedeutung. Das politische Gewicht verschiebt sich zugunsten der USA und der UdSSR. Letztere bildet das Machtzentrum der östlichen, kommunistisch orientierten Welt, die durch die europäischen Satellitenstaaten und China einen erheblichen Machtzuwachs erhält, während die USA bestrebt sind, die westlichen Demokratien zusammenzuschließen.

Die unüberbrückbaren Gegensätze der Weltmächte hemmen auch die Arbeit der Vereinten Nationen, der Nachfolgeorganisation des Völkerbunds. So lebt die Menschheit um die Mitte des 20. Jhs. unter dem ständigen Druck der Furcht vor einem dritten Weltkrieg.

Die afro-asiatischen Staaten suchen außerhalb des Gegensatzes zwischen USA und UdSSR als „dritte Kraft" eine bündnisfreie Politik aufzunehmen, was aber nur teilweise gelingt. Der UdSSR ersteht in der Volksrepublik China als aufsteigender Großmacht ein Gegner, der die Führung im Weltkommunismus für sich beansprucht. Eine Folge dieser weltpolitischen Konstellation ist von Fall zu Fall ein Interessenausgleich zwischen den USA und der UdSSR, vor allem in der Frage der Weitergabe von Atomwaffen.

A. Der Erste Weltkrieg (1914–1918)

1. Ursachen, Anlaß und Ausbruch

Die Ursachen der großen europäischen Krise, die den Ersten Weltkrieg auslöst, sind vornehmlich in einem übersteigerten Nationalismus zu suchen, von dem Imperialismus, Chauvinismus, Alldeutschtum und Panslawismus nur besondere Formen sind, sowie in den allseitigen Bindungen an politische und militärische Paktsysteme. Nirgendwo will man den Krieg, aber überall rechnet man mit ihm.

1914 28. Juni **Der Mord am österreichischen Thronfolgerpaar** hat am 23. Juli ein auf 48 Stunden befristetes **Ultimatum Österreich-Ungarns** an Serbien zur Folge, das die Unterbindung der österreichfeindlichen Propaganda fordert und die Mitwirkung österreichischer Beamter bei der Untersuchung gegen die Täter in Serbien. Rußland, von dem Serbiens Entscheidung abhängt, trifft militärische Vorbereitungen, worauf Serbien das Ultimatum ausweichend beantwortet und mobilisiert. Da englische und deutsche Vermittlungs-

28. Juli versuche ohne Erfolg bleiben, **erklärt Österreich-Ungarn an Serbien den Krieg.** Dieser Kriegserklärung folgt am 30. Juli die von Kaiser Nikolaus II. angeordnete Vollmobilmachung in Rußland.

1. Aug. **Kriegserklärung des Deutschen Reiches an Rußland,** da dieses das auf 12 Stunden befristete Ultimatum, das die Einstellung der Kriegsmaßnahmen fordert, nicht beantwortet hat. Gleichzeitig wird Frankreich ein Ultimatum gestellt mit der Anfrage, ob es im Fall eines deutsch-russischen Krieges neutral bleiben werde. Frankreich mobilisiert noch am selben Tag.

2. Aug. Deutscher Einmarsch in Luxemburg und ultimative Forderung an Belgien, den Durchmarsch zu gestatten.

3. Aug. Kriegserklärung des Deutschen Reiches an Frankreich.

4. Aug. Der deutsche Einmarsch in Belgien veranlaßt **England** zur **Kriegserklärung an das Deutsche Reich.**

6.–12. Aug. Die Kriegserklärungen Österreich-Ungarns an Rußland, Serbiens an Deutschland, Frankreichs und Englands an Österreich-Ungarn schließen sich an.

Die Kampfhandlungen – ausgelöst auf dem Balkan – greifen bald auf den ganzen Kontinent über, dehnen sich auf alle deutschen Kolonien und auf die Meere aus und berühren schließlich – nach Kriegseintritt der meisten Staaten des amerikanischen Kontinents – fast alle Völker der Welt.

Die militärischen Kräfte sind nahezu ausgewogen: die Mittelmächte machen ihre Unterlegenheit an Zahl und Rohstoffen durch bessere Bewaffnung und Ausnutzung der inneren Linie wett; entscheidend schwächt sie erst die lange Dauer des Krieges.
Die deutsche Bevölkerung selbst glaubt sich aus der Zwangslage des bevorstehenden Zweifrontenkrieges heraus in berechtigter Verteidigung. Der Reichstag bewilligt einmütig die Kriegskredite; der Burgfriede der Parteien schließt sogar die Diskussion der Kriegsziele aus.

2. Der Bewegungskrieg (1914)

a) Westen

Der **Schlieffenplan,** auf dem der deutsche Operationsplan beruht, sieht, nach Überwindung des Gegners im Westen mit starkem rechtem Flügel, die offensive Wendung gegen
1914 den Osten vor. Der deutsche Aufmarsch verläuft planmäßig unter Führung von Generaloberst v. Moltke.
Die Offensive der Franzosen gegen Elsaß-Lothringen mißlingt, ebenso ihre Gegenoffensive nach Norden. Die deutschen Truppen ziehen am 20. Aug. in Brüssel ein und dringen bis Anfang Sept. bis über die Marne gegen Paris vor. Die französische Regierung begibt sich nach Bordeaux. Den weichenden alliierten Truppen folgen große Teile der Bevölkerung.

5.–12. Sept. Die Marneschlacht: Ein französischer Gegenangriff bringt den deutschen Vormarsch zum Stehen. Als im Verlauf der Kämpfe, die sich für die Deutschen günstig entwickeln, zwischen der 1. und 2. Armee eine Lücke entsteht, in die die Engländer einzubrechen drohen, gibt v. Moltke den Befehl zum Rückzug hinter die Aisne. Die Front erstarrt zum Stellungskrieg.
In *Belgien,* das bis 15. Okt. ganz in deutscher Hand ist, wird eine Militärregierung errichtet.

b) Osten

1914 Inzwischen sind zwei russische Armeen, früher als der deutsche Generalstab voraussetzte, auf französisches Drängen hin von Osten und Süden in Ostpreußen eingedrungen. Die beabsichtigte deutsche Räumung wird durch Gegenbefehl aufgehoben.

26.–30. Aug. **Schlacht bei Tannenberg:** Hindenburg, neuer Befehls-

1914 haber der deutschen 8.(Ost-)Armee, und sein Generalstabschef Ludendorff umfassen und zerschlagen die südliche
6.–15. russische (Narew-)Armee. Darauf wird an den **Masurischen**
Sept. **Seen** die östliche russische (Njemen-)Armee zurückgeworfen. Weiter südlich verhindern die Deutschen noch vor dem Winter bei Lodsch ein feindliches Vordringen nach Schlesien und Posen.

1915 Eine neuerlich in Ostpreußen eingefallene russische Armee
4.–22. wird durch die **Winterschlacht in den Masuren** ver-
Febr. trieben.

1914 Die Russen sind mit dem Ziel Oberschlesien mit 5 Armeen in
Aug. Galizien eingedrungen (Schlachten bei Lemberg im Sept.).

1915 Die Verbündeten durchbrechen bei **Gorlice-Tarnów** jedoch
1.–3. die Stellungen des Gegners, verhindern sein geplantes Vor-
Mai dringen über die Karpaten nach Ungarn und erobern bis Juni Galizien und die Bukowina sowie im Norden Kurland. Sie suchen nun die Entscheidung im Osten.

Eine im Juli beginnende zweite Offensive bringt ihnen bis Mitte Sept. alle russischen Festungen in Polen ein (5. Aug. Fall Warschaus) und erreicht schließlich eine Linie von der Düna bis zur russischen Grenze. Der Zar übernimmt den russischen Oberbefehl.

c) Südosten

Um die Verbindung mit Rußland durch das Schwarze Meer zu erreichen und den Weg über Archangelsk zu vermeiden, berennen die Alliierten ab März von See her und ab Mai auch zu Lande (Gallipoli-Unternehmen) die **Dardanellen,** die die Türken (seit Okt. 1914 im Krieg) mit deutscher militärischer Hilfe erfolgreich verteidigen. Ende 1915 lassen die Alliierten von ihren Versuchen ab. Die **Eroberung Serbiens** (bis Anfang Dez.), das Ausscheiden Montenegros und der **Anschluß Bulgariens an die Mittelmächte** (Okt.) öffnen diesen für die Dauer des Kriegs den **Landweg nach Konstantinopel.** Ihre innere Verteidigungslinie reicht vom Niederrhein bis zum Euphrat. Ein Gegenstoß der im neutralen Saloniki gelandeten alliierten Truppen mißlingt; Abzug im Jan. 1916. Die Türken verteidigen sich gegen die Russen in Armenien; die Engländer, die Bagdad und die Ölquellen erstreben, werden bei Kut el-Amara (April 1916) zur Übergabe gezwungen; im Kampf um Palästina wiegelt der britische Oberst T. E. Lawrence die Beduinenstämme gegen den Sultan auf.

d) Süden

1915 Inzwischen hat sich Italien, nach anfänglicher Neutralität,
23. Mai den Alliierten angeschlossen, die ihm Südtirol, Istrien mit Triest, Süddalmatien und Erstattung der militärischen Aufwendungen versprechen. Die Österreicher vermögen jedoch ein Jahr lang in festen Gebirgsstellungen am **Isonzo** die Italiener abzuweisen.

e) Krieg zur See

Die Alliierten beherrschen die Meere. Das deutsche Kreuzer-
1914 geschwader wird bei den **Falklandinseln** von englischen
8. Dez. Schlachtkreuzern vernichtet. Kaperkrieg durch Hilfskreuzer. England verhängt mit Kriegsbeginn die Fernblockade über Deutschland, das seit Aug. 1916 in den englischen Gewässern einen verstärkten Minen- und U-Boot-Krieg führt.

1915 Der deutsche U-Boot-Krieg wird auf Protest der USA hin (u. a. Versenkung der „Lusitania", mit Kriegslieferungen und Fahrgästen an Bord) eingeschränkt; seit 1916 wieder verschärft.

1916 Am **Skagerrak** liefern sich die englische und die deutsche
31. Mai–1. Juni Hochseeflotte eine unentschiedene Schlacht; die englische Flotte zieht sich zurück.

f) Krieg in den Kolonien

Die deutschen Kolonien gehen in den ersten Kriegsmonaten fast alle verloren. Die Japaner, am 23. Aug. 1914 in den Krieg eingetreten, nehmen Tsingtau und den deutschen Inselbesitz im Stillen Ozean. Nur General v. Lettow-Vorbeck hält sich in Ostafrika gegen die vielfache Übermacht von General Smuts bis zum Waffenstillstand.

3. Der Stellungskrieg (1915–1917)

Die Technisierung des Krieges zwingt zu immer stärkerer Anspannung aller wirtschaftlichen Kräfte und zieht die Heimat fortschreitend in das Kriegsgeschehen hinein.

a) Westen

1915 Beide Seiten erstreben unter immer größerem Materialeinsatz den Durchbruch, jedoch ohne Erfolg. Das Jahr 1916 soll die Entscheidung im Westen bringen. General v. Falken-

1916 hayn, seit Sept. 1914 v. Moltkes Nachfolger, sucht dem
Febr.–Juli Feind zuvorzukommen und ihn bei **Verdun** zu zermürben, doch verläuft die überaus verlustreiche Schlacht nach zeitweiligen Erfolgen entscheidungslos („Hölle von Verdun").
Juni–Nov. Auch die alliierte **Offensive an der Somme,** eine der größten Materialschlachten, erzielt keinen Durchbruch.

b) Osten – Südosten – Süden

1916 Nach gescheiterten Durchbruchsversuchen im März unter-
Juni nimmt, von den Alliierten gedrängt, zur gleichen Zeit
–Dez. **Brussilow drei Großoffensiven,** deren erste zwar Gelände gewinnen kann, schließlich aber ebenso wie die beiden anderen scheitert. **Rumänien** tritt auf der Seite der Entente in den Krieg ein und wird von den Mittelmächten zum größten Teil (mit den Erdölquellen) besetzt. Die Italiener
Aug. gelangen in der **6. Isonzoschlacht** in den Besitz von **Görz.**

4. Politische, wirtschaftliche und militärische Vorgänge 1916/17

1916 Bei den Alliierten „schwarze Liste" (1915) und Kontrollkommission für neutrale Schiffahrt; englisches Blockadeministerium eingerichtet.
Jan. Einführung der Wehrpflicht in England.
Osteraufstand in Irland blutig niedergeschlagen. Anfang Dezember bildet Lloyd George ein Koalitionskabinett.
Okt. In Frankreich Regierung Briand.
In Deutschland, das jetzt militärisch in Abwehr steht, greifen Hindenburg und Ludendorff (seit 29. Aug. Chef des Generalstabs bzw. Generalquartiermeister) mit dem **Hindenburgprogramm** tief in Politik und Wirtschaft ein.
12. Dez. Die kaiserliche Regierung erläßt, nach dem Ausscheiden Rumäniens in gesicherter militärischer Lage, über die USA ein **Friedensangebot** an die Entente. Es wird abgelehnt, weil die Kriegsziele nicht angegeben sind. Auf ein Vermittlungsangebot Wilsons gibt der Reichskanzler v. Bethmann Hollweg zustimmend Antwort, während die Alliierten ihre Kriegsziele bekanntgeben; Übereinkommen – vor allem in der Nationalitätenfrage – sehr schwierig. Jetzt wird der
1917 deutsche Angriff auf das Meer verlegt und am 1. Febr. der uneingeschränkte U-Boot-Krieg erklärt, da die Marineleitung garantiert, England damit in sechs Monaten friedensgeneigt zu machen. Daraufhin **erklären die USA**
6. April Deutschland, am 7. Dez. auch Österreich **den Krieg.** Die

1917 meisten Staaten Süd- und Mittelamerikas schließen sich an oder brechen die diplomatischen Beziehungen zu den Mittelmächten ab; neutral bleiben Chile, Paraguay, Kolumbien, Venezuela.

In Rußland zwingt die bürgerlich-radikale **Märzrevolution** Nikolaus II. zur Abdankung. Der westlich orientierte **Kerenski,** nacheinander Justiz- und Kriegsminister sowie (seit Juli) Ministerpräsident, setzt den Krieg fort. Deutsche und österreichische Truppen nehmen die Bukowina und Galizien, deutsche im Herbst Riga, Dagö, Ösel und Moon.

März Im Westen zieht die Heeresleitung, die das Ergebnis des U-Boot-Kriegs abwartet, die Truppen in die Siegfriedstellung zurück und führt die „bewegliche Verteidigung“ ein. Die Alliierten versuchen im April und Mai vergeblich, die neue deutsche Stellung zu umfassen; auch die große
Nov. **Tankschlacht bei Cambrai** bringt keine Entscheidung.

Juni Griechenland tritt der Entente bei.

Okt. In der 12. Isonzoschlacht bricht vor den verbündeten Truppen die italienische Front zusammen, die mit englisch-französischer Hilfe am **Piave** neu errichtet wird.

Der Fehlschlag des U-Boot-Kriegs trotz zeitweise gewaltiger Versenkungsziffern läßt die Schwierigkeiten im hochindustrialisierten Deutschland besonders fühlbar werden, obwohl die Mittelmächte über Kohle und Erz aus Frankreich, Belgien und Polen verfügen und Öl aus Rumänien, Nahrungsmittel aus der Walachei erhalten.

Der 1914 geschlossene Burgfriede der Parteien zerfällt im Ringen um die Friedensziele. Der Kaiser gesteht direktes, geheimes und gleiches Wahlrecht in Preußen im April bzw. Juli 1917 zu. Kurz darauf erzwingt die Oberste Heeresleitung den Rücktritt v. Bethmann Hollwegs; Michaelis und nach ihm Graf Hertling folgen als Reichskanzler; der Zwiespalt zwischen militärischer und politischer Reichsleitung wird bis in die untersten Instanzen offenbar.

19.Juli Die **Friedensresolution der Reichstagsmehrheit** unter Erzberger bleibt ohne Erfolg; ebenso scheitern die Friedensbemühungen des Papstes und des Sozialistenkongresses in Stockholm.

Die innere Auflösung des Habsburgerstaates erschwert die Lage Deutschlands: Kaiser Franz Joseph stirbt am 21.Nov. 1916; Kaiser Karl I. strebt Sonderfrieden an; Nationalitäten verlangen Autonomie.

Zunächst Erleichterung durch das Ausscheiden Rußlands. In der **Oktoberrevolution** erkämpfen die **Bolschewisten** unter **Lenin und Trotzki** die Macht; sie propagieren Weltfrieden und sofortigen Weltsozialismus.

1918 3. März Im **Frieden von Brest-Litowsk** müssen sie trotz Protestes auf die baltischen Republiken, Finnland und (bis 1920) auf die zur selbständigen Republik gewordene Ukraine verzichten. **Rumänien tritt** im Frieden von Bukarest (Mai) **an Bulgarien die Dobrudscha ab.**

Polen, von den Kaisermächten im Nov. 1916 zunächst als erbliche konstitutionelle Monarchie wieder aufgerichtet, wird im Nov. 1918 **unter Pilsudski autonome Republik.**

5. Die Wende des Krieges

Nach dem unentschiedenen Ausgang des Jahres 1917 sammeln beide Lager ihre politischen und militärischen Kräfte für die Entscheidung. In England und Frankreich übernehmen Lloyd George bzw. Clemenceau die Leitung des Krieges; Anhänger eines Verständigungsfriedens werden verhaftet. Die Engländer stimmen einem gemeinsamen Oberbefehl zu. In Deutschland sieht die Oberste Heeresleitung, die mit Rückhalt bei der Schwerindustrie auch politisch die Führung innehat, eine Möglichkeit zum Frieden darin, den Feind im Westen durch eine Gewaltanstrengung zu schlagen, bevor die amerikanische Hilfe wirksam wird, zumal der Osten nunmehr durch starke Besatzungstruppen gehalten werden kann.

1918 21. März Beginn der großen **deutschen Frühjahrsoffensiven,** die nach großen Anfangserfolgen kein entscheidendes Ergebnis erzielen.

14. April **Einheitlicher alliierter Oberbefehl unter Marschall Foch,** der am 18. Juli die Serie der Gegenoffensiven beginnt. Den Ausschlag für die Erfolge der Alliierten geben die zunehmende Materialüberlegenheit und das Eingreifen starker amerikanischer Verbände. Am

8. Aug. – dem „schwarzen Tag" (Ludendorff) – hält erstmals die deutsche Verteidigung nicht mehr. Das Heer geht im September erneut in die Siegfriedstellung zurück und befindet sich beim Waffenstillstand in der Antwerpen-Maas-Stellung. Die bulgarische Front zerfällt (30. Sept. Waffenstillstand, 4. Okt. Abdankung von Zar Ferdinand I.), ebenso die türkische (30. Okt. Waffenstillstand) und die österreichische

1918 (3. Nov. Waffenstillstand). Die Heeresleitung erklärt am 14. Aug. die Fortsetzung des Krieges als aussichtslos; am 29. Sept. verlangen Hindenburg und Ludendorff das sofortige Waffenstillstandsangebot.

3. Okt. Unter dem neuen **Reichskanzler, Prinz Max v. Baden,** beginnt der Umbau des kaiserlich-konstitutionellen Regimes zur parlamentarischen Monarchie. Gemeinsam mit der österreichisch-ungarischen Regierung richtet er an Wilson ein

4. Okt. Waffenstillstandsangebot auf der Grundlage der 14 Punkte (von Wilson am 8. Jan. verkündet: u. a. Freiheit der Meere, Abrüstung, Abbau der Handelsschranken, Räumung der besetzten Gebiete, Völkerbund). Der amerikanische Präsident fordert daraufhin vorherige Räumung der besetzten Gebiete und (in der dritten Note) indirekt die Abdankung des Kaisers. Am 26. Okt. Entlassung Ludendorffs.

3. Nov. **Aufstand** der Matrosen in Kiel verbreitet sich schnell in den Hansestädten und in Nordwestdeutschland; Bildung von Arbeiter- und Soldatenräten. Andere Städte folgen, so am **9. Nov.** Berlin. Der Reichskanzler gibt die **Abdankung des Kaisers** bekannt. Der sozialdemokratische Abgeordnete Scheidemann ruft die **Republik** aus. Prinz Max v. Baden übergibt das Reichskanzleramt dem Vorsitzenden der Sozialdemokratischen Partei, **Friedrich Ebert.** Der Kaiser

10. Nov. geht nach Holland ins Exil. Alle deutschen Fürsten treten zurück.

Der Vollzugsausschuß der Berliner Arbeiter- und Soldatenräte wählt einen sechsköpfigen **Rat der Volksbeauftragten** mit je 3 Mehrheits- und Unabhängigen Sozialisten (letztere seit 1917 als Partei organisiert); dieser verfügt über Exekutive und Legislative.

11. Nov. 5 Uhr In seinem Auftrag schließt Erzberger im Wald von Compiègne den **Waffenstillstand,** nachdem die Oberste Heeresleitung noch einmal Annahme auf jeden Fall gefordert hat. Die der neuen Regierung auferlegten Bedingungen sind hart und sollen den Widerstand gegen spätere Friedensbedingungen von vornherein ausschließen. Außer den besetzten Westgebieten ist das linke Rheinufer (samt drei Brückenköpfen) zu räumen und wird von den Alliierten besetzt. Die deutschen Truppen haben auch Österreich-Ungarn, Rumänien und die Türkei zu verlassen, jedoch nicht unbedingt das kommunistisch gewordene Rußland.

1919 Juni Die im englischen Flottenstützpunkt Scapa Flow internierte deutsche Kriegsflotte versenkt sich selbst.

B. Völkerbund und kollektive Friedenssicherung

1. Die Vorortverträge

Das Jahr 1919 bringt Deutschland und Europa eine erste Festigung der Verhältnisse. Die Kriegsverluste belaufen sich insgesamt auf etwa 8 Millionen Tote und 20 Millionen Verwundete. Die Wirtschaft ist aufs stärkste gestört. Die Karte Europas soll neu geordnet werden.

1919 18. Jan. Unter Vorsitz Clemenceaus tritt in **Paris** die **Friedenskonferenz** zusammen, an der 27 Staaten, nicht aber die besiegten teilnehmen. Beschlüsse faßt nur der Oberste Rat aus den Regierungschefs (USA, Großbritannien, Frankreich, Italien und eine Zeitlang Japan). Gegen Wilsons Absicht, erstmals einen gerechten Frieden aus übernationaler Gesinnung zu schaffen, setzt sich vor allem Frankreichs Streben nach nationaler Genugtuung und Sicherheit durch.

Die Grundsätze der 14 Punkte kommen nur in der Völkerbundsakte zum Ausdruck, deren 26 Artikel den Friedensverträgen vorangehen. Der **Völkerbund** soll die friedliche Zusammenarbeit der Nationen fördern. Streitigkeiten sollen vom Haager Ständigen Internationalen Gerichtshof geschlichtet werden; Sanktionen verhängen kann (mit $^2/_3$-Mehrheit) auch die Völkerbundsversammlung bzw. der Völkerbundsrat. Der Völkerbund, dem die USA, RSFSR (UdSSR) und die unterlegenen Staaten nicht angehören, tritt Anfang 1920 in Tätigkeit mit Sitz in Genf.

Die **Bestimmungen des Versailler Friedens** sind das Ergebnis von Kompromissen. England und die USA widersetzen sich der Abtretung oder Internationalisierung des linken Rheinufers, stimmen jedoch der Zerstörung der Befestigungen links und 50 km rechts des Rheins zu (sog. entmilitarisierte Zone, in der sich keine deutschen Truppen aufhalten dürfen). Zur **Entmilitarisierung** gehört auch die Auslieferung fast des gesamten Kriegsmaterials sowie die Beschränkung des neuen Berufsheeres auf 100000 Mann Land- und 15000 Mann Marinetruppen mit 4000 Offizieren.

Gebietsabtretungen: Ohne Abstimmung Elsaß-Lothringen, fast ganz Posen und Westpreußen, Hultschiner Ländchen. Abstimmungen finden statt: im Saargebiet nach 15 Jahren (Bergwerke sogleich französisches Eigentum mit evtl. Rückkaufsrecht Deutschlands); in Oberschlesien 1921; in Eupen-Malmédy nach der Annexion durch Belgien; in Nordschleswig sowie im Gebiet von Marienwerder und Allenstein 1920. **Reparationen:** Artikel 231 bestimmt, „daß Deutschland und seine Verbündeten als Urheber des Krieges für alle Verluste und Schäden verantwortlich sind, welche die Alliierten erlitten haben“. Kaiser Wilhelm II. soll unter Anklage gestellt werden; „Kriegsverbrecher“ sind auszuliefern. Wiedergutmachung in Form von Sachleistungen und Zahlungen. Die endgültige Höhe der Reparationen bleibt noch unbestimmt, bis Mai 1921 vorerst 20 Mrd. Goldmark. Das linke Rheinufer samt den Brückenköpfen wird in drei Zonen für 5, 10 und 15 Jahre besetzt.

Diese Bedingungen bedeuten ein ständiges Hindernis beim Aufbau des neuen deutschen Staates. Nach Rücktritt der ersten Regierung muß eine neue unter Duldung aller
1919 Parteien den **Friedensvertrag** bedingungslos unterzeichnen.
28.Juni Der Krieg hat Deutschland $^1/_8$ seines Bodens (ungerechnet die Kolonien), $^1/_3$ seiner Kohlen-, $^1/_2$ seiner Blei-, $^2/_3$ seiner Zink- und $^3/_4$ seiner Eisenerzvorkommen gekostet.

Auch den anderen Mittelmächten werden die **Friedensbedingungen** übergeben:
Deutsch-Österreich in **Saint-Germain-en-Laye** (unterzeichnet am 10. Sept. 1919); Ungarn in **Trianon** (unterzeichnet am 4. Juni 1920); Bulgarien in **Neuilly** (unterzeichnet am 27. Nov. 1919); der Türkei in **Sèvres** (unterzeichnet am 10. Aug. 1919).
1920 Diese Verträge besiegeln die Auflösung des feudalen habsburgischen Dynastenstaates und des Osmanischen Reiches.

Österreich, dessen Trennung von Ungarn (während der Revolution vollzogen) bestehen bleibt, verliert Böhmen und Mähren an die Tschechoslowakei, Südtirol ($^1/_4$ Million Deutsche) und Istrien an Italien. Es bildet (mit $6^1/_2$ Millionen Einwohnern auf 84000 qkm) einen republikanischen Bundesstaat, dem der Anschluß an Deutschland untersagt wird. Berufsheer von 30000 Mann. Wien von Sozialisten regiert. 1922 I. Seipel Bundeskanzler.

Ungarn verliert die Slowakei und die Karpatenukraine an die Tschechoslowakei, Kroatien an Jugoslawien, das Banat an Jugoslawien und Rumänien, Siebenbürgen an Rumänien. Nach dem Scheitern der **Räterevolution Béla Khuns** regiert Horthy als Reichsverweser seit 1920 autoritär den formal monarchischen Staat; habsburgische Restaurationsversuche schlagen 1921 fehl. Gesellschaftlich halbfeudal, bleibt Ungarn wirtschaftlich durch Großgrundbesitz gekennzeichnet.

Die **Tschechoslowakische Republik** wird 1918 vom tschechoslowakischen Nationalrat in Prag proklamiert; erster Präsident Thomas Masaryk. Sie gehört, nach Teilung des Teschener Gebietes mit Polen, der **Kleinen Entente** an (neben Jugoslawien und Rumänien), die gegen ungarische Revision und habsburgische Restauration gerichtet ist.

Aus Serbien und Montenegro, aus Bosnien, Kroatien und Slowenien entsteht ein Königreich, seit 1929 **Jugoslawien** genannt. Unterschiede zwischen den mehr westlichen, katholischen Kroaten und Slowenen sowie den Serben. Spannung mit Italien wegen Triests und Fiumes (Expedition d'Annunzios 1919); mit Rumänien wegen Temesvárs, das der Völkerbund teilt; mit Österreich, das Klagenfurt erhält. **Rumänien** bekommt noch Bessarabien und die Bukowina; 1919 Krieg gegen Ungarn und Rußland; kulturell westlich orientiert, politisch vorwiegend liberal. Der **Türkei** bleibt im wesentlichen nur Anatolien mit Konstantinopel. Griechenland erhält u. a. Mazedonien, Smyrna, Thrazien und die wichtigsten Ägäischen Inseln. (1921/22 Exodus 1 Mill. Griechen aus Kleinasien.) Die arabisch-islamischen Völker erreichen als Folge des „Aufstands in der Wüste“ (S. 209) die Unabhängigkeit von der Türkei, bleiben aber unter englisch-französischer Schutzherrschaft. An Frankreich geht Syrien als Mandat. England bekommt Palästina und Ägypten als Protektorate, Mesopotamien mit den Ölquellen als Mandat.

Ergebnisse von Versailles: Statt 26 Staaten zählt Europa nach 1919 35. Die neu entstandenen Staaten schließen sich, wie auch Polen, an Frankreich an und sichern diesem die europäische Hegemonie.
Die USA ziehen sich nach dem republikanischen Wahlsieg von 1920 von Europa zurück: Präsident Harding erklärt, der Völkerbund sei ein Zwangsmittel der Sieger des Krieges geworden.

2. Die Anfänge der Weimarer Republik

Schwer mit Kriegsfolgen belastet, tritt die deutsche Republik das Erbe des feudalen Fürstenstaates an. Ihre Stützen: gemäßigt sozialistische Mehrheit der Arbeiterschaft, liberaldemokratisches Bürgertum sowie, jetzt unter dem Einfluß von Gröber und Erzberger, der überwiegende Teil der katholischen Bevölkerung.

1919 Es finden allgemeine Wahlen zur Nationalversammlung
19. Jan. statt, an denen die Kommunisten nicht teilnehmen.

1919 **In Weimar tritt die Nationalversammlung zusammen,** in der
6. Febr. die **Weimarer Koalition** aus SPD, Zentrum und Deutsch-Demokratischer Partei die Dreiviertelmehrheit hat. Sie wählt am 11. Febr. **Friedrich Ebert** zum vorläufigen **Reichspräsidenten,** der die am 31. Juli angenommene **Weimarer**
11. Aug. **Verfassung** unterzeichnet. Das Reich ist eine parlamentarisch-demokratische Republik mit starker Stellung des vom Volk zu wählenden Reichspräsidenten.
Die Flagge der Republik ist **Schwarz-Rot-Gold.**

In den folgenden Jahren bestimmen Kämpfe der Regierung gegen Aufstände von „Links" und „Rechts" das Schicksal der Republik im Innern. Die äußeren Schwierigkeiten hängen mit den Forderungen von Versailles zusammen: Abstimmungen, Abrüstung und Reparationen. Die Feindschaft gegen Deutschland hält in Europa noch an. Als erster beglaubigter Botschafter einer fremden Macht trifft der päpstliche Nuntius Pacelli (der spätere Papst Pius XII.) in Berlin ein.

1920 13.–17. März **Kapp-Putsch:** Der Ostpreuße Kapp und General v. Lüttwitz bilden eine Gegenregierung in Berlin; Generalstreik und Loyalität der Beamten lassen den Umsturzversuch scheitern.

März –Mai Im Zusammenhang mit dem Kapp-Putsch brechen **kommunistische Unruhen** in **Mitteldeutschland** (Max Hölz) und im **Ruhrgebiet** aus. Mitte März entsteht hier eine **Rote Armee,** gegen die am 2. April Reichswehr einmarschiert, woraufhin die Franzosen in Frankfurt, Darmstadt u. a. einrücken. Auch in den folgenden Jahren wird die innenpolitische Sicherheit durch rechts- und linksradikale Unruhen und Attentate gestört: 1921 kommunistischer Aufruhr in Mitteldeutschland und Hamburg; 1922 Ermordung des Außenministers Rathenau; 1923 Hitler-Ludendorff-Putsch in München. Hitler wird verhaftet, aber Ende 1924 wieder aus Festungshaft entlassen.

Juni Die **Reichstagsneuwahlen** entscheiden gegen die Weimarer Koalition zugunsten der USPD und der beiden Rechtsparteien.
Die vorgesehenen **Abstimmungen** in Flensburg (März 1920), Allenstein und Marienwerder (Juli 1920) bestätigen mit überwiegender Mehrheit die Zugehörigkeit zu Deutschland. Im oberschlesischen Abstimmungsgebiet herrschen bewaffnete Unruhen; trotz des Abstimmungsergebnisses von 60% für Deutschland wird Oberschlesien geteilt: die wich-

tigsten Industriestädte kommen zu Polen (u. a. Königshütte, Kattowitz).

1921 Die Frage der **Reparationen** löst einen offenen Konflikt aus,
März als alliierte Truppen wegen mißlungener Einigung über die Gesamtforderung an Reparationen (durch die Konferenz in Paris, 24.–29. Jan. 1921, auf 269 Mrd. Goldmark in 42 Jahresraten festgesetzt) Düsseldorf, Duisburg, später auch Mülheim und Oberhausen besetzen. Im April wird die Summe auf 132 Mrd. Goldmark abgeändert, wovon das
Mai **Londoner Ultimatum** als sofortige Zahlung 1 Mrd. Goldmark verlangt. Das Deutsche Reich nimmt das Ultimatum an, um den drohenden Einmarsch ins Ruhrgebiet zu verhindern; die genannten Städte bleiben jedoch besetzt. Wirth beginnt die deutsche **Erfüllungspolitik,** welche durch „Verständigung, Wiederaufbau, Versöhnung" die internationale Lage Deutschlands erleichtern und durch den Versuch der Erfüllung die Unmöglichkeit der Forderung erweisen will. Eine leichte Besserung der internationalen Stellung Deutschlands zeigt der Friedensschluß der USA mit Deutschland, der die territorialen Fragen und den Völker-
1922 bund nicht erwähnt. Während der Konferenz von Genua,
April die ergebnislos abgebrochen wird, schließen Deutschland
–Mai und Rußland am 16. April den **Vertrag von Rapallo,** der die beiderseitige Wiederaufnahme diplomatischer Beziehungen und den russischen Verzicht auf Ersatz der Kriegsschäden vorsieht.

Mitte des Jahres ersucht Deutschland vergeblich um Zahlungsaufschub bis Jahresende, da die Markentwertung den Transfer unmöglich macht, wofür Frankreich „produktive Pfänder" verlangt.

1923 Mit der Begründung, Deutschland habe vorsätzlich seine
11. Jan. Kohlenlieferungen vernachlässigt, marschieren **französisch-belgische Truppen in das Ruhrgebiet** ein und besetzen nach und nach das ganze Ruhrgebiet. Beginn des **Ruhrkampfes.** Die deutsche Regierung (Reichskanzler Cuno) ruft den **passiven Widerstand** aus, der von der Regierung Stresemann (Große Koalition) Ende Sept. aufgegeben werden muß.

Inzwischen wird in Bayern die Regierung Kahr proklamiert (26. Sept. 1923); separatistische Bewegungen im Rheinland scheitern am Widerstand der Bevölkerung. Die Mark, im Zusammenhang mit den Weltkriegsanleihen und den Reparationszahlungen entwertet, wird durch die **Rentenmark**
Nov. ersetzt, deren Deckung eine 4prozentige Goldgrundschuld

auf die deutsche Wirtschaft ist. Die Inflation hat die Sparguthaben fast ganz vernichtet; Radikalisierung des früheren Mittelstandes ist die Folge.

3. Deutschland, Europa und die Welt

Mit dem Jahr 1923 enden die gewaltsamen Umsturzversuche. Der Bestand der deutschen Republik ist gesichert, nicht zuletzt dank der Reichswehr, der ein Gesetz vom März 1921 die endgültige Form gibt. Auch dem Ausland gegenüber bessert sich die Stellung Deutschlands; 1924 beginnt ein neuer Abschnitt der Reparationspolitik. Stresemann spricht vom „Silberstreifen am Horizont". Die unmittelbaren Kriegsfolgen sind in den meisten Ländern um 1923 beseitigt.

1920 Die **Türkei,** die den Frieden von Sèvres nicht anerkannt hat,
–1922 gerät in Konflikt mit Griechenland. **Mustafa Kemal Pascha**
1922 läßt den Sultan von der Nationalversammlung absetzen
1923 und erreicht im **Frieden von Lausanne** die Rückgabe ganz Kleinasiens und die Anerkennung der Unabhängigkeit. Kemals Erfolg, der allgemeine europäische Prestigeverlust und das Nationalitätenprinzip führen vor allem in den arabischen Ländern zu nationalen Bewegungen, die geistig, politisch und sozial europäischen Vorbildern folgen.

1925 Im **Iran** wird Ministerpräsident Risa Chan zum Schah ausgerufen, der die Dynastie Pehlewi begründet und die Modernisierung des Landes einleitet.

1926 In **Arabien** errichtet **Ibn Saud** das Königreich Hedschas (seit 1932 Saudi-Arabien) mit national panarabischen Tendenzen.

Frankreich muß 1925–1926 einen Aufstand der **Rifkabylen** in Marokko gemeinsam mit Spanien (Abd el-Krim kapituliert schließlich) und der **Drusen** in Syrien niederwerfen; 1931 in **Indochina** (Vietnam) nationalistische Unruhen mit Flugzeugen bekämpft. England hat in **Ägypten** (1922 nominell selbständig geworden; Einfluß der nationalistischen Wafd-Partei) Besatzungstruppen und verwaltet gemeinsam mit Ägypten den Sudan.

In **Palästina** seit 1917 britische Militärverwaltung, die 1920 durch Zivilverwaltung ersetzt wird. Der **Irak** (seit 1921 König Faisal) erhält 1926 von der Türkei das **Ölgebiet von Mossul. Transjordanien** wird 1923 ein gesonderter Staat unter britischem Mandat. 1926 gibt die Empirekonferenz in der „Balfourformel" den Dominien Gleichberechtigung mit dem Mutterland und schafft das British Commonwealth of Nations.

1921 **Irland** (außer Ulster) erhält den Dominionstatus und wird 1922 als Irischer Freistaat proklamiert (de Valera seit 1932 Ministerpräsident, seit 1959 Staatspräsident).

England verspricht **Indien,** das im Ersten Weltkrieg fast eine Mill. Soldaten stellt, 1917 die schrittweise Selbstverwaltung. Nach dem Krieg eröffnet **Mahatma Gandhi** die Bewegung des zivilen Ungehorsams mit dem Ziel der indischen Selbstverwaltung. 1930 brechen blutige Unruhen aus; zahlreiche Verhaftungen sind die Folge.

1937 Als die neue, vom britischen Parlament beschlossene Verfassung in Kraft tritt, die Burma von Indien trennt, regt sich heftiger Widerstand in Indien.

In Rußland siegt die Rote Armee über die Gegenrevolution und die alliierten Interventionen (u. a. Murmansk); Ermordung des Zaren; Staatseinheit gewahrt, Baltische Staaten und Finnland jedoch als unabhängig anerkannt; Hauptstadt Moskau. Das oberste Regierungsorgan ist das Zentralexekutivkomitee, delegiert aus dem Allrussischen Sowjetkongreß. Die Ministerien werden Volkskommissariate genannt. Die kommunistische Partei mit dem Politbüro überwacht die politische Linie. Der Krieg mit dem von Frankreich unterstützten Polen endet für dieses erfolgreich. 1921 bis 1922 Hungersnot. 1922 entsteht die Union der Sozialistischen Sowjetrepubliken **(UdSSR).**

Lenins „Neue ökonomische Politik" (bis 1927) mildert die Sozialisierung. Nach Lenins Tod (1924) zwischen Stalin und Trotzki jahrelanger Machtkampf, der mit der Ausweisung Trotzkis 1929 endet (1940 in Mexiko ermordet). Stalin verwirklicht nunmehr den Sozialismus zuerst in seinem Land. 1928 beginnt der erste der drei Fünfjahrespläne (weitere 1934, 1939, durch Kriegsausbruch unterbrochen): Kollektivierung der Landwirtschaft (Kolchosen, Sowchosen), Aufbau einer Schwerindustrie mit Hilfe ausländischer Techniker. Die Produktion steigt laufend; neue Wirtschaftsgebiete werden erschlossen; die Turkestanisch-Sibirische Eisenbahn und der Stalinkanal (Weißmeer-Ostsee-Kanal) werden gebaut; neue Städte entstehen. Großbauern als soziale Schicht liquidiert. 1930 allgemeine Schulpflicht. Führer der Rechtsopposition (Kamenew, Sinowjew) in

Schauprozessen verurteilt. Die Verfassung von 1936 bringt allgemeines und gleiches Wahlrecht. Direkte Wahl zu allen Sowjets.

Die **USA** halten durchweg an der **Isolationspolitik** fest (diese 1937 durch Neutralitätsakte noch verstärkt: keine Waffen an Kriegführende; erst Japans Vorgehen in China ändert die Haltung allmählich). Republikaner 12 Jahre an der Regierung (Coolidge, Hoover). Wirtschaftsblüte ohne soziale Krisen. Der größte Teil des Weltgoldes fließt in die USA („Bankier der Welt").

In der **Weltpolitik** nehmen **mehrseitige Bündnisse** zu.

1922 Febr. Washingtoner Konferenz: 1. In einem Flottenabkommen setzen USA, Großbritannien, Japan, Frankreich, Italien eine quantitative und qualitative Flottenbegrenzung fest im Verhältnis 5:5:3:1,75:1,75; 10 Jahre keine Neubauten. 2. Im Viermächtevertrag garantieren sich diese Staaten (ohne Italien) ihren Besitzstand im Pazifik; das britisch-japanische Bündnis von 1902 wird aufgehoben. 3. Neunmächteabkommen sieht für China Unabhängigkeit und den Grundsatz der „offenen Tür" vor.

1924 Die erste englische Labourregierung (Macdonald, Jan.–Nov.) wird von einer konservativen Regierung abgelöst (die liberale Partei ist seit dem Sturz von Lloyd George 1922 unbedeutend geworden).

In Frankreich übernimmt Herriot nach dem Scheitern des Nationalen Blocks im Juni die Regierung; vor Macdonald 1929 erkennt er die UdSSR 1924 diplomatisch an; es folgen Italien, Japan u. a. Mächte: Folge des Zurücktretens der weltrevolutionären Tendenzen in der UdSSR. Im Parlament gewinnen die Kommunisten an Einfluß; das Vertrauen in die Währung wird untergraben; erst Poincaré erhält 1926 wieder die Unterstützung der Finanzwelt und kann den Franc stabilisieren. Aufblühen der privaten französischen Wirtschaft.

1924 Juli –Aug. Die Londoner Konferenz nimmt den **Dawesplan,** den der Internationale Sachverständigenausschuß zu Beginn des Jahres ausgearbeitet hat, an. Dieser Plan sucht das Reparationsproblem rein wirtschaftlich zu lösen. Ab 1928 zahlt Deutschland für unbestimmte Zeit jährlich 2,5 Mrd. Goldmark aus Staatshaushalt, Eisenbahn (jetzt Aktiengesellschaft) und industriellen Schuldverschreibungen, umzuwechseln durch Transferausschuß. Amerikanischer Reparationsagent eingesetzt. – Das Jahr

1925 bringt nach vorläufiger Lösung der Reparationsfrage europäische Sicherheitsverhandlungen vor allem zur Beruhigung Frankreichs, das in Versailles weder das linke Rheinufer noch eine militärische Garantie seiner Grenzen erhalten hat. Dieses räumt im Juli das Ruhrgebiet; auch Düsseldorf, Duisburg, Mülheim und Oberhausen geräumt.

15.–16. Okt. In dem auf deutsche Anregung (Außenminister Stresemann in der Regierung Luther) zustande gekommenen **Locarnovertrag** garantieren Deutschland und Frankreich sowie Deutschland und Belgien ihre 1919 geschaffenen gemeinsamen Grenzen und verpflichten sich, Grenzkonflikte einem Schiedsgericht zu unterbreiten; Garantie durch England und Italien. Weitere Schiedsabkommen Deutschlands mit Polen und der Tschechoslowakei. Am 1. Dez. beginnt die bereits Januar fällige Räumung der Kölner Zone.

In den nächsten Jahren zitiert man häufig den „Geist von Locarno“, der eine längere Friedenszeit ermöglicht hat; außerdem gewinnt Deutschland seither wieder ein gewisses außenpolitisches Ansehen.

1926 Deutsche Privatindustrie, durch Umstellung vom Krieg auf den Frieden und durch Inflation geschwächt, erstrebt und erhält in großem Umfang Staatskredite. Deutsche Exportindustrie, besonders der Kleineisen- und Werkzeugbranchen, sucht friedliche Beziehungen zum Ausland, vor allem zu England und USA, auch um Rohmaterial und Kredite zu bekommen. Ausländisches Kapital übersteigt in manchen Großbetrieben das einheimische.

Sept. **Deutschland** tritt **in den Völkerbund** ein und erhält einen ständigen Ratssitz. In Deutschland großer Einfluß **Stresemanns,** der bis zu seinem Tode (1929) in jeder Regierung vertreten ist. Doch findet seine Politik immer stärkere Widerstände im Innern, so vor allem bei den Rechtsparteien, deren Anhängerzahl zunimmt.

1925 war **v. Hindenburg,** 77jährig, im zweiten Wahlgang **zum Reichspräsidenten gewählt** worden mit 14,7 Mill. Stimmen gegen Marx (Weimarer Koalition) und Thälmann (Kommunist). Als Hindenburg anordnet, bei den deutschen Vertretungen im Ausland neben der Weimarer auch die Vorkriegsflagge zu hissen, muß der Kanzler H. Luther zurücktreten, den W. Marx ersetzt. General v. Seeckt, Organisator der Reichswehr, muß seinen Posten aufgeben.

Die Regierung schließt Neutralitätsvertrag mit der UdSSR. Beitritt zum Internationalen Gerichtshof im Haag. Nach

Feststellung der vollzogenen Abrüstung verläßt die Interalliierte Militärkontrollkommission 1927 Deutschland, etwas später auch Ungarn.

1928 Deutschland unterzeichnet mit anderen Staaten (54 Ende 1929) den **Kelloggpakt:** Moralische Ächtung des Angriffskrieges. Die UdSSR ergänzt ihn durch Nichtangriffspakte mit westlichen Nachbarn (Litwinow-Protokoll). Das Jahr
1929 leitet nach Pariser Sachverständigenkonferenz Revision des Dawesplans ein. Das Ergebnis ist der **Youngplan,** der bei Höhe und Frist der deutschen Zahlungen die Schulden der Alliierten an Amerika berücksichtigt. Deutschland muß bis 1988 insgesamt 34,5 Mrd. zahlen; es erlangt seine wirtschaftliche und finanzielle Souveränität wieder. Bank für Internationalen Zahlungsausgleich in Basel gegründet. – Volksentscheid gegen diesen Plan scheitert.

1930 Österreichs Reparationsverpflichtungen werden aufgehoben. Briand läßt gleichzeitig 27 Staaten ein Memorandum über die Schaffung eines europäischen Staatenbundes zugehen; Gegner fürchten französische Hegemonie. Ende Juni ist das **Rheinland,** fünf Jahre vor dem vereinbarten Termin, **ganz geräumt.**

C. Neue Macht- und Bündnispolitik

1. Entwicklung zur Diktatur

Nach dem Krieg herrscht nicht überall in der zivilisierten Welt gleichmäßig das Streben, mit den Tendenzen und Methoden der Demokratie den Zustand zu sichern, wie er aus Versailles entstanden ist. Eine internationale Gegenwirkung auf die Revolution von 1917 bis 1919 macht sich geltend.

In der **Türkei** ist **Mustafa Kemal** (Kemal Atatürk, S.220) seit
1923 Präsident der Republik. Er gleicht die Türkei kulturell dem Westen an. 1924 wird das Kalifat abgeschafft.

1926 In **Polen** wird **Pilsudski** durch Militärrevolte Ministerpräsident und Diktator bis 1930.

1923–1925 In **Spanien** übt General **Primo de Rivera** mit königlicher Billigung eine Militärdiktatur aus. Seit 1925 Annäherung an parlamentarische Formen.

In **Portugal** hat General **Carmona** seit
1926 die Macht in Händen, seit 1929 zusammen mit (Finanz-

minister, seit 1932 Ministerpräsident) **Salazar;** 1933 Korporativsystem (Ständestaat) eingeführt.

1930 In **Brasilien** gelangt **Vargas** durch Aufstand an die Macht, die er seit 1937 autoritär ausübt.

In **China** (Kriegserklärung an Deutschland und Österreich 1917; keine Unterzeichnung von Versailles) Bürgerkrieg zwischen Nord und Süd. Im revolutionären Süden (Hauptstadt Peking) Anlehnung **Sun Yat-sens** mit Kuo-min-tang-Partei an die UdSSR; Wendung gegen westlichen Imperialismus.

1927 **Tschiang Kai-schek** bildet mit dem nationalistischen, kapitalistischen Teil der Partei in Nanking eine Diktaturregierung. Blutige Unterdrückung der Arbeiterbewegung. Unorthodoxe Kommunisten unter Mao Tse-tung richten im Südosten einen eigenen Staat ein und ziehen 1934 im legendären Großen Marsch von da nach Nordwesten; Zusammenfließen von Bauernbewegung und Kommunismus. Kämpfe Tschiang Kai-scheks gegen seine Provinzgenerale im Norden erfolgreich; Peking genommen. Internationale Anerkennung der Nanking-Regierung.

Ab 1922 baut **Mussolini** in **Italien** nach dem „Marsch auf Rom" systematisch eine nationalistische Einparteiherrschaft aus.

1928 Allgemeines Wahlrecht praktisch abgeschafft; 400 Abgeordnete, vorgeschlagen von verschiedenen Körperschaften, werden vom Großen Faschistischen Rat ausgewählt. Wirtschaftsspitze ist Nationaler Rat der Korporationen. Lateranverträge schaffen neutralen, unabhängigen Vatikanstaat; zugleich Konkordat abgeschlossen. Die Wirtschaftskrise (1931) wird durch gelenkte Produktionssteigerung, Zollerhöhungen bekämpft. Im Mittelmeer („il mare nostro") Gegensatz zu England.

2. Politik und Wirtschaftskrise

Den Zerfall internationaler Bindungen beschleunigt eine Weltwirtschaftskrise, deren Ursachen u. a. in der Überproduktion der durchentwickelten Risikowirtschaft, im Aufhören des europäischen Wiederaufbaus und in der Wanderung des internationalen Finanzkapitals zu suchen sind. Seit 1929 sprunghafte Zunahme der Arbeitslosen, der Steuerausfälle und unausgeglichenen Staatshaushalte.

1929 Okt. Die Weltwirtschaftskrise beginnt in den **USA** mit dem Schwarzen Freitag an der Börse. Große Arbeitslosigkeit (Anfang 1933 15 Mill.). Verbreitete soziale Mißstände

(Alkoholschmuggel, Gangster, nationalistischer Geheimbund Ku-Klux-Klan).
Präsident Roosevelt beginnt seine Regierung (März 1933; Wiederwahl 1936, 1940, 1944) mit drastischen Maßnahmen. Seine New-Deal-Gesetzgebung (Neuverteilung der Spielkarten) umfaßt alle Maßnahmen zur Sanierung der Wirtschaft. 1934 wird der Dollar abgewertet; es folgen Maßnahmen zur Wirtschaftslenkung, um Arbeit zu beschaffen, dennoch kann die Arbeitslosigkeit erst mit Beginn der Aufrüstung behoben werden. Einführung von Sozialversicherung und -fürsorge. Roosevelt findet Unterstützung bei den Gewerkschaften. (Eine Wendung in der Gewerkschaftsgesetzgebung und überhaupt eine Abkehr von Roosevelts New Deal bezeichnet das Taft-Hartley-Gesetz 1947.) Die seit 50 Jahren durch Konferenzen praktizierte panamerikanische Zusammenarbeit wird in liberalem Geist intensiviert.

1934 Ende der militärischen Interventionen in Südamerika (Nicaragua, Haiti, Cuba, Panama). Den Philippinen wird Unabhängigkeit versprochen. Interamerikanischer Nichtangriffspakt (Limadeklaration von 1938) bestätigt südamerikanische Unabhängigkeit; die USA leiten aus der Monroedoktrin keine Schutzherrschaft ab („Politik der guten Nachbarschaft“). Die UdSSR anerkannt. 1935 Beitritt zum Internationalen Gerichtshof.

1929 In **England** erweitert Macdonald seine Zweiparteienregierung 1931 zur Koalition aller Parteien; ab 1935 konservative Regierung Baldwin. Goldstandard aufgegeben (Sept. 1931); die skandinavischen Staaten (außer Schweden), Schweiz, Portugal, Ägypten, Kanada, Indien folgen. Konferenz von Ottawa führt 1932 gegenseitige Vorzugszölle der Empirestaaten ein.

In **Ungarn** und der **Tschechoslowakei** Sparmaßnahmen.

1931 **Italien** nimmt Zollerhöhungen vor. – Papst Pius XI. setzt die Sozial-Enzyklika Leos XIII. (1891) fort.

Frankreichs ausgeglichene Finanzpolitik wird erst 1934 durch einen großen Finanzskandal gestört; politische Unruhen folgen. Bei den Wahlen 1936 siegt die Volksfront.

3. Hitlers Kampf gegen die „Systempolitik“

Die Wirtschaftsdepression trifft in stärkstem Maße auch **Deutschland;** Ende 1930 4,4 Mill. Arbeitslose, 1932 6 Mill.

1930 **Brüning** wird Reichskanzler und versucht, auf Artikel 48
März der Verfassung gestützt, mit **Notverordnungen** den öffentlichen Haushalt zu sanieren.

Sept. Die soziale Krise bringt den Nationalsozialisten (NSDAP) bei den Reichstagswahlen 107 Sitze.

1931 Nach der Österreichischen Credit-Anstalt bricht die Darm-
Juli städter und Nationalbank zusammen. Von 7–8 Mrd. kurzfristiger Kredite hatte das Ausland Herbst 1930 die Hälfte zurückgezogen; dazu private deutsche Kapitalflucht. Auf **Hoovers** (US-Präsident 1929–1933) Empfehlung hin ermöglicht ein internationales **Schuldenfeierjahr** Kreditverlängerung. Deutschland und Österreich müssen vor dem

Sept. Völkerbund auf ihren Zollunionsplan verzichten. Höhe und Dauer der Arbeitslosenunterstützung gekürzt.

Okt. Deutschnationale, Frontkämpferbund „Stahlhelm" und NSDAP bilden die „Harzburger Front" gegen die Regierung, die von der „Eisernen Front" unterstützt wird. Täglich Saalschlachten und Straßenkämpfe der SA und SS und des Roten Frontkämpferbundes (kommunistisch).

1932 10. April **Hindenburg** wird im zweiten Wahlgang mit 19,4 Mill. Stimmen **wieder Reichspräsident** (Hitler 13,4, Thälmann 3,7 Mill.). Drei Tage später verbietet eine Notverordnung die nationalsozialistischen Kampfverbände.

30. Mai **Brüning** tritt mit seinem Kabinett zurück, da Hindenburg ihn nicht mehr stützt. Dieser ernennt v. Papen zum Kanzler, der das SA-Verbot aufhebt und die preußische Regierung Braun–Severing absetzt. Die Reichstagswahl am 31. Juli bringt der NSDAP 230 von 608 Sitzen.

19. Juni–9. Juli **Konferenz in Lausanne** beendet Reparationsproblem (S. 222f.): Streichung der deutschen Reparationen gegen Schlußzahlung von drei Mrd. Goldmark (Kriegsschuldparagraph nicht gestrichen). Die Reichstagswahl vom 6. Nov. läßt der NSDAP 196 von 584 Mandaten. General v. Schleicher wird Reichskanzler, übernimmt auch das Reichswehrministerium und versucht, die NSDAP zu spalten.

1933 Anfang Jan. verhandelt v. Papen mit Hitler in Köln über eine neue Regierung.

30. Jan. Hindenburg beruft **Hitler** zum **Reichskanzler,** der ein Kabinett mit Deutschnationalen und dem „Stahlhelm" bildet.

27. Febr. Reichstagsbrand in Berlin (Anstiftung durch Nationalsozialisten gemutmaßt) wird den Kommunisten zur Last gelegt. Verhaftungswelle.

5. März Reichstagswahlen: NSDAP erreicht 288 Mandate (44%, zusammen mit Deutschnationalen 52%); der Reichstag

1933 nimmt gegen die Sozialdemokraten das Ermächtigungs-
24. März gesetz (auf 4 Jahre) an: Hitler hat gesetzgebende und ausführende Gewalt, auch gegen die Verfassung.
Ende der parlamentarischen Republik.

1933–1938 Ausbau des nationalsozialistischen Staates: 1933 **Ausschaltung der Parteien** (KPD, SPD, DNVP, DVP, DDP und Zentrum). Gesetz gegen Neubildung politischer Parteien schafft **Einparteienregime.** Reichsstatthalter in den Ländern stellen praktisch **Einheitsstaat** her. Nichtarische Beamte und Staatsangestellte werden entlassen; Nürnberger Gesetze (1935) verbieten Heiraten von Ariern mit Juden und nehmen Juden das Bürgerrecht; Anzeigepflicht für jüdisches Vermögen; auswandernde Juden müssen einen Teil ihres Vermögens abtreten. 9. Nov. 1938 organisierter Terror gegen Juden und ihre Habe; teilweise Ausrottung in Vernichtungslagern. Hitler strebt extremen völkischen Staat an. Hakenkreuzflagge wird Reichs- und Handelsflagge.

Rechtswesen: Volksgerichtshof eingesetzt; Schutzhaft ermöglicht Einlieferung in **Konzentrationslager** ohne Urteilsspruch. In Lagern politische Gegner mit kriminellen Elementen vermischt; Häftlinge zu schwersten Arbeiten eingesetzt und als medizinische Versuchsobjekte benutzt. Hitlers Wille ist oberstes Gesetz. Rechtsstaat aufgehoben.

Wirtschaftsleben: Nach **Auflösung der Gewerkschaften** (Mai 1933) dient deren Vermögen zur Schaffung der korporativ gegliederten **Deutschen Arbeitsfront;** Streiks verboten. Große öffentliche Arbeiten, Arbeitsdienst und später Wehrpflicht beheben die Arbeitslosigkeit. Vierjahresplan soll Deutschland von der Weltwirtschaft unabhängig machen. **Kirchliches Leben:** Einengung des religiösen Lebens; Gottesdienst und Seelsorge frei. Protestantischer Reichsbischof ernannt: Gegenwehr der Bekennenden Kirche (z.B. Pastor Niemöller). Mit dem Vatikan Konkordat abgeschlossen (1933), doch bald provozierte Prozesse gegen Geistliche; Gegenwehr u. a. von seiten des Bischofs von Münster, Graf v. Galen.
Erziehung: Verbot bündischer Jugend und kirchlicher Jugendverbände zugunsten einer **Staatsjugend** (HJ = Hitler-Jugend) mit strikter nationalsozialistischer Lenkung.

1933 Einschneidende Veränderungen auch im außenpolitischen
Okt. Verhalten. Mit dem **Austritt aus dem Völkerbund** (Japan ist bereits im März ausgeschieden) wird das **System kollektiver Bindungen** aufgegeben.

1934 Der deutsch-polnische Vertrag ist der erste aus der Reihe zweiseitiger Verträge Hitlers. Frankreich (Außenminister Barthou) wendet sich gegen die Erhöhung der militärischen Ausgaben seitens Deutschlands. Okt. 1934 werden Barthou und König Alexander I. v. Jugoslawien in Marseille ermordet. Anzeichen einer Isolierung Deutschlands.

30. Juni Bei vorgeblichem Putschversuch des SA-Stabschefs Röhm wird dieser nebst Gegnern der Nationalsozialisten ermordet (v. Schleicher; Gregor Strasser u. a.). Ausschaltung der militärischen Bestrebungen der SA; die Reichswehr bleibt „Waffenträger der Nation“.

2. Aug. **Tod Hindenburgs. Hitler vereinigt das Amt des Reichspräsidenten mit dem des Reichskanzlers** und erhält so den Oberbefehl über die Reichswehr.

1935 Die in Versailles vorgesehene Saarabstimmung ergibt 91% der Stimmen für Deutschland. Rückgliederung am 1. März; Saargruben zurückgekauft.

März Frankreich verkündet zweijährige Dienstzeit. **Hitler führt allgemeine Wehrpflicht ein.** England, Frankreich, Italien protestieren in Stresa; **Frankreich schließt** ein **Bündnis mit der UdSSR,** die 1934 dem Völkerbund beigetreten ist.

Juni Weiteres zweiseitiges Abkommen: **Deutsch-englisches Flottenabkommen** bringt quantitative Rüstungsbeschränkung; Stärkeverhältnis der Flotten auf 35:100 festgelegt.

1936 Die deutsche Wehrmacht besetzt das entmilitarisierte
März Rheinland und stellt damit die volle militärische Souveränität wieder her; gleichzeitig kündigt das Deutsche Reich den Locarnovertrag.
Volksbefragung, verbunden mit Reichstagswahlen, bringt 99% Ja-Stimmen für die Außenpolitik Hitlers.

Okt. Hitler schließt Verträge mit Italien und Japan **(Achse Ber-**
Nov. **lin–Rom, Antikominternpakt).**

4. Der Abessinienkonflikt (1935–1936)

Mussolini hatte sich 1934 anläßlich des nationalsozialistischen Aufstandes in Österreich (S. 231) für Österreichs Unabhängigkeit eingesetzt und dadurch Spannungen mit Hitler verursacht. Die französische Regierung Laval gibt seinen Ansprüchen auf Abessinien stark nach, um ihn gegen Deutschland zu gewinnen.

1935 Beginn der *Eroberung Abessiniens* (seit 1930 unter Kaiser
3. Okt. Haile Selassie) ohne Kriegserklärung. Der Völkerbund erklärt Italien zum Angreifer und verhängt gegen dieses Sank-

tionen, die wirkungslos bleiben. Italienische Truppen dringen schnell tiefer in das Land ein; Haile Selassie legt die Staatsgeschäfte nieder und geht außer Landes.

1936 Mai **Hauptstadt Addis Abeba besetzt.** Mussolini spricht Annexion Abessiniens aus und vereinigt es mit Eritrea und Italienisch-Somaliland zu Italienisch-Ostafrika. König Viktor Emanuel III. nimmt den Titel Kaiser von Äthiopien an und wird von Deutschland, Österreich und Ungarn anerkannt; 1938 Anerkennung durch die Westmächte (Rücktritt Edens).

1937 Dez. Italien verläßt den Völkerbund.

5. Der Spanische Bürgerkrieg (1936–1939)

1931 Nach dem Ende der Diktatur Primo de Riveras **dankt Alfons XIII.** ab. Wiedererrichtung der Demokratie, Bodenreform, Autonomie Kataloniens.

1936 Bei den Februarwahlen siegt die **Volksfront** (Republikaner, Syndikalisten, Sozialisten und Kommunisten).

18. Juni Beginn des **Bürgerkriegs** mit einer Militärrevolte in Spanisch-Marokko, die schnell auf Spanien übergreift. Von Süden und Norden Marsch auf Madrid, wo der Aufstand mißlungen ist. Gegenregierung in Burgos gebildet. Franco findet Hilfe bei Deutschland und Italien, die Volksfrontregierung in Madrid bei Frankreich und der UdSSR.

30. Sept. General **Franco Staatschef** in Burgos. Deutschland und Italien erkennen Franco an. England und Frankreich (seit Juni Volksfrontregierung Léon Blum) beschließen **Nichteinmischung,** der 20 Staaten beipflichten. Die Einnahme Barcelonas sowie die Übergabe Madrids und Valencias bedeuten das Ende des mit großer Grausamkeit geführten Bürgerkriegs. Spanien tritt aus dem Völkerbund aus.

1939 Jan. Mai

6. Der Chinakonflikt (1931–1939)

Japan, das im Weltkrieg England und USA von vielen Absatzmärkten mit Hilfe einer neu aufgebauten Industrie verdrängt und nach dem Krieg von der Schwächung Rußlands und Deutschlands profitiert hat, wird von zwei großen Trusts beherrscht, die auch die beiden Parteien des Landes kontrollieren. Es leidet unter wachsender Übervölkerung, wobei die Einwanderung in klimagünstige Länder (USA, Kanada, Brasilien) unmöglich ist. Die mächtige Militärpartei will die Expansion von 1895 fortführen und greift nach dem chinesischen Festland.

1931 Sept. Ein Zwischenfall bei Mukden führt zum **Eindringen der Japaner in die Mandschurei.** China boykottiert wirksam
1932 Jan. japanische Waren, woraufhin die Japaner bei Schanghai landen. Hartnäckige Kämpfe.

Febr. Es entsteht das Kaiserreich **Mandschukuo** unter japanischem Einfluß, dem die UdSSR ihre Rechte an der Ostchinesischen Eisenbahn abtritt.

Japan verläßt den Völkerbund (März 1933).

1937 Die Japaner beginnen ohne Kriegserklärung den **Feldzug gegen China,** dessen Erstarken sie fürchten. Tschiang Kaischek söhnt sich mit den Kommunisten aus und schließt einen Nichtangriffspakt mit der UdSSR. Die USA erklären Japan zum Angreifer und stellen den Bruch von Kelloggpakt und Neunmächteabkommen fest; Roosevelt fordert „Quarantäne" für die Friedensstörer. Die Japaner besetzen im November Schanghai, im Dezember Nanking, landen bei Hongkong, nehmen Hankau und Kanton. Ihre Operationen gewinnen nur Städte und Verkehrswege; im Hinterland Kleinkrieg. Der Konflikt geht in den Weltkrieg über.

1939 Juli Die USA kündigen vorzeitig den Handelsvertrag mit Japan von 1911.

7. Die österreichische Frage (1934–1938)

Nach dem Verzicht auf die Zollunion (S. 227) errichtet Bundeskanzler **Dollfuß** in Österreich, auf die „Heimwehr" ge-
1933 stützt, einen **autoritären Ständestaat** und verbietet die Nationalsozialistische und 1934 die Sozialistische Partei.

1934 Juli **Dollfuß** wird bei einem nationalsozialistischen Putsch **ermordet**. Gegen eine eventuelle Einmischung Hitlers marschieren italienische Truppen an der Grenze auf. Bundeskanzler **Schuschnigg** führt die allgemeine Wehrpflicht ein (1936).

1938 Febr. **Schuschniggs Besuch bei Hitler** führt zur Amnestie für österreichische Nationalsozialisten und ihrer Aufnahme in die Regierung (Seyß-Inquart Innenminister). Tumulte in Graz und Steiermark. Schuschnigg plant Volksabstimmung, die innerhalb von drei Tagen stattfinden soll. Ein **Ultimatum Hitlers** zwingt ihn zum Rücktritt.

11. März **Einmarsch der deutschen Wehrmacht** ohne Widerstand. Anschluß an das Deutsche Reich verkündet.

8. Die tschechische Krise (1938–1939)

1924 tschechisches Bündnis mit Frankreich, 1935 mit der UdSSR (deren Eingreifen jedoch nur gemeinsam mit Frankreich vorgesehen ist). Dez. 1935 folgt Benesch Masaryk als Präsident.

1938 Die Sudetendeutsche Partei unter Henlein fordert Autonomie für die Sudetendeutschen. Prag mobilisiert, lenkt aber auf Wunsch der englischen und französischen Regierung ein.
Aug. Weitere Unruhen im Sudetenland. Hitler fordert Selbstbestimmung für die Sudetendeutschen. Die kritische Lage
Sept. veranlaßt den englischen Premier Neville **Chamberlain** zu einem Besuch **in Berchtesgaden,** dem eine Besprechung mit Hitler in **Godesberg** folgt: Hitler befristet die Abtretung des Sudetengebietes auf 1. Okt.; Prag lehnt ab. Hitlers Rede im Sportpalast bezeichnet diese Forderung als letzte aus der Versailler Revision. Durch die englischerseits angeregte Vermittlung Mussolinis bewogen, beruft Hitler die
29. Sept. **Münchener Konferenz** (Hitler, Mussolini, Chamberlain, Daladier). Sie regelt die Abtretung und garantiert den Rumpfstaat; sie billigt auch polnische und ungarische Gebietsansprüche. **Deutsch-englische Nichtangriffserklärung.**
1.Okt. Die Wehrmacht rückt in die sudetendeutschen Gebiete ein; Hitler hat seine Forderungen voll durchgesetzt. Polen
2.Okt. erhält das Olsagebiet. 5. Okt. Rücktritt und Abreise Beneschs. Bildung einer slowakischen (6. Okt.) und einer karpatenukrainischen (8. Okt.) Regierung. Der 1. Wiener
2.Nov. Schiedsspruch teilt Ungarn slowakisches Gebiet zu. Hácha wird Präsident des tschechoslowakischen Reststaates.
1939 Nach Loslösung und **Verselbständigung der Slowakei** (Karpatenukraine an Ungarn) kommt das verbleibende tsche-
16.März chische Gebiet als **Protektorat Böhmen und Mähren** an das Deutsche Reich, nachdem Hácha unter Druck zugestimmt hat und die Tschechei von deutschen Truppen besetzt ist. Kurz darauf gibt Litauen das 1923 von ihm besetzte Memelgebiet an Deutschland zurück.

D. Der Zweite Weltkrieg (1939–1945)

1. Vorgeschichte

1939 Mussolini besetzt, die tschechische Krise ausnutzend, Alba-
7.April nien. England garantiert griechische Sicherheit. Hitler
28.April beantwortet im Reichstag die Mahnung Roosevelts an ihn und Mussolini, sich weiterer Überfälle zu enthalten, ab-

1939 lehnend. Er lädt gleichzeitig die kleineren Nachbarstaaten zu Nichtangriffspakten mit Deutschland ein (die Estland, Lettland, Dänemark bald abschließen), kündigt den deutsch-polnischen Nichtangriffspakt von 1934.

22. Mai Abschluß eines **Militärbündnisses Deutschland–Italien** (Stahlpakt). England führt am 26. Mai die allgemeine Wehrpflicht ein. In der gespannten Lage wirkt als überraschendes

23. Aug. Ereignis der **deutsch-russische Nichtangriffspakt,** dem ein Wirtschaftsabkommen vorausgegangen war; ein geheimes Zusatzprotokoll teilt Ostpolen, Estland, Lettland, Finnland und Bessarabien der russischen, Westpolen und Litauen der deutschen Interessensphäre zu. Hitler bietet nach diesem Prestigeerfolg England militärischen Schutz des Empire, Grenzgarantie im Westen und Rüstungsbeschränkungen gegen freie Hand in Polen an. Die Nachricht von einem **polnisch-englischen Bündnis** mit Garantieerklärung und erneute Weigerung Mussolinis, am Krieg teilzunehmen, lassen Hitler zunächst den zum 26. Aug. geplanten Einmarsch in Polen aufschieben. Die Bemühungen Londons und Paris' um direkte Verhandlungen zwischen Hitler und Polen sowie die Vermittlung des Schweden Dahlerus bleiben erfolglos.

29. Aug. Hitler fordert nun den ganzen Korridor und Erscheinen eines polnischen Unterhändlers zum 30., der bis dahin nicht eintrifft.

2. Der Polenfeldzug

1939

1. Sept. früh **Deutsche Truppen überschreiten die Grenze Polens,** das am 30. Aug. mobilisiert hat. Italien erklärt sich als nicht kriegführend.

3. Sept. **Englische und französische Kriegserklärung an Deutschland.** Australien, Indien, Neuseeland, Südafrika (Smuts neuer Ministerpräsident) und Kanada folgen.

17. Sept. Es beginnt der sowjetische Einmarsch in Ostpolen.

27. Sept. Nach schwerem Luftangriff **kapituliert** auch **Warschau.** Danzig und die Weichselmündung kommen zum deutschen Staatsgebiet. **Polen** bis zum Westlichen Bug wird deutsches **Generalgouvernement;** Ostpolen besetzen die Sowjetrussen; Litauen, fast ganz in den russischen Interessenbereich einbezogen, erhält Wilna zurück und räumt, wie Lettland und Estland, Rußland **See- und Luftstützpunkte** ein; Umsiedlung der Deutschen aus Lettland und Estland. Finnland lehnt entsprechende russische Forderungen ab und hält die Mobilisierung aufrecht.

1939 30. Nov. Beginn des **Winterkrieges** Rußland–Finnland, der
1940 mit dem Frieden von Moskau endet. Mit diesem gibt Finnland
12. März den Widerstand gegen die russische Übermacht auf, es muß ostkarelisches Gebiet und Wiborg abtreten sowie Hangö verpachten.

3. Der Krieg in Norwegen und Dänemark

Die Furcht, daß sich die Gegner in Skandinavien festsetzen, die Oberhand in der Ostsee erlangen und Deutschland vom Bezug des schwedischen Erzes abschneiden könnten, bestimmt die deutsche Regierung zur Landung in Norwegen und zur Besetzung Dänemarks. Bei den Alliierten waren entsprechende Unternehmen erwogen worden.

1940 **landen deutsche Einheiten** trotz Verminung der Küste
9. April durch die Engländer **in Norwegen.** Nach heftigen Kämpfen mit norwegischen und gelandeten alliierten Truppen ist Ende April praktisch ganz Norwegen in deutscher Hand. König Haakon VII. bildet in London eine Exilregierung, Norwegen wird dem Reichskommissar Terboven unterstellt. Der gleichzeitig mit dem Norwegenunternehmen beginnende Einmarsch in Dänemark findet keinen Widerstand. England besetzt Island und die Färöer; die USA nehmen 1941 Grönland und ersetzen auf Island, das sich von Dänemark gelöst hat, die englische Besatzung.

4. Der Krieg im Westen

An der Westfront (Westwall und Maginotlinie) finden bis Mai 1940 keine größeren Kampfhandlungen statt.

1940 **10. Mai Angriff auf Belgien, Holland und Luxemburg.**
14. Mai Das holländische Oberkommando kapituliert; Königin Wilhelmina geht mit der Regierung nach London.
Ein Durchbruch deutscher Panzer bei Sedan und ihr Vorstoß nach Abbeville teilen die feindliche Front. Bis zum
4. Juni muß sich der nördliche Teil der alliierten Truppen ohne Ausrüstung in **Dünkirchen** einschiffen. Der belgische König hat am 28. Mai kapituliert und wird von der Exilregierung abgesetzt. Italien, am 10. Juni in den Krieg eingetreten, rückt in Südfrankreich ein. Nach dem Fall von Paris (14. Juni) geht die französische Regierung Reynaud über Tours nach Bordeaux.

1940 Die neue französische Regierung Pétain schließt in Com-
22. Juni piègne einen **Waffenstillstand** (am 24. auch mit Italien). Drei Fünftel Frankreichs werden besetzt, darunter die ganze Atlantikküste. Während de Gaulle im Ausland neue bewaffnete Kräfte organisiert und in Nord- und Westafrika einsetzt, richtet Pétain als Staatschef in **Vichy** (unbesetztes Frankreich) ein **autoritäres Regime** unter **Laval** ein, das die Beziehungen zu England abbricht, als England in Oran das französische Geschwader vernichtet, damit es nicht in deutsche Hände fällt. Spanien weigert sich, in den Krieg einzutreten, auch die Pétain-Regierung Frankreichs lehnt eine militärische Zusammenarbeit ab.
Die deutsche Luftwaffe beginnt Anfang August ein Luftbombardement englischer Flughäfen und Industrieanlagen, das sie nach britischen Angriffen auf Berlin seit September auf britische Städte ausdehnt. Die britische Luftwaffe kann nicht bezwungen werden; der Plan einer Invasion wird aufgegeben. Eine Blockade der Britischen Inseln durch U-Boote und Minen soll die vom ersten Kriegstag an verhängte englische Blockade Deutschlands beantworten.
Ende des Jahres übernimmt Eden das Außenamt in der **Regierung Churchill,** die als Koalitionsregierung seit
10. Mai amtiert.

5. Politische Verschiebungen

1940 Juli–Aug. Litauen, Lettland, Estland werden in die UdSSR
Juni eingegliedert. Im Südosten muß Rumänien an die UdSSR Bessarabien und die Nordbukowina, später an Ungarn (2. Wiener Schiedsspruch, 30. Aug.) Nordsiebenbürgen und an Bulgarien die südliche Dobrudscha abtreten. Rumänien, wo Michael König wird, schließt sich, wie Ungarn, die Slowakei und Kroatien, dem am
27. Sept. zustande gekommenen **Dreimächtepakt Deutschland–Italien–Japan** an, der die „neue Ordnung“ in Ostasien und Europa zum Ziel hat.
Die Japaner nehmen im September ganz Indochina anstatt der ihnen dort von Vichy zugestandenen Luftstützpunkte. Nur langsam entschließen sich die USA, ihre Neutralitätspolitik aufzugeben, bis schließlich das **Leih- und Pachtgesetz** in Kraft tritt, das Lieferungen an Staaten vorsieht, die für die amerikanische Verteidigung lebenswichtig sind. Ein **Antistreikgesetz** stellt ab **1943** alle Streiks in den USA unter schwere Strafe.

6. Afrika

1940 Im Sommer besetzen die Italiener Britisch-Somaliland und fallen in Ägypten ein, werden jedoch von britischen Truppen zurückgedrängt (Verlust der Cyrenaika). Mit Unterstützung des **deutschen Afrikakorps** unter Rommel gelingt
1941 die italienische Rückeroberung der Cyrenaika, außer To-
April bruk, bis zur ägyptischen Grenze.

1942 Im Juni gelingt Rommel nach Einnahme Tobruks der Vorstoß bis zur el-Alamein-Stellung (100 km westlich Alexandrias), jedoch zwingt ihn die britische Offensive unter Montgomery zum Rückzug bis Benghasi. Abermaliger Verlust der Cyrenaika.

7. Der Krieg auf dem Balkan

1940 Der europäische Südosten gerät in den Krieg, als **italieni-**
Okt. **sche Truppen** unvermutet **Griechenland angreifen.** Deutsche Hilfe muß die Italiener bald gegen die nach Albanien vordringenden Griechen unterstützen. Englische Kräfte landen auf Kreta und anderen griechischen Inseln.

1941 **Bulgarien** tritt dem Dreimächtepakt bei und wird **von der**
März **deutschen Wehrmacht besetzt.** Auch Jugoslawien schließt sich dem Dreimächtepakt an, widerruft nach Sturz der
April Regierung und schließt einen Nichtangriffspakt mit der UdSSR.

6. April Beginn des **Einmarsches deutscher Truppen in Jugoslawien,** das am 17. April kapituliert. **Kroatien löst sich** aus dem jugoslawischen Staatsverband.

6. April **Das deutsche Heer** rückt auch **in Griechenland** ein, überwindet die Metaxaslinie; die griechischen Hauptkräfte in Albanien werden abgeschnitten; das griechische Heer kapituliert. Etwa drei Wochen später landen deutsche Fallschirmjäger auf Kreta und zwingen die Engländer zum Abzug.

Juni Hitler schließt einen Freundschaftsvertrag mit der Türkei.

8. Vormarsch in der Sowjetunion

1941 Die UdSSR hat im März mit der Türkei, im April mit Japan einen Nichtangriffspakt geschlossen.
An der ganzen Grenze werden am
22. Juni von den deutschen Truppen die Feindseligkeiten gegen

1941 Rußland eröffnet. Militärisch wichtig ist gleich zu Beginn die **Überlegenheit der deutschen Luftwaffenverbände.**
Die nördlichen Heeresteile ziehen über Riga, zwischen Ilmen- und Peipussee hindurch gegen **Leningrad.** Die Finnen nehmen Wiborg und bleiben dann an der alten finnisch-sowjetischen Grenze stehen. In der Mitte geht der Vormarsch über Bialystok, Minsk und Smolensk in die Gegend von Wjasma und Brjansk (Umfassungsschlachten) und führt im Oktober bis vor **Moskau.** Die sowjetische Regierung geht nach Kujbyschew. Der eisige Winter und starke Gegenangriffe sibirischer Verbände fügen den nicht winterlich ausgerüsteten deutschen Truppen schwere Verluste zu und zwingen sie zum Rückzug.
Die deutschen Armeen im Süden erreichen **Kiew** und **Odessa** und gelangen über Charkow, Taganrog und Perekop Ende
Nov. Oktober auf die **Krim.** Überall Zurückgehen in eine kürzere Frontlinie sowie Übergang zur **Verteidigung gegen die** starken **russischen Angriffe.** Hitler übernimmt im Dezember anstelle v. Brauchitschs den Oberbefehl über das Heer. **Deutschland** steht nun **im Zweifrontenkrieg.**

9. Abkommen zwischen den Alliierten

1941 Roosevelt und Churchill verkünden die **Atlantikcharta:**
14. Aug. Sie fordern bei Gebietsveränderungen die Zustimmung der betroffenen Bevölkerung, freie Wahl der **Regierungsform** für alle Nationen. Sie proklamieren freien **Zugang zu den Rohstoffen** für alle Völker, soziale Besserstellung der Massen, **Freiheit zur See, Freiheit von Furcht, Not und Gewalt.** 15 Nationen treten der Charta bei.

Ende Russen und Briten besetzen Iran (Ölvorkommen!). Anfang
Aug. 1942 sichern sie dem Land Unversehrtheit und Unabhängigkeit zu. 1943 erklärt Iran Deutschland den Krieg.

1942 Großbritannien und die UdSSR schließen einen Bündnis-
Mai vertrag auf 20 Jahre.

10. Ostasien

1941 Japan beginnt den Krieg gegen die USA mit einem über-
7. Dez. raschenden See- und Luftangriff auf **Pearl Harbor,** bei dem 19 US-Schiffe versenkt oder schwer beschädigt werden.

8. Dez. Die **USA und England erklären Japan den Krieg,** am 11. Dez.

Kriegserklärung Deutschlands und Italiens an die USA. Im Laufe des Jahres 1942 brechen die meisten südamerikanischen Staaten die diplomatischen Beziehungen zu den Achsenmächten ab.

Die **Angriffe Japans** richten sich **gegen** die **Philippinen** und **Niederländisch-Indien,** auf dem Festland führt der Vorstoß über **Thailand** und **Malaya** mit der Einnahme von **Hongkong** und **Singapur** bis nach **Inselindien** (März 1942). Erst
1942 die Schlacht bei den **Midwayinseln** bringt die Wende.
Juni Es gelingt den Amerikanern unter Einsatz riesiger Materialmengen bei Luftwaffe und Flotte, den Japanern im **Sprung von Insel zu Insel** eine nach der anderen wieder abzunehmen. Jedoch bleiben die von den Japanern besetzten Gebiete nach ihrer Rückeroberung Zellen des Widerstands gegen die europäischen Kolonialmächte (vgl. S. 288ff.).

11. Stalingrad und die übrige Ostfront

Zwar häufen sich infolge immer regerer **Partisanentätigkeit** hinter der Front die Schwierigkeiten für das deutsche Heer schon im Winter 1941/42, aber die **deutsche**
1942 **Sommeroffensive,** die die Eroberung der Kaukasusölgebiete und die Abschnürung der Wolga zum Ziel hat, führt noch einmal zu großen Erfolgen. Die deutschen Truppen erreichen den Don und überschreiten ihn stellenweise; die **6. Armee unter Paulus** erreicht die Wolga nördlich von **Stalingrad.** Um die Stadt und ihre Fabrikanlagen entwickeln sich heftige Kämpfe, die Offensive
Okt. bleibt jedoch auch hier stecken.
19./20. Südlich von Stalingrad tritt die Rote Armee zum Gegen-
Nov. angriff an. Sie stößt durch die rumänische 3. und 4. Armee und schneidet in einer Zangenbewegung die 6. Armee (284000 Mann) ab. Hitler verbietet Paulus einen Ausbruchsversuch – ein Entsatzversuch von Südwesten her scheitert. Die Versorgung durch die Luft ist unzureichend. **Die deutschen Kräfte** müssen nach Aufspaltung des Kessels in zwei Teile **kapitulieren** (31. Jan. Hauptteil unter Paulus, 2. Febr. die restlichen Kräfte, insgesamt 90000 Mann; 146300 Gefallene nach sowjetischen Angaben).
1943 Juli Die letzte deutsche Offensive im Osten scheitert.
Nov. Die Rote Armee beginnt wieder mit der Offensive und
1944 erreicht die polnische Grenze; sie dringt in Galizien
Jan. und Nordrumänien ein. Die Heeresgruppen Mitte und Nord
–April nehmen ihre Front nach Westen zurück.

1944 Juni Die sowjetische Sommeroffensive gelangt bis San und
Aug. Weichsel; der **polnische Aufstand in Warschau** wird nicht unterstützt und kann von den deutschen Truppen niedergeschlagen werden.
1943 löst sich die kommunistische Internationale auf.
Finnland, wo Mannerheim Präsident wird, bricht die diplomatischen Beziehungen zu Deutschland ab und bittet die UdSSR um Waffenstillstand (Unterzeichnung 19. Sept. 1944).

Rumänien, das im Feldzug auf deutscher Seite gekämpft hatte, streckt Ende August die Waffen, nachdem König Michael den Ministerpräsidenten General Antonescu entlassen hat, und wird von der Roten Armee besetzt. Abschluß des Waffenstillstands am 12. Sept.

5. Sept. Die UdSSR erklärt **Bulgarien** den Krieg und besetzt das Land vollständig. Am 28. Okt. Unterzeichnung des Waffenstillstands. Am
20. Okt. sind sowjetische und jugoslawische (Tito-) Truppen in **Belgrad.**
Von Rumänien aus rückt die Rote Armee gegen **Ungarn** vor, das seit März von deutschen Truppen besetzt ist. Budapest wird bis Febr. 1945 gehalten.
Ende 1944 dringen die Sowjettruppen die Donau entlang, durch Polen und durch Litauen gegen die deutsche Grenze vor. Alle bisherigen Verbündeten, außer Japan, erklären Deutschland den Krieg.

12. Landungen in Nordafrika und Südeuropa

1942 Eine umfangreiche **amphibische Landungsoperation** geht
7.–8. Nov. in **Marokko** und **Algerien** unter Befehl General Eisenhowers vor sich. Der Vichy-Admiral Darlan unterstützt sie; ihm folgt nach seiner Ermordung der aus deutscher Gefangenschaft entwichene General Giraud, der 1943 mit de Gaulle ein „Komitee für die nationale Befreiung" bildet.

9.–11. Nov. Die deutsche Wehrmacht besetzt Tunis und Südfrankreich. In Toulon versenken die Franzosen ihre Kriegsschiffe selbst.
Das deutsche Afrikakorps wird nun von zwei Seiten an-
1943 gegriffen: die Engländer unter Montgomery gewinnen im Januar Tripolis, brechen Ende März in **Südtunesien** ein und vereinigen sich mit den von Westen einrückenden US-Truppen; Tunis und Biserta genommen. Im Mai ist der

1943 Widerstand des Afrikakorps beendet; Rommel war bereits vorher abberufen worden. Die Achsenmächte verlieren in Afrika etwa 1 Mill. Menschen.

Der Besitz der Küste Nordafrikas ist für die Alliierten Voraussetzung für eine Landung in Südeuropa, deren Durchführung auf der **Konferenz in Casablanca** (14.–26. Jan.) zwischen Roosevelt und Churchill besprochen wird; außerdem einigen sie sich, die **bedingungslose Kapitulation** der Achsenmächte zu fordern.

10. Juli **Die Alliierten landen auf Sizilien.** Daraufhin (25. Juli) tritt Mussolini zurück und wird verhaftet. Nach seiner Befreiung durch deutsche Truppen (12. Sept.) bildet er eine Gegenregierung in Salò am Gardasee. Die neugebildete Regierung

3. Sept. unter Marschall **Badoglio nimmt die bedingungslose Kapitulation an.** Die deutsche Wehrmacht besetzt daraufhin die wichtigsten italienischen Städte und entwaffnet die Italiener. Nachdem US-Truppen in Salerno gelandet und in Neapel eingedrungen sind, hält die **Front** längere Zeit **bei Monte Cassino.**

1944 Jan. Eine alliierte Landung bei Anzio und Nettuno bringt die Front wieder in Bewegung. Rom (offene Stadt) fällt am 4. Juni, Florenz im August. Dann steht die **Front in Oberitalien bis April** 1945. **Mussolini** wird auf der Flucht in die

1945 April Schweiz von italienischen Partisanen bei Como **erschossen.**

13. Die Invasion in der Normandie

1943 Nov. Auf der **Konferenz in Teheran** einigen sich Roosevelt, Stalin und Churchill über die Landungen im Westen.

1944 In England werden alliierte Truppen und Material bereit-

6. Juni gestellt für die **Invasion in der Normandie,** die mit 6400 Landungsfahrzeugen unter dem Schutz der alliierten Schlachtflotte und starker Luftwaffenverbände mit Hilfe künstlicher Häfen erfolgt. Die deutsche Abwehrfront wird zurückgedrängt. Am 31. Juli gelingt den Amerikanern der Durchbruch bei **Avranches.** Am

15. Aug. führt auch die **Landung** der Alliierten **an der Riviera** zu einem vollen Erfolg.

25. Aug. General de Gaulle zieht in Paris ein.

17. Sept. Ein alliiertes Luftlandeunternehmen bei Arnheim in Holland scheitert.

1944 Generalfeldmarschall Model eröffnet überraschend die
16. Dez. **Ardennenoffensive,** die noch vor ihrem ersten Ziel, dem Erreichen des Maasbogens, steckenbleibt.

14. Das Ende des Krieges

1943 In **Deutschland** richten sich die großen englischen und amerikanischen Tages- und Nachteinflüge nicht nur gegen Industrie- und Verkehrsanlagen, sondern auch gegen die Wohnviertel der großen Städte (Köln, Wuppertal, Hamburg, Berlin, Dresden). Um die Leistung der **Industrie** vergrößern zu können, wird aus den besetzten Gebieten eine sehr große Anzahl **Fremdarbeiter** (Arbeitseinsatz seit 1942 unter Sauckel) nach Deutschland gebracht.

Aug. Himmler wird Innenminister. Gegen die **Aufstandsbewegungen in den besetzten Gebieten** wird rücksichtslos vorgegangen: in Frankreich Zerstörung von Oradour-sur-Glane und Tötung aller Einwohner; Ausrottung der männlichen Einwohner von Lidice (Tschechoslowakei) als Vergeltung für Heydrichs Ermordung.

1944 Nach Fehlschlagen des von Oberst Graf Schenk v. Stauffen-
20. Juli berg und der Widerstandsbewegung (im Führerhauptquartier) unternommenen **Bombenattentats auf Hitler** grausame Hinrichtung der Beteiligten (u.a. v. Witzleben, v. Hassell, Goerdeler, Leuschner); durch Selbstmord enden u.a. v. Kluge, Beck, Rommel.

Sept. Alle waffenfähigen Männer zwischen 16 und 60 Jahren werden zum **„Volkssturm“** eingezogen.

1945 Während die Sowjettruppen nach ihrem Durchbruch bei Baranow die Weichsel überschreiten und die deutsche Mittelfront aufbrechen, erreichen die Amerikaner Köln und überschreiten am

7. März die infolge Befehlsverweigerung nicht zerstörte **Rheinbrücke bei Remagen.**

4.–11. Febr. In **Jalta** legen Roosevelt, Stalin und Churchill das endgültige militärische Vorgehen sowie Besetzung, Kontrolle und Reparationen des besiegten Deutschland fest. Eintritt der UdSSR in den Krieg gegen Japan; die UdSSR erhält dafür die Kurilen und Südsachalin, Anrechte in der Inneren Mongolei (Wahrung der chinesischen Souveränität) und auf die pazifischen Häfen (Dairen, Port Arthur); Status quo der Äußeren Mongolei (= Mongolische Volksrepublik) bleibt erhalten. Die Ostchinesische und Süd-

1945 mandschurische Eisenbahn unter chinesisch-sowjetischer Verwaltung. Zugleich wird eine neue **allgemeine internationale Organisation** vorgesehen, die **Sicherheit und Frieden der Welt** garantieren soll (s. UN, S. 245f.).

März Argentinien erklärt Deutschland und Japan den Krieg.

12. April **Roosevelt stirbt;** Nachfolger Vizepräsident Truman. Die **Amerikaner** treffen **an der Elbe** mit den **Russen** zusammen. Die Rote Armee nimmt am 9. April Königsberg, am 6. Mai Breslau. Die deutsche Bevölkerung ist bereits nach Westen geflohen bzw. wird vertrieben. Im Südosten fällt **Wien** am 13. April. **Berlin kapituliert** am 2. Mai. **Hitler** setzt Dönitz als seinen Nachfolger ein und **begeht** am 30. April **Selbstmord.**

4. Mai Dönitz läßt bei Lüneburg die Kapitulation der deutschen Truppen an der britischen Front, in den Niederlanden und Dänemark unterzeichnen. Die **Gesamtkapitulation** unter-

7. Mai zeichnet Jodl in Reims, wiederholt am 9. Mai in Berlin-Karlshorst. Die nationalsozialistischen Führer werden gefangengenommen (auch die Mitglieder der Regierung Dönitz, 23. Mai) oder begehen Selbstmord (Goebbels, Himmler).

5. Juni **Deutschland** (in den Grenzen von 1937) **wird in vier Besatzungszonen aufgeteilt** und von einem **Alliierten Kontrollrat** verwaltet (Berliner Deklaration). **Berlin** wird von Streitkräften der 4 Siegermächte besetzt; Sachsen und Thüringen von den Amerikanern geräumt und den Sowjets übergeben.

1945 Nach der Einnahme der Insel **Okinawa** beginnt die kriegs-

April entscheidende Luftoffensive gegen Japan, die ihren Höhepunkt mit dem Abwurf einer **Atombombe auf Hiroschima** (6. Aug., 206000 Tote, 163000 Verwundete) und **Nagasaki** (9. Aug., 150000 Tote und Verwundete) erreicht.

8. Aug. Auch die **UdSSR erklärt Japan den Krieg** und marschiert in die Mandschurei ein; die japanische Front bricht zusammen.

2. Sept. Unterzeichnung der **japanischen Kapitulation.** Japan wird von US-Truppen besetzt. Kaiser Hirohito bleibt, ebenso die Beamtenschaft. Nach der Kapitulation Japans Besetzung Koreas durch sowjetisch-amerikanische Truppen (S. 283).

E. Probleme der Neugestaltung nach dem Zweiten Weltkrieg

1. Die Folgen des Krieges

Millionenverluste an Toten, Vermißten und Verwundeten, die Zerstörung ganzer Städte und Gebiete sowie unersetzlicher Werte sind das Ergebnis dieses Krieges. In vielen Staaten der Welt werden schwerste finanzielle und wirtschaftliche Zerrüttungen sichtbar. Mißtrauen und Angst lassen dringende Forderungen nach Sicherheit unter internationaler Kontrolle entstehen.

2. Die Maßnahmen des Kontrollrates in Deutschland

1945 2. Aug. Die Verlautbarungen des Kontrollrates in Deutschland beruhen im einzelnen auf den Beschlüssen von **Potsdam** (verhandelt durch: Truman, Stalin und Churchill, den nach dem Labourwahlsieg Attlee ersetzt). Sie umfassen: Entwaffnung und Entmilitarisierung Deutschlands; planmäßige Entnazifizierung; Prozesse gegen Kriegsverbrecher; Verbot, Kriegs- oder kriegswichtiges Material herzustellen (entsprechende Überwachung wissenschaftlicher Forschung sowie der Ein- und Ausfuhr); Förderung der Friedensindustrie bei Auflösung der Konzerne. Eine politische Einheit Deutschlands ist nicht vorgesehen, wirtschaftlich soll es jedoch als Ganzes behandelt werden. Reparationen sollen in Sachwerten entnommen werden, und zwar innerhalb von zwei Jahren. Endgültige Festlegung der deutschen Grenzen bleibt dem Friedensvertrag vorbehalten. Stadt und Gebiet Königsberg fallen an die UdSSR.

„Die oberste Machtgewalt in Angelegenheiten, die Deutschland als Ganzes angehen", beanspruchen die Regierungen der Siegermächte, in deren Auftrag der **Kontrollrat** handelt. Die an sich schon schwierige Ernährungslage wird noch erschwert durch Gebietsveränderungen im Osten: Die Potsdamer Konferenz hat die deutschen Gebiete östlich der **Oder-Neiße-Linie** – 104 000 qkm mit ¼ der landwirtschaftlichen Nutzfläche und ⅓ der landwirtschaftlichen Bevölkerung Vorkriegsdeutschlands – in die **Verwaltung Polens** gegeben, das 180 000 qkm östlich der **Curzon-Linie** an die UdSSR abtritt. Aus den Polen übergebenen Gebieten, aus der Tschechoslowakei und Ungarn werden die nicht geflohenen Deutschen ausgewiesen (insgesamt etwa 12,4 Mill.). Vertagung des Friedensvertrags bis zur Einsetzung einer deutschen Zentralregierung. Ansatzpunkte politischer Neugestaltung sind von den Befehlshabern gebildete **Länder:** in der sowjetischen Zone Brandenburg, Mecklenburg, Sachsen, Sachsen-Anhalt, Thüringen; in der amerikanischen Zone Bayern, Hessen, Württemberg-Baden und später Bremen; in der britischen Zone Niedersachsen, Nordrhein-Westfalen, Schleswig-Holstein, Hamburg; in der französischen Zone Baden, Rheinland-Pfalz, Württemberg-Hohenzollern. Die Länder der Westzonen haben seit 1947 Landesregierungen auf parlamentarischer Grundlage, z.T. Verfassungen.

1947 Gesetz über die **Auflösung Preußens** (25. Febr.).

Ein Kontrollratsgesetz leitet **Prozesse wegen Kriegsverbrechen** ein. Im November 1945 beginnt das erste Internationale Militärtribunal in Nürnberg gegen 21 frühere politische Führer und Generale des nationalsozialistischen Regimes zu verhandeln. Das Verfahren dauert über ein Jahr und endet mit dem Todesurteil für 12 Angeklagte, lebenslänglichem oder langjährigem Gefängnis für die anderen; zwei werden freigesprochen. Seit 1966 nur R. Heß noch in Spandau. Der verbrecherische Charakter mehrerer Organisationen der früheren NSDAP wird festgestellt.

In den nächsten Jahren folgen Urteile gegen Wirtschaftsführer und Diplomaten, Ärzte, Wissenschaftler sowie weitere Generale gemäß Anklage wegen Verbrechens gegen die Menschlichkeit. Ab 1950 fortschreitende Amnestierung. Die Kontrollratsgesetze vom Jan. und Okt. 1946 regeln die **Entnazifizierung** nach formalen Kategorien. Später entsprechende deutsche Ländergesetze.

3. Friedensregelungen mit den ehemaligen Verbündeten Deutschlands

1946
29. Juli In **Paris** beginnen die **Verhandlungen über die Friedensverträge** mit Italien, Finnland, Ungarn, Rumänien und Bulgarien. Sie werden am 10. Febr. 1947 unterzeichnet. **Italien** behält die Grenzen von 1938 mit kleinen Korrekturen zugunsten Frankreichs und Jugoslawiens; es muß auf seine Besitzungen in Afrika, auf Ansprüche in Äthiopien und Albanien verzichten; Libyen wird 1951 unab-

hängiges Königreich, Somaliland 1960 unabhängig, Triest wird Freistaat. 100 Mill. $ Reparationen an die UdSSR, 260 Mill. an andere.
Finnland tritt an die UdSSR die Provinzen Karelien und Petsamo ab sowie Wiborg und Porkkala (dieses 1955 zurückgegeben) und verpflichtet sich zu 300 Mill. $ Reparationen, 1952 bereits bezahlt. **Rumänien** behält im wesentlichen die Grenze von 1941, gegen Ungarn die von 1938. 300 Mill. $ Reparationen. **Bulgariens** neue Grenze ist die von 1941, **Ungarns** die von 1938; Ungarns Reparationen betragen 300 Mill. $.

1951 Sept. **Friedensvertrag von San Francisco** zwischen Japan und 48 Staaten. Japan verliert alle Erwerbungen der letzten 80 Jahre. Formosa und die Pescadores werden China zurückgegeben. Die UdSSR, die diesem Vertrag nicht beitritt, beendet den Kriegszustand mit Japan 1956.

4. Die Vereinten Nationen (UN)

1945 26. Juni Nach Beratungen in Dumbarton Oaks (August bis Oktober 1944) wird in **San Francisco** von 51 Staaten die **Gründung der United Nations Organization (UNO; Vereinte Nationen = UN)** vollzogen; Sept. 1976 zählen die UN 145 Mitglieder. Wie der nun offiziell aufgelöste Völkerbund auf den 14 Punkten Wilsons, so beruht sie ideell auf der Atlantikcharta (S. 237).
Ihre **Ziele:** Frieden und Sicherheit unter den Nationen zu gewährleisten durch politische, wirtschaftliche, soziale und kulturelle Zusammenarbeit. Die Mitglieder verpflichten sich zum Verzicht auf Gewaltanwendung. Die Möglichkeit regionaler Bündnisse bleibt ihnen unbenommen; jedoch sind alle Bedingungen allen Bündnispartnern mitzuteilen.
Ihr **Aufbau:** 1. Die **Vollversammlung,** die jährlich mindestens einmal tagt und mit ⅔-Mehrheit Beschlüsse faßt. 2. Der **Sicherheitsrat** aus 5 ständigen und 10 für zwei Jahre zugewählten Mitgliedern; er überwacht die internationalen Probleme politischer und militärischer Art und sucht sie zu lösen. Seine Beschlüsse erfordern 7 Stimmen. Er kann Truppen von Mitgliedstaaten als Polizeitruppe anfordern. Das **Vetorecht** der 5 ständigen Mitglieder erweist sich bald als Hemmnis. 3. Der Wirtschafts- und Sozialrat (18 Mitglieder) mit Regionalausschüssen, dem Gesundheits- und Kulturorganisationen

unterstehen. 4. Der Treuhandschaftsrat. 5. Der Internationale Gerichtshof, dessen Entscheidungen zu befolgen die Mitglieder sich verpflichten. 6. Der Generalsekretär führt die Geschäfte. Der erste ist der Norweger Trygve Lie; der zweite der Schwede Dag Hammarskjöld (1961 mit dem Flugzeug verunglückt); es folgten der Burmese Sithu U Thant; 1971–81 der Österreicher Kurt Waldheim und seit 1982 der Peruaner Javier Pérez De Cuéllar. Sonderorganisationen sind u.a. die Internationale Arbeitsorganisation, der Internationale Währungsfonds, die Internationale Bank für Aufbau und Entwicklung (Weltbank). – Der Auslegung und Anwendung der UN-Ziele gelten u.a. folgende Resolutionen:

1948 9. Dez. **Entschließung gegen den Gruppen- und Massenmord** als Verbrechen im Sinn des Völkerrechts.

10. Dez. **Internationale Deklaration der Menschenrechte.** Der internationale Pakt über Menschenrechte Dez. 1950 beschlossen.

1966 17. Dez. **Konvention über** die wirtschaftlichen, sozialen und kulturellen **Menschenrechte** (Menschenrechtsausschuß geschaffen). – Konvention gegen die Rassendiskriminierung 1969 in Kraft. Die **Weltbank** steht vor der Schwierigkeit, daß die Kriegsfolgen viele Staaten einseitig unterstützungsbedürftig machen. Sie schafft durch Emissionen die Möglichkeit zu Anleihen für Wiederaufbau- oder weltwirtschaftlich wichtige Projekte. Schwer zu überbrücken bleibt das wirtschaftliche Gefälle zwischen den Industrienationen und den Entwicklungsländern. Im Dezember 1964 Gründung der „Konferenz der Vereinten Nationen für Handel und Entwicklung" (UNCTAD); sie tritt alle 3 Jahre zusammen; Zweck der Konferenz ist es, ein Forum zu schaffen, vor dem die Entwicklungsländer ihre Interessen gegenüber den Industriestaaten vertreten können. Der **Internationale Währungsfonds** stimmt die Währungen aufeinander ab und versucht, Ländern zu helfen, die – etwa wegen Massenarbeitslosigkeit – ihren Haushalt nicht ausgleichen können. Infolge des weltweiten wirtschaftlichen, militärischen und politischen Überengagements der USA und des steigenden Abflusses von Dollars über den Atlantik beginnt in den 60er Jahren eine allgemeine inflationäre Entwicklung, gekennzeichnet durch 3 Etappen: im März 1969 heben die USA die Golddeckung der im Umlauf befindlichen Banknoten auf; im Aug. 1971 lehnen die

	USA ab, auch von Notenbanken angebotene Dollars in Gold umzutauschen; im Febr. 1973 Abwertung des Dollars um 10 %. Allgemeine Währungs- und Wirtschaftskrise, besonders nach dem Jom-Kippur-Krieg (Einsatz der „Erdölwaffe“, S. 326).
1977	Im Mai/Juni 1977 Schlußrunde der **Nord-Süd-Konferenz** zwischen Industrieländern, Erdölstaaten und Entwicklungsländern: Stabilisierung der Rohstoffpreise und Entwicklungshilfe.
1979 Sept./ Okt.	Weltwährungskonferenz in Belgrad. Gemeinsame Front der Entwicklungsländer gegen die Währungspolitik der Industrienationen.
1980 14. Jan.	Die Vollversammlung der UN billigt mit großer Mehrheit die Forderung nach einem sofortigen Abzug aller ausländischen Truppen aus Afghanistan.
1982 Febr./ Apr.	Eine Sondersitzung der Vollversammlung verurteilt die israelische Annektion der Golan-Höhen und die Siedlungspolitik in den besetzten Gebieten.
1984	Eine Konferenz von 15 Mittelmeer-Anrainerstaaten der UN-Umweltschutzbehörde beschließt Umweltschutzmaßnahmen.
1987 20. Juli	Der UN-Sicherheitsrat verabschiedet Resolution 598 zur Beendigung des 1. Golfkrieges (Irak/Iran).
1990	UNO-Konferenzen zur Lösung regionaler Konflikte: Kambodscha (ab 16. Jan.) und Namibia (21. März).
ab 2. Aug.	Nach der irakischen Besetzung Kuwaits schnelle und geschlossene Handlungsfähigkeit der UNO in 12 Resolutionen des Sicherheitsrates.
1991 17. Jan. 28. Febr.	2. Golfkrieg: unter Berufung auf UN-Resolution 660 zwingen multinationale Truppen den Irak zur Räumung Kuwaits.
1992 9. Dez.	Intervention einer multinationalen Friedenstruppe unter USA-Führung und humanitäre Hilfsaktion in Somalia (Operation „Restore Hope“), um Bürgerkrieg und Hungersnot zu beenden.
1994 5.–13. Sept.	Dritte UNO-Weltbevölkerungskonferenz in Kairo stößt teilweise auf religiös motivierten Widerstand gegen Geburtenplanung.
19. Sept.	Invasion von US-amerikanischen Truppen in Haiti zur Wiedereinsetzung der rechtmäßigen Regierung.
1995 11. Mai	Verlängerung des Atomwaffensperrvertrages auf unbestimmte Zeit.
30. Aug.– 14. Sept.	Militärschläge der schnellen Eingreiftruppe und NATO gegen bosnische Serben im Auftrag der UN.

F. Weltpolitik und Staatengeschichte

1. Zwischenstaatliche Vereinbarungen, Entwicklung des Ost-West-Konflikts

Seit 1947 werden die Gegensätze zwischen den Großmächten immer deutlicher. Sie umfassen auf dem außenpolitischen Sektor vor allem die geteilten Staaten (Deutschland, Vietnam, Korea) und das Abrüstungsproblem (Einstellung der Kernwaffenversuche, Verbot der nuklearen Rüstung). Die Mächte suchen durch ein ausgedehntes Bündnissystem ihre Politik zu stützen, so daß sich die Welt in zwei entgegengesetzte Lager, „Ostblock" und „Westblock", spaltet. Die Gegensätze erstrecken sich auch auf die Innenpolitik und die Wirtschaft. Infolge innenpolitischer Entwicklungen in der Sowjetunion ab etwa 1985 („Glasnost" und „Perestroika") sowie Fortschritten bei der Abrüstung entspannt sich das Ost-West-Verhältnis und führt 1990 zum Ende des kalten Krieges. Deutschlands Wiedervereinigung und die Auflösung der Sowjetunion beenden die „Nachkriegszeit" und eröffnen Aussichten auf eine „Partnerschaft für den Frieden".

1947 5. Juni — Der Außenminister der USA, **Marshall**, legt einen Plan wirtschaftlicher Hilfe für ganz Europa vor, den der sowjetische Außenminister Molotow ablehnt.

1948 23. Febr. –7. Juni — Die Londoner Sechsmächtekonferenz hat als Beratungspunkte Deutschland (Wirtschaft, Reparationen, Ruhrfrage), Volksdemokratien, Marshallplan. Ergebnis: Die Beneluxstaaten treten in die Deutschlandpolitik ein, Teilnahme Deutschlands am Wiederaufbau Europas, internationale Ruhrkontrolle.

1949 25. Jan. — Gegen den Marshallplan tritt der **Osteuropäische Wirtschaftsrat** (COMECON) ins Leben, dem neben der UdSSR die Ostblockstaaten und die DDR angehören: gegenseitige Hilfe und Austausch von agrarischen und industriellen Waren. 10 westeuropäische Staaten schließen mit den USA und Kanada den **Nordatlantikpakt** (NATO): Rüstungshilfe der USA für jeden Teilnehmer. Auch Griechenland und die Türkei treten Verteidigungssystem bei.

4. April — Abrüstungsverhandlungen scheitern vorerst. Die UdSSR verfügt seit Anfang der 50er Jahre ebenfalls über atomare und thermonukleare Waffen, wenn auch die USA atomar noch überlegen sind. – Auch die Deutschlandverhandlungen bleiben erfolglos, da die UdSSR ihren Hegemoniebereich in Europa absichern will, die West-

mächte hingegen sich darin finden, die deutsche Wiedervereinigung mit den Abrüstungsmaßnahmen Schritt halten zu lassen (Berliner Konferenz Jan./Febr. 1954). Integration von BRD und DDR ins westliche bzw. östliche Bündnissystem.

1954 26. April –21. Juli — Die Fernostfragen werden auf der Genfer Konferenz behandelt. Außer den Großen Vier und Indochina sind auch die Volksrepublik China und die UN-Staaten, die Streitkräfte nach Korea entsandt haben, vertreten. Der Indochinakonflikt wird beendet (Demarkationslinie, allgemeine Wahlen 1956; Kambodscha, Laos, Vietnam werden souveräne Staaten).

Nov./Dez. — In einer Konferenz in **Moskau** stellen sich die UdSSR die Ostblockstaaten und die DDR gegen die Pariser Verträge (S. 252) und sehen gemeinsame militärische Maßnahmen vor.

1955 14. Mai — **Warschauer Militärpakt** der UdSSR mit 5 Volksdemokratien. Aufnahme der DDR im Jan. 1956.

1955 18.–24. April — Afro-asiatische **Konferenz in Bandung** mit 29 offiziellen, dazu 3 nichtoffiziellen Delegationen der Befreiungsbewegungen in Algerien, Marokko und Tunesien. Tendenz: Antikolonialismus, Antiimperialismus, Bündnisfreiheit.

1961 1. Sept. — **Konferenz von 29 Blockfreien Staaten in Belgrad** erstrebt u.a. friedliche Regelung aller Streitfragen, allgemeine und kontrollierte Abrüstung.

Da die Supermächte annähernd den gleichen Stand in der Nuklearrüstung erreicht haben („nukleares Patt"; Gleichgewicht der Abschreckung), suchen beide in Verhandlungen das atomare Potential unter Kontrolle zu halten und das Entstehen neuer Atommächte zu verhindern.

1963 5. Aug. — **Moskauer Abkommen** über die teilweise Einstellung von Atomwaffenversuchen. Fast alle Staaten der Welt treten diesem Vertrag bei (u. a. nicht Frankreich und VR China).

1967 27. Jan. — **Vertrag über die friedliche Erforschung** und Nutzung des Weltraums in Washington, London und Moskau unterzeichnet.

1968 1. Juli — Im Rahmen der Genfer Abrüstungskonferenz (Beginn 14. März 1962; noch nicht abgeschlossen) **Vertrag über die Nichtverbreitung** (non-proliferation) **von Kernwaffen** in Washington, Moskau und London unterzeichnet. Die friedliche Nutzung der Kernenergie und die

Notwendigkeit weiterer Abrüstung werden darin betont. Beide Verträge sind Zeichen eines teilweisen Arrangements zwischen den USA und der UdSSR (in Kraft am 5. März 1970).
Mit der Möglichkeit eines stabilen Ost-West-Verhältnisses befassen sich NATO und Warschauer Pakt. Die NATO schlägt eine ausgewogene Truppenverminderung für Europa vor (Konferenz von Reykjavik, Juni 1968), was der Warschauer Pakt als Verhandlungsthema akzeptiert (Budapester Konferenz, Juni 1970). Die Einberufung einer europäischen Sicherheitskonferenz (Vorschlag des Ostblocks) macht der Westen von einer befriedigenden Berlin-Lösung abhängig (Tagung in Brüssel, Dezember 1970).

1969 17. Nov. Beginn der sowjetisch-amerikanischen SALT-Runden in Helsinki (Verhandlungen über die Begrenzung strategischer Atomwaffen), die abwechselnd in Wien und Helsinki fortgesetzt werden.

1971 11. Febr. Im Rahmen der Genfer Abrüstungskonferenz „Vertrag über das Verbot der Anbringung von Kernwaffen und anderen Massenvernichtungswaffen auf dem Meeresboden und im Meeresuntergrund" in London, Moskau und Washington zur Unterzeichnung aufgelegt (in Kraft am 18. Mai 1972).

1972 9. April Vertrag über Ächtung von bakteriologischen und toxikologischen Waffen in Washington, London und Moskau unterzeichnet.

22.–30. Mai Besuch Nixons in Moskau; **SALT-Teilabkommen** unterzeichnet (quantitative Begrenzung der Raketenabwehrsysteme).

1973 Besuch Breschnews in den USA, **Abkommen zur Verhinderung eines Nuklearkriegs** unterzeichnet (18.–25. Juni).

1975 30. Juli –1. Aug. **Abschluß der KSZE** in Helsinki (Teilnehmer 33 europäische Staaten sowie USA und Kanada). Die Schlußakte ist kein Vertrag, sondern ein politisches Dokument (Inhalt: 3 „Körbe"): vertrauenbildende Maßnahmen, Zusammenarbeit in den Bereichen Wirtschaft, Wissenschaft, Technik und Umwelt, Zusammenarbeit in humanitären Bereichen.

1976 Juni Konferenz kommunistischer Parteien in Ost-Berlin. Eurokommunisten demonstrieren Eigenständigkeit (29.–30.).

1979 **SALT II** in Wien unterzeichnet (18. Juni).

26. Juni	33. Tagung des COMECON. Langfristige Programme für Wirtschaft und Verkehr. Modalitäten der Verhandlungen mit EG festgelegt.
3.–9. Sept.	Gipfelkonferenz der Blockfreien Staaten auf Cuba. Der Versuch Castros, die Politik der Blockfreien an den Kurs Moskaus zu binden, scheitert am Widerstand Titos (Jugoslawien).
13. Dez.	**NATO-Doppelbeschluß:** Nachrüstung in Europa als Reaktion auf sowjetische Aufrüstung mit neuen Mittelstreckenraketen für Herbst 1983, wenn gleichzeitige Verhandlungen über Rüstungsbegrenzung scheitern.
1980	2. KSZE-Folgetreffen in Madrid (bis Sept. 1983).
1983 Nov.	Beginn der Stationierung von Pershing-II-Raketen in Europa, Abbruch der Mittelstreckenwaffen-Verhandlungen.
1985	Seit 12. März neue Verhandlungen der USA mit der UdSSR in Genf über Rüstungskontrollmaßnahmen.
1987 7. Dez.	**Abkommen zur Abrüstung atomarer Mittelstreckenraketen** (INF, „Null-Lösung“) zwischen USA und UdSSR.
1989	Wiener KSZE-Folgetreffen: Dokument über Menschenrechte und Abrüstung (15. Jan.).
1990 12. Feb.	„Open-Skies“-Konferenz von NATO und Warschauer Pakt: Begrenzung der Truppenstärken in Europa und Abrüstungskontrolle.
19. Nov.	**KSE-Abkommen:** Abbau der konventionellen Streitkräfte in Europa, vor KSZE-Gipfel in Paris unterzeichnet.
19. Nov.	**KSZE-Gipfel in Paris:** Ende des Kalten Krieges; KSZE als neue europäische Friedensordnung.
1991	**Auflösung des Warschauer Paktes** (1. Juli).
1992 30. Jan.	Aufnahme der Republiken der Gemeinschaft Unabhängiger Staaten (GUS), die aus der UdSSR hervorgegangen sind, in die KSZE.
24. März	Unterzeichnung des „Open-Skies“-Abkommen zwischen NATO und ehemaligen Warschauer-Pakt-Staaten.
5. Juni	Zusatzabkommen zum KSE-Vertrag, den Vertrag auf acht UdSSR-Nachfolgestaaten auszudehnen.
1995 1. Jan.	Umbenennung der KSZE in **„Organisation für Sicherheit und Zusammenarbeit in Europa“** (OSZE).
31. Mai	Rußland nimmt Kooperationsangebot und individuelle „Partnerschaft für den Frieden“ mit der NATO an.

2. Europapolitik

1947 Jan.	**BE**lgien, **N**(i)**E**derlande und **LUX**emburg (Benelux) erstreben einen Wirtschafts- und Zollverband. Das Zollwesen wird bis 1949 vereinheitlicht und 1958 der Staatsvertrag über die Wirtschaftsunion unterzeichnet. 1964 Konvention zur Gründung eines gemeinsamen Gerichtshofes unterzeichnet.
4. März **1948** März	Frankreich und England schließen 1947 den Beistandspakt von Dünkirchen, der durch den Beitritt der Beneluxstaaten in Brüssel zum **Fünfmächtevertrag** (Westunion) erweitert wird.
16. April	Es schließen sich 18 Staaten in Paris zu europäischer wirtschaftlicher Zusammenarbeit (OEEC) im Sinn des Marshallplans zusammen. Durch Beitritt von USA und Kanada wird die OEEC zur OECD (14. Dez. 1960). Basis aller Abmachungen ist die Gründung des **Europarats,** der aus privaten Organisationen entstanden ist, letzten Anstoß gibt der Haager Kongreß (7.–10. Mai 1948).
1949 11. April 5. Mai	Sein Ministerausschuß tagt erstmals in **Straßburg.** Der Rat erhält am im **Londoner Zehnmächtepakt** (Westunionstaaten, Italien, Irland und 3 skandinavische Staaten) ein Statut (Ministerrat, Beratende Versammlung).
1950 4. Nov.	Ausgerichtet an der UN-Deklaration, wird die **Europäische Konvention zum Schutz der Menschenrechte und Grundfreiheiten** unterzeichnet. Im Jan. 1959 Europäischer Gerichtshof für Menschenrechte gebildet.
1951 18. April	Der Vorschlag des französischen Außenministers Schuman (Schumanplan) wird verwirklicht in der Europäischen Gemeinschaft für Kohle und Stahl zwischen der Bundesrepublik Deutschland, Frankreich, Italien und den Beneluxländern (**Montanunion**/EGKS). Ihre Hohe Behörde hat ständigen Sitz in Luxemburg.
1952 26. u. 27. Mai	Der **Deutschlandvertrag** zwischen der Bundesrepublik, den USA, Großbritannien und Frankreich, der die Integration der BRD in der europäischen Gemeinschaft auf der Grundlage der Gleichberechtigung festlegen soll, scheitert; ebenso der **Vertrag über die Gründung der Europäischen Verteidigungsgemeinschaft** (EVG), da die französische Nationalversammlung beide Verträge nicht ratifiziert.
1954	Italien und die BRD treten daraufhin durch die **Pariser**

19.–23. **Verträge** der Westunion bei, die auf diese Weise zur
Okt. Westeuropäischen Union (WEU) wird. Die Verträge beenden gleichzeitig das Besatzungsregime in Deutschland und regeln das Verbleiben der bisherigen Besatzungstruppen gesetzlich. **Wiederherstellung der deutschen Souveränität.**

1957 Die Regierungschefs der Montanunionländer unter-
25. März zeichnen in Rom die Verträge über die **Europäische Wirtschaftsgemeinschaft** (EWG) und **EURATOM** (Europäische Atomgemeinschaft). Endziel: politische Einigung. Das Europäische Parlament (gemeinsame Versammlung für EGKS, EWG und EURATOM) konstituiert sich im März 1958 in Straßburg.

1960 Großbritannien, Schweden, Norwegen, Dänemark,
4. Jan. Österreich, Portugal und die Schweiz schließen sich zur Europäischen Freihandelszone (EFTA) zusammen. Die EFTA zeigt Tendenzen zur Zusammenarbeit mit der EWG, seit England 1961 über einen Beitritt verhandelt.

Assoziierungsabkommen EWG-Griechenland 9. Juli 1961, mit der Türkei 25. Juni 1962.

Nach Kohle und Stahl soll die Landwirtschaft in den Gemeinsamen Markt einbezogen werden, und zwar schrittweise bis 1970. Am 30. Juli 1962 zweite Stufe des Gemeinsamen Marktes in Kraft (Übergang zur Integration der Landwirtschaft). Die USA wollen den Gegensatz EWG-EFTA auffangen und mit diesen Gruppen eine Atlantische Partnerschaft als politisch-wirtschaftliche Gemeinschaft eingehen. Frankreich wünscht ein „Europa der Vaterländer“ und lehnt eine europäische supranationale Integration ab; es widersetzt sich auch einem Aufgehen in der atlantischen Konzeption und legt zunächst sein Veto ein bezüglich Englands Beitritt zur EWG (1961 und 1967).

Fortschritte macht die wirtschaftliche Einheit.

1965 Vertrag über die Fusion der Kommissionen von EWG,
8. April EURATOM und Hoher Behörde der Montanunion: Gemeinsamer Rat und Gemeinsame Behörde der 3 Europäischen Gemeinschaften.

1967 Die EFTA setzt um 3 Jahre vorfristig alle Einfuhrzölle
1. Jan. außer Kraft; ihr Markt umfaßt 100 Mill. Verbraucher.

15. Mai Ende der sog. Kennedy-Runde (Beginn 4. Mai 1964): USA und OECD-Länder senken ihre Zölle in 5 Jahren stufenweise um 35%; Einigung über ein Weltgetreideabkommen zugunsten der Entwicklungsländer.

1968 1. Juli	Zollunion zwischen den EWG-Ländern vorfristig vollendet. Gemeinsamer Außenzolltarif gegenüber Nichtmitgliedstaaten. Gleichzeitig wird der weitere Weg für die Vollendung der EWG skizziert: Aufbau der Wirtschafts- und Währungsunion, der politischen Union, Beseitigung des Vetorechts und exekutive Befugnisse für die Kommission sowie mehr Zuständigkeit für das Europäische Parlament.
1969 1./2. Dez.	Haager Gipfelkonferenz: Frankreich stimmt der Erweiterung der EWG zu; Beitrittsverhandlungen mit Großbritannien, Irland, Dänemark und Norwegen im Juni 1970 eröffnet.
1972 22. Jan.	Unterzeichnung der Beitrittsverträge in Brüssel (in Kraft am 1. Jan. 1973). – Die EFTA-Länder Österreich, Schweiz, Schweden, Finnland und Portugal schließen am 22. Juli Assoziierungsabkommen mit der EWG.
1975 28. Febr.	**Abkommen von Lomé** zwischen 46 Ländern in Afrika, in der Karabik und im Pazifik (AKP-Staaten) und der EG. In Dublin (März 1975) tagen die EG-Regierungschefs erstmals als „Europäischer Rat".
1976 20. Sept.	Die EG-Länder unterzeichnen in Brüssel das **Abkommen über die Direktwahl des europäischen Parlaments** (erste Wahlen in den EG-Staaten im Mai 1978 vorgesehen).
1977	Spanien wird Mitglied des Europarates (24. Nov.).
1978 5. Dez.	Die EG vereinbart Europäisches Währungssystem, das am 13. März 1979 in Kraft tritt.
1979	Der EG-Beitritt Griechenlands wird unterzeichnet (28. Mai).
	Das **EG-Parlament wird erstmals direkt gewählt.** Die Sozialisten und die Christdemokraten bilden die stärksten Fraktionen. Konstituierung des EG-Parlaments am 30. Juli.
Juni	OECD-Tagung bezüglich der Energiekrise (13./14.).
1981	Griechenland wird Vollmitglied der EG (1. Jan.).
1984	Zwischen EG und EFTA entfallen ab 1. Januar die Einfuhrzölle.
14.–17. Juni	Zweite Direktwahlen zum Europa-Parlament (Wahlbeteiligung ca. 60 %).
1985 März	Der Europäische Rat in Brüssel billigt den Beitritt Spaniens und Portugals zur EG zum 1.1.1986.
seit 1985	Institutioneller und politischer Ausbau der EG scheitert an britischen Bedenken.

1988 EG beschließt, offizielle Kontakte zum RGW aufzunehmen (25. Juni).

1989 Wahlen zum Europaparlament: Sozialisten/Sozialdemokraten gestärkt (15. Juni).

1991 Auflösung des RGW am 1. Juli.

9.–10. Dez. Bei EG-Gipfelkonferenz in Maastricht Einigung auf den **Maastrichter Vertrag** (Unterzeichnung 7. Febr. 1992, Inkrafttreten 1. Nov. 1993), der u. a. eine europäische Wirtschafts- und Währungsunion spätestens 1999 und eine gemeinsame Außen- und Sicherheitspolitik vorsieht. Die EG wird zur **Europäischen Union** (EU) umbenannt.

1992 2. Mai EG- und EFTA-Staaten unterzeichnen Vertrag über die Schaffung des **Europäischen Wirtschaftsraumes** (EWR).

1993 1. Jan. Inkrafttreten des **gemeinsamen EG-Binnenmarktes:** Freiheit des Waren-, Dienstleistungs-, Personen- und Kapitalverkehrs.

1995 Österreich, Schweden und Finnland werden Vollmitglieder der EU (1. Jan.).

3. Außereuropäische Bündnissysteme

Der Gegensatz zur UdSSR veranlaßt die USA, über Europa hinaus politische, wirtschaftliche und finanzielle Verpflichtungen auf sich zu nehmen.

a) Der amerikanische Kontinent

Während sich noch in den Jahren vor dem Ersten Weltkrieg bei den südamerikanischen Staaten eine Abneigung gegen die interventionistische Politik der USA (Theodore Roosevelt) gezeigt hat, wandelt sich das Verhältnis unter dem Druck der weltpolitischen Lage, und es entsteht eine enge Zusammenarbeit der südamerikanischen Staaten mit den USA.

1948 30. April In Bogotá Gründung der **Organisation Amerikanischer Staaten** (OAS) als Verteidigungssystem. 1967 Revision der OAS-Charta: jährliches Zusammentreffen der Interamerikanischen Konferenz; Generalsekretär auf 5 Jahre bestellt.

1954 13. März Der **Kongreß in Caracas** faßt eine Entschließung gegen die kommunistische Bewegung auf dem amerikanischen Kontinent. Die Deklaration von Santiago de Chile 1959 führt diese Politik weiter.

1960 18. Febr.	Argentinien, Brasilien, Chile, Mexiko, Paraguay, Uruguay und Peru gründen in Montevideo die **Lateinamerikanische Freihandelszone** (LAFTA/ALALC). Daneben besteht noch der Zentralamerikanische Gemeinsame Markt (Mitglieder Guatemala, Honduras, Nicaragua, El Salvador und Costa Rica, gegründet 13. Dez. 1960, Institutionen am 10. April 1965). US-Programm der „Allianz für den Fortschritt“ am 13. März 1961 bekanntgegeben.
1962 22.–31. Jan.	Die **Konferenz von Punta del Este** schließt Cuba aus der OAS aus, nachdem es bereits seit 1961 keine US-Wirtschaftshilfe mehr erhalten hat.
1967 14. Febr.	Vertrag über das Verbot von Kernwaffen in Lateinamerika, unterzeichnet in Mexico City von Bolivien, Kolumbien, Costa Rica, Chile, Ecuador, El Salvador, Guatemala, Haiti, Honduras, Mexiko, Panama, Peru, Uruguay und Venezuela.
15.–27. Febr.	Auf der Konferenz von Buenos Aires neue Fassung der Charta der OAS beschlossen: vor allem die wirtschaftliche Solidarität Lateinamerikas hervorgehoben. Plan, ab 1970 einen gemeinsamen lateinamerikanischen Markt zu schaffen (ausführlich behandelt auf der Gipfelkonferenz der OAS in Punta del Este 12.–14. April 1967, Erklärung der amerikanischen Präsidenten“ vom 14. April 1967).
	Infolge wirtschaftlicher und sozialer Gegensätze (S. 364) vielfach Abneigung gegen die Vormachtstellung der USA. Veränderte Einstellung gegenüber Cuba. Bildung regionaler Gruppierungen.
1975	Die OAS hebt die wirtschaftlichen und politischen Sanktionen gegen Cuba auf (Juli).
18. Okt.	Auf Initiative Mexikos und Venezuelas **Gründungsurkunde der SELA** (Sistema Económico Latinoamericano) von 23 lateinamerikanischen Staaten in Panama unterzeichnet. Aufgaben der SELA ist u. a. die Gründung eigener lateinamerikanischer multinationaler Gesellschaften.
1977 14.–23. Juni	OAS-Konferenz in Grenada: Mehr Befugnisse für die Interamerikanische Menschenrechtskommission; Verbindung von Menschenrechten und Wirtschaftshiife, da ohne soziale Voraussetzungen Freiheit und Demokratie nicht gesichert seien.
1982	Keine gemeinsame Linie der OAS im britisch-argentinischen Falklandkrieg.

1983 8. Jan.	**Contadora-Gruppe** (Kolumbien, Mexiko, Panama, Venezuela) zur Bekämpfung mittelamerikanischer Krisen.
1987 7. Aug.	**Esquipulas**-Gruppe (Costa Rica, El Salvador, Guatemala, Honduras, Nicaragua; gegr. 1986) beschließt Friedensplan für Mittelamerika und ein Zentralamerikanisches Parlament.
1989	Zentralamerikanische Gipfel (Tela, 5. Aug., San José 10. Dez.) zur Entwaffnung der Guerilla in Nicaragua und El Salvador.
1991 26. März	Argentinien, Brasilien, Paraguay und Uruguay einigen sich im Vertrag von Asunción auf die **Gründung eines gemeinsamen südamerikanischen Marktes (MERCOSUR).**
1992 1. Juli	Die **Andenpaktstaaten** Bolivien, Ecuador, Kolumbien und Venezuela bilden eine Freihandelszone.
12. Aug.	Kanada, Mexiko und die USA beschließen die Einrichtung einer **Nordamerikanischen Freihandelszone** (NAFTA).
1993 1. Febr.	Gründung des **Zentralamerikanischen Integrationssystems (SICA).**
1994 9.–11. Dez.	Auf Gipfelkonferenz in Miami vereinbaren 34 amerikanische Staaten die Errichtung einer **gesamtamerikanischen Freihandelszone** bis 2005.
1995	Freihandelsabkommen MERCOSUR in Kraft (1. Jan.).

b) Der pazifische Raum

Im pazifischen Raum hat sich mit dem Sturz Tschiang Kai-scheks 1949 durch die kommunistische Erhebung unter Mao Tse-tung und die Umwandlung Chinas in eine Volksrepublik für die nichtkommunistischen Staaten eine neue Situation ergeben, die auf Initiative der USA auch im Pazifik zu einem Bündnissystem führt.

1951 1. Sept.	Abschluß des Pazifischen Sicherheitspaktes **(ANZUS-Pakt)** zwischen **Australia, New Zealand** und den **USA** um im Pazifik jeden bewaffneten Angriff gemeinsam abzuwehren. Der Ausgang des Indochinakonflikts und die Ausbreitung des Kommunismus (Nordvietnam, Laos) veranlassen die USA, mit Großbritannien, Frankreich, Australien, Neuseeland, den Philippinen, Thailand und Pakistan den Südostasienpakt **(South East**
1954 8. Sept.	**Asia Treaty Organization – SEATO)** zum Zweck der gegenseitigen Verteidigung zu schließen und
1960 21. Jan,	mit Japan einen **Sicherheitspakt,** der den USA das Recht gibt, in **Japan** Streitkräfte zu stationieren, und

Japan im Fall eines Angriffs von dritter Seite Beistand zugesagt.

1966 14.–16. Juni — Australien, Neuseeland, Thailand, Malaysia, Südvietnam, Südkorea, Philippinen und Formosa gründen den **Asiatisch-Pazifischen Rat** (ASPAC) zur wirtschaftlichen und kulturellen Zusammenarbeit.

1967 8. Aug. — Indonesien, Malaysia, die Philippinen, Singapur und Thailand gründen den Verband Südostasiatischer Nationen (ASEAN; regionale Zusammenarbeit; Stützpunkte ausländischer Mächte gelten nur als vorübergehend und bedürfen der Zustimmung der betr. Staaten).

1971 25.–27. Nov. — ASEAN-Konferenz von Kuala Lumpur erklärt sich für die Neutralisierung Südostasiens (erneut Juni 1976 anläßlich der Konferenz in Manila). – Beschluß, die SEATO aufzulösen (Sept. 1975).

1976 23./24. Febr. — **ASEAN-Gipfelkonferenz auf Bali;** Vertrag über Freundschaft und Zusammenarbeit; Errichtung eines Ständigen Sekretariats. – Kartellähnlicher Zusammenschluß in der Rohstoffpolitik beschlossen (8./9. März in Kuala Lumpur); die ASEAN-Länder verfügen bei einigen Rohstoffen über hohe Anteile am Welthandel.

1977 — Die SEATO wird am 30. Juni offiziell aufgelöst.

1979 — Instabilität der Golfregion nach der iranischen Revolution und dem Krieg des Irak gegen den Iran.

1982 — Kooperationsabkommen ASEAN-EG zum Ausbau wirtschaftlicher Kontakte (Aug./Sept.).

1984 — Brunei wird 6. ASEAN-Mitglied (7. Jan.).

1987 25. Juli — Internationale Kambodscha-Konferenz lehnt Separatverhandlungen zwischen ASEAN und Vietnam ab.

1989 — Zunehmende wirtschaftliche Spannungen zwischen den ASEAN-Staaten.

1989 5.–7. Nov. — Konferenz in Canberra zur Schaffung einer **asiatisch-pazifischen Wirtschaftskooperation** (APEC), der neben den ASEAN-Staaten auch Australien, Japan, Kanada, Südkorea, Neuseeland und die USA angehören sollen.

1990 — USA erklären sich zu Verhandlungen mit Vietnam bereit (18. Juli).

1991 — China, Taiwan und Hongkong treten der APEC bei.

1995 — Vietnam wird 7. ASEAN-Mitglied.

Sept. — Wiederaufnahme von französischen Atomversuchen auf dem Mururoa-Atoll trotz internationaler Proteste.

19. Nov. — APEC-Staaten vereinbaren in Osaka-Erklärung **Freihandelszone für gesamten asiatisch-pazifischen** Raum bis 2020.

4. Staatengeschichte des europäischen Westens
Großbritannien

Das Königreich nimmt nach dem Krieg eine Mittelstellung ein: Es hat Auslandsguthaben als Grundlage nationalen Wohlstands in zwei Weltkriegen verloren, ist daher auf Anleihen der USA angewiesen; 1950 Pfundabwertung. 1946 bis 1949 setzt die Labourregierung umfangreiches **Sozialisierungsprogramm in der Wirtschaft** durch: Verstaatlicht werden 1945 die Bank von England, 1947 der Kohlebergbau, bis 1950 Eisenbahnen, Transportgewerbe, Elektrizitätswirtschaft und Gas, 1951 auch die Eisen- und Stahlindustrie. Gleichzeitig übernimmt der Staat das gesamte Versicherungswesen, führt Alters- und Unfallrenten ein, 1948 Verstaatlichung des Gesundheitswesens.

1949 wird **Irland selbständig und scheidet aus dem Commonwealth aus.**

1951 Okt. **Wahlsieg der Konservativen.** Im Nov. Regierung Churchill. Seit Herbst 1952 begrenzte Reprivatisierung der Wirtschaft. Nach dem Tod Georgs VI., der seinem zurückgetretenen Bruder Eduard VIII. 1936 als König

1952 Febr. gefolgt war, wird **Elisabeth II.** zur **Königin** des Reiches und zum **Haupt des Commonwealth** ausgerufen. Thronfolger ist Prinz Charles.

1953 3. Mai Churchill erklärt, die britische Politik erstrecke sich auf 3 Kreise: das Commonwealth, die Allianz mit den USA und auf Europa.

1955 April Rücktritt **Churchills, Nachfolger** Anthony **Eden** (ebenfalls konservativ).

1957 9. Jan. Nach dem mißglückten Suesunternehmen **tritt Eden zurück;** Nachfolger Harold Macmillan.

1951/52 Konflikt mit Persien wegen der Verstaatlichung der Anglo-Iranian Oil Co. (S. 319); die Fragen der internationalen Politik, besonders der europäischen. Weiterer neuralgischer Punkt der englischen Außenpolitik ist die Kronkolonie **Cypern,** deren zu 80 % griechische Bevölkerung den Anschluß an Griechenland erstrebt; ihr Füh-

1959 rer ist Erzbischof Makarios. Der **Dreimächtevertrag** bestimmt die Unabhängigkeit Cyperns, die 1960 erklärt wird. Großbritannien behält seine militärischen Stützpunkte. Die Südafrikanische Union, die infolge ihrer Rassenpolitik (Apartheid) im Commonwealth isoliert ist, scheidet 1961 aus diesem aus und konstituiert sich als **Republik Südafrika.**

1962 18.–22. Dez.	Konferenz von Nassau (Bahamas) zwischen USA und Großbritannien, das praktisch auf eine unabhängige Atomstreitmacht verzichten muß.
1964 15. Okt.	Die Konservativen verlieren die Wahlen; Harold **Wilson** wird Premierminister (Labour Party).
1965	24. Jan. Churchill gestorben. Wilson unterstützt die Vietnampolitik der USA. Die Zentralafrikanische Föderation zerfällt 1964 nach rd. 10 Jahren Dauer in Malawi (Nyassaland), Sambia (Nordrhodesien) und Südrhodesien.
Mai 11. Nov.	Ian Smith gewinnt die Wahlen in Südrhodesien, das einseitig seine Unabhängigkeit erklärt, London verlangt die Bildung einer Mehrheitsregierung (Beteiligung der Afrikaner), vollzieht den von den UN empfohlenen Boykott, sieht aber von Gewaltanwendung ab. Mitte 1966 schwere Finanzkrise. Wilson greift zu harten Deflationsmaßnahmen; Lohn- und Preisstopp, Pfundstützung; Kurzarbeit.
1967 18. Juli	Die britische Regierung will bis etwa 1975 die Streitkräfte verringern, vor allem östlich von Sues.
18. Nov.	Abwertung des Pfundes um 14,3%. – Drastisches Sparprogramm, Steuererhöhungen, Lohnstopp.
1968 29. Febr.	Neues Einwanderergesetz beschränkt die Einreise von Farbigen mit britischen Pässen jährlich auf eine bestimmte Quote. 10. Juli Gesetz gegen Rassendiskriminierung.
1970 18. Juni	Bei den Wahlen verliert die Labour Party mit 43% der abgegebenen Stimmen gegen die Konservativen (46,4%). Konservatives Kabinett unter Edward **Heath.**
1971 14.–22. Jan.	Commonwealthkonferenz von Singapur behandelt Frage der Rassenbeziehungen (britische Haltung umstritten); Errichtung eines Commonwealthfonds. Anhaltende wirtschaftliche Schwierigkeiten. Streiks.
5. Aug.	Gesetz über die Neuregelung des Verhältnisses zwischen Unternehmen und Gewerkschaften. Die Regierung kann bei Streikdrohung eine „Abkühlungspause“ und eine Urabstimmung anordnen.
28. Okt.	Das Parlament nimmt mit 356 gegen 244 Stimmen den Beitritt zur EWG an.
1974 28. Febr.	Unentschiedener Ausgang der Unterhauswahlen; Minderheitsregierung der Labour Party unter Wilson, der nach erneuten Wahlen (Okt.) eine knappe Mehrheit im Parlament erhält. – Sezessionsbewegungen in Schottland und Wales; britisches Weißbuch über die begrenzte

	Autonomie für Schottland und Wales vom Unterhaus im Jan. 1976 angenommen.
1976 16. März	**Rücktritt Wilsons** als Premier und Führer der Labour Party, Nachfolger James **Callaghan** (5. April). – Anhaltende Wirtschaftskrise, Talfahrt des britischen Pfunds, Arbeitslosigkeit. Sozialkontrakt mit den Gewerkschaften im Mai: begrenzte Lohn- und Gehaltserhöhungen gegen Steuerermäßigung.
1978	**EG-Vollmitgliedschaft** Großbritanniens (1. Januar).
1979 3. Mai	**Wahlsieg der Konservativen.** Neue Premierministerin wird **Margaret Thatcher.**
	Drastische Sparmaßnahmen, Senkung der Einkommensteuer, Änderung des Streikrechts. Hauptaufgabe: Sanierung der Wirtschaft.
1981 24. Jan./ 26. März	Spaltung der Labour-Party. Rücktritt J. Callaghans; Nachfolger im Parteivorsitz: M. Foot. Gemäßigter Flügel gründet Sozialdemokratische Partei (SDP) unter R. Jenkins.
April/ August	Straßenschlachten zwischen farbigen, arbeitslosen Jugendlichen und rechtsextremistischen Gruppen in London und zahlreichen anderen Städten.
1982 Jan.	Abschwächung des streng monetaristischen Wirtschaftskurses; ca. 4 Mill. Arbeitslose.
1./2. April	Argentinien besetzt die brit. Kronkolonie Falkland-Inseln: Beginn des **Falkland-Krieges.** Britische Luft- und Seestreitkräfte erobern vom 1. Mai bis 15. Juni die Falkland-Inseln zurück. Die Folge ist eine Stärkung der Regierung Thatcher.
1983 9. Juni Sept./ Okt.	Unterhauswahlen bestätigen Regierung Thatcher: Zwei-Parteien-System trotz beinahe gleicher Stimmenzahl für Labour und SDP. D. Owen wird neuer Vorsitzender der SDP, N. Kinnock der Labour-Party.
1984	Ausbruch eines langen Bergarbeiterstreiks (seit 12. März) mit Ausschreitungen und massiven Polizeieinsätzen (erst am 3. März 1985 beendet).
26. Sept.	Großbritannien und die VR China schließen ein Abkommen, nach dem ab 1997 **Hongkong** (mit Sonderstatus) wieder chinesischer Herrschaft untersteht.
1985 15. Nov.	Unterzeichnung des **Nordirland-Abkommens** löst starke Protestkundgebungen aus.
1986 Dez.	Im Rahmen der Privatisierungspolitik Verkauf des staatlichen Energieunternehmens British Gas.
1987 11. Juni	Bei den Unterhauswahlen absolute Mehrheit der Konservativen.

1988 3. März Vereinigung der Mehrheit der SDP und der Liberalen Partei zur SLDP (Soziale und Liberale Demokraten).

1989 April Mit Michael Gorbatschow besucht erstmals seit 1956 ein sowjetischer Staats- und Parteichef Großbritannien.

1990 1. April Schwere Unruhen nach Inkrafttreten der neuen Kommunalsteuer (Poll Tax).

3. Juni Selbstauflösung der SDP.

22. Nov. Nach vehementer Kritik an ihrer Innen-, Wirtschafts- und Europapolitik Rücktritt Margret Thatchers. Die Regierung übernimmt **John Major.**

1991 21. März Kürzung der unpopulären „Poll Tax" und Ankündigung der Abschaffung.

1992 Sieg der Konservativen bei Unterhauswahlen am 9. April.

1993 23. Juli Mit der Vertrauensfrage verbundene Ratifizierung des Maastrichter Vertrages durch das Unterhaus.

1994 Eröffnung des englisch-französischen Kanaltunnels am 6. Mai. Am 21. Juli wird Toni Blair neuer Labour-Vorsitzender.

In **Nordirland** (staatsrechtlich bei Großbritannien, doch innere Autonomie) herrscht seit 1968 offener Bürgerkrieg. Die unterdrückte katholische Minderheit fordert gerechteres Wahlverfahren (Bürgerrechtsbewegung; Bernadette Devlin). Terroranschläge des Geheimbundes IRA. Im Mai 1969 übernehmen britische Truppen die Verantwortung für die Sicherheit. Vergebliche Versuche einen Ausgleich zwischen Katholiken und Protestanten zu erreichen. Bildung militanter protestantischer Organisationen.

Nach Bekanntwerden von britischen Geheimkontakten zur IRA kommt es am 15. Dezember 1993 zur **britisch-irischen Nordirlanderklärung,** in der Verhandlungen geplant werden und das Recht auf irische Selbstbestimmung festgestellt wird. Daraufhin erklären 1994 die IRA (21. Aug.) und die protestantischen Unionisten (13. Okt) den Gewaltverzicht, Ende der Kampfhandlungen. Im Febr. 1995 vereinbaren Großbritannien und Irland den **Verzicht auf Souveränitätsansprüche auf Nordirland.**

Wegen der britischen Stützpunkte Streit mit **Malta** (unabhängig 1964), das höhere Stationierungskosten verlangt; London beginnt mit dem Truppenabzug.

1972 26. März Unter Vermittlung der Nato und Italiens neues Abkommen: die NATO kann Malta für weitere 7 Jahre als Basis benützen: höhere finanzielle Leistungen.

1979 31. März Ende der militärischen Präsenz Großbritanniens und der NATO. Verteidigungsabkommen mit Libyen (1980). Hafenabkommen mit der UdSSR (1981). Neutralitätsabkommen mit Italien (1983). 1990 Beitrittsantrag zur EG.

Frankreich

1946 Das Land gibt sich eine **neue Verfassung** mit starker Stellung der Nationalversammlung als Vertretung des Volkes. Der Ministerpräsident und das Kabinett sind von ihrem Vertrauen abhängig. Der Präsident der Republik wird von der Nationalversammlung gewählt und kann sie unter bestimmten Voraussetzungen auflösen. Wirtschaftsrat und Rat der Französischen Union haben beratende Funktion.

Präsidenten: 1947-1953 V. Auriol, 1953-1959 R. Coty. Wirtschaftliche Schwierigkeiten, parteipolitische Gegensätze und daher häufige Regierungswechsel führen die IV. Republik an den Rand einer **Staatskrise.**

1958 13. Mai Der **Militärputsch in Algier**, das Entstehen von Wohlfahrtsausschüssen dort in der Tradition der Französischen Revolution sowie Unruhen im Mutterland erzwingen die Berufung General de Gaulles zum Ministerpräsidenten.

Sept. Die **neue Verfassung** gewährt dem Präsidenten, seit 1959 **de Gaulle,** verstärkte Machtbefugnisse. Die Französische Gemeinschaft als freiwilliger Zusammenschluß ersetzt die Union von 1946.

1959 16. Sept. Algerien erhält das Recht auf Selbstbestimmung.

1960 13. Febr. zündet Frankreich in der Sahara seine erste Atombombe.

1962 Die Verfassungsänderung, nach der der Staatspräsident direkt vom Volk gewählt werden soll, findet in einem Referendum vom 28. Okt. Zustimmung. 1958-1962 überschattet Algerien die Pariser Politik, danach ist diese frei für neue Vorhaben: Aufbau einer eigenen Nuklearwaffe, weltpolitische Aufwertung. Europafrage und deutsch-französische Aussöhnung. Nach wechselseitigen Staatsbesuchen de Gaulles und Adenauers wird in Paris der

1963 22. Jan. **deutsch-französische Freundschaftsvertrag** abgeschlossen.

1964 27. Jan. Nach vorbereitenden Missionen erkennt Paris die Volksrepublik China diplomatisch an.

1966	**Paris löst** seine **Truppe aus der NATO-Bindung** (11. März 1966) und besteht auf Räumung der 9 US-Basen im Land. Ende 1967 siedelt der NATO-Rat nach Brüssel um, das mitteleuropäische Kommando SACEUR nach Casteau. Anfang 1971 nimmt Frankreich wieder an Flottenmanövern der NATO teil.
1968 Juni	Nach revolutionsartigen Studententumulten, anhaltenden Streiks und Arbeiterunruhen (sog. **Mai-Aufstand**) Auflösung der Nationalversammlung. In Neuwahlen gewinnen die Gaullisten die absolute Mehrheit.
Aug.	Wasserstoffbombenversuch im Pazifik.
1969 28. April	Da eine geplante Verfassungsreform in einer Volksabstimmung abgelehnt wird (27. April) **tritt de Gaulle zurück** (gest. 9. Nov. 1970).
15. Juni	**Georges Pompidou** zum Staatspräsidenten gewählt.
1974 19. Mai	Tod Pompidous (2. April). Neuer **Staatspräsident** Valéry **Giscard d'Estaing** (Unabhängiger Republikaner). Starke Stellung der „Linksunion" (Sozialisten und Kommunisten). Schwäche im Regierungslager.
1976 25. Aug.	Ministerpräsident Chirac (Gaullist) tritt zurück, sein Nachfolger wird der parteilose R. Barre; nur bedingte Unterstützung der Gaullisten in der Nationalversammlung.
1978 März	Die politisch uneinige Linke verliert die Parlamentswahlen.
1981	François **Mitterrand** (Sozialist) wird zum Staatspräsident gewählt (26. April/10. Mai). Der Sozialist P. Mauroy wird Premierminister.
14./21. Juni	Erstmals absolute Mandatsmehrheit der Sozialisten bei den Parlamentswahlen.
24. Juni	Neues Kabinett Mauroy, dem auch Kommunisten angehören.
1982	Sonderstatus für Korsika: innere Autonomie.
1983	Direkte militärische Unterstützung der Regierung im Tschad gegen Libyen.
1984 17. Juli	Rücktritt von Mauroy (16. Juli); sein Nachfolger Laurent Fabius (Sozialist) bildet ein Kabinett ohne kommunistische Minister.
1986 20. März	Jacques **Chirac** Ministerpräsident. „Cohabitation" (bürgerliche Regierung und sozialistischer Präsident).
1988	Mitterrand wiedergewählt (8. Mai). Neue Regierung Rocard (Sozialist) nach Wahlen (5. und 12. Juni).
1990	Deutsch-französischer Gipfel in München: französische Truppenreduzierung in Deutschland vereinbart.

1991 Nach gescheiterter Friedensinitiative Mitterrands grei-
17. Jan. fen französische Truppen in Krieg gegen Irak ein.
15. Mai Nach dem Rücktritt Rocards wird Edith Cresson (Sozia-
listin) neue Premierministerin.
1992 Pierre Bérégovoy (Sozialist) wird neuer Premiermini-
2. April ster. Im Mai Beschluß zur Gründung eines deutsch-fran-
zösischen Armeekorps als Kern eines Europäischen
Korps. Bei Referendum am 20. Sept. Zustimmung zu
Maastrichter Vertrag.
1993 Nach Verfassungsreferendum endet die Lehensherr-
14. März schaft über das Fürstentum Andorra.
März Bei Wahlen zur Nationalversammlung schwere Nieder-
lage der Sozialisten, Sieg der Neogaullisten, Premiermi-
nister wird Edouard Balladur.
1994 Eröffnung des britisch-französischen Kanaltunnels am
6. Mai.
1995 Jacques **Chirac** (Neogaullist) zum neuen **Staatspräsi-**
7. Mai **denten** gewählt, Premierminister wird Alain Juppé
(17. Mai). 30. Aug.–14. Sept. Französische Beteiligung
bei NATO-Militärschlag im Bosnien-Krieg.
5. Sept. Wiederaufnahme von Atombombentests auf dem Mu-
ruroa-Atoll (Französisch-Polynesien) trotz internationa-
ler Proteste. Schwere Streikwelle gegen Sparpläne der
Regierung (Dez.).

Koloniale Schwierigkeiten Frankreichs in Nordafrika und Indochina (S. 331ff., 349). Zur Rolle in der internationalen und europäischen Politik s. S. 252ff.

Beneluxstaaten

Belgien erwachsen nach 1945 innenpolitische Schwie-
rigkeiten aus der Königsfrage. Leopold III. kehrt nach
1951 einer Volksabstimmung zurück, überträgt aber am
17. Juli die Thronrechte seinem Sohn, der als **Baudouin I.**
1956 regiert. Berichtigung der deutsch-belgischen Grenze
durch einen Vertrag, dem zufolge die seit 1949 von Bel-
gien militärisch verwalteten Orte wieder der Hoheit der
Bundesrepublik unterstellt werden.
1959 Schwere Unruhen in Belgisch-Kongo.
Innenpolitisches Problem ist von jeher das Verhältnis
zwischen Flamen und Wallonen.
1963 Gesetze zur **Regelung der Sprachgrenze** zwischen Fla-
1. Sept. men und Wallonen, Bestätigung der kulturellen Autono-

1970 19. Dez. mie, Verfassungsreform: Kulturautonomie für die Volksgruppen; paritätische Besetzung der Regierung.

1974 21. Juli **Gesetz über die provisorische Regionalisierung** des Landes gebilligt: Regionalparlamente für Flandern, Wallonien und den Großraum Brüssel.

1977 3. Juni Koalitionsregierung unter Leo Tindemans. – Rücktritt am 11. Okt. 1978 wegen Sprachenstreits.

1978 4. April Übergangsregierung unter Paul Vanden Boeymants (26. Okt.). Wilfried Martens Ministerpräsident.

1981 14. Apr. „Notstandspaket" der Regierung M. Eyskens zur Wirtschaftsstabilisierung. Rücktritt am 21. Sept. – Durch vorgezogene Parlamentswahlen 5. Regierung des Christdemokraten W. Martens (Mitte-Rechts-Koalition).

1982 „Notverordnungen" zur Abwendung eines Staatsbankrotts (Jan./Febr.).

1985 Neue Regierung Martens: Haushaltssanierung, Sprachenstreit (28. Nov.).

1987 Regierungskrise; siebte Übergangsregierung Martens (21. Okt.).

13. Dez. Parlamentswahlen: Sozialisten stärkste Kraft. Neue Regierung Martens.

1988 Verfassungsänderung sieht größere Autonomie für Flandern und Wallonien ab 1989 vor.

1989 Weitere Schritte zur Umwandlung in einen Bundesstaat: Bildung einer eigenen Region Brüssel.

1991 24. Nov. Nach vorgezogenen Parlamentswahlen tritt Martens zurück.

1992 7. März Christdemokratisch/sozialistische Regierungskoalition unter Jean-Luc Dehaene.

1993 8. Mai **Belgien wird endgültig in einen Bundesstaat umgewandelt.** König Baudouin stirbt am 31. Juli, sein Bruder wird am 9. Aug. als **König Albert II.** sein Nachfolger. Belgien tritt dem deutsch-französischen Eurokorps bei (12. Okt.).

In den **Niederlanden** besteigt nach der Abdankung von

1948 **Königin Wilhelmina** (1962 gest.) ihre Tochter **Juliana** den Thron (4. Sept.).

1949 erhalten die Niederlande deutsches Grenzgebiet in Auftragsverwaltung (Elten, Selfkant) Rückgabe im April 1960 gegen finanzielle Wiedergutmachung. Zum Verlust Indonesiens S. 353f. – Die Beziehungen zu Indonesien verbessern sich (Staatsbesuch Königin Julianas Aug. / Sept. 1971 in Indonesien). Im Nov. 1975 wird

	Surinam unabhängig und scheidet aus dem Staatsverband aus.
1977	Andreas van Agt wird Ministerpräsident (19. Dez.).
1980 30. Apr.	**Abdankung Königin Julianas, es folgt** ihre Tochter **Beatrix.**
1982	Neuwahlen: van Agt tritt nach Wahlsieg zurück (8. Sept.), neue Regierung R. Lubbers (22. Nov.).
1983 17. Febr	Neue Verfassung tritt in Kraft (Besserer Personenschutz, Grundrecht auf Arbeit, Sozialhilfe, Umweltschutz).
1986	Regierung aus Christdemokraten und Liberalen unter R. Lubbers.
1989 7. Nov.	Rücktritt der Regierung nach Scheitern eines nationalen Umweltplans, Neuwahlen; neue Regierung Lubbers aus Christ- und Sozialdemokraten.
1994 3. Mai	Schwere Verluste der Regierungsparteien bei Parlamentswahlen, am 22. Aug. neue Regierung unter Wim Kok, Regierungskoalition aus Sozialdemokraten, Rechts- und Linksliberalen.

1979 10. Juni	In **Luxemburg** Gewinne der Christlichsozialen bei Parlamentswahlen. Kabinett unter C. P. Werner.
1981 9. März	Die Wirtschaftsunion mit Belgien wird um 10 Jahre verlängert.
1984 20. Juni	Regierungskoalition unter Jacques Santer (Christl.-Soziale Volkspartei) mit der Sozialist. Arbeiterpartei.
1989	Koalitionsregierung unter Santer aus CSV und LSAP (18. Juni).
1994	Bei Parlamentswahlen im Juni wird die Regierungskoalition bestätigt.
1995	Jean-Claude Juncker (CSV) wird neuer Ministerpräsident (20. Jan.).

Österreich

1945	Von den vier Mächten besetzt, die über Wien gemeinsam verfügen, erhält das Land wieder eine eigene Regierung (provisorische Staatsregierung Renner, dann Regierung Figl bis 1953). Erster Bundespräsident ist K. Renner. Für 21 Jahre parlamentarisches Gleichgewicht zwischen der Österreichischen Volkspartei und der Sozialistischen Partei Österreichs, die bis 1966 gemeinsam regieren. Bis 1953 leidet das Land unter wirtschaftlichen Schwierigkeiten: 1947 bis 1954 erhält es Marshallplanhilfe; Währungsreformen 1945, 1947, 1953.

1946 5. Sept.	Das Abkommen mit Italien über Südtirol verspricht den Südtirolern Gleichberechtigung.
1955	**Abschluß des Staatsvertrags** (in Kraft getreten 27. Juli).
15. Mai	Abzug der Besatzungstruppen, Österreich verpflichtet sich zur Neutralität.
14. Dez.	Aufnahme in die UN. 1956 März Beitritt zum Europarat. **Südtirol** verursacht wachsende Spannungen mit Italien: seit 1958 gemäß UN-Resolutionen zweiseitige Verhandlungen mit Italien. Häufige Attentate in Südtirol. Am 16. Dez. 1969 kommt im „Südtirol-Paket" ein Ausgleich zustande: Südtirol erhält mehr Kompetenzen, die deutsche Sprache wird der italienischen gleichgestellt.
1966 6. März	Wahlen ergeben Mehrheit für ÖVP (48,3 %); Josef Klaus bildet am 19. April eine ÖVP-Regierung.
1970 20. April 10. Okt.	Aufgrund des Ausgangs der Nationalratswahlen (1. März) bildet Bruno Kreisky (SPÖ) ein Minderheitskabinett. Bei den vorzeitig ausgeschriebenen Neuwahlen erhält die SPÖ die absolute Mehrheit. Neues Kabinett Kreisky. Nach Wahlsiegen am 29. Okt. 1975 und 6. Mai 1979 bleibt Kreisky weiterhin im Amt.
1978	In einer Volksabstimmung wird die Kernkraft abgelehnt.
1983 24. Apr.	Bei den Parlamentswahlen verliert die SPÖ die absolute Mehrheit. Rücktritt B. Kreiskys (24. April).
24. Mai	SPÖ/FPÖ-Koalitionsregierung unter Kanzler F. Sinowatz (SPÖ), der am 29. Oktober von B. Kreisky auch den Parteivorsitz übernimmt.
1986 9. Juni	Wahl des umstrittenen K. Waldheim zum Bundespräsidenten (8. Juni). Kanzler Sinowatz tritt zurück.
18. Juni	Neue Regierung unter F. Vranitzky (SPÖ).
1987	SPÖ-ÖVP-Koalition unter Vranitzky (21. Jan.).
1989	Rücktritte hoher Politiker wegen „Lucona-Affäre" (19. Jan.). Antrag auf EG-Beitritt.
1990	Erneut SPÖ-ÖVP-Koalition unter Vranitzky (17. Dez.).
1992	Offizielle **Streitbeilegungserklärung** gegenüber Italien im **Südtirolkonflikt** (11. Juni). Amtsantritt des neuen Bundespräsidenten Thomas Klestil am 8. Juli.
1994 12. Juni	Bei Referendum sprechen sich 66 % der Wähler für den **EU-Beitritt** aus.
9. Okt.	Bei Nationalratswahlen kann sich die Regierungskoalition trotz Verlust der Zweidrittelmehrheit behaupten, Gewinne der FPÖ.
1995	Österreich wird **EU-Vollmitglied** (1. Jan.)
Okt.	Bruch der SPÖ/ÖVP Regierungskoalition

17. Dez. Bei vorgezogenen Parlamentswahlen wird die SPÖ stärkste Partei (72 von 183 Sitzen), gefolgt von ÖVP (53 Sitze) und FPÖ (41 Sitze).

Schweiz

Sie verhält sich unter Berufung auf ihre Neutralität abwartend gegenüber den UN, den Europaorganisationen und dem Atlantikpakt. Sie hat Anschluß an die technischen und wissenschaftlichen UN-Organisationen und an den Internationalen Gerichtshof. Mitgliedschaft in EFTA und Europarat. – 26. Nov. 1969 Unterzeichnung des Kernwaffensperrvertrages.

1959 Reform der Landesverteidigung.

1978 Volksabstimmung billigt neuen Kanton Jura (24. Sept.), der am 1. Jan. 1979 eigenständig wird.

1980 Der Gotthard-Straßentunnel wird eröffnet.

1983 18. Jan. Die Finanzminister der westlichen Welt erweitern ihren „Zehnerklub" durch Aufnahme der Schweiz zum Elferklub.

1987 Massive Verluste der Sozialdemokraten bei Nationalratswahlen (18. Okt.).

1989 Volksabstimmung: 35,6 % für Abschaffung der Armee (26. Nov.).

1990 Geheimaktenskandal (Mai). Volksabstimmung spricht 23. Sept. sich für ein zehnjähriges Moratorium bei Kernenergie aus.

1992 27. Sept. Der Plan der „Neuen Eisenbahn-Alpentransversale" (NEAT) mit Gotthard- und Lötschbergbasistunnel wird bei Volksabstimmung befürwortet.

6. Dez. Der Beitritt zum Europäischen Wirtschaftsraum (EWR) wird bei Volksabstimmung abgelehnt.

Italien

1946 18. Juni Proklamierung der **Republik.** Seit 1947 starker Einfluß der Christlichen Demokraten (DC) auf die Regierung A. de Gasperi, 1945-1953 Ministerpräsident, 1954 Präsident der Gemeinsamen Versammlung (EGKS), fördert maßgeblich die europäische Einigung. Zur Südtirolfrage s. S. 268, zu Triest S. 304.

1947 15. Sept. Der **Friedensvertrag** tritt in **Kraft** (vgl. S. 244).

1950 Landaufteilung im Zusammenhang mit der **Agrarkrise** in Unteritalien, Fortschritte auf dem Gebiet der Sozialfürsorge und Ausbau der industriellen Wirtschaft folgen.

Nach häufigen Regierungswechseln sucht Fanfani seit 1958 einer „Öffnung nach links" den Weg zu bereiten. Eine Regierung der „linken Mitte" kommt 1960 zustande.

1965 Eröffnung des Montblanctunnels.

1970 15. Mai Ein Gesetz verabschiedet, durch das Italien in Regionen eingeteilt wird, um die schwerfällige Verwaltung zu dezentralisieren. – Gesetz über die Zivilscheidung (Dez. 1970), durch Volksentscheid im Mai 1974 bestätigt. Häufige Regierungswechsel. Streiks und Unruhen. Terror links- und rechtsextremer Gruppen. Arbeitslosigkeit und hohe Inflationsraten, Kursverfall der Lira. – Die KP Italiens, seit 1964 auf unabhängigen Kurs von Moskau bedacht, gewinnt neue Wählerschichten und empfiehlt den „historischen Kompromiß", d. h. legale Beteiligung an der Regierung sowie Allianz mit den Christdemokraten zur Überwindung der Staats- und Wirtschaftskrise. Richtungskämpfe innerhalb der Christdemokraten.

1976 30. April Rücktritt der Regierung Aldo Moro (38. Nachkriegsregierung). Vorgezogene Parlamentswahlen (20./21. Juni): Christdemokraten noch stärkste Partei, gefolgt von der KP. Einigung von Christdemokraten und Kommunisten über die Verteilung der Vorsitze in den wichtigsten Parlamentsausschüssen (Juli); die KP erhält erstmals seit 1948 wieder Führungspositionen im Parlament.

29. Juli Minderheitsregierung Giulio Andreotti (DC).

1978 Rücktritt von Staatspräsident Leone (15. Juni).

8. Juli Der Sozialist S. Pertini wird Staatspräsident.

1979 Die Wahlen (4. Juni) ergeben keine große Veränderung.

1980 Die Christdemokraten bilden (ohne Kommunisten) Mehrheitsregierungen mit kleineren Parteien, insbesondere den Sozialisten.

1981 Juni Die Christdemokraten bilden mit vier nichtkommunistischen Parteien eine Regierung unter G. Spadolini (Republikanische Partei), die erste Regierung seit 1945 ohne einen Christdemokraten als Ministerpräsident.

11. Nov. Rücktritt Spadolinis, neue Koalition unter dem Christdemokrat A. Fanfani.

1983 4. Aug. Nach Neuwahlen im Juni bildet der Sozialist B. Craxi eine Fünfer-Koalition, u. a. mit den Christdemokraten.

1984 Der Vatikan und Italien unterzeichnen ein neues

19. Febr. Konkordat, nach dem der Katholizismus nicht mehr Staatsreligion ist.

1985 F. Cossiga wird Staatspräsident.

1987 Juli Rücktritt der Regierung Craxi, bei vorgezogenen Wahlen werden Christdemokraten stärkste Partei. Neue Regierung unter G. Goria.

1988 Rücktritt Gorias, neue Fünfparteienkoalition unter C. de Mita. Autonomiebestimmungen für **Südtirol** (April).

1990 Febr. Der Parteitag der Kommunisten Italiens spricht sich unter dem Eindruck des Wandels im Ostblock für Umwandlung in sozialdemokratische Partei aus.

1991 Zusammenschluß von norditalienischen Autonomiebewegungen zur Lega Nord (Febr.). Umbenennung der KP Italiens in Partei der Demokratische Linken (PDS).

13. April Neues Vierparteienkabinett unter G. Andreotti.

1992 17. Febr. Die Aufdeckung eines Korruptionsfalls in Mailand weitet sich zur landesweiten Skandalwelle aus, in die auch große Parteien hineingezogen werden.

5./6. Apr. Bei Parlamentswahlen Verluste der großen Parteien. O. L. Scalfaro wird neuer Staatspräsident (25. Mai). **Streitbeilegungserklärung beendet** den **Südtirolkonflikt** mit Österreich (11. Juni).

28. Juni G. Amato wird Nachfolger Andreottis.

1993 Rücktritt Craxis als Parteichef nach Korruptionsvorwürfen (Febr.).

29. April Übergangsregierung unter C. A. Ciampi.

1994 Auflösung des Parlaments (16. Jan.).

22. Jan. Umbenennung der DC in Italienische Volkspartei (PPI), eine Fraktion wird zu den Christlichen Demokraten des Zentrums (CCD).

27./28. März Bei den vorgezogenen Parlamentswahlen setzt sich ein Rechtsbündnis der Lega Nord, der vom Medienunternehmer Silvio Berlusconi gegründeten Bewegung Forza Italia und der Nationalen Allianz durch. Berlusconi wird Ministerpräsident (10. Mai).

29.Juli Verurteilung des ehemaligen Ministerpräsidenten Craxi wegen betrügerischen Bankrotts.

22. Dez. Auseinanderbrechen der Regierungskoalition, Rücktritt Berlusconis.

1995 25. Jan. Neue Regierung, der parteilose Wirtschaftsexperte Lamberto Dini wird Ministerpräsident.

27. Sept. Prozeßbeginn gegen den ehemaligen Ministerpräsidenten Andreotti wegen Mafiaverdachts.

Spanien

1947	Es erklärt sich am 9. Juli formal zum Königreich. Das
1953 26. Sept.	Abkommen (Laufzeit 10 Jahre) mit den USA räumt diesen militärischen Stützpunkt ein. Der 1946 seitens der UN über Spanien verhängte Boykott ist beendet.
1955	14. Dez. Aufnahme in die UN, 1959 in die OEEC. Die Frage Spanisch-Marokko und Spanisch-Sahara s. S. 331.
1962	Nach Streiks Lohnerhöhungen und Beteiligung von Arbeitern an der Unternehmensleitung, Arbeitsgerichtshöfe eingesetzt.
1965	tritt Gibraltar in den Vordergrund; Spanien will es seiner Rechtshoheit unterstellen und schließt es zu Lande ab (25. Okt. 1966 und 6. Mai 1968). Verhandlungen zwischen London und Madrid bleiben ergebnislos.
1966 22. Nov.	Verfassungsänderung trennt Befugnisse von Staatschef und Regierungschef, regelt Direktwahl zur Cortes.
1967	10. Okt. Erste direkte Corteswahlen seit 1936.
1968	Die Kolonie Spanisch-Guinea (Fernando Póo und Rio Muni) wird am 12. Oktober als Äquatorial-Guinea unabhängig.
1969	Streiks und Unruhen: Arbeiter und Intellektuelle fordern Mitbestimmung gegen die Syndikate. Regierung verhängt Ausnahmezustand, führt Pressezensur wieder ein.
1970 22. Juni	Spanisch-französische Militärabkommen: Kooperation der Streitkräfte vereinbart.
29. Juni	Präferenzabkommen mit der EWG.
6. Aug.	Spanisch-amerikanischer Kooperationsvertrag. Erneuerung des Stützpunktabkommens von 1953.
Dez.	Aufstand der Basken (Organisation der ETA), die Autonomie fordern.
1975 20. Nov.	**Tod Francos.** Staatsoberhaupt als **König** wird, wie 1969 bestimmt, Juan Carlos, Enkel des letzten Königs. **Juan Carlos** läßt eine vorsichtige Demokratisierung einleiten (u.a. Milderung des Antiterroristengesetzes; Amnestie für politische Häftlinge), Widerstand der Falangisten Zulassung von Parteien, freien Wahlen und Verfassungsänderung vorgesehen.
1976	Im Juli wird Adolfo Suárez González spanischer Ministerpräsident.
1977 2. April	4. Jan. Gesetz zur politischen Reform des spanischen Staates. Die Falange wird aufgelöst und die KP, (verboten seit Francos Machtergreifung), erlaubt.

15. Juni Bei den Parlamentswahlen wird die Union des Demokratischen Zentrums stärkste Partei. Suárez bleibt Ministerpräsident.

1978 Das Parlament verabschiedet neue Verfassung, die am
31. Okt. 6. Dez. in einer Volksabstimmung gebilligt wird und am 27. Dez. in Kraft tritt.

1981 Durch baskischen Terrorismus und Autonomiebestre-
Jan. bungen hervorgerufene innenpolitische Spannungen führen zum Rücktritt der Regierung Suárez; neuer Mini-
Febr. sterpräsident wird L. Calvo-Sotelo.

23./24. Ein von hohen Offizieren begünstigter Putschversuch
Febr. wird durch Eingreifen des Königs abgewendet.

22. Juni Liberales Scheidungsrecht eingeführt.

1982 Spanien wird offiziell 16. Mitglied der NATO (30. Mai).

28. Okt. Bei den Parlamentswahlen erhalten die Sozialisten die Mehrheit: Felipe Gonzáles wird Ministerpräsident.

1985 Die Grenze nach Gibraltar wird am 5. Februar (seit 16 Jahren) wieder geöffnet.

1986 Spanien wird EG-Mitglied, bei Volksabstimmung wird
1. Jan. der Verbleib in der NATO befürwortet (12. März).

1987 Spanien tritt dem Atomwaffensperrvertrag bei.

1988 Anti-Terror-Pakt von fünf der im Parlament vertretenen
Jan. baskischen Parteien. Reduzierung der US-Streitkräfte in Spanien.

1989 Bei vorgezogenen Parlamentswahlen bleiben die Sozialisten stärkste Partei, neues Kabinett unter F. Gonzáles.

1993 Freundschaftsvertrag mit dem Fürstentum Andorra (3. Juni).

6. Juni Bei vorgezogenen Parlamentswahlen bleiben die Sozialisten stärkste Partei, Gewinne der konservativen Volkspartei. Wiederwahl González (9. Juli).

Portugal

Die Regierung Salazar setzt ihren Kurs gegen Wahlboykott der Opposition und Militärputsche fort, verlängert
1948 den Freundschaftspakt mit Spanien von 1939 um 10
20. Sept. Jahre (1970 nochmals erneuert), vollzieht den
1949 4. April Beitritt zum Atlantikpakt und
1951 6. Sept. räumt den USA Militärstützpunkte ein.

1961 Anhaltende Differenzen mit der Indischen Union wegen der Rückgabe von Gôa. Bau des Cabora-Bassa-Staudamms am Sambesi (in Mozambique).

1968 Anstelle von Salazar (gest. 27. Juli 1970) wird M. Cae-

Sept. tano zum Ministerpräsidenten ernannt. Regierungsumbildung. Aufstände in Angola (1961), Portugiesisch-Guinea (1963) und Mozambique (1964). Bildung der MFA (Bewegung der Streitkräfte; Anlaß dazu u. a. der militärisch nicht zu gewinnende Kolonialkrieg).

1974 25. April **Staatsstreich der MFA.** Beendigung des Kolonialkriegs, die MFA drängt auf rasche Übergabe der Macht in den Kolonien an einheimische Regierungen, Zulassung politischer Parteien und Gewerkschaften. – Verstaatlichungen (bis Anfang 1976 ca. 70 % der Industrie); Bodenreform (Betriebsgröße max. 50 ha), die Jan. 1976 nur für den Süden (Latifundien) gültig ist. Wirtschaftliche Schwierigkeiten; Kredite der EG-Staaten. Gegensätze zwischen Kommunisten und Sozialisten (Mário Soares).

1975 25. April Letztere werden bei den Wahlen zur Verfassunggebenden Versammlung stärkste Partei. – Gleichzeitig Richtungskämpfe innerhalb der MFA (Putschversuche).

1976 2. April **Neue Verfassung**; Produktionsmittel, Grund und Boden sowie Bodenschätze bleiben Kollektiveigentum, der militärische Revolutionsrat verliert eine Reihe von Vollmachten, behält aber Entscheidungsrecht in Verfassungsfragen.

25. April Wahlen zur „**Versammlung** der Republik“ (Parlament mit 283 Abgeordneten); die Sozialisten sind stärkste Fraktion, erhalten aber keine regierungsfähige Mehrheit.

27. Juni General A. R. Eanes zum Staatspräsidenten gewählt, Soares bildet Minderheitsregierung (23. Juli).

1980 A. R. Eanes wird zum Staatspräsident wiedergewählt (7. Dez.).

1982 Neue Verfassung (12. Aug.).

1983 Juni Erfolg der Sozialisten bei Neuwahlen; Mário A. Soares wird Regierungschef.

1985 Parlamentswahlen, Minderheitskabinett unter A. Cavaco Silva.

1986 Portugal wird EG-Mitglied (1. Jan.). M. Soares wird Staatspräsident.

1987 Abkommen mit China, die Übersee-Provinz **Macao** 1999 an China zu übergeben.

1989 Bei Verfassungsänderung werden marxistische Passagen aus der Verfassung gestrichen.

1991 Wiederwahl von M. Soares (Jan.).

6. Okt. Bei Parlamentswahlen kann sich die Regierungspartei behaupten, Wiederwahl Cavaco Silvas (31. Okt.).

1992 Beitritt zum Europäischen Währungssystem (EWS).

1995 1. Okt. Sieg der Sozialisten bei Parlamentswahlen, neue Regierung unter António Guterres.

Andorra

1278 8. Sept. Durch den Peréage-Vertrag wird Andorra Kondominium des Grafen von Foix (Nachfolger der französische Staatspräsident) und des (spanischen) Bischofs von Seo de Urgel.

1993 14. März Verfassungsreferendum beendet nach 715 Jahren die Lehensherrschaft. Andorra wird konstitutionelles Fürstentum und souveräner Staat. UN-Mitgliedschaft (24. Juli).

Skandinavien

1951 5. Dez. **Nordischer Interparlamentarischer Rat** der skandinavischen Staaten eingesetzt, sein Wirken beschränkt sich auf beratende Funktion in wirtschafts- und sozialpolitischen Fragen. Beitritt Finnlands im Okt. 1955.

1962 Abkommen über die nordische Zusammenarbeit (ab 1. Juli in Kraft) erstreckt sich auf juristisches Gebiet und auf kulturelle Fragen.

1972 Nov. Aktionsprogramm für wirtschaftliche Zusammenarbeit (Fonds für technische und industrielle Entwicklung).

1975 Gründung der Nordischen Investitionsbank.

1948 6. April **Finnland** (Friedensvertrag s. S. 244f.) schließt einen zehnjährigen **Beistandpakt mit der UdSSR,** dem 1950 ein Handelsvertrag folgt.

1956 29. Febr. Ministerpräsident U. Kekkonen wird zum Staatspräsidenten gewählt. Er setzt das unter seinem Vorgänger erreichte gute Einvernehmen mit der UdSSR fort.

1961 Assoziierungsabkommen mit der EFTA (27. März). Um die sowjetischen Vorbehalte gegen einen Anschluß an die EG zu zerstreuen.

1973 Abkommen über Zusammenarbeit zwischen COMECON und Finnland (16. Mai) und Abkommen zwischen Finnland und der EG (5. Okt.). – Regierungskrisen wegen Beteiligung der Kommunisten (2 Richtungen) an der Regierung.

1975 Abschlußsitzung der am 3. Juli 1973 in Helsinki eröffneten KSZE durch eine Gipfelkonferenz. (30. Juli/1. Aug.).

1981 27. Okt. Der erkrankte Staatspräsident Kekkonen erklärt seinen Rücktritt.

1982	Durch Wahlen im Januar wird der Sozialdemokrat M. Koivisto Staatspräsident.
1983 6. Juni	Finnland verlängert den Vertrag mit der UdSSR vorzeitig um 20 Jahre.
1987	Reichstagswahlen: Koalitionsregierung unter Harri Holkeri (März).
1988	Koivisto im Amt bestätigt (15. Febr.).
1989	Mitgliedschaft im Europarat (5. Mai).
1991 17. März	Bei Parlamentswahlen siegt die Zentrumspartei, neues Kabinett unter Esko Aho (April).
1992 20. Jan.	Finnisch-russisches Abkommen über bilaterale Zusammenarbeit. Beitrittsantrag zur EG (18. März).
1994	Martti Ahtisaari wird neuer Staatspräsident (1. März).
1995	Finnland wird EU-Vollmitglied (1. Jan.).
19. März	Sieg der Sozialdemokraten bei Parlamentswahlen, neue Regierung unter Paavo Lipponen (April).
	Schweden betont seine Neutralität, es erstrebt unter sozialdemokratischen Regierungen (seit 1932) Vollbeschäftigung und führt eine umfassende Sozialgesetzgebung ein. Ministerpräsidenten Per Albin Hansson 1932/36-1946, Tage Fritof Erlander 1946-1969 und Olof Palme (1969-1976).
1970 20. Sept.	Verfassungsänderung in Kraft: Einführung des Einkammersystems und des proportionellen Wahlverfahrens.
1975 1. Jan.	**Neue Verfassung.** Befugnisse des Königs gehen an den Reichstagspräsidenten bzw. den Ministerpräsidenten über. – Seit 1973 Wirtschaftsboom.
1976 19. Sept.	Bei den Reichstagswahlen knapper Sieg der bürgerlichen Koalition; die Sozialdemokraten (stärkste Fraktion) gehen nach 44jähriger Regierung erstmals in die Opposition.
1979 17. Sept.	Konservative, Sozialisten und Kommunisten gewinnen bei den Reichstagswahlen. Neuer Ministerpräsident wird Thorbörn Fälldin (Okt.).
1982 8. Okt.	Nach den Parlamentswahlen vom September wird der Sozialdemokrat O. Palme Ministerpräsident.
1983 29. Okt.	Einigung mit Dänemark über Grenzfragen (Bornholm, Kattegat, Öresund, Skagerrak).
1986 27. Febr.	Ermordung von Ministerpräsident Olof Palme. Nachfolger wird Ingvar Carlsson.
1988 18. Sept.	Reichstagswahlen bestätigen die Koalition von Sozialdemokraten und der Linkspartei-Kommunisten.

1990 12. Dez	Das schwedische Parlament spricht sich für einen Beitritt zur EG aus.
1991 März	Abkommen über den Bau einer festen Verbindung mit Tunneln und Brücken nach Dänemark.
15. Sept.	Nach Parlamentswahlen konservative Minderheitsregierung unter Carl Bildt.
1992 26. Mai	Parlament beschließt Einschränkung der bisherigen Neutralitätspolitik.
1994	Sieg der Sozialdemokraten bei Parlamentswahl (18. Sept.), I. Carlsson wird neuer Ministerpräsident.
1995	Schweden wird EU-Vollmitglied (1. Jan.).
	Dänemark gehört dem Atlantikpakt an.
1953	**Grönland,** bisher Kolonie, wird gleichberechtigter Bestandteil Dänemarks; die Färöer erhalten Selbstverwaltung und Vertretung im dänischen Folketing, das seit 1953 als einzige Kammer fungiert.
1972 2. Okt.	In einer Volksabstimmung billigen die Dänen den **EWG-Beitritt.**
1979 17. Jan.	Eine Volksabstimmung in **Grönland** ergibt 70 % für die innere Autonomie, die am 16. Febr. vom dänischen Parlament gebilligt wird.
1981	Vorgezogene Neuwahlen: sozialdemokratisches Minderheitskabinett unter A. Jörgensen.
1982	Rücktritt Jörgensens, Minderheitsregierung P. Schlüter (Koalition der Konservativen mit drei anderen bürgerlichen Parteien).
1985	Grönland tritt aus der EWG aus (1. Febr.).
1987/88	Parlamentswahlen (8. Sept./10. Mai): jeweils Minderheitsregierung unter Schlüter.
1990 12. Dez.	Nach erfolglosen Haushaltsdebatten Auflösung des Parlaments (22. Nov.) und Neuwahlen: erneute Regierung Schlüter.
1991 März	Abkommen über den Bau einer festen Verbindung mit Tunneln und Brücken nach Schweden
1992 2. Juni	Bei Referendum wird die Annahme des Maastrichter Vertrages abgelehnt. Bei EG-Gipfel in Edinburgh wird Dänemark ein Sonderstatus in der EG gewährt (Dez.).
1993 Jan.	Rücktritt Schlüters, sein Nachfolger wird P. N. Rasmussen.
18. Mai	Bei zweitem Referendum werden die revidierten Maastrichter Verträge angenommen und dem EG-Beitritt zugestimmt.

1994 21. Sept. Bei Parlamentswahlen verliert Rasmussens Koalition die absolute Mehrheit, Minderheitsregierung.
1995 Dänemark wird EU-Vollmitglied (1. Jan.).

Norwegen gehört dem Atlantikpakt an. Es hat seine Neutralität aufgegeben und orientiert sich zum Westen.

1972 Norwegen lehnt in einer Volksabstimmung (24./ 25. Sept.) den EG-Beitritt ab und schließt mit der EG einen Freihandelsvertrag (Mai 1973).
1973 Gesetz über die Mitbestimmung der Arbeitnehmer (1. Jan.).
1981 **1983** Nach Wahlen vom 14. Sept. konservative Minderheitsregierung unter K. Willoch, später (7. Juni) Koalitionsmehrheit mit Zentrum und Christdemokraten.
1986 29. April Ministerpräsident Willoch tritt zurück: ihm folgt Gro Harlem Brundtland.
1989 11. Sept. Parlamentswahlen. Minderheitsregierung unter Jan Syse.
1990 29. Okt. Rücktritt Syses nach Konflikten in der EG-Politik, erneute Regierung Brundtland.
1991 Jan. Nach dem Tod König Olavs V. wird Harald V. Thronfolger.
1992 Ratifikation des EWR-Vertrages durch Parlament (Okt.). Norwegen beantragt EG-Mitgliedschaft (Nov.).
1993 Sieg der Sozialdemokraten bei Parlamentswahlen am 14. Sept.
1994 Der EU-Beitritt wird bei Referendum erneut abgelehnt (Nov.).

Island tritt am 9. Nov. 1946 den UN, am 22. Juli 1949 dem Atlantikpakt und am 7. Febr. 1950 dem Europarat bei. 1946 wird den USA nach der Räumung des Landes ein Luftstützpunkt überlassen. 1961 Beendigung des Streites mit England und Fischereirechte. 1970 wird Island Vollmitglied der EFTA. Ausdehnung der Fischereizone auf 200 Seemeilen (Juli 1975), Fischereikrieg mit England, der am 1. Juni 1976 durch ein Interimsabkommen (Kompromiß) beigelegt wird.

1986 Febr. Sozialpakt von Regierung, Arbeitgebern und Gewerkschaften zur Inflationsbekämpfung.
1987/88 Thorstein Palsson löst vorübergehend Hermannsson als Ministerpräsident ab.
1991 Nach Parlamentswahlen (April) wird D. Oddsson neuer Ministerpräsident.
1993 Parlamentarische Ratifikation des EWR-Vertrages (Jan.).

5. Deutschland

a) Bundesrepublik Deutschland

1947 **Wirtschaftlicher Zusammenschluß der britischen**
1. Jan. **und US-Zone.** Ein **Wirtschaftsrat** tritt in Frankfurt a. M. zusammen. Die französische Zone schließt sich 1949
6./7. der Doppelzone an. Konferenz aller deutschen Minister-
Juni präsidenten in München. Die mitteldeutschen Vertreter verlassen sie, als ihre Forderung, grundsätzliche Fragen des gesamtdeutschen Aufbaus zu behandeln, nicht angenommen wird.

1948 Nach einem Verfassungskonvent der westdeutschen Mi-
Sept. nisterpräsidenten bildet sich in Bonn der **Parlamentari-**
20. Juni **sche Rat.** Ein Gesetz der Militärregierungen führt mit **Währungsreform** die Deutsche Mark ein (Abwertung der Reichsmarkguthaben im Verhältnis 10:1). **Lastenausgleich** (1952 entsprechendes Gesetz) für Flüchtlinge, Bomben- und Währungsgeschädigte; 1950 **Soforthilfe** für einzelne Gruppen als Vorleistung eingerichtet. In der **Demontage**frage veröffentlichen die Westmächte 1947 eine Liste von 900 (1946: 2000) abzubauenden Werken. 1948 erfolgen aus der amerikanischen Zone keine Lieferungen mehr an die UdSSR. 1949 erfolgt Demontagestopp.

1945 übernimmt Großbritannien die Verwaltung der Ruhrzechen, 1947 wird die **Deutsche Kohlenbergbauleitung** als ausführendes Organ eingesetzt, Großbritan-
1948 nien, USA und Frankreich üben die Kontrolle aus. In der Eisenindustrie ähnliche Entwicklung, auch hinsichtlich
Dez. der Entflechtung der Konzerne. Im **Ruhrstatut** wird eine internationale Kontrollbehörde aus 7 westlichen Staaten geschaffen, der die Bundesrepublik Deutschland Ende 1949 beitritt.

1949 Das **Besatzungsstatut** legt die Stellung der Besatzungs-
Mai mächte fest.

23. Mai Vorläufiges **Grundgesetz der Bundesrepublik Deutschland**, von den Länderparlamenten ratifiziert, schafft parlamentarischen Parteienstaat. Das staatliche Leben spielt sich anfangs vorwiegend in den Ländern ab; allerdings hat Bundesrecht Vorrang und kann erzwungen werden. Der Bund behält sich Auswärtiges, Währung, Zoll, Eisenbahnen und Post vor; seine Gesetze bedürfen der Zustimmung des Bundestages und des Bundesrats. Änderung des Grundgesetzes erfordert

2/3-Mehrheit beider. Es gibt das Bundesverfassungs- (seit 1955) und das Oberste Bundesgericht. Der Bundestag geht aus allgemeinen Wahlen hervor, den Bundesrat bilden Vertreter der Länderregierungen; beide beschließen nach Mehrheit. Der Bundespräsident, von der Bundesversammlung (Bundestag und gleich viele von Landtagen bestimmte Mitglieder) auf 5 Jahre gewählt, kann vom Bundesverfassungsgericht abgesetzt werden. Den Bundeskanzler kann die Opposition nur stürzen, wenn sie eine arbeitsfähige Regierung zu stellen vermag; er bestimmt die Richtlinien der Politik. Vorläufige **Hauptstadt** ist **Bonn.**

Aug. **Wahlen zum Bundestag.** Regierung der sog. **Kleinen**
Koalition aus CDU/CSU, FDP und DP. Bundespräsident
wird **Theodor Heuss** (FDP, wiedergewählt 1954), Bun-
1950 deskanzler **Konrad Adenauer** (CDU). Erste staatsrecht-
26. Jan. liche Handlung ist der Vertrag mit den USA über Teil-
Aug. nahme am Marshallplan. Sicherheitsmemorandum.
1951 Die Westmächte beenden den Kriegszustand mit
9. Juli Deutschland.
1952 **Die Annahme des Schumanplans** führt zur Aufhebung
Jan. des Ruhrstatuts und von bestimmten Produktionsbe-
schränkungen in der Industrie (v. a. der Schwerindu-
strie).
Ein Abkommen erkennt dem Staat Israel gegenüber
10. Sept. 3 Mrd. DM Schulden an.
Die UdSSR erklärt den Kriegszustand mit Deutschland
1955 für beendet. Ihre Haltung zur Wiedervereinigung
15. Jan. Deutschland versteift sich.
Aufnahme der Bundesrepublik in die NATO.
9. Mai Besuch Adenauers in Moskau: Aufnahme diplomati-
9.–13. scher Beziehungen zur UdSSR, Freilassung deutscher
Sept. Kriegsgefangener. Die Frage der **Wiedervereinigung**
bleibt weiterhin ein wichtiges Thema der deutschen Po-
litik.
1956 Der **Aufbau der Bundeswehr** beginnt; es folgt die ent-
sprechende Änderung des Grundgesetzes; der Bundes-
7. Juli tag beschließt die Einführung der **allgemeinen Wehr-**
pflicht. 1960 wird das Einberufungsalter auf 20 Jahre
festgesetzt.
17. Aug. Das Bundesverfassungsgericht in Karlsruhe erklärt die
KPD als **verfassungswidrig;** sie wird aufgelöst.
Die Saarverhandlungen enden mit dem deutsch-franzö-
27. Okt. sischen Abkommen: am 1. Jan. 1957 politische **Einglie-**

derung der Saar in die Bundesrepublik; im Juli 1959 wird auch die wirtschaftliche Eingliederung vollzogen.

1959 Juli **Heinrich Lübke** zum Bundespräsidenten gewählt.

1961 Aufwertung der DM um 4,75% infolge der Hausse, der
März zweiten nach der von 1955/57.

Nov. 4. Kabinett Adenauer aus FDP und CDU/CSU, die ihre absolute Mehrheit eingebüßt hat. Gerhard Schröder Außenminister.

1963 **Ludwig Erhard,** unter Adenauer (gest. 19. April 1967),
17. Okt. 14 Jahre lang Wirtschaftsminister (Aufbau der sozialen Marktwirtschaft), wird Bundeskanzler.

1965 Verlängerung der Verjährungsfrist für Kriegsverbre-
25. März chen bis 1970. Diplomatenaustausch mit Israel, worauf
13. Mai 11 arabische Staaten mit Bonn brechen, mit Ausnahme von Marokko, Tunesien und Libyen; Jordanien nimmt 1967, Algerien, VAR, Sudan und Libanon 1972 die diplomatischen Beziehungen wieder auf.

Juli In den USA erreicht Erhard keine Senkung der Stationierungskosten, er plant daher Steuererhöhungen,
1966 wogegen sich die FDP wendet. Eine Regierungskrise
27. Okt. entsteht, als die FDP-Minister ausscheiden, daher **Min-**
2. Nov. **derheitsregierung;** Erhard erklärt sich bereit, zurückzutreten.

1. Dez. Koalitionsverhandlungen. Wahl Kiesingers und **Große Koalition** CDU/CSU mit SPD. Kanzler wird **Kurt Georg Kiesinger** (CDU), Außenminister Willy Brandt (SPD), Beginn einer aktiven Ostpolitik. Aufnahme diplomatischer Beziehungen zu Rumänien (31. Jan. 1967) und 31. Jan. 1968 Wiederaufnahme diplomatischer Beziehungen zu Jugoslawien, die am 19. Okt. 1957 abgebrochen worden waren, da Belgrad die DDR anerkannt hatte. Die Bundesrepublik Deutschland hatte ab Mitte 1964, erstmals seit 1958, eine passive Zahlungsbilanz. Seit 1967 wirtschaftliche Wiedergesundung („konzertierte Aktion“); Aufwertung der D-Mark (Okt. 1969).

1968 Notstandsverfassung verabschiedet: sie löst gewisse al-
29. Mai liierte Vorbehaltsrechte aus dem Deutschlandvertrag (1952) ab und räumt der Bundesregierung bei innerem und äußerem Notstand besondere Befugnisse ein.

1969 **Gustav Heinemann** (SPD) zum Bundespräsidenten ge-
5. März wählt.

22. Okt. **Sozial-liberales Kabinett** mit **Willy Brandt** (SPD) als Kanzler und Walter Scheel (FDP) als Außenminister.

22. Nov. Unterschrift unter den Atomwaffensperrvertrag.

1970 12. Aug. Vertrag zwischen der UdSSR und der Bundesrepublik in Moskau unterzeichnet: **Gewaltverzicht** gegenüber dem Osten, **Unverletzlichkeit der Grenzen** aller europäischen Staaten, Ausschluß der „Feindstaatenartikel".

7. Dez. Im **Warschauer Vertrag** wird auch der Ausgleich mit Polen erreicht: die Bundesrepublik stellt die Oder-Neiße-Grenze nicht mehr in Frage. Den in Polen ansässigen Deutschstämmigen wird auf Antrag die Ausreise gestattet. – Der Moskauer und der Warschauer Vertrag berühren die zwei- und mehrseitigen Verträge der Bundesrepublik nicht. Die Ratifizierung dieser Verträge wird von einer befriedigenden Berlinregelung abhängig gemacht (S. 291). Ostverträge am 17. Mai 1972 vom Bundestag ratifiziert, am 3. Juni in Kraft; Aufnahme diplomatischer Beziehungen zu Polen.

1971 10. Dez. Bundeskanzler Brandt in Oslo mit dem Friedensnobelpreis ausgezeichnet.

Scharfe Opposition der CDU/CSU gegen die Ostpolitik der Regierung, die von den westlichen Verbündeten unterstützt wird. Das konstruktive Mißtrauensvotum der CDU/CSU im Bundestag scheitert (27. April 1972); parlamentarisches Patt. Brandt stellt Vertrauensfrage, um Auflösung des Bundestags zu ermöglichen (23. Sept.).

1972 Bei den Bundestagswahlen wird die SPD stärkste Partei. Zweites Kabinett Brandt/Scheel (15.Dez.). Aufnahme diplomatischer Beziehungen zur VR China.

1973 Aufnahme der BR Deutschland in die UN (18. Sept.).

11. Dez. **Vertrag** über die gegenseitigen Beziehungen zwischen BR Deutschland und CSSR (in Kraft 20. Juni 1974). Das Münchener Abkommen (S. 232) als nichtig erklärt; kein Nachteil für die Betroffenen (Zeit 1939-1945, u. a. Staatsangehörigkeit); Gewaltverzicht. Diplomatische Beziehungen zu Prag, Ungarn, Bulgarien (1973/74). – Aufdeckung von DDR-Spionage im Bundeskanzleramt (Agent G. Guillaume).

1974 6. Mai **Brandt** übernimmt die „politische Verantwortung" für Fahrlässigkeiten und **tritt zurück.**

15. Mai **Walter Scheel** zum Bundespräsidenten gewählt.

16. Mai **Helmut Schmidt** (SPD) Bundeskanzler, Hans-Dietrich Genscher (FDP) Außenminister.

1975 7. Aug. **Das Abkommen mit Polen** (in Kraft 1. Mai 1976) regelt pauschal Rentenabgeltungsansprüche jetziger polnischer Staatsangehöriger an die Rentenversicherungsträger (betr. die Jahre 1939-1945); Polen bewilligt Ausreise von 125 000 Deutschstämmigen binnen 4 Jahren.

1976
1. Juli Betriebliche Mitbestimmung für Arbeitnehmer in Betrieben mit über 2000 Beschäftigten.

3. Okt. Bei den Bundestagswahlen knapper Vorsprung der SPD-FDP-Koalition; CDU/CSU stärkste Fraktion, doch keine absolute Mehrheit.

1977 Höhepunkt der deutschen Terroristenszene. Ermordung von Generalbundesanwalt Buback, Dresdner-Bank-Chef Ponto und Arbeitgeberpräsident Schleyer. Nach mißglückter Entführung einer Lufthansamaschine nach Mogadischu Selbstmord der Terroristenführer im Gefängnis Stuttgart-Stammheim (13. Okt.).

1978
16. Nov. Verkehrsabkommen zwischen BR Deutschland und DDR unterzeichnet. Autobahnneubau und Verbesserung der Wasserwege nach West-Berlin.

1979 **Carl Carstens** (CDU) wird Bundespräsident (23. Mai). Erfolge „Grüner“ bzw. „alternativer“ Listen bei Landtagswahlen.

1980
5. Okt. Bei den Bundestagswahlen wird die SPD/FDP-Koalition unter Schmidt/Genscher bestätigt.

1981 Verschlechterung der Wirtschaftslage, Verteuerung von Lebenshaltung und Energie, Arbeitslosigkeit.

Juli Sparmaßnahmen zur Begrenzung der staatlichen Kreditaufnahme.

11. Okt. Friedensdemonstration in Bonn mit ca. 300 000 Teilnehmern.

1982
1. Okt. Konstruktives Mißtrauensvotum der CDU: **Helmut Kohl** (CDU) wird mit Stimmen der FDP zum Bundeskanzler gewählt.

1983
6. März Vorgezogene Bundestagswahlen: Sieg der CDU/CSU-FDP-Koalition (48,8%; 7%) gegenüber SPD (38,2%) mit Kanzlerkandidat Hans-Jochen Vogel; die Grünen erstmals im Bundestag (5,6%).

29. März 2. Kabinett Kohl/Genscher. Die größten Probleme sind: Arbeitslosigkeit (über 2 Mill.), Krise in der Schiffbau- und Stahlindustrie, Nachrüstung (NATO-Doppelbeschluß), Umweltschutz (Waldsterben).

22. Nov. Der Bundestag stimmt der Raketenrüstung zu.

1984
Apr./Juni Langanhaltende Streiks der IG Druck und Papier sowie der IG Metall um den Einstieg in die 35-Stunden-Woche. Mit einem Kompromiß (Regelarbeitszeit von ca. 38,5 Stunden) enden die härtesten Tarifauseinandersetzungen der letzten drei Jahrzehnte.

1. Juli	**Richard von Weizsäcker** (CDU) wird als 6. deutscher Bundespräsident vereidigt (Wahl am 23. Mai).
1985	Januar: 2,6 Mill. Arbeitslose.
1987	Bundestagswahlen: Sieg der CDU/CSU-FDP-Koalition (25. Jan.). Bildung des neuen Kabinetts Kohl (12. März).
13. Sept.	Barschel/Pfeiffer-Affäre in Schleswig-Holstein um Denuntiationen im Wahlkampf.
1988	F.J. Strauß gestorben (3. Okt.). Nachfolger wird M. Streibl.
1989 28. Nov.	10-Punkte-Plan Kohls zur Überwindung der Teilung Deutschlands („Vertragsgemeinschaft").
1990	Wirtschafts-, Währungs- und Sozialunion mit der DDR (1. Juli).
31. Aug.	**Einigungsvertrag** mit der DDR: rechtliche Regelung der Einheit.
12. Sept.	**„2 + 4-Vertrag"** Deutschlands mit den Siegermächten: volle Souveränität nach der Vereinigung.
13. Sept	Zusammenarbeits- und Nichtangriffsvertrag mit UdSSR.
3. Okt.	**Beitritt der DDR zur Bundesrepublik** nach Art. 23 GG. Neue Bundesländer: Mecklenburg-Vorpommern, Brandenburg, Sachsen, Sachsen-Anhalt und Thüringen.
14. Nov.	Vertrag mit Polen über die völkerrechtlich verbindliche Festschreibung der gemeinsamen Grenze.
2. Dez.	Erste gesamtdeutsche Bundestagswahl: deutliche Mehrheit für CDU/CSU-FDP-Koalition.
1991	Neue Regierung Kohl ab Jan. Steuererhöhungen zur Finanzierung der deutschen Einheit und des 2. Golfkrieges (Febr.). Demonstrationen in den neuen deutschen Bundesländern aufgrund der schlechten Wirtschaftslage (März).
Sept.	Mehrtägige rechtsextremistische Ausschreitungen in Hoyerswerda gegen Asylbewerber und Ausländer.
Okt.	Initiative zur Bildung eines deutsch-französischen Armeekorps, das zu einem europäischen Korps ausgebaut werden soll.
11. Okt.	Deutsch-tschechischer Vertrag über gute Nachbarschaft und Zusammenarbeit.
9.–11. Dez.	Bei EG-Gipfelkonferenz in Maastricht wird der **Maastrichter Vertrag** abschließend beraten, der eine europäische Währungsunion bis 1999 vorsieht, eine gemeinsame Außen- und Sicherheitspolitik wird geplant.
1992 2. Mai	Die EG-Außenminister unterzeichnen in Porto ein Abkommen zur Schaffung eines europäischen Wirtschaftsraumes (EWR).

17. Mai Rücktritt des Außenministers Genscher, sein Nachfolger wird Klaus Kinkel.

Mai Entsendung von Sanitätssoldaten nach Kambodscha als **erster Einsatz von Bundeswehrsoldaten** im Rahmen einer UN-Mission.

22.–27. Aug. Schwere ausländerfeindliche Ausschreitungen in Rostock.

25. Aug. **Berlin** und die Bundesrepublik schließen einen Vertrag über die **Hauptstadt**funktionen Berlins.

18. Okt. Tod des ehemaligen Bundeskanzlers Willy Brandt.

12. Nov. Prozeßbeginn gegen Erich Honecker und weitere DDR-Spitzenfunktionäre, die für den Schießbefehl an der DDR-Grenze wegen Totschlags angeklagt werden.

Dez. Ratifikation des Maastrichter Vertrages durch den Bundestag. Kompromiß zwischen Regierungskoalition und SPD für Grundgesetzänderung des Asylrechts, die eine Eindämmung der Asylantenzahlen ermöglichen soll.

1993 1. Jan. Inkrafttreten des gemeinsamen **EG-Binnenmarktes:** Fall der EG-Binnengrenzen, Freiheit des Waren-, Dienstleistungs-, Personen- und Kapitalverkehrs.

13. Jan. Haftentlassung Honeckers und sofortige Ausreise nach Chile.

April Umstrittener Beschluß, zur Durchsetzung des Flugverbotes über Bosnien durch die NATO deutsche Soldaten für Aufklärungsflugzeuge zu entsenden.

21. April Das Bundeskabinett beschließt Bundeswehreinsatz in Somalia im Rahmen einer UN-Mission.

3. Mai Björn Engholm tritt als SPD-Vorsitzender und als Ministerpräsident von Schleswig-Holstein in Nachwirkung der Barschel-Pfeiffer-Affäre von 1987 zurück.

14.–16. Mai Bei einem Vereinigungsparteitag fusionieren das Bündnis '90 und Die Grünen zu einer Partei unter dem Namen Bündnis '90/Die Grünen.

16. Mai Der Bundestag beschließt ein neues Asylrecht.

29. Mai Bei einem ausländerfeindlichen Brandanschlag in Solingen werden fünf Menschen getötet.

13. Juni Rudolf Scharping wird als Nachfolger Engholms neuer Vorsitzender der SPD.

1994 1. Jan. Die staatliche Deutsche Bundesbahn und die Deutsche Reichsbahn werden privatisiert und zur Deutschen Bahn AG zusammengeschlossen.

23. Mai **Roman Herzog** (CDU, *1934) wird zum **Bundespräsidenten** gewählt.

29. Mai — Tod des ehemaligen Staats- und Parteichefs der DDR, Erich Honecker, in Chile

Aug./Sept. — Verabschiedung der westalliierten und sowjetischen Truppen, nach 49 Jahren endet die Besatzungszeit.

16. Okt. — Bei den zweiten gesamtdeutschen Bundestagswahlen kann sich die CDU/CSU-FDP-Koalition knapp behaupten, Kohl wird erneut Bundeskanzler (15. Nov.).

30. Dez. — Die Treuhandanstalt in Berlin beendet ihre Tätigkeit, über 95 % des Vermögens der in der DDR verstaatlichten Betriebe wurde privatisiert.

1995
30. Juni — Der Bundestag beschließt, die NATO-Eingreiftruppe im Kriegsgebiet des ehemaligen Jugoslawien auch mit bewaffneten Soldaten und Kriegsgerät zu unterstützen.

30. Aug.– 14. Sept. — Bei Luftangriffen der NATO unter UN-Oberbefehl in Ex-Jugoslawien nehmen auch deutsche Tornado-Kampfflugzeuge teil, der erste Kampfeinsatz der Bundeswehr seit ihrem Bestehen.

Dez. — Einsatzbeginn für 4000 Bundeswehrsoldaten in Kroatien, die mit NATO-Truppen (IFOR) Friedensabkommen von Dayton (21. Nov. 1995) durchsetzen sollen.

b) Sowjetische Besatzungszone / Deutsche Demokratische Republik

In der Ostzone blockiert die Besatzungsmacht 1945 die finanziellen Guthaben und beschlagnahmt allen Besitz nationalsozialistischer Aktivisten sowie der Kriegsverbrecher. Landgüter über 100 ha werden enteignet und in Parzellen zu etwa 5 ha aufgeteilt. – In der Industrie entwickeln sich drei Betriebsformen: die für das Reparationskonto arbeitenden Sowjetischen Aktiengesellschaften, russisches Eigentum; die **Volkseigenen Betriebe,** zu denen alle Bank- und Versicherungsinstitute gehören – beide Formen aus enteignetem Besitz entstanden – und die privaten Unternehmen mit weniger als 50 Arbeitern. Die Volkseigenen Betriebe, 1947 den Ländern übereignet, unterstehen seit 1948 der neugegründeten **Deutschen Wirtschaftskommission.** Politisch bedeutsam ist die Verschmelzung der KPD mit Teilen der SPD unter sowjetischem Druck zur **Sozialistischen Einheitspartei Deutschlands** (SED; April 1946).

Die staatliche Einigung der Zone nimmt den Weg über den im Dez. 1947 erstmals gewählten **Deutschen Volks-**

1949 **kongreß** zu einer Verfassung der **Deutschen Demo-**
30. Mai **kratischen Republik:** 400 Abgeordnete bilden eine Volkskammer, die Länder sind in einer Länderkammer vertreten. Den Ministerpräsidenten benennt die größte Partei, die übrigen Parteien stellen je nach ihrer Stärke Minister.

1950 Als provisorische Volkskammer konstituiert sich der **Deutsche Volksrat,** den der dritte Volkskongreß gewählt hat. Die Regierung übernimmt die Aufgaben der Deutschen Wirtschaftskommission und erhält die Verwaltungsfunktionen der Sowjetischen Militäradministration, die zur zivilen Kontrollkommission wird.
Beide Kammern wählen Wilhelm **Pieck** zum Präsidenten der Republik. Otto **Grotewohl** bildet eine provisorische Regierung. Die Wahlen erfolgten aufgrund der Einheitsliste. – Anerkennung durch die osteuropäischen Staaten.

6. Juni **Anerkennung der Oder-Neiße-Linie** als Grenze
23. Juni gegenüber Polen; Anerkennung der Ausweisung der Deutschen aus der Tschechoslowakei als rechtsgültig.

1952 Juli. **Aufgliederung** der bisherigen (5) Länder in 14 Be-
1953 zirke. Auflösung der sowjetischen Kontrollkommission
5. Mai und Einsetzung eines Hochkommissariats (1955 aufgelöst).

17. Juni Aus einer Protestdemonstration in Berlin gegen die im Mai eingeführte Leistungsnormenerhöhung um mindestens 10% entwickelt sich ein **Aufstand,** der zum gewaltsamen Eingreifen der Besatzungsmacht führt.

22. Aug. Die UdSSR verzichtet auf Reparationen und beschränkt die Besatzungskosten auf 5% des Haushalts der DDR.

1954 Nach dem Scheitern der Berliner Außenministerkonfe-
25. März renz nimmt die UdSSR diplomatische Beziehungen zur DDR auf unter Wahrung des Potsdamer Abkommens.

1955 **Vertrag über die Beziehungen** zwischen der DDR und
20. Sept. der UdSSR: die DDR ist frei hinsichtlich ihrer Innen- und Außenpolitik, einschl. der Beziehungen zur Bundesrepublik.

1956 Gesetz zur Aufstellung der **Nationalen Volksarmee,** um
18. Jan. die militärischen Verpflichtungen aus dem Warschauer Pakt zu erfüllen.

1957 Stationierungsvertrag zwischen der UdSSR und der DDR
12. März regelt den Status der Sowjettruppen.

1960 Die Umwandlung der landwirtschaftlichen Betriebe in
14. April **Produktionsgenossenschaften** ist beendet.

7. Sept. W. Pieck gestorben. Der **Staatsrat** unter **Vorsitz** von **Walter Ulbricht** übernimmt die Funktionen des Staatspräsidenten.

1961 Zum **Mauerbau** und dem 13. August vgl. S. 291f.

20. Sept. Das Verteidigungsgesetz ordnet Organisierung des Verteidigungsfalles und ermächtigt zur Aufhebung der

1962 Verfassung. 24. Jan. Einführung der allgemeinen Wehrpflicht.

1963 Wendung zu einem ökonomischen System, das dem Grundsatz der Rentabilität besser Rechnung trägt und als Industriepreisreform eine Anpassung an die Herstellungskosten vornimmt.

1964 **Freundschafts- und Beistandsabkommen mit der**

12. Juni **UdSSR** ratifiziert, das West-Berlin als „selbständige politische Einheit" bezeichnet und die Unantastbarkeit der Staatsgrenzen der DDR garantiert. – Nach dem Tod Grotewohls wird W. **Stoph** Ministerpräsident. Verkündung

1965 der **Staatsdoktrin,** welche die Alleinberechtigung bean-

5. Mai sprucht, für Deutschland zu sprechen.

1967 20. Febr. Gesetz über die Staatsbürgerschaft erlassen.

1970 Neue Verfassung in Kraft: Die DDR definiert sich als so-

9. April zialistisches Land deutscher Nation mit dem Anspruch auf Verantwortung für ganz Deutschland.

Seit 1969 beachtlicher Aufschwung im innerdeutschen Handel: die Bundesrepublik ist nach der UdSSR wichtigster Handelspartner Ost-Berlins.

1971 Ulbricht tritt als SED-Chef zurück, bleibt aber Staats-

3. Mai ratsvorsitzender; neuer SED-Chef Erich **Honecker.** – Nach Ulbrichts Tod (1. Aug. 1973) wird Stoph Staatsratsvorsitzender, H. **Sindermann** Ministerpräsident. Verstärkte ideologische und staatliche Abgrenzung sowie sozialpolitische Verbesserungen, um Auswirkungen der Entspannungspolitik im Innern zu verhindern.

1973 Aufnahme der DDR in die UN (18. Sept.).

1974 **Verfassungsänderung:** die DDR als „sozialistischer

7. Okt. Staat der Arbeiter und Bauern" definiert (der Zusatz „deutscher Nation" von 1970 entfällt); die DDR als „untrennbarer Bestandteil der sozialistischen Staatengemeinschaft" wird verfassungsmäßig verankert.

1975 **Neuer Freundschafts- und Beistandspakt** mit der

7. Okt. UdSSR; im Unterschied zu 1964 fehlt die Erwähnung der deutschen Wiedervereinigung bzw. des gesamtdeutschen Friedensvertrags, die Rechte und Pflichten

	der UdSSR gem. den alliierten Deutschlandabmachungen bleiben unberührt.
1976 8.–22. Mai	Der IX. SED-Parteitag verabschiedet ein neues Parteiprogramm und -statut: allmählicher Übergang zum Kommunismus. – Höhere Löhne, kürzere Arbeitszeiten, längerer Urlaub, Anhebung der Mindestrenten angekündigt (27. Mai); schrittweise Durchführung in den nächsten 5 Jahren.
29. Okt.	E. Honecker wird Vorsitzender des DDR-Staatsrates.
1979	Beschluß zur Direktwahl der Berliner Abgeordneten in die Volkskammer (28. Juni). Staatsschutzgesetze gegen „staatsfeindliche Hetze" in Kraft (1. Aug.).
1982 13. Febr.	„Dresdener Friedensforum": Entstehen einer inoffiziellen, von der Evangelischen Kirche teilweise unterstützten Friedensbewegung („Schwerter zu Pflugscharen").
15. Juli	Beginn der Stationierung von mobilen SS-21-Kurzstreckenrakten durch die sowjetische Armee.
1983 3. Jan.	Die katholischen Bischöfe der DDR bedauern in einem Hirtenbrief die verstärkte Militarisierung.
1. Juli	Die Bundesregierung bürgt für einen Kreditvertrag in Höhe von einer Milliarde DM für die DDR.
1984 11. Mai	Die DDR boykottiert, wie auch andere sozialistische Staaten, die Olympischen Spiele in Los Angeles.
27. Juni/ 31. Juli	Die Ständige Vertretung der Bundesrepublik in Ost-Berlin wird wegen des wachsenden Zustroms von Ausreisewilligen zeitweilig geschlossen.
25. Juli	Die Bundesregierung stimmt einem neuen Bundesbankkredit in Höhe von 950 Mill. DM an die DDR zu.
1986	Volkskammerwahlen: 99,94 % für Einheitsliste (8. Juni).
1988 17. Jan.	Verhaftung und Ausweisung von Angehörigen von Friedens-, Umwelt- und Menschenrechtsgruppen.
1. Dez.	Honecker reklamiert eigenen Weg der DDR zum Sozialismus ohne Reformen.
1989	Kommunalwahlen: Vorwurf der massiven Wahlfälschung (7. Mai).
Juli	Massenflucht über Ungarn und Österreich oder mittels Besetzung bundesdeutscher Botschaften.
13. Aug.	Zum 28. Jahrestag des Mauerbaus sieht sich die DDR als nicht reformbedürftig.
Aug./ Sept.	Montagsdemonstrationen mit zunehmender Beteiligung für Reformen und Freiheit.
18. Okt.	**Sturz Honeckers** (18. Okt.); neuer Parteichef u. Staatsratsvorsitzender Egon **Krenz** (SED).
7. Nov.	Regierung Stoph und Politbüro treten zurück.

9. Nov.	Öffnung von Mauer und Grenze zur Bundesrepublik.
1990	Nach Übergangsregierung **Modrow** (SED, seit 13. Nov.)
18. März	freie Volkskammerwahlen: Sieg der CDU; Regierung auf breiter Basis unter Lothar de Maizière (CDU, 12. April).
1. Juli	Wirtschafts-, Währungs- und Sozialunion mit der Bundesrepublik.
25. Sept.	DDR aus dem Warschauer Pakt entlassen.
3. Okt.	**Beitritt der DDR zur Bundesrepublik** nach Art. 23 GG.

c) Berlin und die gesamtdeutsche Frage

Die Außenministerkonferenz in Moskau (März/April 1947) erzielt keine Einigung über die deutschen Reparationen und über die Struktur eines künftigen gesamtdeutschen Staates; Entlassung der deutschen Kriegsgefangenen bis Ende 1948 vereinbart. Die in **Berlin** angeordnete vorläufige Verfassung von 1946 sieht eine **Stadtverordnetenversammlung** und einen **Magistrat** vor. Nach der Währungsreform hört die Alliierte Kommandantur auf zu arbeiten; ein Ostmagistrat bildet sich neben dem bisherigen, die „DM-Ost" gilt in allen Sektoren, die „DM-West" in den Westsektoren. Als die sowjetische Besatzungsmacht die Lebensmittellieferungen für West-Berlin einstellt, werden diese durch eine **Luftbrücke** (1948/49) der Westmächte übernommen und dadurch die **Blockade Berlins** vereitelt. Die Berlinfrage gelangt vor den Sicherheitsrat. Zum Oberbürgermeister wird im Osten Fritz Ebert, als Regierender Bürgermeister im Westen Ernst Reuter gewählt. Nach Verständigung unter den Mächten noch häufige Spannungen. Bei den Wahlen in West-Berlin behauptet sich die SPD als stärkste Partei.

1950	Die neue Verfassung begründet den **Stadtstaat** Berlin
1. Sept.	mit einem Senat. Bundeshilfe für Berlin.
19. Sept.	Die **New Yorker Konferenz** der 3 Westmächte bestätigt, die Regierung der Bundesrepublik als Vertreterin des deutschen Volkes ist für Deutschland zu sprechen in der Lage- sie gilt damit nicht de jure als Regierung ganz Deutschlands. Die westalliierten Streitkräfte übernehmen Schutz und Verteidigung der Bundesrepublik und der Westsektoren Berlins.
1951	**Interzonenabkommen** zwischen BR Deutschland und
5. Juli	DDR; Warenaustausch nach Verrechnungseinheiten.
1953	29. Sept. Regierender Bürgermeister E. Reuter gestor-

ben. Ihm folgen: Walter Schreiber (bis 1955), Otto Suhr (gest. 1957), Willy Brandt (bis 1966), Klaus Schütz (bis 1977), Dietrich Stobbe (bis Jan. 1981), Hans-Jochen Vogel (bis Juni 1981), Richard von Weizsäcker (bis 1984), seitdem Eberhard Diepgen.

1957 Juli — Die **Berliner Erklärung** der 3 Westmächte und der Bundesrepublik legt sich auf freie Wahlen als Voraussetzung für eine gesamtdeutsche Regierung fest. – Der Ostblock schlägt eine unmittelbare Verständigung zwischen beiden deutschen Regierungen vor.

1958 10. Nov. — Vorschlag der UdSSR, West-Berlin in eine entmilitarisierte Freie Stadt zu verwandeln.

1961 13. Aug. — Einheiten der Volkspolizei und der Volksarmee sperren die Sektorengrenze in Berlin und errichten Stacheldrahthindernisse, die durch Betonmauern ersetzt werden. Bis Mitte 1971 65 Menschen bei Fluchtversuch erschossen. Der Westen antwortet mit Protesten. Zeitweilig werden die Besatzungstruppen verstärkt. Präsident Kennedy beharrt auf westlicher Vertretung in Berlin, auf freiem Zugang und auf Freiheit für die Berliner. 1963-1966 Passierscheinverhandlungen und entsprechende Abmachungen, die Westberlinern Verwandtenbesuche in Ost-Berlin ermöglichen. 1966 nehmen BR Deutschland und DDR unmittelbare Kontakte auf. 1966: Briefwechsel zwischen SPD und SED; 1967: Briefwechsel Kiesinger – Stoph. Das Ziel, ein geregeltes Nebeneinander der bei den deutschen Staaten zu erreichen, wird von der sozial-liberalen Koalition nachdrücklich verfolgt.

1970 19. März — Begegnung zwischen Brandt und Stoph in Erfurt. Erstes Treffen auf Regierungsebene seit 1945.

21. Mai — Zweite Gesprächsrunde Brandt-Stoph in Kassel. 20-Punkte-Memorandum der Bundesrepublik (u. a. Gewaltverzicht, verbesserte Verbindungen zwischen der Bevölkerung beider Teile Deutschlands).

Aufgrund der West-Ost-Entspannungspolitik beginnen im März 1970 die Viermächteverhandlungen um West-Berlin.

1971 3. Sept. — Das von den USA, Großbritannien, Frankreich und der UdSSR unterzeichnete **Viermächteabkommen über Berlin** regelt den Transitverkehr zwischen West-Berlin und der BR Deutschland und schafft Erleichterungen für Reisen von Westberlinern nach Ost-Berlin und in die DDR. Die UdSSR erkennt die Bindungen zwischen West-

Berlin und der Bundesrepublik an sowie das Recht der Bundesrepublik, West-Berlin international zu vertreten.

17. u. 20. Dez. **Abkommen** zwischen DDR und West-Berlin bzw. BR Deutschland paraphiert. Sie regeln den Reise- und Besuchsverkehr zwischen West- und Ost-Berlin und zwischen West-Berlin und DDR (insgesamt 30 Tage im Jahr), desgleichen den Transitverkehr zwischen BR Dtl. und West-Berlin (erhebliche Erleichterungen). Der Berliner Rahmenvertrag und die beiden innerdeutschen Abmachungen treten am 3. Juni 1972 gleichzeitig mit den Ostverträgen in Kraft. Die Besuchsregelung für Westberliner schon für Ostern und Pfingsten 1972 vorgezogen. – Der innerdeutsche Verkehrsvertrag vom 26. Mai 1972 (in Kraft am 17. Okt.) regelt den Verkehr auf Schiene, Straße und Wasser, Erleichterung für Reisen zwischen beiden deutschen Teilstaaten.

1972 21. Dez. **Vertrag über die Grundlagen der Beziehungen zwischen Bundesrepublik Deutschland und DDR** (in Kraft am 21. Juni 1973): die DDR anerkennt die Viermächteverantwortung; der Unverletzlichkeit der zwischen BR Deutschland und DDR bestehenden Grenzen; Hoheitsgewalt jedes der beiden Staaten auf sein Staatsgebiet beschränkt. Öffnung von 4 neuen Grenzübergängen, Regelung der Familienzusammenführung vereinbart. Der „Brief zur deutschen Einheit“ der Bundesrepublik hält die Wiedervereinigungsfrage offen. – Weitere Vereinbarungen bauen den Grundlagenvertrag aus, u.a.: Protokoll über die Errichtung der Ständigen Vertretungen (März 1974). Errichtung der Ständigen Vertretungen in Ost-Berlin und Bonn am 2. Mai 1974.

1978 Verkehrsabkommen zwischen der Bundesrepublik und der DDR: Bau der Nord-Autobahn Hamburg-West-Berlin, Ausbau der Wasserstraßen, Wiedereröffnung des Teltowkanals.

1980 Okt. Honecker fordert Anerkennung der DDR-Staatsbürgerschaft; Erhöhung des Zwangsumtauschs; Anlaß für Verschlechterung der Beziehungen.

1983 Dez. Eine Vereinbarung des Berliner Senats mit der DDR-Reichsbahn sieht Übernahme der S-Bahn in Berlin-West durch die (West-)Berliner Verkehrsbetriebe vor.

1984 25. Juli Nach Vermittlung eines weiteren Milliardenkredits durch die Bundesregierung sichert Ost-Berlin weitere Reiseerleichterungen zu.

1989 Ab Juli Massenflucht aus der DDR in die Bundesrepublik.

1990 1. Juli 14. Juli	Wirtschafts-, Währungs- u. Sozialunion: DM einziges Zahlungsmittel in Deutschland. Kohl erhält von Gorbatschow die Zusage der vollen Souveränität Deutschlands.
31 . Juli	**Einigungsvertrag:** rechtliche Bestimmungen zum Vollzug der Einheit.
12. Sept.	**„Vertrag über die abschließende Regelung in bezug auf Deutschland", („2+4-Vertrag"):** Siegermächte heben Souveränitätsvorbehalte auf; Grenzen des vereinigten Deutschland festgeschrieben.
2. Okt.	Ende der Besatzungsherrschaft in Berlin.
3. Okt.	**Beitritt der DDR zur Bundesrepublik** nach Art. 23 GG.

6. Die UdSSR und ihre Nachfolgestaaten

a) Die Sowjetunion (1945-1991)

Das Staatsgebiet der UdSSR ist durch den Zweiten Weltkrieg ganz erheblich gewachsen, ebenso ihr unmittelbarer Einfluß in Europa. Im Innern nimmt sie ihre wirtschaftlichen Planungen in großem Maßstab wieder auf. Nach jahrzehntelangem Rüstungswettlauf mit dem Westen führen wirtschaftlicher Niedergang, nationalistische Spannungen und Demokratisierungsprozesse zum Auseinanderbrechen der UdSSR.

1946 19. März	In einer nach Neuwahlen gebildeten Regierung behält **Stalin** seine dominierende Stellung als **Ministerpräsident,** er bleibt auch Generalsekretär der KPdSU, Molotow ist Außenminister. Nach längerer Pause wird eine neuer (4.) **Fünfjahrplan** aufgestellt, der vordringlich die Schwerindustrie und das Transportwesen berücksichtigt.
1950 14. Febr.	30jähriger Freundschafts- und **Beistandspakt mit der Volksrepublik China** geschlossen, der die Rückgabe der Mandschurischen Eisenbahn bestimmt.
1. März	**Goldrubel eingeführt** (1 Rubel = 0,222 g Feingold); er bildet die Grundlage zu einem Rubelblock neben dem Dollar- und Sterlingblock.
1953 5. März	Josef W. **Stalin gestorben. Vorsitzender der Ministerrats** wird Georgij M. **Malenkow.** Von ihm übernimmt am 13. Sept. Nikita Chruschtschow das Sekretariat des ZK der KPdSU.
1953 10. Juli	Berija, nach Stalins Tod Innenminister, wird seiner Ämter enthoben, wegen Hochverrats verurteilt und hingerichtet (23. Dez.).

Aug.	Der „neue Kurs“ will die Konsumgütererzeugung stärker vorantreiben und die Lage der Kolchosbauern erleichtern.
1955 8. Febr.	Malenkow als **Ministerpräsident** zurückgetreten; Nachfolger wird Marschall N. A. **Bulganin.**
Mai	Die UdSSR gibt auch Port Arthur an China zurück.
1956 14.–25. Febr.	**Verurteilung des Stalinismus** (Mißbrauch der Macht, Personenkult) auf dem XX. Parteitag der KPdSU, Rückkehr zum Leninismus gefordert.
1956 19. Okt.	Ende des Kriegszustandes mit Japan und Aufnahme von diplomatischen Beziehungen.
	Ausschluß der wichtigsten Rivalen Chruschtschows – u.a. Molotow, Malenkow – aus den Führungsgremien der Partei (4. Juli 1957). Nach dem Rücktritt Bulganins (März 1958) **Chruschtschow** auch **Ministerpräsident.** – Milderung der Strafgesetzgebung (1957/58), Festlegung von Alters- und Invalidenrenten sowie von Krankengeld. Wirtschaftlich wird der „Wohlfahrtskommunismus“ angestrebt, was mit der Planbürokratie nicht zu erreichen ist.
1957 4. Okt.	Der russische **Sputnik I** leitet das Zeitalter der Raumfahrt ein.
1961 12. April	Beginn des russischen Venus-Sonde-Programms (12. Febr.). Nach Vorversuchen mit Tieren gelingt dem sowjetischen Kosmonauten Juri **Gagarin** die erste bemannte Erdumkreisung, am 20. Febr. 1962 dem Amerikaner John **Glenn.**
1961 Okt.	Der **XXII. Parteitag** der KPdSU billigt das neue Parteiprogramm und das neue Parteistatut; sie festigen Chruschtschows Position, erweitern aber die Kluft zu China. Peking lehnt Koexistenz als außenpolitische Richtlinie ab; die ökonomische Tendenz der Sowjetunion mit Aufspaltung der Parteistruktur nach Agrar- und Industriezweigen sowie mit Konkurrenz zu den USA gilt Peking als Revisionismus, wogegen ihm Moskau Dogmatismus vorwirft. 1962 Grenzzwischenfälle, 1963 negativer Verlauf eines Parteitreffens, Veröffentlichung des Briefwechsels beider ZK, Zusammenstoß auf der afro-asiatischen Solidaritätskonferenz; 1964 wirft Mao der UdSSR die Gebietsgewinne aus der Zarenzeit („ungleiche Verträge“) vor.
1962	Beginn des russischen Mars-Sonde-Programms.
1964 14. Okt.	Präsidium und Plenum des ZK **setzen Chruschtschow ab** (gest. 11. Sept. 1971) und machen **Breschnew** zum Par-

teisekretär, **Kossygin** zum Ministerpräsidenten. 9. Dez. 1965 übernimmt **Podgornyj** das Präsidium des Obersten Sowjets. Ein Ausgleich mit der Volksrepublik China kommt nicht zustande. Daher sucht die UdSSR ihren Einfluß in Afrika und Asien zu verstärken.

1965 11. Febr. Kossygin besucht Hanoi. Sowjetische Unterstützung Nordvietnams gegen Südvietnam.

In Europa sichert die UdSSR das Ergebnis der Nachkriegsregelungen und sucht den US-Einfluß zu begrenzen, da ihr Rüstungsstand dem der USA ebenbürtig ist (nukleares „Patt“ der beiden Großmächte). Seit der Cubakrise Entspannungspolitik (Moskauer Abkommen), Idee eines gesamteuropäischen Sicherheitssystems.

Im Nahostkrieg unterstützt die UdSSR – wie bereits 1956 in der Sueskanalkrise – die arabischen Staaten. Ausbau der sowjetischen Flotte, die in allen Weltmeeren operiert.

1966 Die russische Mondsonde Luna 9 landet weich auf dem Mond (3. Febr.).

1968 Zur Absicherung ihrer Hegemonie Intervention in der ČSSR (S. 313), die mit der sog. Breschnew-Doktrin gerechtfertigt wird: begrenzte Souveränität der sozialistischen Staaten im Fall einer Gefahr für das sozialistische Weltsystem.

1969 2. März Gefechte zwischen sowjetischen und chinesischen Grenztruppen am Ussuri. Grenzverhandlungen bleiben ergebnislos. – In Fortführung der Entspannungspolitik (SALT-Gespräche, S. 250) beginnt die UdSSR ihre Haltung gegenüber der BRD zu ändern und lenkt in der Berlinfrage ein.

Nach Chruschtschows Sturz innenpolitische Verhärtung. Festigung der Parteiautokratie und Rehabilitierung Stalins (XXIII. Parteitag der KPdSU, März/April 1966); straffe Kontrolle in allen Bereichen; ideologische Abgrenzungskampagne als Gegengewicht zur außenpolitischen Entspannung (XXIV. Parteitag, März/April 1971). Kritik der Intelligenz (u.a. Sacharow, Solschenizyn).

1977 Podgornyj verliert seinen Sitz im KPdSU-Politbüro (24. Mai). Am 16. Juni wird Breschnew zum Staatsoberhaupt bzw. Vorsitzenden des Obersten Sowjets gewählt. Verabschiedung der neuen Verfassung (7. Okt.): Stellung der Partei als „Vorhut des Volkes“ gestärkt.

1979 Unterzeichnung des SALT-II-Abkommens zur Rüstungs-

	begrenzung mit den USA auf einem Gipfeltreffen in Wien (15.–18. Juni).
seit 27. Dez.	Militärischer **Einmarsch sowjetischer Truppen in Afghanistan** löst weltweiten Protest aus.
1980	US-Getreide-Embargo wegen Afghanistan-Invasion.
22. Jan.	Der Regimekritiker und Physiknobelpreisträger A. Sacharow wird aus Moskau nach Gorki verbannt.
1981	Fünfjahresplan (bis 1985) kalkuliert die niedrigste Steigerung des Nationaleinkommens seit 1945.
18. Sept.	Erklärung zur gespannten Lage in Polen betont Gültigkeit der „Breschnew-Doktrin“: indirekte Invasionsdrohung.
1981/82	US-Sanktionen (vor allem Technologie) wegen des Kriegsrechtes in Polen.
1982 12. Nov.	**Tod Breschnews** (10. Nov.). **J. Andropow,** langjähriger Geheimdienstchef, wird neuer Generalsekretär der KPdSU.
1983 1. Sept.	Abschuß eines südkoreanischen Verkehrsflugzeuges durch sowjetische Jäger; dadurch erneute Verschärfung der Ost-West-Spannungen.
	Rückgang des wirtschaftlichen Wachstums; Disziplinlosigkeit, Korruption, nationale Spannungen (Baltikum, Kaukasus), dazu Versorgungsschwierigkeiten.
1984 13. Febr.	**Tod Andropows** (9. Febr.). Neuer Generalsekretär wird der aus dem Parteiapparat hervorgegangene K. **Tschernenko.**
8. Mai	Bekanntgabe der Nichtteilnahme an den Olympischen Sommerspielen in Los Angeles.
1985 11. März	Tod K. Tschernenkos (10. März). **Michail Gorbatschow** (* 1931) wird neuer Generalsekretär.
12. März	Beginn einer neuen Verhandlungsrunde mit den USA in Genf über Rüstungskontrollmaßnahmen.
2. Juli	Austausch von Führungskadern. Andrej Gromyko (Außenminister seit 1957) wird Staatsoberhaupt.
1986	Reaktorunglück in Tschernobyl (26. April).
18. Dez.	**Beginn offener Nationalitätenkonflikte;** Unruhen in Alma Ata.
1987	**Abzug** der Roten Armee **aus Afghanistan** (15. Mai bis 15. Febr. 1989).
1988	Unternehmensgesetz: Eigenverantwortlichkeit der Unternehmen.
28. Juni–1. Juli	XIX. Parteikonferenz der KPdSU beschließt Verfassungsänderungen: Wahlen zum Kongreß der Volksdeputierten mit Oberstem Sowjet als ständiges Parlament.

1. Okt.	Gorbatschow wird Staatsoberhaupt.
1989	Zahlreiche Sowjetrepubliken erklären ihre Selbständigkeit.
1990 4. Febr.	Massenkundgebung in Moskau gegen die Alleinherrschaft der Partei.
27. Febr.	Präsidialamt vom Obersten Sowjet beschlossen; **Gorbatschow** wird **Präsident.**
2.–13. Juli	XXVIII. Parteitag der KPdSU: Wiederwahl Gorbatschows als Generalsekretär; die Kommunistischen Parteien der Unionsrepubliken werden als selbständig erklärt.
Okt.	Ökonomische Krise; Hilfsaktionen aus Westeuropa. Rücktritt von Außenminister Schewardnadse.
1991 Jan./ Febr.	Unruhen im Baltikum, sowjetische Truppen marschieren in Wilna und Riga auf. Volksbefragungen in Litauen, Lettland und Estland ergeben Mehrheit für Unabhängigkeit.
4. März	Ratifikation des „2 + 4-Vertrages“ zur Wiederherstellung der vollständigen Souveränität Deutschlands.
17. März	Bei einem von 6 Unionsrepubliken boykottierten Referendum sprechen sich 76% für die Beibehaltung der UdSSR aus.
April	Der Abzug der Sowjettruppen aus Polen beginnt.
Juni	Truppenabzug aus Ungarn und der Tschechoslowakei beendet.
12. Juni	**Boris Jelzin** wird zum **Präsidenten der Russischen Föderation** gewählt.
1. Juli	Offizielle **Auflösung des Warschauer Paktes.**
29. Juli	Unterzeichnung des START-Vertrages zur Reduzierung der Atomwaffen zwischen den USA und der UdSSR.
Aug. 19.–21.	**Putschversuch** des „Komitees für den Ausnahmezustand“ **gegen** Präsident **Gorbatschow,** Vizepräsident Janajew versucht die Amtsgeschäfte zu übernehmen. Widerstand der Bevölkerung und des russischen Präsidenten Jelzin. Nach Massendemonstrationen und Zusammenstößen verlassen die Putschisten Moskau. Die Ereignisse lösen eine **Welle von Unabhängigkeitserklärungen einzelner Sowjetrepubliken** aus.
24. Aug.	Rücktritt Gorbatschows als Generalsekretär der KPdSU, Verbot der KPdSU-Tätigkeit in staatlichen Institutionen. Wichtige Ministerposten werden mit Russen besetzt.
29. Aug.	Gorbatschow ordnet die Auflösung der Geheimdienstführung an.
5. Sept.	Der Volksdeputiertenkongreß beschließt die **Schaffung provisorischer Staatsorgane,** die Stellung der Unionsrepubliken wird gestärkt.

6. Sept. Der Staatsrat anerkennt die **Unabhängigkeit von Lettland, Estland und Litauen.**

5. Okt. Abrüstungsvorschläge Gorbatschows: Reduzierung der Atomwaffen, die Alarmbereitschaft der strategischen Bomberflotte wird aufgehoben.

6. Nov. Verbot der KPdSU in Rußland.

8. Nov. Die autonome Republik Tschetschenien erklärt einseitig die Unabhängigkeit von der Russischen Föderation.

8. Dez. Abkommen zwischen Rußland, der Ukraine und Weißrußland über die Gründung des Staatenbundes „Gemeinschaft Unabhängiger Staaten" (GUS). **Die Kündigung des Unionsabkommens von 1922** besiegelt das Ende der UdSSR. Am 17. Dez. beschließen Gorbatschow und der russische Präsident Jelzin die Auflösung der UdSSR zum 31. Dez. 1991, Rußland übernimmt Einrichtungen der UdSSR.

21. Dez. **Gründung der GUS** in Alma-Ata durch die **Republiken Armenien, Aserbaidschan, Kasachstan, Kirgisien, Moldawien, Russische Föderation, Tadschikistan, Turkmenistan, Ukraine, Usbekistan** und **Belarus (Weißrußland).**

25. Dez. **Rücktritt Gorbatschows,** der Oberste Sowjet bestätigt am 26. das **Ende der Sowjetunion.**

b) Die Russische Föderation (ab 1991)

Nach Auflösung der UdSSR (26. Dez. 1991) tritt die „Russische Föderation" die Nachfolge an. Ihr Staatsgebiet verkleinert sich durch die Verselbständigung von 14 ehemaligen Sowjetrepubliken erheblich. Der Übergang in ein demokratisches Staatswesen ist schwierig. Im verbliebenen Staatsgebiet kommt es zu Unruhen nationaler Minderheiten. Die Wirtschaftslage ist kritisch. Die Außenpolitik zeigt Bereitschaft zu internationaler Zusammenarbeit. Die meisten im Ausland stationierten Truppen werden zurückgeführt.

1991 Rußland wird Gründungsmitglied der GUS (21. Dez.).

1992 Juni Das Parlament stimmt Gesetz zur **Privatisierung** der staatlichen Betriebe zu.

14. Dez. V. **Tschernomyrdin** wird Ministerpräsident.

17.–19. Dez. Staatsbesuch Jelzins in China, Verträge über Freundschaft und Zusammenarbeit.

1993 März Versuch der Amtsenthebung Jelzins durch Volksdeputiertenkongreß scheitert.

25. April Bestätigung Jelzins im Amt bei Referendum.

21. Sept. Dekret Jelzins, den Obersten Sowjet und Volksdeputiertenkongreß aufzulösen und Ankündigung von vorgezogenen Parlamentswahlen. Daraufhin Besetzung des Parlaments (Weißes Haus) in Moskau durch Nationalisten und Kommunisten, A. Ruzkoj wird zum neuen Präsidenten erklärt, schwere Unruhen in Moskau. Am 4. Okt. beendet die Erstürmung des Weißen Hauses durch loyale Truppen Jelzins den **Putschversuch.**

22. Okt. Dekret Jelzins zur **Abschaffung des Rätesystems** (Sowjets), Ersetzung durch gewählte Parlamente.

27. Okt. Dekret Jelzins zur **Wiedereinführung von Privatbesitz an Grund und Boden.**

12. Dez. Annahme der **neuen Verfassung** bei Referendum, bei Parlamentswahlen wird Jelzins Wahlbündnis stärkste Partei, hohe Stimmenanteile der Rechtsextremisten und Kommunisten.

1994 22. Juni Rußland tritt dem NATO-Programm „Partnerschaft für den Frieden“ bei.

11. Dez. Einmarsch russischer Truppen in das separatistische Tschetschenien, Beginn des **Tschetschenienkrieges.**

1995 14.–20. Juni Terrorkommando nimmt in Budjonnowsk über 1000 Menschen als Geiseln und erzwingt Waffenstillstand und den Eintritt Rußlands in Verhandlungen mit Tschetschenien.

17. Dez. Keine eindeutigen Mehrheiten nach Parlamentswahlen, stärkste Gruppierung werden die Kommunisten mit einem Drittel der Sitze. Wiederaufflammen des Tschetschenienkrieges.

c) Die weiteren GUS-Staaten

Mit Ausnahme der baltischen Länder bilden die aus der ehemaligen Sowjetunion hervorgegangenen neuen selbständigen Staaten eine lockere Gemeinschaft (Gründung der GUS am 21. Dez. 1991 in Alma-Ata). Dem aus Rußland, Weißrußland und der Ukraine gebildeten Kern schließen sich die anderen Republiken an. Hauptanliegen sind wirtschaftliche Zusammenarbeit und Regelung militärischer Fragen (Atomwaffen, Abrüstung).

1988 Beginn des Konfliktes in **Armenien** um das von Armeniern bewohnte, in Aserbaidschan gelegene Berg-Karabach und die aserbaidschanische Exklave Nachitschewan, Blockade durch Aserbaidschan.

1991 21. Sept.	Bei Referendum wird Austritt aus der UdSSR befürwortet, L. Ter-Petrosjan wird als Präsident wiedergewählt (16. Okt.). Armenien wird Gründungsmitglied der GUS (21. Dez.)
1995 5. Juli	Annahme einer neuen Verfassung bei Referendum, Sieg der Partei Ter-Petrosjans bei Parlamentswahlen.
1988	Beginn des Konflikts in **Aserbaidschan** um Berg-Karabach durch Sezessionsbestrebungen.
1991	Erklärung der Unabhängigkeit (30. Aug.). Aserbaidschan wird Gründungsmitglied der GUS (21. Dez.).
1992	A. Eltschibey löst Präsident Mutalibow ab (Juni).
1993	Nach Militärputsch Flucht Eltschibeys (Juni). G. Alijew wird zum Präsidenten gewählt (3. Okt.).
1995	Parlamentswahlen am 12. Nov.
1991 25. Aug.	**Weißrußland** erklärt sich für unabhängig, neuer Staatsname wird **„Republik Belarus“.** Präsident wird S. Schuschkewitsch (18. Sept.). Belarus wird Mitgliedstaat der GUS (21. Dez.).
1994	Absetzung von Schuschkewitsch durch Obersten Sowjet, sein Nachfolger wird M. Grib (Jan.).
10. Juli	Bei den ersten Präsidentschaftswahlen setzt sich A. Lukaschenka durch (Amtsantritt 20. Juli).
1995	Die ersten Parlamentswahlen (14. Mai u. 28. Juni) scheitern, da zu wenige Sitze vergeben werden können. Annäherung an die Russische Föderation.
1991	Bei Gründung der GUS nimmt **Georgien** nur als Beobachter teil.
1992 10. März	E. Schewardnadse übernimmt die Staatsführung. Gewaltsame Konflikte um die Regionen Südossetien und Abchasien und mit Anhängern des gestürzten Präsidenten S. Gamsachurdia (†1993).
1993	Georgien tritt der GUS bei (9. Dez.).
1995	Neue Verfassung (Okt.), am 5. Nov. wird Schewardnadse zum Präsidenten gewählt.
1991	Unabhängigkeitserklärung **Kasachstans** am 30. Aug., N. Nasarbajew wird Staatspräsident (1. Dez). GUS-Mitgliedschaft am 21. Dez.
1994	Bei Parlamentswahlen kann sich die Partei Nasarbajews durchsetzen (7. März).
1995	Annahme einer neuen Verfassung bei Referendum (30. Aug.).

1991	Unabhängigkeitserklärung **Kirgisiens** am 31. Aug., A. Akajew siegt bei Präsidentschaftswahlen (12. Okt.), Kirgisien wird GUS-Mitglied (21. Dez.).
1993	Annahme einer demokratischen Verfassung am 5. Mai.
1995	Bei Parlamentswahlen im Febr. Sieg der Akajew nahestehenden unabhängigen Kandidaten.

1991	Das Parlament erklärt die Unabhängigkeit **Moldawiens** (27. Aug.).
8. Dez.	Bei Präsidentschaftswahlen wird M. Snegur im Amt bestätigt. Moldawien wird GUS-Mitgliedstaat (21. Dez.).
1992	Kämpfe des weitgehend rumänischen Moldawien mit separatistischer russischer Minderheit in Transnistrien.
1994	Moldawien wird Vollmitglied der GUS (15. April).
1995	Moldawien wird Mitglied des Europarates (Juni).

1991	Unabhängigkeitserklärung **Tadschikistans** durch Obersten Sowjet (9. Sept.). R. Nabijew wird zum Präsidenten gewählt (24. Nov.). Tadschikistan wird GUS-Mitgliedstaat (21. Dez.).
1992	Zunehmende Auseinanderssetzung mit islamischen Oppositionellen, 7. Sept. erzwungener Rücktritt Nabijews. 20. Nov. wird I. Rachmanow Präsident.
1994 Sept.	Waffenstillstand, bei Präsidentschaftswahlen wird Rachmanow bestätigt (Nov.).

1991	27. Okt. Unabhängigkeitserklärung **Turkmenistans** durch das Parlament nach vorhergehendem Referendum. Mitgliedschaft in GUS (21. Dez.).
1992	Neue Verfassung (Präsidialsystem) angenommen (18. Mai).
21. Juni	Bei Präsidentschaftswahlen wird der bisherige Präsident S. Nijasow bestätigt.
1994	Verlängerung der Amtszeit Nijasows bis 2002 durch Referendum (15. Jan.), erste Parlamentswahlen am 11. Dez.

1991 24. Aug.	Unabhängigkeitserklärung der **Ukraine.** Mitgliedstaat der GUS (21. Dez.).
1. Dez.	Bestätigung der Unabhängigkeit durch Referendum, bei Präsidentschaftswahlen bleibt L. Krawtschuk Staatsoberhaupt.
1992	Streit mit Rußland um die Schwarzmeerflotte beginnt.
1994 3. Febr.	Der START-1-Vertrag über atomare Abrüstung wird vom Parlament ratifiziert.

14. Juni Kooperationsabkommen mit EU als erster GUS-Staat. Bei Parlamentswahlen im März/April erhalten unabhängige Kandidaten 50 %, etwa 2/3 der Sitze werden besetzt, zahlreiche Nachwahlen folgen. Nach Präsidentschaftswahlen wird L. Kutschma Staatsoberhaupt (19. Juli).

1995 Abkommen mit Rußland über Teilung der Schwarzmeerflotte (9. Juni).

9. Nov. Die Ukraine wird Mitglied des Europarates.

1991
31. Aug. **Usbekistan** erklärt sich für unabhängig. Usbekistan wird GUS-Gründungsmitglied (21. Dez.). Der bisherige Präsident I. Karimow wird bei Wahlen im Amt bestätigt (29. Dez.).

1992 Neue Verfassung mit Präsidialsystem beschlossen.

1995
Jan. Bei den ersten Parlamentswahlen siegt der KP-Nachfolger „Volksdemokratische Partei".

d) Die baltischen Staaten (ab 1991)
Estland

1988 Gründung einer Volksfront Estlands mit dem Ziel der Unabhängigkeit.

1991
6. Sept. **Estland** wird **von der UdSSR** als **unabhängig** anerkannt und aus der UdSSR entlassen. UN-Mitgliedschaft (17. Sept.).

1992 Bei Referendum wird neue **Verfassung** angenommen (28. Juni). Erste Parlamentswahlen bringen keine klaren Mehrheiten (20. Sept), Präsident wird L. Meri (5. Okt.).

1994 Russischer Truppenabzug beendet (Aug.).

1995 Assoziierungsabkommen mit der EU (12. Juni).

Lettland

1988 Gründung einer Lettischen Volksfront (9. Okt.).

1991 Bei Volksabstimmung große Mehrheit für Unabhängigkeit Lettlands (3. März).

6. Sept. **Lettland** wird **von der UdSSR** als **unabhängig** anerkannt und aus der UdSSR entlassen, UN-Mitgliedschaft (17. Sept.).

1993 Nach Parlamentswahlen am 5./6. Juni wird G. Ulmanis Staatspräsident (Juli).

1994 Abzug der russischen Truppen beendet (Aug.).

1995 Assoziierungsabkommen mit der EU (12. Juni).
30. Sept./ 1. Okt. Bei Parlamentswahlen Gewinne von rechts- und linksextremistischen Parteien.

Litauen

1988 Gründung der litauischen nationalen Sammelbewegung „Sajudis".
1990 Sowjetische Wirtschaftsblockade gegen Litauen (April).
1991 Putschversuch der Sowjetarmee in Wilna (11.–13. Jan.).
9. Febr. Volksabstimmung befürwortet Unabhängigkeit.
6. Sept. **Litauen** wird **von der UdSSR** als **unabhängig** anerkannt und aus der UdSSR entlassen, UN-Mitgliedschaft (17. Sept.).
1993 Bei Präsidentschaftswahlen siegt A. Brasauskas (14. Febr.).
1995 Assoziierungsabkommen mit der EU (12. Juni).

7. Die Volksdemokratien Osteuropas und Jugoslawien und ihre Nachfolgestaaten

In Osteuropa werden nach 1945 **Agrarreformen** durchgeführt, die als Höchstgrenze privaten Besitzes im Durchschnitt 50 ha festsetzen (Jugoslawien 45, Bulgarien 20 bis 30 ha); Kollektivierung begünstigt, in Jugoslawien 1953 gemildert. Die **Industriewerke** sind überall **nationalisiert**; einige Länder lassen Privatbetriebe bis zu einer bestimmten Beschäftigungszahl zu; Industrialisierung vervielfacht, **Mehrjahrespläne** sollen Eigenerzeugung heben, sie sind ab 1956 aufeinander abgestimmt. In den meisten Parlamenten sind, vom Befreiungskampf her oder gefordert durch die Friedensverträge, mehrere Parteien vertreten, deren Zusammenarbeit sich nach dem Modell der Nationalen Front regelt; der Zug zur Einheitswahlliste setzt sich durch; die Arbeiterparteien schließen sich zusammen.
1949/50 auf allen regionalen Ebenen **Volksräte** gewählt.
Ein erster Entwicklungsabschnitt zeigt sich in der
1947/48 **Auseinandersetzung zwischen Kommunisten und Nationaldemokraten**, deren Führer verhaftet bzw. hingerichtet werden. Die Stellung der nationaldemokratischen Parteien ist geschwächt, die führende Rolle der Kommunisten gesichert. Einen weiteren Abschnitt bildet die **innerkommunistische Auseinandersetzung**

1949/50. Marschall Titos Nationalkommunismus ohne Bindung an Moskau führt dazu, daß die

1948 **Kommunistische Partei Jugoslawiens** aus dem Kom-
27. Juni inform ausgestoßen wird.
In **Polen** wird der Generalsekretär der KP Gomułka verhaftet, auch in anderen Ostblockstaaten Verhaftungen, Schauprozesse und Hinrichtungen.

1951 **Jugoslawien** führt Arbeiterräte ein zur Planung und Ab-
27. Juni rechnung der Produktion sowie Verwaltungsräte zur Leitung der Betriebe.
Unter dem Boykott durch die Ostblockländer wendet sich Jugoslawien den westlichen Mächten zu, die ihm Wirtschaftshilfe gewähren.

1954 Zwanzigjähriger Beistandspakt Jugoslawien-Griechen-
9. Aug. land-Türkei **(Balkanpakt)** geschlossen.

5. Okt. Das seit 1945 ungelöste Problem **Triest** wird durch das Genfer Abkommen geregelt. Die jugoslawische und die italienische Regierung übernehmen die Zivilgewalt in den von ihnen besetzten Zonen. Triest bleibt Freihafen.

1955 Der Besuch Bulganins und Chruschtschows in Belgrad legt den Konflikt Jugoslawien mit der UdSSR bei, **Tito** vertritt die Bündnisfreiheit im Rahmen der Weltpolitik. Gegensätze zwischen den Teilrepubliken (sprachliche und ethnische Unterschiede – Serben und Kroaten) sowie zwischen diesen und der Zentralregierung.

1971 Verfassungsänderung in Kraft. Neben Tito als Staatsprä-
29. Juli sident tritt ein Staatspräsidium (22 Mitglieder: außer Tito u.a. die Parlamentspräsidenten, je 2 Vertreter der Teilrepubliken und der beiden autonomen Provinzen).

1974 Neue Verfassung: die Nationalversammlung besteht aus
21. Febr. dem Bundesparlament und der zweiten Kammer.

1977 1. KSZE-Folgetreffen in Belgrad (Okt.).

1980 **Tod Titos** (4. Mai). Übergang zu kollektiver Führung mit abwechselnden Staatspräsidenten.

1981 Unruhen in der Autonomen Provinz Kosovo (Serbien),
11. März die mehrheitlich von Albanern bewohnt wird.
Verschlechterung der Wirtschaftslage mit einer Inflationsrate von 40 %.

1984 Olympische Winterspiele in Sarajewo vom 8.–19. Februar.

24. März Umschuldungsabkommen mit den westlichen Gläubigerstaaten.

1987 Streiks gegen Lohnstopp. Spannungen im Kosovogebiet.

1989	Parteigründungen in Slowenien und Kroatien.
26. Febr.	Ausnahmezustand im Kosovogebiet.
16. Juni	Slowenien beschließt Recht zur Abspaltung von Jugoslawien.
1990	Bei Präsidentschaftswahlen in Slowenien siegt M. Kučan (22. April).
30. Mai	Nach Wahlen wird F. Tudjman Präsident Kroatiens.
Juli	Die Proklamation einer „Republik Kosovo“ wird durch Belgrad unterbunden. Im Okt. rufen Serben in der kroatischen Krajina die Autonomie aus, Beginn von Auseinandersetzungen mit Kroatien.
Nov.–Dez.	Bei Wahlen in Bosnien-Hercegowina verteilen sich die Mandate den Volksgruppen (Muslime, Serben, Kroaten) entsprechend, Präsident wird A. Izetbegović.
9. Dez.	In Serbien wird Präsident S. Milošević im Amt bestätigt, in Montenegro M. Bulatović (23. Dez.).
1991	Zunehmende Auseinandersetzungen zwischen separatistischen Serben und Kroaten in der Krajina.
15. Mai	Die Wahl des Kroaten S. Mesić zum jugoslawischen Staatspräsidenten wird durch Serbien verhindert.
25. Juni	**Kroatien und Slowenien erklären** ihre **Unabhängigkeit.**
Juli	Mit Hilfe der Jugoslawischen Volksarmee beginnen Serben ein Drittel der kroatischen Territoriums zu erobern, Massenvertreibungen.
8. Sept.	**Makedonien befürwortet Unabhängigkeit** bei Referendum.
25. Sept.	Die Vereinten Nationen verhängen Waffenembargo gegen Jugoslawien.
1992 1. März	Bei Volksabstimmungen votiert Montenegro für den Verbleib in Jugoslawien, **Bosnien-Hercegowina erklärt sich für unabhängig.** Die bosnischen Serben erklären sich ihrerseits für unabhängig von Bosnien (7. April). Beginn der Belagerung von Sarajewo, Serben erobern zwei Drittel Bosnien-Hercegowinas, Massenvertreibungen und Massaker.
27. April	Die **Ausrufung einer „Bundesrepublik Jugoslawien“ durch Serbien und Montenegro** besiegelt das **Ende des bisherigen Jugoslawien.**
20. Dez.	Nach vorgezogenen Wahlen wird Milošević Präsident der Bundesrepublik Jugoslawien.
1993	Zunehmende Kampfhandlungen zwischen Kroaten und bosnischen Muslimen.
8. April	Makedonien wird UN-Mitglied.

12. April	Beginn des NATO-Einsatzes zur Durchsetzung des von der UN verhängten Flugverbotes über Jugoslawien.
April	Die UN erklärt 6 muslimisch-bosnische Gebiete (u.a. Sarajewo) zu Schutzzonen.
1994 18. März	Abkommen zur Bildung einer kroatisch-muslimischen Föderation in Bosnien-Herzegowina.
1995 Mai	Kroatien kann Westslawonien zurückerobern.
Juli	Eroberung von zwei muslimischen UN-Schutzzonen durch Serben, wirkungsloser Einsatz von Blauhelm-Soldaten.
Aug.	Bei kroatischer Großoffensive werden die Krajina und Teile von Nordbosnien zurückerobert.
30. Aug.– 14. Sept.	Militärschläge der NATO und der „Schnellen Eingreiftruppe“ der UN gegen bosnische Serben.
5. Okt.	Einigung auf Waffenstillstand durch amerikanischen Druck.
21. Nov.	Serbien, Kroatien und Bosnien einigen sich in Dayton/Ohio auf **Friedensabkommen.**
Dez.	Truppen von NATO, Frankreich und Rußland werden zur Überwachung des Friedens eingesetzt.
1956	brechen zuerst in **Polen** (Posener Aufstand, 28. Juni), dann in Ungarn Unruhen aus, die im Sinn der jugoslawischen Auffassung eine Dezentralisierung der Verwaltung und wirtschaftlichen Syndikalismus verlangen.
20. Okt.	In Polen wird Gomułka wieder Generalsekretär der kommunistischen Partei. Er fordert in Massenversammlungen die Unabhängigkeit Polens, die Gleichberechtigung mit der UdSSR und eine Generalrevision zugunsten der Aufständischen vom 28. Juni. Oberkommandierender Marschall Rokossowski wird abberufen.
14. Nov.	Ein Besuch Gomułkas in Moskau endet mit einem polnisch-sowjetischen Abkommen, das die Oder-Neiße-Linie garantiert und der UdSSR Truppenbewegungen mit Billigung der polnischen Regierung erlaubt (Vertrag am 17. Dez.). Die UdSSR verspricht umfangreiche Wirtschaftshilfe und gesteht Nichteinmischung in innerpolnische Angelegenheiten zu. Innenpolitisch bahnt sich eine Entspannung an (Lockerung in der Kirchenfrage, Herabsetzung des Ablieferungssolls in der Landwirtschaft).
1957 18. Jan.	Wahlen enden mit einem Sieg Gomułkas, dessen Partei die absolute Mehrheit erhält.

1970 **Vertrag** mit der BRD über die **„Grundlage der Normalisierung ihrer gegenseitigen Beziehungen“** (S. 282).
7. Dez. – Innenpolitisch verhärtet sich der Kurs. Wirtschaftspolitische Fehlentscheidungen, Erhöhung der Arbeitsnormen und der Lebensmittelpreise führen zum

14. Dez. Streik der Werftarbeiter in Gdansk (Danzig) und anderen Städten.
20. Dez. Gomułka tritt zurück; Nachfolger wird Edward Gierek. Gierek bemüht sich um vorsichtige Reformen und ersetzt im Staats- und Parteiapparat die Anhänger Gomułkas durch seine Gefolgsleute. Im Juni 1976 Unruhen und Streiks der Arbeiter wegen geplanter Erhöhung der Lebensmittelpreise.

1978 Wahl des polnischen Kardinals K. Wojtyła zum Papst (16. Okt.: Johannes Paul II.).

1980 Streikbewegungen, ausgelöst durch Preissteigerungen
Juli/Aug. und Lebensmittelknappheit. Bildung der unabhängigen Gewerkschaft **„Solidarität“** unter Führung des Danziger Werftarbeiters **L. Wałesa.**

6. Sept. Absetzung von Parteichef Gierek; sein Nachfolger wird S. Kania (18. Sept.).

1981 **„Militärrat der Nationalen Errettung“** unter General
13. Dez. **W. Jaruzełski** (seit 18. Okt. Parteichef) übernimmt die Regierungsgewalt, um einer angeblich bevorstehenden sowjetischen Invasion zuvorzukommen: Verhängung des **Kriegsrechts**. Verbot aller „Solidarität“-Aktivitäten; Internierung von etwa 6000 führenden Gewerkschafts-
1982 mitgliedern und L. Wałesas; Zensur; Streiks und passiver Widerstand gegen das Militärregime; die katholische Kirche (Kardinal S. Wyszynski † 28. Mai 1981; Primas J. Glemp seit 7. Juli 1981) in schwieriger Vermittlerrolle.

Febr./ März Wirtschaftskrise: Sehr hohe Auslandsverschuldung, zu niedrige Lebensmittelerzeugung, sinkende Industrie- und Rohstoffproduktion, Sanktionen der USA und der EG.

28. Juni Lockerung des Kriegsrechts, Verbot der „Solidarität“ (8. Okt.) – Freilassung Wałesas (12. Nov.).

1983 Kriegsrecht wird aufgehoben (22. Juli), es werden Sondergesetze erlassen (28. Juli).

5. Okt. Wałesa Friedensnobelpreisträger.

1984 Durch Verabschiedung eines Amnestiegesetzes Freilas-
21. Juli sung zahlreicher politischer Gefangener.

19. Okt. Der „Solidaritäts“-freundliche Warschauer Priester J. Popieluszko wird von Sicherheitsbeamten entführt

und ermordet (am 7. Februar 1985 verhältnismäßig mildes Gerichtsurteil gegen die Entführer und Mörder des Priesters).

1985 Teilamnestie für „Solidarität“ (18. Nov.).

1986 Jaruszełski beruft „Gesellschaftlichen Beirat“ zum Dialog, „Solidarität“ nimmt nicht teil. Ausreisewelle.

1987 Drastische Preiserhöhungen.

1988 Beginn wilder Streiks (25. April).

31. Aug. Erstes offizielles Treffen zwischen Wałesa und Regierungsvertreter. Wałesa ruft zur Beendigung der Streiks auf.

18. Dez. Gründung des oppositionellen „Bürgerkomitees“ unter Vorsitz Wałesas.

1989 ZK-Plenum verabschiedet Programm des wirtschaftlichen und politischen Pluralismus.

6. Febr. Beginn der Gespräche am „Runden Tisch“ zwischen Regierung und Opposition unter Leitung Wałesas. Vereinbarung von politischen und wirtschaftlichen Reformen (5. April).

4. Juni Parlamentswahlen; Sieg des Bürgerkomitees.

24. Aug. Tadeusz **Mazowiecki** („Solidarität“) erster nichtkommunistischer Ministerpräsident.

1990 Spaltung der „Solidarität“ in zwei Parteien um Wałesa und Mazowiecki.

14. Nov. Grenzvertrag mit der Bundesrepublik Deutschland: endgültige Anerkennung der polnischen Westgrenze.

9. Dez. Im zweiten Wahlgang wird **Wałesa** zum Staatspräsidenten gewählt.

1991 Neue Regierung unter Ministerpräsident J. Bielecki (12. Jan.).

1992 H. Schuchocka neue Ministerpräsidentin.
10. Juli

1993 Abzug der letzten russischen Truppen aus Polen (Sept.).

19. Sept. Sieg der Linksparteien bei Parlamentswahlen, neue Regierung unter W. Pawlak.

1994 Assoziierungsabkommen mit EU (1. Febr.).

8. April Beitrittsgesuch um Mitgliedschaft in der EU.

1995 Sturz Pawlaks (1. März), Nachfolger J. Oleksy.

19. Nov. Bei Präsidentenwahlen siegt der Sozialdemokrat (Ex-Kommunist) A. Kwasniewski.

1956 Einige Tage nach dem Wechsel in Polen bricht in **Un-**
23. Okt. **garn** ein **Aufstand** aus. Imre Nagy, der aus der KP ausgestoßen worden ist, tritt wieder an die Spitze von Par-

	tei und Regierung. Er fordert Neutralität für Ungarn und Ausscheiden aus dem Warschauer Pakt.
4. Nov.	Einmarsch von Sowjettruppen in Ungarn. Bildung einer prosowjetischen Regierung unter Kádár. Nach Kämpfen in allen Teilen des Landes werfen die Sowjets den Aufstand nieder. Tausende von Ungarn fliehen nach dem Westen. Im Land selbst Proteststreiks der Arbeiter. Die UN befassen sich mit der Ungarnfrage; Kádár verweigert UN-Beobachtern und Hammarskjöld die Einreise. Die Russen halten weiterhin Ungarn besetzt.
1968 7. Sept.	Neuer Freundschaftsvertrag und Beistandspakt mit der UdSSR. Kádárs Reformen schaffen politische und wirtschaftliche Erleichterungen. Seit 1967 Ausbau wirtschaftlicher Verbindungen mit der BRD. Bei den Parlamentswahlen (April 1971) haben die Wähler erstmals Einfluß auf die Kandidatenliste.
1972	Neues Gesetz über den Volkswirtschaftsplan, der künftig im Parlament diskutiert werden soll.
1973	Ungarn wird Vollmitglied des GATT (Juli).
21. Dez.	Aufnahme diplomatischer Beziehungen zur Bundesrepublik Deutschland.
seit 1975	wird die Reform-Volkswirtschaft allgemein anerkannt; vorsichtige Liberalisierung des politischen Systems.
1983 1. Jan.	Gesetze zur Förderung der Privatinitiative in Industrie, Landwirtschaft und Dienstleistung.
1988	Rücktritt Kádárs als Parteichef der ungarischen Arbeiterpartei (USAP) (21. Mai).
3. Sept.	Gründung des „Ungarischen Demokratischen Forums“ (UDF) und weiterer politischer Parteien.
1989	USAP verzichtet auf ihre verfassungsmäßig garantierte Führungsrolle (20./21. Jan.). Streikrecht. Abbau der Grenzbefestigungen zu Österreich beginnt (2. Mai).
6.–8. Okt.	USAP löst sich auf, an ihre Stelle tritt die „Ungarische Sozialistische Partei“.
23. Okt.	Änderung des Landesnamens in **„Republik Ungarn“**.
1990	Bei Parlamentswahlen siegt das konservativ-liberale UDF, neuer Regierungschef Jozsef Antall.
3. Aug.	A. Göncz wird zum Staatspräsidenten gewählt.
1991	Abzug der Sowjettruppen beendet (16. Juni).
1992	Assoziierungsabkommen mit der EG unterzeichnet (16. Dez.).
1993 21. Dez.	Nach dem Tod J. Antalls (12. Dez.) wird Peter Boross Ministerpräsident.
1994	Ungarn stellt Aufnahmeantrag in die EU (1. April).

Mai Bei Parlamentswahlen erhalten Sozialisten die absolute Mehrheit, neue Regierung unter Gyula Horn (15. Juli).

Albanien unter **Enver Hodscha** entscheidet sich im sowjetisch-chinesischen Konflikt für die Volksrepublik China und sucht seinen eigenen „Weg zum Kommunismus". Abbruch der diplomatischen Beziehungen zwischen Moskau und Tirana am 10. Dez. 1961, ČSSR, Ungarn und DDR schließen sich diesem Schritt Moskaus an.

1962 13. Jan. Vertrag Albanien-Volksrepublik China über wirtschaftliche und technische Zusammenarbeit. Im Dez. 1962 kündigt Albanien seine Mitarbeit im COMECON und tritt im Sept. 1968 aus dem Warschauer Pakt aus. 1970 erfolgt hingegen der Abschluß von Handelsverträgen mit 70 Ländern.

1976 Neue Verfassung: Festigung der Diktatur des Proletariats; Verbot wirtschaftlicher Verflechtungen mit „bürgerlichen und revisionistischen kapitalistischen Monopolen und Staaten".

1978 Beziehung zur VR China auf dem Tiefpunkt. Im Juli Abbruch aller Hilfen Chinas an Albanien.

1985 Tod Enver Hodschas (11. April); sein Nachfolger wird Ramiz Alia.

1987 Lockerung der außenpolitischen Isolation.

1990 Flucht von Albanern in westliche Botschaften und Ausreise; Teilprivatisierung der Landwirtschaft; Gründung einer demokratischen Oppositionspartei.

1991 Erste freie Parlamentswahlen, Sieg der Kommunistischen Partei (31. März). Präsident wird Ramiz Alia (30. April). Umbenennung der Kommunisten in Sozialistische Partei (Juni). Über 20 000 Albaner versuchen, nach Italien zu fliehen (Aug.).

1992 22. März Bei Parlamentswahlen siegt Demokratische Partei erdrutschartig über Sozialisten, nach Alias Rücktritt wird Sali Berisha Staatspräsident (9. April).

Der **Warschauer Pakt** ist Instrument der UdSSR, um ihre Hegemonie in Osteuropa zu festigen. Die Entstalinisierung und der Zwist UdSSR-China stärken den Hang zu „sozialistisch-nationaler Einheit" (Kádár). Die UdSSR sucht ihrerseits die Ostblockstaaten wieder stärker auf eine einheitliche politische und weltanschauliche Linie festzulegen (Eingreifen in Polen, Ungarn, der ČSSR

(S. 309, 313), doch die kommunistischen Weltkonferenzen (u.a. im Dez. 1960 und Juni 1969) lassen erkennen, daß Moskau nicht unbedingt „leitendes Zentrum" des Weltkommunismus ist. – Neben der national-kommunistischen Strömung in den osteuropäischen Ländern zeigt sich in Westeuropa der sog. Eurokommunismus. Auf der Konferenz von 28 kommunistischen Parteien Europas in Ost-Berlin (29./30. Juni 1976) plädieren die KP Italiens, Frankreichs und Spaniens u.a. für Pluralismus der Parteien und lehnen die „Diktatur des Proletariats" ab. Bürgerrechtsbewegungen und „Dissidenten" fordern die Verwirklichung der in der KSZE unterzeichneten Erklärungen über Achtung der Menschenrechte u.a. 1980/81 indirekte Invasionsdrohungen der Warschauer-Pakt-Staaten gegen Polen.
Die Reformpolitik Gorbatschows in der UdSSR führt zu schwerwiegenden Meinungsunterschieden über die Frage nach der Notwendigkeit von Reformen in den Mitgliedstaaten. Die Ereignisse 1989 in der DDR, in der Tschechoslowakei, in Polen, Ungarn, Bulgarien und Rumänien bewirken jedoch eine tiefgreifende Wende im Bündnis. Am 4. Dez. 1989 verurteilen die Staatschefs der Mitgliedstaaten den Einmarsch in die Tschechoslowakei 1968. Am 26. Sept. 1990 wird die DDR aus dem Bündnis entlassen. Die UdSSR beginnt ihre Truppen aus den Mitgliedsstaaten abzuziehen. Am 25. Febr. 1991 beschließen die Außen- und Verteidigungsminister die **Auflösung der militärischen Zusammenarbeit** am 31. Mai. 1991, ein in Prag unterzeichnetes Protokoll beendet am 1. Juli 1991 den Warschauer Pakt.

Wirtschaftlich und politisch vertritt **Rumänien** am nachdrücklichsten den unabhängigen Kurs. 1965 ist Ceaușescu Parteichef, seit 28. März 1974 auch Staatspräsident.

1968 14.–18. Mai — Rumänien empfängt General de Gaulle zu einem Staatsbesuch. Botschafteraustausch mit Bonn erfolgt. Besuch Präsident Nixons (Aug. 1969) und Heinemanns (Mai 1970). Gute Beziehungen zur Volksrepublik China. Beitritt zum GATT (Okt. 1970).

1970 7. Juli — Freundschafts- und Beistandspakt mit der UdSSR, der eine Festlegung auf die Breschnewdoktrin umgeht.

27./28. Dez. — Gesetz über die Organisation der nationalen Verteidigung: Mobilisierung aller menschlichen und wirtschaftlichen Hilfsmittel im Fall eines Angriffs, die Verteidigung ist souveränes Recht des rumänischen Staates, das „unantastbar und unteilbar" ist (Gesetz ab 31. März 1973 in Kraft).

1980/83 Katastrophale Wirtschaftssituation.

1981 Juni: 1,48 Mrd. $-Kredit des Internationalen Währungsfonds.

1984 28. Juli Rumänien nimmt als einziges Ostblockland an den Olympischen Spielen in Los Angeles teil.

ab 1985 Anhaltende Wirtschaftskrise und Versorgungsschwierigkeiten; verschärfte politische Unterdrückung; „Siedlungsbereinigungsprogramm" (geplante Einebnung von mehr als der Hälfte der Dörfer).

1989 15. Dez. Das gewaltsame Vorgehen gegen Demonstranten in Temesvar löst **Revolution** aus. Nach schweren Kämpfen mit Sicherheitskräften Sturz Ceauşescus (22. Dez.) und Hinrichtung (25. Dez.).

1990 20. Mai Parlamentswahlen, Sieg der „Front zur Nationalen Rettung"; neuer Präsident Ion Iliescu.

1991 Annahme einer neuen Verfassung durch Referendum (8. Dez.).

1992 Bei Parlaments- und Präsidentenwahlen wird Iliescu bestätigt (27. Sept./11. Okt.).

1995 Antrag auf EU-Beitritt (22. Juni).

1946 Sept. Nach Abschaffung der Monarchie wird **Bulgarien** Volksrepublik, Wahl Georgi Dimitrows (†1949) zum Ministerpräsidenten (Okt.). Enge Anbindung an die UdSSR (Beistandspakt 1948), 1955 Beitritt zum Warschauer Pakt (15. Mai) und UN-Mitgliedschaft am 14. Dez.

1962 Der KP-Sekretär Todor Schiwkow wird Ministerpräsident (19. Nov.).

1969 Inkrafttreten eines Wirtschaftsreformprogramms (Jan.); Abkommen mit der Türkei ermöglicht die Auswanderung bulgarischer Türken.

1971 18. Mai Neue Verfassung: Führungsrolle der KP und Bindung an UdSSR wird festgeschrieben, Schiwkow übernimmt das neue Amt des Staatsratsvorsitzenden.

1989 Anhaltende Abwanderung der türkischstämmigen Minderheit und ethnische Spannungen.

Nov. Ablösung Schiwkows als Parteichef und Staatsoberhaupt durch Petar Mladenow.

1990 Umbenennung der KP in „Bulgarische Sozialistische Partei" (BSP) im April.

Bei den ersten Mehrparteienwahlen (10.–17. Juni) gewinnt die BSP die absolute Mehrheit. Schelju Schelew wird Staatspräsident (1. Aug.). Umbenennung in Republik Bulgarien (Nov.).

1991 Neue Verfassung, bei Parlamentswahlen siegt die oppositionelle „Union Demokratischer Kräfte" (13. Okt.).

1993 Bulgarien schließt Assoziierungsvertrag mit der EG (Dez.).

1994
18. Dez. Bei vorgezogenen Parlamentswahlen gewinnt erneut die BSP die absolute Mehrheit.

1968 Die Liberalisierungsbewegung spitzt sich zu nach einem **Machtwechsel** in der **Tschechoslowakei** Anfang 1968. In Partei (Dubček, 5. Jan.), Staatsspitze (Svoboda, 30. März, anstatt des zurückgetretenen Novotný), in Regierung (Černik, 8. April) und Nationalversammlung (Smrkovský, 18. April) neue Führungsgruppe, die eine Demokratisierung vertritt. **„Prager Frühling"**.
Die Krise strebt dem Höhepunkt zu, als am

20. Aug. **sowjetische, polnische, ungarische, bulgarische und Truppen der DDR in Prag einrücken.**

21. Aug. Die Prager Regierung untersagt bewaffneten Widerstand. Ultimativ verlangt die Besatzung die Bildung einer neuen Regierung. Wirksamer passiver Widerstand des Volkes, das zu Dubček und seinem Reformkurs hält. Geheimer, nicht vollzähliger Parteikongreß (22. Aug.) verlangt ultimativ den Abzug der Besatzung.
Scharfe Verurteilung durch Jugoslawien und Rumänien, die sich ebenfalls bedroht fühlen, und durch nahezu alle kommunistischen Parteien. Das sowjetische Veto verhindert die Behandlung der tschechischen Krise im Sicherheitsrat. Staatspräsident Svoboda am 23. Aug. nach Moskau zu Verhandlungen, zu denen Dubček, Černik und Smrkovský hinzugezogen werden. Laut Moskauer Abmachungen soll die ČSSR-Führung auf die Reformen verzichten (u.a. Wiedereinführung der Pressezensur, Absage an den liberaleren Wirtschaftskurs); Abzug der Besatzungstruppen „nach Normalisierung der Lage" zugesagt. Der Parteikongreß vom 22. Aug. muß für illegal erklärt werden.

16. Okt. Prag muß einen **Truppenstationierungsvertrag** unterzeichnen, der die Anwesenheit der sowjetischen Truppen legalisiert (Zeitdauer unbefristet).

1969
1. Jan. Neue Föderationsverfassung: Die ČSSR besteht aus zwei Staaten, der Tschechischen und der Slowakischen So-

zialistischen Republik; beide mit Recht auf eigene Sprache und Kultur. Gemeinsames Staatsoberhaupt und Bundesparlament.

17. April Gustav Husák löst Dubček ab, der im Juni 1970 aus der KPČ ausgeschlossen wird.
Die „Konsolidierungspolitik" Husáks säubert die Partei von Reformpolitikern und wandelt sie schrittweise in eine Kaderpartei alten Stils um. Der Parteikongreß (Mai 1971) und die Parlamentswahlen (26./27. Nov. 1971) zeigen, daß Husák Staat und Partei unter Kontrolle hat.

1975 **Husák** löst Svoboda als Staatspräsident ab (29. Mai). Verfolgung der Reformanhänger; Prozesse gegen die Intellektuellen.

1976 Auf dem XV. Parteitag der KP bekräftigt Husák die Kaderpolitik der Partei und die Notwendigkeit von Säuberungen (12.–16. Mai). Gründung der Bürgerrechtsbewegung „Charta 77", die scharfen Repressalien ausgesetzt ist (1. Jan. 1977: 250 Unterzeichner).

1979
Nov. Strafprozeß gegen Mitglieder „Charta 77", Verhängung langjähriger Freiheitsstrafen.

1983 Das Parlament billigt die Aufstellung neuer Kurzstreckenraketen in der ČSSR.

1989 „Bürgerforum" aus 12 Oppositionsgruppen. Nach Mas-
24. Nov. sendemonstrationen Rücktritt der KPČ-Führung.
10. Dez. Führungsanspruch der KPČ wird aus Verfassung gestrichen. Mehrheitlich nichtkommunistisches Kabinett. Dubček wird Parlaments-, Václav Havel Staatspräsident.

1990 Die ersten sowjetischen Truppen verlassen das Land.
20. April Umbenennung in „Tschechische und Slowakische Föderative Republik" (ČSFR).
8./9. Juni In den Parlamentswahlen siegt das Bürgerforum, Havel als Präsident bestätigt.

1991 Zunehmende Spannungen zwischen Tschechen und Slowaken.

1992 Pattsituation nach Parlamentswahlen. Bildung einer
5./6. Juni Übergangsregierung (2. Juli). Der slowakische Nationalrat verabschiedet Souveränitätserklärung (17. Juli). Rücktritt Havels (20. Juli).
25. Nov. Gesetz zur Auflösung der ČSFR von Parlament angenommen, **Ende der bisherigen Tschechoslowakei** am 31. Dez.

1993 V. Havel wird Präsident der Tschechischen Republik (26. Jan.).

1993 Michal Kovac wird Präsident der **Slowakei** (15. Febr.).

1994 Nach Parlamentswahlen (30. Sept./1. Okt.) neue Regierung unter Ministerpräsident Vladimir Mečiar (13. Dez.).

8. Krisenpunkte des Weltfriedens

1946 **Griechenland** wird wieder Monarchie; die kommunistischen EAM-Verbände und ihre Gegenregierung werden mit US-Unterstützung in teilweise heftigen Kämpfen niedergeworfen. Die USA bieten Hilfe aufgrund der **Trumandoktrin** (12. März 1947) an. Langsame wirtschaftliche Wiedergesundung; bis 1966 beläuft sich die seitens der USA gewährte Hilfe auf 2 Mrd. $, Assoziierung mit der EWG (S. 253). Seit der Aspida-Affäre, der Verhaftung fünf linksgerichteter Offiziere, und infolge parlamentarischer Korruption steigt die Unruhe; Minderheitskabinette werden ihrer nicht mehr Herr.

1967 **übernimmt eine Militärjunta die Macht.** Nach einem
21. April mißglückten Gegenputsch verläßt König Konstantin II. das Land (14. Dez.); General Zoïtakis wird als Regent eingesetzt.
Maßgebend ist Oberst Papadópulos (Ministerpräsident, Verteidigungsminister und seit April 1972 auch Regent). Diktatorisches Regime, Verhaftung politisch Andersdenkender. 1969 tritt Griechenland aus dem Europarat aus und kündigt die Menschenrechtskonvention.

1973 **Griechenland** zur **Republik** erklärt (1. Juni); Papadópulos Staatspräsident.

25. Nov. **Offiziersputsch** und Sturz von Papadópulos. Neuer Terror. Infolge der fehlgeschlagenen Cypernpolitik

1974 **Sturz der Junta.** Karamanlís, früher langjähriger Mini-
24. Juli sterpräsident, aus dem Exil zurückberufen. Freilassung der politischen Gefangenen, Wiedereinführung der demokratischen Grundrechte. Bei den Parlamentswahlen (Nov.) klares Votum für Karamanlís. Wiederaufnahme in den Europarat (28. Nov.).

8. Dez. **Volksentscheid für die Republik.**

1975 **Neue Verfassung**; Verankerung der Grundrechte;
11. Juni starke Stellung des Staatspräsidenten; Plebiszit in wichtigen nationalen Fragen. Tsátsos Staatspräsident. Antrag auf Vollmitgliedschaft in der EG. – Prozeß gegen die Obristen und Säuberungen der Armee. – Keine Einigung mit der Türkei im Cypernkonflikt und im Streit um die Erdölvorkommen in der Ägäis. – Verstimmt über die un-

	klare Haltung von USA und NATO während der Cypernkrise, Austritt aus der militärischen Integration der NATO (Aug. 1974).
1976 15. April	**Abkommen Athen-Washington**, das die 4 Militärstützpunkte in Griechenland benutzen darf, doch unter Athener Kontrolle.
1980	Ministerpräsident Karamanlís zum Staatspräsidenten gewählt (5. Mai).
1981	Griechenland wird Vollmitglied der EG (1. Jan.).
18. Okt.	Wahlen: Mehrheit für die Sozialisten, Ministerpräsident wird A. Papandreou.
1983 8. Sept.	Vertragsunterzeichnung über US-Stützpunkte und US-Militärhilfe.
1985 März	Karamanlís tritt als Staatspräsident zurück; sein Nachfolger wird Christos Sartzetakis.
Juni	Neue Regierung unter Papandreou (PASOK).
1987	Spannungen mit der Türkei in der Ägäis.
1988	Ansehensverlust der Regierung wegen Skandalen.
1989	Mehrere Wahlen ergeben keine klare Mehrheit; daraufhin folgen mehrere Übergangsregierungen verschiedener Koalitionen.
1990	Neue Regierung Mitsotakis (ND, 8. April), Präsident Karamanlís (4. Mai).
1992	Griechenland verhindert wegen des Staatsnamens die Anerkennung der ehemals jugoslawischen Republik Makedonien.
1993 10. Okt.	Sieg der PASOK bei Parlamentswahlen, neue Regierung A. Papandreou.
1994	Handelsembargo gegen Makedonien (Febr.).
1995	K. Stephanopoulos wird Staatspräsident (8. März).
Okt.	Aufhebung des Handelsembargos gegen Makedonien.

Truman bietet der **Türkei** Beistand an, die sowjetischen Forderungen auf Änderung des Meerengenvertrags von Montreux (1936: Wiederbefestigung der Dardanellen durch die Türkei) widersteht. Türkische Gegenleistung ist der Übergang zu parlamentarischer Regierungsform. Die Anwendung des freien und gleichen Wahlrechts führt 1950 zum Sieg der Demokratischen Partei, die den USA militärpolitisch (Gewährung von Stützpunkten) entgegenkommt und die Wirtschaft liberalisiert. Öffentliche Verschuldung, Korruption und diktatorische Übergriffe verursachen ihren Sturz am 27. Mai 1960. Der Umschwung rührt von einer Militärrevolte her, deren

Führer den Kemalismus wieder zur Geltung bringt. Nach Koalitionsregierung Inönüs absolute Mehrheit der

1965 Gerechtigkeitspartei (Nachfolgerin der Demokratischen Partei). Demirel bildet Regierung mit Rückhalt bei muslimischen Bauern.

Zunehmende Unruhen (Bildung links- und rechtsextremer Organisationen). Die Armee erzwingt im März 1971

1973 den Rücktritt Demirels. Nach Parlamentswahlen (Okt.) Regierung Bülent Ecevit (Volkspartei, der Sozialdemokratie vergleichbar). Der Gegensatz zu Griechenland (Ägäis und Cypern, s. oben u. S. 318) belastet die NATO. Streit im Parlament und innerhalb der Koalition wegen der Cypernpolitik. Rücktritt Ecevits (Sept. 1974). Im März 1975 wieder Regierung Demirel (Rechts-Koalition). Zerwürfnis mit den USA, die im Febr. 1975 ein Waffenembargo verhängt haben (90 % des türkischen Waffenbedarfs wird von den USA bestritten; die Türkei hatte die Waffen bei der Intervention auf Cypern eingesetzt); die Türkei stellt die US-Stützpunkte auf türkischem Boden unter ihre Kontrolle (Juli); das Embargo wird im Okt. teilweise aufgehoben. Ecevit wird 1978 erneut mit Bildung der türk. Regierung beauftragt (1. Jan.). Nach Neuwahlen im Okt. 1979 zurückgetreten. Am 12. Nov. bildet Demirel neue Minderheitsregierung. Spannungen.

1976 **Das neue Verteidigungsabkommen** mit den USA er-
26. März setzt die von 1956 und 1969; die USA erhalten die Nutzungsrechte ihrer Militäreinrichtungen zurück und gewähren Militärhilfe, Darlehen und Kredite in Höhe von 1,3 Mrd. $ (Laufzeit 4 Jahre).

1978 Kriegsrecht in 13 Provinzen nach blutigem Terror von
Dez. links und von rechts.

1980 Unblutiger Militärputsch (12. Sept.) unter K. Evren, Chef der Militärjunta, der Staatspräsident (19. Sept.) wird. Zahlreiche Verhaftungen, Folter, (Massen-)Prozesse, Unterdrückung des politischen Lebens, Niederkämpfung des Terrorismus.

1981 Junta ernennt verfassunggebende Versammlung, alle
Okt. Parteien werden aufgelöst.

Dez. US-Militärhilfe zugesichert. 22. Jan. 1982 EG-Finanzhilfe.

1983 Zulassung neugegründeter Parteien nach strenger Auswahl (5. Febr.). Parlamentswahl:
6. Nov. Sieg des für die Wirtschaftspolitik verantwortlichen Tur-

gut Özal („Mutterlandspartei"), der Ministerpräsident wird (10. Nov.).

1984 20. März Das Kriegsrecht wird in 13 Provinzen aufgehoben, aber in einigen Städten verlängert.

1987 Neue Regierung Özal (25. Dez.).

1989 T. Özal wird zum Staatspräsidenten gewählt, neuer Regierungschef wird Akbulut.

1991 Jan. Generalstreik gegen Özals Politik (3. Jan.). Verlegung von NATO-Truppen in die Türkei zum Schutz gegen Irak (6. Jan.).

20. Okt. Nach Parlamentswahlen neue Koalitionsregierung unter S. Demirel (21. Nov.).

1992 Offensive gegen kurdische PKK-Kämpfer im Nordirak (Okt.).

1993 16. Mai Demirel wird neuer Staatspräsident, T. Çiller Premierministerin (13. Juni).

1995 Europaparlament billigt Zollunion mit der EU (13. Dez.).

Von der Auseinandersetzung um **Cypern** sind griechische, türkische, englische und damit allgemein NATO-Belange betroffen, englische besonders nach Abzug der Engländer vom Sueskanal; griechische wegen der 80 % Griechen auf der Insel und deren von Geistlichkeit und EOKA geforderten Anschlusses (Enosis), der unter Berufung auf das Selbstbestimmungsrecht durch Appell an die UN und durch die Tätigkeit der Nationalgarde betrieben wird; türkische, weil die Existenz der 18 % Türken hier nur in einer Föderation gesichert zu sein scheint, für die sich die Türkei einsetzt. Nach der Unabhängigkeit (vgl. S. 259) weitere blutige Zusammenstöße, vor allem 1964, und Spannungen zwischen den

1967 2. Dez. hauptsächlich beteiligten Mächten bis zu Mobilisierung und zu Interventionsdrohungen. Schließlich einigen sich Ankara und Athen über den Abzug der meisten ihrer Truppen. Seit 1964 Stationierung einer UN-Friedenstruppe. 1972 offener Konflikt zwischen Staatspräsident Erzbischof Makarios und Athen, das den Anschluß Cyperns an Griechenland fordert; Makarios und die Mehrzahl der Cyprioten beharren auf der Unabhängigkeit Cyperns.

1974 15. Juli **Staatsstreich der Nationalgarde** (von der griechischen Junta angestiftet und gelenkt); Flucht von Makarios nach New York zu den UN. Landung türkischer Truppen (20. Juli), die bis Aug. den ganzen Nordosten der Insel

(38 % des Inselterritoriums) erobern; Vertreibung bzw. Flucht des griechischen Bevölkerungsteils. Am 16. Aug. stimmt Ankara der vom Sicherheitsrat angeordneten Feuereinstellung zu.

1975 13. Febr. **Proklamation** des türkisch-cypriotischen Teilstaates. – Makarios setzt sich gegen die Cyperngriechen, die einen Kompromiß anstreben (führend Glafkos Kleridis), durch.

1976 3. Sept. Bei den Parlamentswahlen gewinnen die Anhänger von Makarios (von den Kommunisten bis zu den Konservativen) alle Parlamentssitze. Am 20. Juni 1976 wird Rauf Denktasch Präsident des türkischen Teils Cyperns.

1977 Tod von Makarios (3. Aug.). Nachfolger wird 1978 Spyros Kyprianou.

1983 15. Nov. Proklamation der „Unabhängigen Türkischen Republik Nordcypern".

1985 Denktasch Präsident Nordcyperns (9. Juni).

8. Dez. Präsident Kyprianou (griechischer Teil Cyperns) verliert nach Wahlen die Mehrheit im Parlament.

1988 Vassiliou neuer Präsident im griechischen Teil Cyperns (21. Feb.).

1989 Dialog zwischen beiden Teilen Cyperns bleibt ergebnislos.

1990 Allgemeine Wahlen in Nordcypern bringen keine Veränderung (6. Mai). Antrag auf EG-Mitgliedschaft (Juli).

Iran, im Krieg schon umkämpft wegen seines Öls, bleibt Schauplatz der Rivalitäten. UN-Beschluß erreicht Abzug der Besatzungstruppen. Amerikanische Militärberater sowie der Bau von Grenzbefestigungen und Flugplätzen veranlassen die UdSSR zu Protesten.

1951 Am 1. Mai führt Iran gegen englische Interessen die **Verstaatlichung der Ölgesellschaften** durch.

1953 wird Ministerpräsident Mossaddeq, der Vorkämpfer dieser Politik, gestürzt (am 21. Dez. zu einer Gefängnisstrafe verurteilt).

1960 Aufteilung der Krongüter unter landlose Bauern; 1963 Agrarreform gebilligt gegen Widerstand der Großgrundbesitzer. Verwaltungsdezentralisation durchgeführt. Das Wirtschaftswachstum, auch durch Osthandel, wirkt sich noch wenig auf das Volkseinkommen aus. Bau von Stahlwerken und Dämmen; Erdgasgewinnung. Außenpolitisch vorsichtiger Neutralismus. 1962 Annäherung an die UdSSR.

1977 7. Aug.	Iamshid Amouzegar wird Ministerpräsident, zunehmender Protest der islam. Führer (Mullahs) gegen Industrialisierung, Unruhen, Kriegsrecht.
1978 6. Nov.	Auflösung des Zivilkabinetts Emami, Einsetzung einer Militärregierung unter G. R. Azhari, die bereits am 31. Dez. wieder zurücktritt.
1979	Am 4. Jan. übernimmt Shapur Bakhtiar, Führer der liberalen Opposition, die Regierungsverantwortung.
16. Jan.	Der Schah verläßt Iran.
1. Febr.	Schiitenführer **Ayatollah Chomeini,** der die Revolution gegen das Schah-Regime von seinem Pariser Exil aus geleitet hat, kehrt in den Iran zurück. Am 5. Febr. beauftragt er Mehdi Bazargan mit der Regierungsbildung. Hinrichtungen und weiterhin Unruhen.
1. April 4. Nov.	**Islamische Republik Iran** ausgerufen. – Abnahme der Rohölförderung, Verschlechterung der Wirtschaftslage. Die Geiselnahme US-Botschaftsangehöriger durch Revolutionsgruppen mit Billigung der Regierung führt zu einer Krise mit den USA. Verurteilung durch den Weltsicherheitsrat.
1980 Jan.	Wahl des bürgerlich-pragmatischen Bani-Sadr zum Präsidenten. Im Mai Wahlsieg der fundamentalistischen „Islamisch Republikanischen Partei“.
23. Sept.	Krieg mit dem Irak, der in den Iran einmarschiert.
1981	Geiselnahme in der Teheraner US-Botschaft beendet (20. Jan.).
22. Juni	Sturz Bani-Sadrs. Wachsende Abhängigkeit der Regierung von Chomeini: Gewaltherrschaft, Massenexekutionen (über 4000 Menschen allein bis Febr. 1982). – Attentate und Bombenanschläge der oppositionellen Volksmudschaheddin.
1982	Invasion in den Irak (ab 14. Juli), Stabilisierung des Regimes. Unterstützung islamisch-fundamentalistischer Bewegungen in den Nachbarstaaten.
1983/85	Offensiven und Gegenoffensiven im ersten Golfkrieg mit dem Irak bringen keine Entscheidungen.
1985	Sieger der Präsidentschaftswahlen ist Khamenei (19. Aug.).
1988 30. Juni	Parlamentswahlen: Sieg der radikalislamischen Kräfte (13. Mai); Musavi als Ministerpräsident bestätigt.
20. Aug.	Waffenstillstand im Krieg mit Irak.
1989	Tod Chomeinis. Nachfolger wird **Khamenei** (4. Juni).
28. Juli	Neuer Präsident wird **Rafsandjani**; Verfassungsänderung: Wegfall des Ministerpräsidentenamts.

1991 Neutrale Haltung Irans bei der Befreiung Kuwaits.

1992 Sieg der Partei Rafsandjanis bei Parlamentswahlen (April/Mai).

1993 Bestätigung Rafsandjanis bei Präsidentenwahlen (11. Juni).

Die zunehmende Einwanderung von Juden in **Palästina**
löst unter den **arabischen Staaten** steigende Erbitterung
1945 aus. Daher schließen sie sich in Kairo zur **Arabischen**
22. März **Liga** zusammen (Irak, Ägypten, Syrien, Libanon, Transjordanien, Saudi-Arabien, Jemen).

Die ständigen Reibungen zwischen der jüdischen und
der arabischen Bevölkerung lassen den Plan einer Tei-
1947 lung Palästinas entstehen (Bernadotteplan). Die Vollver-
Nov. sammlung der UN stimmt für eine Teilung Palästinas in
einen jüdischen und einen arabischen Teil; Jerusalem
1948 als internationale Enklave. **Staat Israel** ausgerufen (1.
14. Mai Präsident Weizmann, 1. Ministerpräsident David Ben Gurion bis 1963). Dieser findet bei den arabischen Staaten schärfsten Widerstand bis zum offenen Krieg zwischen Juden und Arabern. 1949 wird ein vorläufiger Waffenstillstand geschlossen. Anhaltender arabischer Boykott schließt Israel von seinem Hinterland ab. Als Reaktion auf die steigende Einwanderung der Juden in Palästina verlassen mehr als eine halbe Million Araber ihre Wohnstätten (UN-Bulletin vom 11. Mai 1951).

1956 Angriff Israels auf Ägypten, dem die UN Einhalt gebieten.
29. Okt.

1955 Der **Irak** schließt mit der Türkei nach dem Muster der
24. Febr. NATO den **Bagdadpakt**, dem Iran, Pakistan und Großbritannien beitreten. Ziel ist, die Ruhe in Nahost aufrechtzuerhalten. 1959 scheidet der Irak aus, der nach einem Staatsstreich ein Jahr zuvor Republik wurde. Bagdadpakt in **CENTO** umbenannt, am 15. März 1979 wieder aufgelöst. Am 17. Juli 1979 tritt Al-Bakr als Führer des Irak zurück; sein Nachfolger wird Saddam Hussein. Putschversuch linker und schiitischer Kräfte. 17. Sept. 1980 **erster Golfkrieg mit Iran**: Irak annulliert Grenzabkommen über Schatt el-Arab; Einmarsch nach Iran (23. Sept.). Juli 1982: Iranische Invasion im Irak. Stellungskrieg um Basra. 1983/85: Irakische Flugzeuge greifen Handelsschiffe an, die den iranischen Ölhafen Kharg anlaufen. Offensiven und Gegenoffensiven bringen keine Entscheidungen.

1988 Waffenstillstand im Krieg gegen Iran (20. Aug.).
1990 Irak besetzt (2. Aug.) und annektiert (8. Aug.) Kuwait.
Aug. Resolutionen des UN-Sicherheitsrates und Friedensbemühungen bleiben erfolglos.
1991 **Zweiter Golfkrieg**: multinationale Truppen zwingen
17. Jan.– den Irak zur **Räumung Kuwaits**. Irakische Raketenan-
28. Febr. griffe auf Israel und Saudi-Arabien.
März Nach Kampfeinstellung Unruhen im Irak. UN-Schutzzonen im Norden und Süden Iraks.
1995 Flucht von Vertrauten und Familienmitgliedern Saddam
8. Aug. Husseins nach Jordanien.

Gegensätze zwischen Großbritannien und **Ägypten** wegen des Sudans führen zu weiteren internationalen Spannungen: 1951 schafft Ägypten die gemeinsame Verwaltung einseitig ab (der **Sudan** am 1. Jan. 1956 **selbständig**, er tritt am 19. Jan. der Arabischen Liga und am 12. Nov. den UN bei). Eine Militärrevolte proklamiert am 18. Juni 1953 die **Republik Ägypten**; am 18. April 1954 wird Oberst Nasser, nach dem Sturz General Nagibs, Ministerpräsident (1956 auch Staatspräsident). Er
1954 schließt mit England ein Abkommen, das den Abzug
19. Okt. aller britischen Truppen binnen 20 Monaten aus der **Sueskanalzone** festlegt.
Die ägyptische Politik wird in der Folge weitgehend
1956 durch die Sueskanalfrage bestimmt.
26. Juli Nasser gibt die Verstaatlichung der Allgemeinen Sueskanalgesellschaft bekannt, um die Kanalgebühren für den Bau des Assuandammes zu verwenden, da die USA ihr Angebot der Finanzierung des Dammes zurückziehen. Die freie Schiffahrt durch den Kanal werde hierdurch nicht berührt.
29. Okt. Israelische Truppen dringen in Ägypten ein; erbitterte Kämpfe auf der Sinaihalbinsel. Ein englisch-französisches Ultimatum (Stationierung englischer und französischer Truppen in der Sueskanalzone, Einstellung der Feindseligkeiten) wird von Ägypten abgelehnt. Daraufhin am 31. Okt. englisch-französische Luftoffensive auf Ägypten. Generalmobilmachung der arabischen Staaten. Sprengung der Ölleitungen aus Protest gegen das englisch-französische Vorgehen. Am 5. Nov. Luftlandung englischer und französischer Truppen in Ägypten, Brückenkopf in Port Said. Drohende Warnung der UdSSR. Die UN schalten sich ein. Am

6. Nov. Waffenstillstand. Die UN beschließen die Entsendung internationaler Polizeitruppen in das Sueskanalgebiet. Erste UN-Einheiten am 3. Dez. einmarschiert. Die UN fordern bedingungslosen Abzug der englischen und französischen Truppen; die beiden Regierungen stimmen zu. Am

22. Dez. haben die letzten englischen und französischen Soldaten Ägypten verlassen. Spannungen mit Israel bestehen weiter bis zur Räumung der Sinaihalbinsel und des Gazastreifens 7. März 1957.

1957 **Eisenhowerdoktrin** für den Nahen Osten dem Kongreß
30. Jan. vorgelegt: jedes Land im Nahen Osten, das von der Sowjetunion unmittelbar bedroht wird, soll auf Wunsch von amerikanischen Streitkräften unterstützt werden. Außerdem soll ein umfangreiches Wirtschaftshilfeprogramm dem politischen und wirtschaftlichen Einfluß der Sowjetunion im Nahen Osten entgegenwirken.

5. März Der Senat nimmt die Eisenhowerdoktrin an.

1958 Ägypten und Syrien schließen sich zusammen: **Verei-**
1. Febr. **nigte Arabische Republik (VAR)**; mit ihr föderiert der Jemen. Bürgerkrieg im Libanon, auf Ersuchen der Regierung Stationierung von US-Truppen (Juli-Okt. 1958).

1961 Verstaatlichungs- und Bodenreformpolitik sowie Zen-
28. Sept. tralisierung der VAR führen zur Loslösung Syriens. Föderation mit dem Jemen aufgekündigt. Im **Jemen** stürzt 1962 eine Militärrevolte den Imam, ruft die Republik aus, die mit der VAR ein Bündnis eingeht. Kämpfe zwischen Monarchisten und Republikanern.

Am 5. Nov. 1967 wird Präsident Sallal von der Armee
1970 abgesetzt. 1970 Einigung zwischen Monarchisten und Republikanern; Ende des Bürgerkriegs. **Arabische Republik Jemen**. – Bemühen um Ausgleich zwischen den Stammesfürsten und gemäßigt-fortschrittlichen Kreisen. – Aus der Südarabischen Föderation entsteht die Volksrepublik Südjemen (Aden und 14 Scheichtümer).

1977 16. Febr. Gemeinsamer Rat von VR Jemen und Republik Jemen.

Nach der Ermordung des Staatspräsidenten der Arabischen Republik Jemen, Al-Ghaschmi (angeblich auf Betreiben der VR Jemen), Spannungen zwischen beiden jemenit. Staaten (24. Juni 1978). Sturz und Tod Rubaias (VR Jemen) am 27. Juni 1978.

1989	Unterzeichnung des Vertrags zwischen Nord- und Südjemen über die **Vereinigung beider Staaten**.
1990	Proklamation der **Republik Jemen** (22. April).
1994 Mai-Juli	Bürgerkrieg zwischen Nord- und Südjemen endet mit Sieg Nordjemens über den Süden. Annahme einer neuen islamischen Verfassung (Sept.), A. Salih wird Staatspräsident (2. Okt.).
	In der **VAR** wird 1960 mit dem Bau des **Assuandammes**, finanziert durch Anleihen der UdSSR, begonnen; im Mai 1966 nimmt Kossygin an der Eröffnung des Dammes teil.
1967 15. Mai 18. Mai	Nach mehreren Zwischenfällen an den Grenzen **Israels** zu Syrien und Jordanien Aufmarsch ägyptischer Truppen an der Sinaigrenze. Die VAR verlangt Abzug der UN-Friedensstreitmacht von der Sinaigrenze und am Golf von Akaba, der am 19. Mai von U Thant angeordnet wird. Blockade des Golfs von Akaba und damit des Zuganges zum israelischen Hafen Eilat nach Besetzung der Inseln in der Straße von Tiran durch ägyptische Truppen (21. Mai). Die VAR droht Sperrung des Sueskanals an, falls zugunsten Israels interveniert werde (28. Mai). Beistandspakt VAR-Jordanien am 30. Mai, dem der Irak am 4. Juni beitritt.
5. Juni	**Kriegsausbruch** an der **israelisch-ägyptischen Grenze** und an den israelischen Grenzen zu Jordanien und Syrien. Algerien, Jemen, Sudan, der Irak und Kuwait erklären Israel den Krieg. Die Israelis erringen die Luftherrschaft, besetzen den Gazastreifen und die Sinaihalbinsel bis zum Sueskanal, den jordanischen Teil Jerusalems, das westliche Jordanien bis zum Jordan und die Golanhöhen auf syrischem Gebiet. Die meisten arabischen Staaten brechen die diplomatischen Beziehungen zu den USA und Großbritannien ab mit der Begründung, sie unterstützten Israel; arabischer Ölexport nach USA, Großbritannien und BRD wird gestoppt. Der Sicherheitsrat fordert Feuereinstellung. Waffenruhe an der jordanischen (7. Juni), ägyptischen (9. Juni) und syrischen Front (10. Juni). Die UdSSR bricht mit Israel (10. Juni), ihr folgen die Ostblockstaaten, Rumänien ausgenommen.
29. Aug. –1. Sept.	Gipfelkonferenz der arabischen Staatschefs in Khartum beschließt Hilfsfonds für die VAR und Jordanien und hebt die Ölsperre wieder auf.

22. Nov. Der Sicherheitsrat faßt die Entschließung auf Abzug der Israelis aus den besetzten Gebieten, für das Lebensrecht jedes Nahoststaates, für freie Schiffahrt auf den internationalen Gewässern dieser Region und Regelung des arabischen Flüchtlingsproblems. Der Schwede Jarring zum Sonderbeauftragten für den Nahen Osten ernannt (23. Nov.). Die VAR erhält umfangreiche sowjetische Wirtschafts- und Militärhilfe (Luftabwehrraketen am Ostufer des Sueskanals, Bedienung durch sowjetisches Personal). Die USA beliefern Israel mit Kampfflugzeugen, um das militärische Gleichgewicht im Nahen Osten zu erhalten. Kommandounternehmen auf beiden Seiten. Gleichzeitig Aktionen palästinensischer Widerstandsorganisationen (u. a. el-Fatah unter Arafat) gegen Israel von Syrien, Libanon und Jordanien aus; Flugzeugentführungen.

1969 Israelische Ministerpräsidentin Golda Meïr (bis 1974).

1970 US-Außenminister Rogers schlägt Wiederherstellung
19. Juni der Waffenruhe am Sueskanal vor, Einleitung von Friedensgesprächen unter Vermittlung von Jarring und Verwirklichung der UN-Nahostresolution von 1967 (sog. Rogers-Plan). Die VAR stimmt nach Rücksprache mit Moskau zu (22. Juli).

8. Aug. Waffenruhe in Kraft.

17. Sept. Offener Bürgerkrieg in Jordanien, da die Guerillas die Monarchie stürzen wollen. Bei der Machtprobe zwischen der Monarchie und den mit syrischer Unterstützung operierenden palästinensischen Guerillas behält
1970 König Hussein die Oberhand („Friedensabkommen" zwischen Hussein und Arafat am 13. Okt.). Die 1971 neu ausbrechenden blutigen Auseinandersetzungen führen zur Zerschlagung der Guerillas in Jordanien.

28. Sept. Tod Nassers. Nachfolger wird **Anwar as-Sadat.**

1971 **Vertrag über Freundschaft und Zusammenarbeit** mit
27. Mai der Sowjetunion, der u. a. Hilfe bei Ausbildung und Ausrüstung der ägyptischen Armee vorsieht. – Am 18. Juli 1972 Ausweisung der sowjetischen Militärberater (Begründung u. a.: mangelnde sowjetische Unterstützung). Ägypten kündigt den Freundschaftsvertrag offiziell am 15. März 1976.

1973 Am jüdischen Versöhnungstag (Jom Kippur) koordinier-
6. Okt. ter ägyptisch-syrischer Angriff auf Israel: **Jom-Kippur-Krieg.** Durchbruch der Ägypter durch die Bar-Lev-Linie; Vorstoß Israels über den Sueskanal; heftige Kämpfe.

Eingreifen der Großmächte (sowjetische Interventionsdrohung zugunsten der Araber; erhöhte Alarmbereitschaft für US-Truppen), um das militärische Patt zu erzwingen. Nach Resolution des Sicherheitsrats vom 24. Okt. Waffenruhe am 25./26. Okt. Aufstellung der UN-Friedensstreitmacht. Parallel zu den Kämpfen Einsatz des Erdöls als politischer Waffe (Initiative Saudi-Arabiens), um durch Lieferstopp und Preiserhöhungen für Erdöl die westlichen Staaten (vorab die USA) zur Revision ihrer proisraelischen Haltung zu bewegen (S. 247).

Der Diplomatie von US-Außenminister Kissinger gelingt

1974 es, das **1. Truppenentflechtungsabkommen** zwischen
18. Jan. Ägypten und Israel zustande zu bringen; Rückzug Israels bis zu den Sinaipässen. Die Pufferzone besetzen UN-Kontingente. – Syrisch-israelisches Entflechtungsabkommen betr. die Golanhöhen (29. Mai); Stationierung von UN-Truppen. Durch US-Vermittlung (Kissinger)

1975 **2. ägyptisch-israelisches Truppenentflechtungsab-**
4. Sept. **kommen.** Israel räumt die Sinaipässe Gidi und Mitla sowie Abu Rodeis (Erdölfelder); freie Fahrt für nichtmilitärische Güter von und nach Israel durch den Sueskanal.

Bei den Wahlen 1977 in Israel siegt Menachem Begin (17. Mai), der Verfechter des „Groß-Israel-Staates“ ist: Westjordanien als „befreites Gebiet“.

1977 Rede des ägypt. Präsidenten Sadat vor der israel. Knes-
20. Nov. set anläßlich seines Staatsbesuches.

1978 Rahmenabkommen als Grundlage für ägypt.-israel.
17. Sept. Friedensverhandlungen in Camp David von Sadat und Begin unterzeichnet. Dagegen Ablehnungsfront der Arabischen Liga.

1979 **Friedensvertrag Ägypten-Israel unterzeichnet** (26. März). Ablehnungsfront im gesamten arabischen Lager.

1981 Ermordung Sadats (6. Okt.); Nachfolger wird **H. Mubarak.**

Israels Auslandsverschuldungen (USA) und Inflation steigen ständig. Fortsetzung der Siedlungspolitik in Westjordanien. Annexion der Golanhöhen (14. Dez.).

1982 Rückgabe des letzten Teilgebietes des Sinai an Ägypten (25. April).

6. Juni Israelische Invasion im Libanon.

1983 Ende der arabischen Isolation Ägyptens.

28. Aug. Begin tritt zurück; J. Shamir neuer Premier. Regierungskrisen.

1984	Nach Wahlen zur Knesset wird nach langen Verhandlungen eine Regierung der Nationalen Einheit gebildet unter Shimon Peres, dessen Außenminister Shamir in der zweiten Hälfte der Amtszeit Ministerpräsident werden soll.
1985	Rückzugsbeginn (20. Jan.) der israelischen Truppen aus dem Südlibanon.
1985	Israelische Luftwaffe zerstört PLO-Hauptquartier in Tunis (1. Okt.).
1987 8. Dez.	Mubarak als Präsident bestätigt (5. Okt.). Beginn des Volksaufstandes in den von Israel besetzten Gebieten (Intifada).
1988	Neues Kabinett Shamir (22. Dez.).
1989 21. Mai	Ägypten ist nach 10 Jahren wieder auf Gipfelkonferenz der Arabischen Liga vertreten.
1990 15. März 11. Juni	Regierung Shamir als erste in der Geschichte Israels durch Mißtrauensvotum gestürzt. Neue Koalition mit ultrarechten und religiösen Splittergruppen unter Shamir.
8. Okt.	Zusammenstöße zwischen Israels Polizei und Palästinensern an der Klagemauer. Mehrere Tote.
1991 Jan.– Febr.	Irakische Raketenangriffe auf Israel, das sich einen Vergeltungsschlag vorbehält, jedoch nicht ausübt, um die arabisch-amerikanische Koalition (Ägypten, Saudi-Arabien, Syrien) nicht zu sprengen.
30. Okt.	Beginn der **Nahost-Friedenskonferenz von Madrid**, Teilnahme von Israel, Syrien, Jordanien, Libanon und von Palästinensern.
1992	Bruch der Koalition Shamirs (19. Jan.).
23. Juni	Nach vorgezogenen Neuwahlen Sieg der Linksparteien, neues Kabinett unter Yitzhak Rabin.
1993	Kontaktverbot zwischen Israelis und PLO aufgehoben (Jan.).
24. März 13. Sept.	Ezer Weizman wird israelischer Staatspräsident. Gegenseitige Anerkennung von Israel und der PLO (10. Sept.). Unterzeichnung des **Gaza-Jericho-Abkommens** durch Rabin und Arafat in Washington: Autonomie für Palästinenser, Rückzug Israels aus den besetzten Gebieten.
1994 25. Febr.	Massaker von Hebron (über 50 Palästinenser in Moschee von jüdischem Siedler erschossen) belastet Friedensprozeß.
4. Mai	Abkommen von Kairo über palästinensische Teilautonomie.
25. Juli	Rabin und König Hussein von Jordanien unterzeichnen

Erklärung zur Beendigung des Kriegszustandes zwischen Israel und Jordanien.

29. Aug. Abkommen über palästinensische Verwaltung des Westjordanlandes.

26. Okt. Unterzeichnung des **israelisch-jordanischen Friedensvertrages.**

1995 28. Sept. Unterzeichnung eines erweiterten israelisch-palästinensischen Autonomieabkommens in Washington.

4. Nov. Ermordung von Ministerpräsident Rabin durch rechtsextremen Israeli, Nachfolger wird Shimon Peres.

Seit 1974 machen die Palästinenser **Libanon** erneut zum „Aggressionsgebiet“ und setzen von da aus Terroranschläge gegen Israel ein. Gegen die Palästinenserorganisation als „Staat im Staat“ stellt sich die rechtsnationale (hauptsächlich christliche) Falange.

1975 13. April, **1976** 31. Mai **Offener Bürgerkrieg** zwischen Falangisten und rechtsorientierten Muslimen einerseits sowie Palästinensern und linksnationalistischen Libanesen andererseits. Syrien greift massiv mit seinen Truppen im Libanon auf seiten der Falange ein und besetzt im Lauf der nächsten Monate fast das ganze Land.

1978 Israelische Intervention im Südlibanon gegen PLO-Stützpunkte, militärische Unterstützung der christlichen Milizen („Falange“). Bürgerkriegsähnliche Zustände (seit 1975).

1982 Juni/Aug. Invasion Israels: Kämpfe, anfangs auch mit den Syrern, Belagerung West-Beiruts. Abzug der PLO aus West-Beirut und Aufnahme in verschiedene arabische Länder. Der Falange-Führer A. Gemayel wird Staatspräsident.

21. Sept. Israelisch-libanesisches Truppenrückzugs-Abkommen.

1983 17. Mai, Okt./Dez. Erneute Verschärfung des Bürgerkriegs: Syrer und Drusen gegen christliche Milizen, syrische Unterstützung für PLO-Rebellen, die gegen Arafat sind.

1984 Bildung einer Regierung der Nationalen Einheit unter Ministerpräsident R. Karamé. Politischer Zerfall des Landes unter Vorherrschaft Syriens.

1987 Einmarsch syrischer Truppen in West-Beirut (22. Febr.).

1. Juni Karamé ermordet. Nachfolger al-Hoss.

1988 Einmarsch syrischer Truppen in Süd-Beirut (27. Mai).

22. Sept. Nach mehrfachem Scheitern der Präsidentenwahl Übergangsregierung unter Aoun.

1989 Nov. Aoun erkennt Wahl Mouawads zum Präsidenten nicht an, neuer Ministerpräsident al-Hoss. Mouawad ermor-

det, Nachfolger E. Hrawi. Rebellion Aouns gegen seine
1990 Absetzung, schwere Kämpfe zwischen Anhängern Aouns und Forces Libanaises (Jan.).
13. Okt. Massive syrische Bombenangriffe auf Aouns Hauptquartier bewirken Aouns Aufgabe und Flucht. Die Milizen
Nov. stellen die Kämpfe ein und ziehen bis Nov. aus Beirut ab. Friede unter syrischem Kommando.
1991 Entwaffnung von Milizen (April), libanesische Armee übernimmt Kontrolle.
22. Mai **Syrisch-libanesischer Vertrag** bewirkt enge Anbindung des Libanon an Syrien.
1993 Israelische Militäraktion gegen Südlibanon (25. Juli).

Korea wurde 1943 spätere Unabhängigkeit zugesichert. 1945 Norden russisch, Süden amerikanisch besetzt. Wahlen bringen 1946 in Nord und Süd zwei einander entgegengesetzte Regierungen. 1948 im Norden Demokratische Volksrepublik, im Süden Republik Korea ge-
1950 gründet.
1950 dringen nordkoreanische Truppen in Südkorea ein. Der Sicherheitsrat der UN beschließt in Abwesenheit der UdSSR, Streitkräfte einzusetzen. Anfangs unterlegen, rücken die UN-Truppen über den 38. Breitengrad bis an die mandschurische Grenze vor; daraufhin Eingreifen von chinesischen Kräften. UN-Befehlshaber MacArthur, der u. U. China angreifen will, wird im
1953 Frühjahr 1951 von Truman abberufen. Waffenstillstand nach langen Verhandlungen am 27. Juli in Panmunjon.
1960 Der Staatspräsident von **Südkorea**, Syngman Rhee, ge-
27. April stürzt. Verfassungsänderung erstrebt parlamentarische Republik. Seit 1961 Militärregierung unter Park Tschung-hi. Spannungen mit Japan 1965 behoben. Unter der Regierung Parks beachtlicher wirtschaftlicher und gesellschaftlicher Aufschwung. Das Verteidigungsbündnis mit den USA wird aufrechterhalten. Am 16. Okt. 1979 Ermordung Parks durch seinen Geheimdienstchef. Neuer Staatspräsident (1980) General Chon Too Hwan. 1. Sept. 1983 Abschuß eines südkoreanischen Verkehrsflugzeugs durch die Sowjetluftwaffe.
1986/87 Schwere Unruhen und Straßenkämpfe oppositioneller Gruppen mit Sicherheitskräften.
1987 Nationalversammlung und Volksabstimmung bestätigen eine neue Verfassung (12./27. Okt.).
16. Dez. Direkt gewählter Staatspräsident wird Roh Tae Woo.

1990 Erstes Treffen der beiden koreanischen Ministerpräsidenten in Seoul (Sept.).

1992 19. Febr. Aussöhnungsvertrag und Abkommen über Atomwaffenfreiheit mit Nordkorea.

18. Dez. Bei Präsidentschaftswahlen siegt Kim Young Sam.

Nordkorea, bis 1963 prochinesisch orientiert, wahrt seitdem mehr Unabhängigkeit im kommunistischen Lager. Ministerpräsident seit 1948 Kim Il-sung. 1949 wird die „Demokratische Volksrepublik (Nord-)Korea" ausgerufen. Konsolidierung des Landes durch industrielle Entwicklung und Ausbau (Kollektivierung) der Landwirtschaft. Wiedervereinigungspläne mit Süd-Korea (1978–1984) scheiterten bisher.

1984 10. Jan. Nordkorea schlägt den USA Dreiergespräche zur Lösung des Korea-Konflikts vor.

1985 Erster Besucheraustausch mit Südkorea.

1987 Sept. Umschuldungsabkommen für das zahlungsunfähige Land.

1990 Erste Gespräche mit Südkorea. Nordkorea lehnt dessen diplomatische Anerkennung weiterhin ab.

1992 18. Febr. Aussöhnungsvertrag und Vereinbarung über Atomwaffenfreiheit mit Südkorea.

1994 Tod von Kim Il-sung (8. Juli); nomineller Nachfolger ist sein Sohn Kim Jong Il.

9. Spannungsfelder und Nachwirkungen des Kolonialismus

a) Afrika

Nach dem Zweiten Weltkrieg wachsen nationalistische Bewegungen in den Kolonialgebieten. Eine Reihe von afrikanischen Kolonialländern erhalten, zum Teil nach schweren Auseinandersetzungen mit den Kolonialherren, in den 60er Jahren die Unabhängigkeit. Die willkürlichen Grenzziehungen der Kolonialzeit, die den ethnischen Grenzen meist nicht entsprechen, bleiben. Sie verursachen bis heute andauernde nationale und übernationale Konflikte. Während der Gipfelkonferenz der unabhängigen Staaten Afrikas in Addis Abeba (22.–25. Mai 1963) wird die Organisation für Afrikanische Einheit (OUA) zur wirtschaftlichen, kulturellen und politischen Zusammenarbeit gegründet.

Vielfach wenden sich die neuen Staaten sozialistischen Formen zu (Einparteiensysteme, Verstaatlichungen) und werden dadurch oft durch Unterstützung vom Ostblock oder westlichen Ländern in den

Ost-West-Konflikt hineingezogen. Unter dem Eindruck des Wandels und Zusammenbruchs der kommunistischen Systeme in Osteuropa und der UdSSR beginnt in vielen von Einheitsparteien regierten afrikanischen Staaten Ende der 80er Jahre eine Verfassungsdiskussion, über 30 Staaten gehen von 1989 bis 1993 zu einem Mehrparteiensystem über.
Heute gibt es in Afrika keine Kolonien mehr, mit dem Ende der Apartheid in Südafrika endet 1994 die letzte Herrschaft der Weißen.

1953 20. Aug.	In **Marokko** Absetzung und Verbannung des Sultans Sidi Mohammed. Daraufhin dauernde blutige Aufstände.
1955 16. Nov.	Rückkehr des abgesetzten Sultans, der alsbald die Verhandlungen mit Frankreich und Spanien um die Unabhängigkeit seines Landes wieder aufnimmt.
1956 2. März	Nach längerem Unterhandeln anerkennt Frankreich am **Unabhängigkeit** und **Souveränität** Marokkos, Protektoratsvertrag vom 30. März 1912 außer Kraft.
1956	Spanien anerkennt gleichfalls die volle Unabhängigkeit und Souveränität Marokkos. Am
13. Juli	wird die Übertragung der Exekutivgewalt in der spanischen Zone Marokkos bekanntgegeben. Solidaritätserklärung mit Algerien. Sultan Mohammed Ben Jussuf herrscht als König Mohammed V. (gest. 26. Febr. 1961). Nachfolger ist sein Sohn Hassan II.
1962	Ansprüche auf die spanischen Restbesitzungen Ceuta, Melilla, Ifni und in der Sahara verursachen Spannungen; beigelegt bei Besuch Hassans in Madrid 1963. Ifni kommt 1969 zu Marokko. Assoziierungsabkommen mit der EWG (März 1969).
1965 7. Juni	Der König übernimmt die Regierung und hebt die Verfassung auf. Gegen das autoritäre Regime des Königs wachsende innere Opposition (1971 und 1972 Putschversuche). Erneut Ansprüche auf Spanisch-Sahara (Phosphatvorkommen). Einigung mit Spanien (Nov. 1975) und Einmarsch marokkanischer und mauretanischer Truppen (Febr. 1976). Am 14. April 1976 Teilungsvertrag mit Mauretanien.
1979	Annexion auch des Südteils der Westsahara (14. Aug.).
1982	Rückzug aus dem annektierten Südteil Westsaharas.
1984 Jan.	Unruhen wegen Preiserhöhung werden von der Armee niedergeschlagen.
1985	Neues Kabinett Lamrani (Mitte-Rechts, 11. April).
1986	A. Laraki neuer Premier (29. Nov.).

1989 4. Jan. Direktgespräche König Hassans mit westsaharischer Befreiungsorganisation POLISARIO ohne Einigung.
1990 Generalstreik gegen Verschlechterung der Lebensbedingungen blutig niedergeschlagen.
1991 Marokko akzeptiert UN-Plan eines Referendums über die Zugehörigkeit Westsaharas; Waffenstillstandsabkommen mit POLISARIO (Sept.).
1992 4. Sept. Verfassungsreferendum bestätigt die Machtstellung König Hassans II.

Nach langdauernden Bemühungen und Verhandlungen
1956 20. März erhält **Tunesien** seine volle **Unabhängigkeit** (selbständige Außenpolitik, Sicherheit und Verteidigung). Der Protektoratsvertrag vom 12. Mai 1881 ist damit hinfällig.
1957 25. Juli Nach Absetzung des Beys von Tunis wird Bourguiba zum Präsidenten gewählt.
1963 Tunesien erhält die Verfügung über Biserta (15. Okt.).
1964 Nationalisierung Ausländern gehörenden Landbesitzes; Ausgleich mit Frankreich und Italien. Tunesien strebt eine Föderation der Maghrebstaaten an. Im Verhältnis Israel-Arabische Staaten vertritt Bourguiba die Anerkennung Israels als Staat. Assoziierungsabkommen mit der EWG (März 1969).
1972 Erfolge in der wirtschaftlichen Entwicklung.
1974 Bourguiba wird Staatspräsident auf Lebenszeit (17. Dez.).
1978 Generalstreik, Demonstrationen; zunehmende Opposition.
1981/83 Wachsende wirtschaftliche Schwierigkeiten verstärken die Opposition gegen das erstarrte Regime.
1984 Preiserhöhungen für Lebensmittel müssen wegen schwerer Unruhen zurückgenommen werden.
1987 Premier Ben Ali setzt Bourguiba ab (7. Nov.).
1988 „Nationalpakt" mit allen politischen Gruppen (7. Nov.).
1994 Ben Ali erneut bei Wahlen bestätigt (20. März).

In **Mauretanien** Militärputsch unter Mustafa Uld Salek (10. Juli 1978).
1984 Durch Putsch kommt M. O. Taya an die Macht (12. Dez.).
1991 Verfassungsreferendum, Zulassung politischer Parteien (Juli).
1992 Bestätigung Tayas bei ersten freien Wahlen (Jan.).

Auch in **Algerien**, das als Teil Frankreichs gilt, fortwährend **Aufstände und Kleinkrieg**. Von 1954 an offener Kampf.
1958 Algerienstatut und Rahmengesetz als Kompromiß von

4. Febr. der französischen Nationalversammlung angenommen. Daraufhin April/Mai 1958 Putsch französischer Offiziere in Algerien; de Gaulle, durch ihn an die Macht gelangt, entscheidet sich für Selbstbestimmung der Algerier. De Gaulle schließt mit den Algeriern 18. März **1962** das **Abkommen von Evian**, das Algerien die **Unabhängigkeit** gibt und durch algerische Volksabstimmung (1. Juli) Bekräftigung erhält. Seit 3. Juli ist Frankreich diplomatisch vertreten.

1963 8. Sept. Volksabstimmung billigt die Verfassung. Ben Bella 15. Sept. zum Staatspräsidenten gewählt.

1965 19. Juni Oberst Boumedienne stürzt Ben Bella, dem er Vernachlässigung der sozialen und ökonomischen Probleme vorwirft.

Sowjetische Wirtschaftsexperten betätigen sich in Algerien. Erdöl- und Erdgasausbeute werden gemeinsam mit Frankreich betrieben. 1968 gibt Frankreich den Stützpunkt Mers-el-Kebir zurück. Verstaatlichung französischer Erdölgesellschaften (Februar 1971). Normalisierung der Beziehungen zu Frankreich; Besuch Giscards April 1975.

1976 27. Juni Eine „Nationale Charta" wird gebilligt: Algerien wird „Staat des revolutionären Sozialismus"; Einparteiensystem, Islam wird Staatsreligion.

1978 Tod Boumediennes (27. Dez.). Sein Nachfolger wird Chadli Ben Dschedid (Jan./Febr. 1979).

1981 Gewaltsame Ausschreitungen radikaler Muslime (Okt.).

1986 Neue Nationale Charta durch Referendum angenommen (16. Jan.).

1988 Regierung unter Ministerpräsident Merbah (12. Nov.).

22. Dez. Ch. B. Dschedid als Präsident wiedergewählt.

1989 Neue Verfassung: mehr individuelle Freiheit, Gewaltenteilung (23. Febr.).

9. Sept. Neuer Premier Hamrouche.

1991 26. Dez. Bei Mehrparteienwahl siegt im ersten Wahlgang die fundamentalistische Islamische Heilsfront (FIS).

1992 11. Jan. Rücktritt Ch. B. Dschedids, Einsetzung eines Hohen Staatskomitees unter M. Boudiaf; Annullierung der Wahl, Verbot der FIS (4. März).

29. Juni Ermordung von Staatspräsident Boudiaf. Die Auseinandersetzung mit der verbotenen FIS eskalieren zum Bürgerkrieg.

1994 Staatskomitee ernennt L. Zéroual zum Staatspräsidenten (31. Jan.).

18. Mai Einsetzung eines Interimsparlaments.
1995 Bestätigung Zérouals bei Präsidentschaftswahlen (16. Nov.).

Libyen wird 1969 nach einem Militärputsch, der König Idris I. stürzt, Republik. Ein „Revolutionärer Kommandorat" unter Muammer el-Khadafi übernimmt die Staatsgewalt.
2. März 1977 Erklärung über Einführung der Macht des Volkes. Staatsname: **Sozialistische Libysche Arabische Volksjamahiriya**.

1981 Der Zusammenschluß mit dem Tschad scheitert (Jan.).
1983 Libysche Truppen halten den Norden des Tschad weiterhin besetzt und unterstützen die Rebellen gegen die dortige Regierung; dadurch Konfrontation mit Frankreich.
1986 USA bombardieren Tripolis und Benghasi als Vergeltung für libyschen Terrorismus (15. April).
1988 Innenpolitische Liberalisierung.
1989 Bau einer Giftgasfabrik mit Hilfe deutscher Firmen.
1989 Friedensvertrag mit Tschad (31. Aug.).
1992 Wegen Verwicklungen in Anschlag auf US-Verkehrs-
31. März flugzeug bei Lockerbie (1988, 270 Tote) werden gegen Libyen vom UNO-Sicherheitsrat Sanktionen verhängt.
1994 Der Internationale Gerichtshof spricht von Libyen annektiertes Gebiet Tschad zu (Febr.).
1995 Massenausweisungen von Ausländern (ab Sept.).

1958 Als erste der **französischen Kolonien** erhält **Guinea**
2. Okt. unter S. Touré die Unabhängigkeit.
1960 **Kamerun** wird unabhängig, es folgen (Französisch-)
1. Jan. **Togo** (27. April), **Madagaskar** (26. Juni), **Dahome** (1. Aug., am 30. Nov. 1975 in Volksrepublik **Benin** umbenannt), **Niger** (3. Aug.), **Obervolta** (5. Aug., seit dem 4. Aug. 1984 **Burkina Faso** als Staatsname), **Elfenbeinküste** (7. Aug., ab 1986 **Côte d'Ivoire** als einziger Landesname), **Tschad** (11. Aug.), **Kongo** (Brazzaville) am 15. Aug., **Gabun** (17. Aug.), **Senegal** (21. Aug.), **Mali** (23. Sept.), und **Mauretanien** (28. Nov.). Ein Teil dieser Länder schließt Abkommen mit Frankreich über weitere Zusammenarbeit.
1960 Die **Zentralafrikanische Republik** wird unabhängig
1965/66 (13. Aug.). Staatsstreich J. B. Bokassas; 1972 erklärt sich Bokassa zum Präsidenten auf Lebenszeit.
1976 Präsident Bokassa läßt das **Zentralafrikanische Kaiser-**

4. Dez. **1979** **1981**	**reich** und sich als Kaiser ausrufen, wird aber von David Dacko gestürzt. **Zentralafrikanische Republik** (21. Sept.). Militärputsch, Machtübernahme durch General A. Kolingba (1. Sept.).
1991	Einführung eines Mehrparteiensystems (6. Juli).
1993 Sept./Okt.	Nach freien Wahlen wird A.-F. Patassé neuer Staatspräsident (22. Okt.).
1960 15. Aug.	**Kongo**(-Brazzaville) wird von Frankreich unabhängig. Der erste Präsident F. Youlou tritt 1963 nach Unruhen zurück, Nachfolger wird A. Massamba Débat, 1. Jan. 1969 M. Ngouabi Präsident.
1970 1. Jan.	Ausrufung der Volksrepublik Kongo. Militärputsch März 1977, Tod von M. Ngouabi.
1979	D. Sassou-Nguesso wird Staats- und Regierungschef. 1990 Mehrparteiensystem beschlossen.
1992	Bei freien Präsidentschaftswahlen siegt P. Lissouba (2./16. Aug.).
1975 **1977**	Die **Komoren** werden unabhängig (2. Okt. 1975). **Dschibuti** (Französisch-Somaliland) am 27. Juni 1977. Réunion bleibt Übersee-Département.
1957 6. März	Als erster westafrikanischer Staat der **britischen Kolonien** wird Goldküste als **Ghana** unabhängig. Präsident wird K. Nkrumah (1960). Wie in mehreren anderen afrikanischen Staaten wird ein Einparteiensystem eingeführt (1962). Sturz Nkrumahs (24. Febr. 1966), 1979 erneuter Regimewechsel, Militärputsch unter J. Rawlings (31. Dez. 1981).
1992	Wiederzulassung von Parteien (28. April), Rawlings bei Wahlen als Staatspräsident bestätigt (3. Nov.).
1960	Italienisch-Somaliland wird unabhängig und schließt sich mit Britisch-Somaliland zur Republik **Somalia** zusammen. 1969 Staatsstreich der Armee unter S. Barre. 1988 Beendigung des seit 1960 andauernden Konflikts mit Äthiopien um die Ogaden-Region, 1991 Sturz Barres durch Rebellenarmee.
1992	Wegen drohender Hungerkatastrophe und Bürgerkrieg Einmarsch von UN-Truppen, zunächst unter US-Führung, zur Absicherung humanitärer Hilfe (Dez.). Kämpfe mit Milizen General Aidits und anderen Clans. 1995 Abzug der letzten UN-Truppen (März), Fortgang der Machtkämpfe.

1960	Die britische Kolonie **Nigeria** wird unter A. Balewa unabhängig (1. Okt.).
1967 30. Mai	Abfall der Ostregion unter O. Ojukwo. Unabhängigkeitserklärung der Ostregion als Republik **Biafra.** 6. Juli Ausbruch des Biafra-Krieges, der mit großer Härte geführt wird.
1970 15. Jan.	Kapitulation von Biafra. Sturz Gowons durch M. Mohammed (1975). Nach Ermordung Mohammeds 1976 wird O. Obasanjo Staatsoberhaupt. Nach Wahlen wird 1979 S. Shagari Staatspräsident, der Dez. 1983 durch Putsch gestürzt wird.
1985	Militärputsch durch Gbadamasi Babangida. Die zunehmende Islamisierung des Landes bewirkt wachsende Spannungen (1986).
1993	Annullierung der Präsidentschaftswahlen (Juni), Rücktritt Babangidas (28. Aug.); Militärregime unter General S. Abacha übernimmt die Macht (17. Nov.), Parteienverbot.
1995 10. Nov.	Die Hinrichtung des Bürgerrechtlers Ken Saro-Wiwa und acht seiner Mitstreiter führt zum Ausschluß Nigerias aus dem Commonwealth und internationaler Isolierung.
1961	Unabhängigkeit von Sierra Leone (27. April) und Tanganjika (9. Dez.).
1963	Sansibar wird unabhängig, auf Sansibar 1964 Sturz des Sultans und der arabischen Herrschaft, Volksrepublik. 1964 Föderation Sansibars und Tanganjikas unter dem Namen **Tansania**; Präsident Nyerere. – Juli 1976 TANZAM-Bahnlinie Tansania-Sambia (Entwicklungshilfeprojekt der VR China) fertiggestellt. 1985 Rücktritt Nyereres als Präsident. Nachfolger wird Mwini.
1990	Rücktritt Nyereres als Vorsitzender der Einheitspartei (17. Aug).
1992	Einführung eines Mehrparteiensystems (1. Juli).
1995	B. Mpaka wird neuer Präsident (23. Nov.).
1962	**Uganda** wird unabhängig.
1966	Staatsstreich M. Obotes, Uganda wird zum Einheitsstaat.
1971	Nach Armeeputsch wird Idi Amin Dada neuer Präsident (ab 1976 auf Lebenszeit), Suspendierung der Verfassung.
1979 13. April	Grenzkrieg mit Tansania (Febr.). Tansanische Truppen stürzen den diktatorischen Staatschef Idi Amin. M. Obote wird Präsident (1980).

1985 27. Juli — Sturz des Regimes von Obote durch T. Okello. Eine Widerstandsarmee unter Y. Museveni vertreibt Okello (Jan. 1986), Museveni wird Präsident.

1994 28. März — Bei freien Wahlen zur Verfassunggebenden Versammlung deutlicher Sieg der Partei Musevenis.

1963 **Kenia** erhält die volle Unabhängigkeit.

1964 Umwandlung der Monarchie in eine Republik, Staatspräsident wird Jomo Kenyatta.

1979 Nach Tod Kenyattas wird D. Arap Moi Staatspräsident.

1991 Abkehr vom Einparteienstaat (Dez.).

1992 Bei Parlaments- und Präsidentschaftswahlen kann sich Moi behaupten (29. Dez.).

1965 **Gambia** wird von Großbritannien unabhängig.

1966 werden **Botswana** (Betschuanaland) und **Lesotho** (Basutoland), 1968 **Mauritius** und **Ngwane (Swasiland)**, 1976 die **Seychellen unabhängig**.

1960 30. Juni — **Belgisch-Kongo** erhält seine Unabhängigkeit. Schwere Unruhen, Stammesfehden. Selbständigkeitsbestrebungen der Provinz Katanga. Eingreifen der UN. 1963 Wiedereingliederung Katangas. Weitere Unruhen und Aufstände in verschiedenen Provinzen.

1965 Staatsstreich General Mobutus (25. Nov.).

1966 Umbenennung der Hauptstadt Léopoldville in Kinshasa.

31. Dez. — Enteignung der Kupferminen der Union Minière du Haut-Katanga. Gescheiterter Söldneraufstand 1967.

1971 Kongo benennt sich offiziell in **„Republik Zaïre“** um (20. Okt.).

1990 Zulassung weiterer Parteien erlaubt (14. Juli).

1991 Militärmeuterei in Kinshasa (23.–29. Sept.).

1992 Nach Ende der Amtszeit (4. Dez. 1991) regiert Mobutu weiter, kann sich im Machtkampf mit Opposition behaupten.

1994 Juli — Flüchtlingswelle aus Rwanda (ca. 1,4 Mio. Menschen) erreicht zaïrisches Grenzgebiet bei Goma.

1962 1. Juli — Die **belgischen Kolonien Rwanda** und **Burundi** werden unabhängig. Beide Länder sind vom Gegensatz der Stämme von Tutsi und Hutu bestimmt. In Rwanda weitgehende Vertreibung der Tutsi, 1973 Putsch von J. Habyarimana.

1990 Bürgerkrieg nach Einfall von Tutsi-Rebellen.

1994 6. April	Ermordung Habyarimanas und des burundischen Präsidenten C. Ntaryamira in Kigali wird zum Auftakt für **Völkermord**: bis zu 1 Mio. Tote; 2,5 Mio. Flüchtlinge bis Juli.
1966 28. Nov.	Die konstitutionelle Monarchie Burundi wird nach Putsch Republik. Regierung durch Tutsi-Minderheit. 1976 wird J.-J. Bagaza nach Staatsstreich Präsident, der 1987 durch P. Buyoya gestürzt wird. 1988 erneut schwere Unruhen.
1994 6. April	Nach Ermordung von Präsident (seit 13. Jan.) C. Ntaryamira wird S. Ntibantunganya Nachfolger. Anhaltende blutige Konflikte zwischen Hutus und Tutsi.
1968	Die **spanische Kolonie Äquatorialguinea** wird unabhängig. Unruhen führen zur Machtübernahme M. Nguemas.
1979 5. Aug.	Sturz der Diktatur Nguemas durch Revolutionsrat des Militärs unter Oberst T. Obiang Nguema Mbasogo.
1993	Bei den ersten Mehrparteienwahlen kann sich Regierungspartei behaupten (21. Nov.).
1974/75	Nach dem Umschwung in Portugal Unabhängigkeit der **portugiesischen Kolonien**: Portugiesisch-Guinea als **Guinea-Bissau** im Sept. 1974 anerkannt; **Mozambique** Juni 1975, die **Kapverden** und **São Tomé/Príncipe** im Juli 1975.
1975 Nov.	**Angola** wird von Portugal unabhängig. Bürgerkrieg zwischen den zwei prowestlichen Befreiungsbewegungen FLNA und UNITA einerseits und der proöstlichen MPLA andererseits; Eingreifen regulärer cubanischer Truppen auf seiten der MPLA (massive sowjetische Militärhilfe); Stationierung südafrikanischer Truppen im Süden Angolas (u.a. Schutz des Calueque-Staudamms), bescheidene westliche Hilfe für FLNA und UNITA.
1979 21. Sept.	Sieg der MPLA im Febr. 1976. Dos Santos wird neuer Staatspräsident. 1984 Abzug südafrikanischer Truppen.
1988 22. Dez.	Friedensabkommen mit Südafrika und Kuba, das Abzug der cubanischen Truppen und Unabhängigkeit Namibias regelt. 1990 Beginn direkter Friedensgespräche zwischen MPLA und UNITA zur Beendigung des Bürgerkrieges.
1992	Mehrparteienwahl (29./30. Sept.) scheitert wegen Fortsetzung der Kämpfe.
1993	Eroberung Huambos (ca. 12 000 Tote) durch die UNITA (März).

1995 6. Mai — Dos Santos und Savimbi (UNITA) vereinbaren Friedenskurs, Savimbi soll Vizepräsident werden (Juni).

Liberia ist seit 1847 unabhängige Republik mit Verfassung nach Vorbild der Vereinigten Staaten.

1971 — Tod Präsident Tubmans, W. Tolbert wird sein Nachfolger.

1980 12. Juli — Putsch von S. Doe. Ermordung Tolberts. Doe verfolgt prowestliche Politik.

1990 — Ausbruch eines Bürgerkrieges zwischen rivalisierenden Rebellengruppen und Armee (Jan.), Doe getötet (Sept.).

1995 1. Sept. — Einsetzung einer Übergangsregierung, in der die wichtigsten Konfliktparteien vertreten sind, auch Rebellenführer Ch. Taylor.

1974 Sept. — In **Äthiopien** (scharfe soziale Gegensätze) stürzt die Armee Kaiser Haile Selassie und schafft im März 1975 die Monarchie ab. Anhaltende innere Wirren, Verstaatlichungen, Bodenreform (Protest der Bauern und Nomaden), Schreckensregiment des Militärrates, der in interne Machtkämpfe verwickelt ist.

1977 11. Febr. — Mengistu wird Staatsoberhaupt. Anlehnung an Moskau. Aufstände in Eritrea und Ogaden bringen das Regime in schwere Bedrängnis. 1977/78 Krieg mit Somalia. Seit 1984 große Hungersnot. Gewährung internationaler Hilfe. Ab 1985 große Umsiedlungsaktionen der Bevölkerung aus den Hungergebieten.

1987 12. Sept. — Ausrufung der **Volksrepublik Äthiopien**. 1988 Versöhnung mit Somalia im Ogaden-Konflikt. 1990 Abkehr der Regierungspartei von Marxismus. Die Provinzen Eritrea und Tigre werden von Rebellen kontrolliert, katastrophale Lage durch Bürgerkrieg, Hungersnöte und Dürre.

1991 Mai — Nach Vordringen der Rebellen flieht Mengistu (21. Mai), Einnahme Addis Abebas (28. Mai). Beginn einer Nationalkonferenz (1. Juli).

1993 — Bei Referendum (23.–25. April) stimmt **Eritrea** für **Unabhängigkeit**, die von Äthiopien anerkannt wird.

1995 23. Aug. — Nach Wahlen zur verfassunggebenden Versammlung (5. Juni 1994) wird M. Zenawi Ministerpräsident.

1993 24. Mai — Nach dem Unabhängigkeitsreferendum (23.–25. April) wird die **Republik Eritrea** ausgerufen. I. Afeworki wird Staatspräsident, UN-Mitgliedschaft am 28. Mai.

Das Rassenproblem beherrscht die Innenpolitik **Südafrikas**. 1960 kommt es zu Unruhen in Sharpeville und zu Eingeborenenstreiks. Infolge der Unruhen Verurteilung der Apartheid (Rassentrennung) durch die Weltöffentlichkeit.

1961 31. März Nach dem Austritt aus dem Commonwealth wird Südafrika Republik.

Die Regierung errichtet für die Eingeborenen gettoartige Selbstverwaltungsgebiete (Bantustan).

1963 Erste autonome Region ist Transkei; es folgen Tswanaland, Hereroland, Damaraland und Koakoland. Die (burische) Nationalpartei stellt seit 1948 die Ministerpräsidenten (Malan, Strijdom, Verwoerd) und beherrscht – gegen die (englische) Vereinigte Partei – das Parlament.

1966 27. Okt. Verwoerd ermordet (Sept.); Nachfolger B. J. Vorster. Die UN entziehen der Südafrikanischen Republik das Mandat über Südwestafrika (Namibia) und unterstellen dieses der UN-Verantwortung. Pretoria gliedert Namibia völlig in die Republik ein (1969).

1970/ 1971 Die Homeland-Gesetzgebung zwingt Afrikanern die Staatsbürgerschaft des jeweiligen, von Südafrika für autonom erklärten Homelands auf.

1978 P. W. Botha Ministerpräsident, Vorster wird Staatspräsident (bis 1979).

1984 3. Sept. Inkrafttreten einer Verfassung, nach der Mischlinge und Asiaten durch eigene Parlamentskammern an Staatspräsidentenwahl und an Gesetzgebung beteiligt sind (von der UN-Generalversammlung abgelehnt). Pieter Botha wird zum Staatspräsidenten gewählt.

1985 21. Juli Nach langandauernden Unruhen wird der Ausnahmezustand in den von Schwarzen bewohnten Industriegebieten verhängt.

1986 Ausnahmezustand zunächst aufgehoben, dann über das ganze Land verhängt.

1988 Friedensvertrag mit Angola und Cuba, der die Unabhängigkeit Namibias regelt (22. Dez.).

1989 Rücktritt Pieter Bothas (14. Aug.), sein Nachfolger wird Fredrik Willem de Klerk.

1990 Reformprogramm de Klerks. Wiederzulassung schwarzafrikanischer Organisationen (vor allem ANC), Freilassung des ANC-Führers Nelson Mandela (Febr.).

Unabhängigkeit Namibias (21. März) als **Republik Namibia**, erster Präsident wird Samuel Nujoma. Ausbruch von Kämpfen zwischen Anhängern verschiedener schwarzafrikanischer Organisationen. Lockerung der Apartheidsgesetze.

1991 Präsident de Klerk kündigt die endgültige **Abschaffung der Apartheidsgesetze** an. Anhaltende Auseinandersetzungen zwischen den schwarzen Organisationen. Beginn einer Verfassungskonferenz in Kempton Park (Dez.).

1992 Bei Referendum befürworten 67 % der Weißen de Klerks Reformkurs (17. März).

1993 Neue Übergangsverfassung verabschiedet, Wahlrecht für alle Südafrikaner (Dez.).

1994 26.–29. April Bei den ersten freien Wahlen siegt der ANC, Präsident wird N. Mandela (9. Mai), Ende der Vorherrschaft der Weißen. Auflösung der Homelands. Sanktionen gegen Südafrika wegen Apartheid werden (z. T. schon vorher) aufgehoben; Ende der internationalen Isolation.

1976 Genfer **Rhodesien**konferenz (28. Okt.-24. Dez.). Im Juli 1977 spaltet sich die Regierungspartei. Regierungsbeteiligung der Farbigen ab 3. März 1978.

1979 Erste allgemeine Wahl (21. April). Bischof Abel Muzorewa siegt.

1980 Bei den Wahlen vom 29. Febr. siegt die Partei R. G. Mugabes, der Premier wird. Am 18. April Unabhängigkeit unter dem Namen: **Simbabwe**. Präsident wird C. Banana.

1987 Einführung eines Präsidialsystems, Mugabe wird Präsident (31. Dez.).

1992 Gesetz verabschiedet, das Enteignung von ca. 50 % des Landes weißer Farmer erlaubt (März).

b) Asien

Südostasien ist vor dem Zweiten Weltkrieg Kolonialgebiet: Vorderindien Englands, Hinterindien Frankreichs, der Malaiische Archipel Hollands. In den 60er bis 80er Jahren rivalisieren die USA, die UdSSR und die Volksrepublik China um den bestimmenden Einfluß in Asien. Japan steigt zur führenden Wirtschaftsmacht auf. Mehreren Staaten gelingt der Übergang von Entwicklungs- zu Industrieländern, andere stehen an der Schwelle dazu.

1979 Dez. **Einmarsch sowjetischer Truppen in Afghanistan.** Neuer Staatschef wird Babrar Karmal. Hinrichtung seines Vorgängers Hafisullah Amin. Weltweiter Protest gegen die sowjetische Invasion. Boykott der UdSSR (Getreidelieferungen, Olympische Sommerspiele in Moskau) vor allem durch die USA und einen Teil seiner Verbündeten.

1980 Widerstandskampf auf breiter Front gegen die sowjetische Besatzungsarmee. Flucht von ca. 1,7 Mill. Afghanen nach Pakistan (bis Okt. 1982).

1981/84 Sowjetische Offensiven, zum Teil mit grausamen Mitteln, und Gegenangriffe der Widerstandskämpfer kennzeichnen die Lage: die Regierung beherrscht vorwiegend die Städte, die Widerstandskämpfer das weite Land und die Gebirgstäler. UN-Vermittlungen zwischen Afghanistan und Pakistan wegen des Flüchtlingsproblems blieben bisher erfolglos.

1987 Neue Verfassung. Najibullah erster Präsident der Republik Afghanistan (30. Nov.).

1988
14. April Afghanistan-Vertrag: Rückkehr der Flüchtlinge, internationale Garantien, Abzug fremder Truppen ab 15. Mai.

26. Mai Neue Regierung Najibullah in Kabul. Gegenregierung der Mujahedin (23. Febr. 1989).

1989 Abzug der Sowjettruppen beendet (15. Febr.).

1992 Nach dem Rücktritt Najibullahs wird Mudjadiddi Interimspräsident, Staatspräsident B. Rabbani.

1993
17. Juni G. Hekmatyar wird Premierminister, andauernde Machtkämpfe rivalisierender Milizen.

1995 Vordringen der fundamentalistisch-islamischen Taliban-Milizen.

Indien kämpft um eine selbständige Stellung im britischen Commonwealth.

Die britische Labourregierung verkündet ihren Entschluß, den indischen Völkern, getrennt in Hindus und Muslime, Selbständigkeit und Unabhängigkeit zu gewähren.

1947
15. Aug. Indien als **Dominion** im britischen Commonwealth. Trennung des hinduistischen Teils vom muslimischen. Abzug der Engländer. Nehru wird Ministerpräsident.

Die Union hat gegen Armut und Unkenntnis zu kämpfen: 4 Fünfjahrespläne für Agrarproduktion und Industrialisierung bis 1971.

1948 **Gandhi** fällt einem Mordanschlag zum Opfer (30. Jan.).

1950
26. Jan. **Indien** erklärt sich als **selbständige** demokratische **Republik** im Rahmen des Commonwealth. Die Verfassung proklamiert Parlamentarismus und sozialen Wohlfahrtsstaat.

1951 Allgemeine Wahlen zum Bundesparlament, bei denen die Kongreßpartei die Mehrheit erhält.

Indien versucht unter Ministerpräsident Jawaharlal

	Nehru eine **selbständige Rolle** in Asien zu spielen und betreibt eine bündnisfreie Politik zwischen Ost und West.
1954 28. Juni	Zusammentreffen Nehrus mit Tschou En-lai in Neu Delhi. Bekanntgabe der „Fünf Prinzipien der Koexistenz".
1961	Am 18. Dez. besetzt Indien Gôa, Damão und Diu (Portugiesisch-Indien).
1964 27. Mai	**Nehru gestorben**. Sein Nachfolger **Shastri** sieht sich dem offenen Ausbruch des Kaschmirkonflikts mit Pakistan gegenüber. 1966 in Taschkent Beilegung der Streitigkeiten durch sowjetische Vermittlung. Tod Shastris. Nun übernimmt das Amt des Ministerpräsidenten die Tochter Nehrus, **Indira Gandhi**, welche die bündnisfreie Politik fortsetzt.
1968	Ein internationales Schiedsgericht erkennt im indisch-pakistanischen Streit um den Rann von Katsch 90 % des Gebietes Indien zu. – In den Richtungskämpfen innerhalb der Kongreßpartei setzt sich Indira Gandhi durch (Nov. 1969). Im März 1971 Sieg bei den Parlamentswahlen. Während des pakistanischen Bürgerkriegs flüchten mehr als 7 Millionen Ostbengalen in die indischen Grenzprovinzen; nur zögernde internationale Hilfe.
1971 9. Aug.	Sowjetisch-indischer Freundschaftsvertrag; gegenseitige Konsultationen im Fall eines Angriffs auf einen Partner.
4. Dez.	**Kriegsausbruch zwischen Indien und Pakistan**. Ausdehnung der Kämpfe auf Kaschmir und die indische Westgrenze.
6. Dez.	Indien erkennt die VR Bangla Desh (Ostpakistan) an.
1971	Kapitulation der pakistanischen Armee. Abzug der indischen Streitkräfte aus Bangla Desh bis 13. März 1972.
1974	Indien zündet seinen ersten **Atomsprengsatz** (18. Mai). – Annexion von Sikkim (Protektoratsvertrag 1950), das zum indischen Bundesstaat erklärt wird (Mai 1975).
1975 26. Juni	Auf Betreiben Frau Gandhis verhängt der Präsident den Ausnahmezustand. Pressezensur, Massenverhaftung oppositioneller Politiker, Aufhebung der Grundrechte.
1977 20. März	Wahlsieg des oppositionellen Janata-Blocks. Der Ausnahmezustand wird aufgehoben. Indira Gandhi tritt zurück (22. März). Morarji Desai wird Regierungschef. Indira Gandhi nach Wahlsieg erneut Ministerpräsidentin (14. Jan.).
1981 23. Sept.	„Staatssicherheitsgesetz" (1 Jahr Haft ohne Verfahren möglich) gegen die Opposition.

1982	45 % der Inder leben unterhalb der offiziellen Armutsgrenze.
1983 Okt.	Die Sikhs fordern ihren Zusammenschluß und weitgehende Autonomie.
1984 5./6. Juni	Die Zentralregierung läßt den Goldenen Tempel von Amritsar, in dem sich der religiöse Führer der Sikhs mit Anhängern verschanzt hatte, stürmen, dabei wurden ca. 600 Sikhs und 100 Soldaten getötet.
31. Okt.	**Indira Gandhi** wird durch ein Attentat von Sikhs-Leibwächtern **getötet**. Daraufhin schwere Unruhen mit grausamen Racheakten der Hindus an den Sikhs. Indira Gandhis Sohn **Rajiv Gandhi** wird neuer Ministerpräsident. Bei den Parlamentswahlen vom Dez. wird die Regierung Gandhi bestätigt.
1984 Dez.	Giftgaskatastrophe in der Stadt Bhopal (3. Dez.). Parlamentswahlen. Glänzender Sieg der Kongreßpartei.
1986	Staatsbesuch von Michail Gorbatschow (25. Nov.).
1987	Anhaltende Gefechte an der Grenze zu Pakistan (Jan.), Grenzabkommen am 4. März.
Juni	Indien unterstützt Tamilen auf Sri Lanka gegen die Regierungstruppen.
13. Juli	Ramaswami Venkatamaran wird Staatspräsident.
29. Juli	Abkommen mit Sri Lanka über die Beilegung des Tamilenkonfliktes.
9. Dez.	Massendemonstrationen fordern den Rücktritt der Regierung Gandhi.
1988 23. März	Verfassungsänderung: der Premierminister wird ermächtigt, die Bundesstaaten per Ausnahmezustand direkt zu regieren.
1989 22.–26. Nov.	Die Kongreßpartei verliert bei den Parlamentswahlen die Mehrheit; Premierminister wird V. P. Singh, Führer des Parteienbündnisses National Front.
1990 10. Nov.	Rücktritt Singhs; der Führer des abgespaltenen linken Flügels der Janata Dal, Chandra Shekhar, wird Premierminister (Rücktritt im März 1991).
1991 21. Mai	**Ermordung Rajiv Ghandis**, für die die tamilische LTTE (Sri Lanka) verantwortlich gemacht wird. Nach Parlamentswahlen (Ende 15. Juni) Sieg der Kongreßpartei, neuer Ministerpräsident N. Rao (21. Juni).
1992	Shankar Dayal Sharma wird Staatspräsident (25. Juli).
6. Dez.	Zerstörung einer Moschee in Ayodhya durch fundamentalistische Hindus, schwere Unruhen.
1993	Schwere Unruhen in Bombay zwischen Hindus und Moslems (Jan.).

1995 Zerstörung eines Schreins in Kaschmir verschärft Spannungen (11. Mai).

19. Mai Spaltung der Kongreßpartei in Flügel N. Raos und N. D. Tiwaris.

31. Aug. Ermordung des Ministerpräsidenten von Punjab, B. Singh.

1947 15. April Die 5 Gebiete des früheren Britisch-Indien, Pandschab, Afghan-Grenze, Ostbengalen, Sindh und Belutschistan, erhalten den Dominionstatus zugesprochen im Rahmen des British Commonwealth of Nations als **Pakistan** („Islamische Republik Pakistan", seit 1956 amtlich). Die Bevölkerung besteht hauptsächlich aus Muslimen. Spannungen mit Indien wegen Kaschmir.

1950 Minderheitenabkommen mit Indien.

1957 26. Jan. Ostkaschmir gliedert sich in Indien ein. Protest Pakistans bei den UN. – Seit Okt. 1958 Präsidialregierung Ayub Khans. Einseitige Westbindung aufgegeben, Abkommen mit der Volksrepublik China.

1966 10. Jan. Gegen starken innenpolitischen Widerstand wird das Taschkent-Abkommen unterzeichnet. Militär- und Wirtschaftshilfe von China.

Innere Spannungen; politische und wirtschaftliche Benachteiligung Ostbengalens durch die Zentralregierung.

1969 Infolge schwerer Unruhen in Ostbengalen Rücktritt Ayub Khans (31. März). General Yahya Khan Nachfolger.

1970 Bei den Parlamentswahlen (7. Dez.) gewinnt die Awami-Liga (Scheich Mujib ur-Rahman) Ostbengalens. Da Yahya Khan die Konstituierung der Nationalversamm-

1971 lung verschiebt (1. März), blutige Unruhen in Ostbengalen, Kriegsrecht, Verhaftung Mujibs (25. März). Ostbengalen erklärt sich zur **Volksrepublik Bangla Desh** (26. März). Der pakistanische Bürgerkrieg weitet sich zum indisch-pakistanischen Konflikt aus.

20. Dez. Yahya Khan tritt zurück. Zulfikar Ali Bhutto, Führer der Volkspartei, wird Staats-, dann Ministerpräsident von Pakistan. Aus Enttäuschung über fehlende westliche Unterstützung im Krieg gegen Indien Austritt aus Commonwealth und SEATO (1972). Aussöhnung mit Bangla Desh und diplomatische Beziehungen (Okt. 1975). Gemeinsame Erklärung mit Indien, die Beziehungen zu normalisieren und Botschafter auszutauschen (Mai 1976).

1977 7. März Parlamentswahlen. Die Nationalallianz lehnt das Ergebnis als Fälschung ab. Bürgerkrieg.

5. Juli Militärputsch unter Mohamed Zia Ul-Haq, Bhutto wird gefangengenommen und am 4. April 1979 hingerichtet.

1979/80 Verstärkte Islamisierung durch islamisch ausgerichtete Gesetzgebung. Unruhen, Verbot aller Parteien.

1981
1983 Wiederaufnahme der US-Militärhilfe (Mai). Aufhebung der Pressezensur (März). Pakistan hat bis April 1983 ca. 3 Mill. Flüchtlinge aus Afghanistan aufgenommen.

1984
19. Dez. Eine Volksbefragung billigt die Islamisierung des Landes.

1986 Wiederzulassung registrierter Parteien (Jan.).

1988 Zia-ul-Haq löst alle Parlamente und Regierungen des Landes auf (Mai).

17. Aug.
16. Nov. Zia-ul-Haq stirbt bei einem Flugzeugabsturz. Bei den folgenden Parlamentswahlen Sieg der Pakistan Peoples Party unter neuer Ministerpräsidentin Benazir Bhutto.

1990
6. Aug.
24. Okt. Staatspräsident Ishaq Khan löst das Parlament auf. Mian Nawaz Sharif, Vorsitzender der Islamischen Demokratischen Allianz, wird nach den Wahlen neuer Regierungschef.

1991 Parlament stimmt der Einführung der Scharia (islamisches Recht) zu (Mai).

1993
19. Okt. Nach Parlamentswahlen (6. Okt) wird B. Bhutto erneut Ministerpräsidentin. Neuer Staatspräsident Ahmed Leghari (13. Nov.).

1994 Zunehmende bürgerkriegsähnliche Auseinandersetzungen in Karatschi.

1972
12. Jan. Provisorische Verfassung von **Bangla Desh**. Scheich Mujib Ministerpräsident. Aufnahme ins Commonwealth (Sept. 1972). Innere Gegensätze, Sozialunruhen. Staatsstreich der Armee: am 15. Aug. 1975 Ermordung Mujib ur-Rahmans.

1975/81
1982
24. März Mehrere Militärregierungen durch Putsch. Unblutiger Staatsstreich unter General Hussein Mohammed Ershad: Kriegsrecht proklamiert. 1983 Demokratisierung angekündigt (Febr.).

1986
7. Mai Parlamentswahlen unter Kriegsrecht ohne Beteiligung der Opposition. Mizan-ur-Rahman Chowdhury Premierminister (9. Juli).

1987 Ershad löst das Parlament auf (29. Dez.).

1988 Premierminister wird Moudud Ahmed (März).
7. Juni Der Islam wird Staatsreligion.

1990 Massive und blutige Unruhen (Okt./Nov.) führen zum Rücktritt Ershads (5. Dez.).

1991	Erste freie Parlamentswahlen seit 30 Jahren, Sieg der Nationalist Party unter Khaleda Zia (Febr.). Bei Wirbelsturm und Überschwemmungen 29./30. April ca. 150 000 Tote, bis zu 10 Mio. Obdachlose.
15. Sept.	Bei Referendum wird parlamentarisches System gebilligt.
1992	Zwischenfälle an Grenze zu Myanmar (Burma), Massenflucht von Moslems nach Bangla Desh (Febr./März).

1948 4. Febr.	Von den anderen britischen Kolonien erhält **Ceylon** den Status als Dominion. Bei neutralistisch bleibendem Kurs Verstaatlichung ausländischer Firmen. Im Mai 1972 Ceylon zur Republik erklärt; neuer Name **Sri Lanka**; Verbleib im Commonwealth.
1977 21. Juli	Wahlsieg der Vereinten Nationalpartei unter J. R. Jayawardene.
1980/81	Rassenunruhen zwischen Singhalesen und Tamilen (Minderheit).
1983	Schwerste Ausschreitungen gegen Tamilen mit offensichtlicher Billigung der (singhalesischen) Regierung (ca. 400 Tote und 100 000 Obdachlose). Die Tamilen fordern einen eigenen Staat.
1987 Febr. 29. Juli	Regierungstruppen gehen auf der Halbinsel Jaffna gegen die Tamilen vor; Indien interveniert. Ein Abkommen mit Indien sieht die Einrichtung autonomer Tamilenprovinzen vor.
1988 19. Dez.	Staatspräsident wird der bisherige Premierminister Ranasinghe Premadasa.
1990	Rückzug der indischen Truppen beendet (24. März). Die „Tamilischen Befreiungstiger“ (LTTE) weiten Kontrolle aus.
1993 1. Mai	Tod Premadasas bei Bombenattentat, B. Wijetunge wird Staatspräsident (7. Mai).
1994	Sieg von Chandrika Kumaratunga bei Präsidentschaftswahlen (9. Nov.), ihre Mutter Sirimavo Bandaranaike wird Ministerpräsidentin (14. Nov.).
1995	Bei Großoffensive gegen LTTE können Regierungstruppen Jaffna erobern (Dez.).

1956	In **Nepal** wird Mahendra zum König gekrönt.
1960	Der König übernimmt am 15. Dez. alle Macht im Staat.
1961	Grenzabkommen mit der VR China: Der Gipfel des Mount Everest bleibt nepalesisch.
1972	Neuer König wird nach Mahendras Tod sein Sohn Birendra.

1980 15. Dez.	Proklamation einer demokratischen Verfassungsreform; erste Wahlen zur Nationalversammlung seit 1959.
1990 April	Nach monatelangen blutigen Demonstrationen für mehr Demokratie Auflösung des Parlaments. Premierminister wird Krishna Prasad Bhattarai.
9. Nov.	Die neue Verfassung sieht die Einführung einer konstitutionellen Monarchie vor.
1991 12. Mai	Sieg der Kongreßpartei bei ersten freien Wahlen, Premier wird G. P. Koirala.
1994 15. Nov.	Bei vorgezogenen Parlamentswahlen Sieg der Kommunisten, neuer Premier M. Adhikari.
1995	Sturz Adhikaris, Nachfolger S. B. Deuba (Kongreßpartei).

1947 17. Okt.	Mit der Beendigung der englischen Kolonialherrschaft in Indien wird **Burma** aus dem britischen Reichsverband entlassen.
1948	4. Jan. Errichtung der Union von Burma.
1962	bringt ein Staatsstreich einen Revolutionsrat unter General Ne Win an die Macht. Bündnisfreie Außenpolitik. Nationalisierung von Wirtschaft und Handel.
1974	Burma wird „Sozialistische Republik". Ne Win wird Staatspräsident. – Stagnierende Wirtschaft; rückläufiger Reisexport.
1981	Ne Win tritt zurück (Okt.). Nachfolger wird Generalstabschef U San Yu (9. Nov.).
1988 Juli	Rücktritt von Staatspräsident U San Yu. Sein Amt übernimmt U Sein Lwin.
3. Aug.	Kriegsrecht über Rangun nach Massendemonstrationen. Staatschef wird Maung Maung Kha. Nach Generalstreik (22. Aug.) Aufhebung des Kriegsrechts und Ankündigung eines Mehrparteiensystems. Dann erfolgreicher Militärputsch unter Saw Maung.
18. Sept.	
1989	Neuer Landesname ist Union von **Myanmar** (26. Mai).
1990 27. Mai	Erste freie Wahlen bringen überwältigenden Sieg der oppositionellen Nationalen Liga für Demokratie (NLD), jedoch keine Machtübergabe der Militärs.
1992	Zwischenfälle an Grenze zu Bangla Desh, Flucht von Moslems aus Myanmar (Febr./März.).
23. April	Nach Rücktritt Saw Maungs übernimmt General Than Shwe das Regime.
1995	Eroberung des Hauptquartiers der Karen-Rebellen durch Regierungstruppen (Jan.).
10. Juli	Der Hausarrest gegen die Friedensnobelpreisträgerin

und Oppositionspolitikerin Aung San Suu Kyi (NLD) wird aufgehoben (seit 1989).

Die britische Kronkolonie Straits Settlements schließt sich mit den Fürstenstaaten unter britischem Protektorat zur Malaiischen Union zusammen (1. April 1946) und bildet so

1948 den Malaiischen Bund. Kommunistische Unruhen, de-
1. Febr. ren die Regierung allmählich Herr wird.

1963 Nach englischem Plan entsteht gegen Aufstände und
16. Sept. Ansprüche dritter Staaten die Föderation **Malaysia** aus den 9 Malakka-Staaten, 2 Teilen Borneos und Singapur.

1965 Austritt **Singapurs** aus der Föderation (9. Aug.).

1985/86 Religionsunruhen unter Beteiligung von Moslems und Christen fordern Todesopfer.

1988 Malaysia wird nichtständiges Mitglied im UNO-Sicher-
26. Okt. heitsrat.

1989 Neues Staatsoberhaupt wird König Azlan Muhibuddin
2. März Shah.

1995 Hoher Wahlsieg der Regierungskoalition „Nationale
April Front" bei Parlamentswahlen, Bestätigung von Ministerpräsident M. Mahatir im Amt.

In **Indochina** wird der Kommunismus infolge der französischen Niederlage 1940 gestärkt. Japan erobert Tongking und setzt 1945 eine einheimische Regierung ein. Nach dem japanischen Zusammenbruch 1945 erklärt die revolutionäre Viet-min-Bewegung, von Moskau unterstützt, den Kaiser Bao Dai von Annam seines Thrones verlustig und errichtet im Norden eine Gegenregierung, doch besetzen die Franzosen wieder das Land.

1949 Vietnam, Laos und Kambodscha als unabhängige Staa-
30. Dez. ten in die Französische Union aufgenommen.

1950 Die kommunistische Gegenregierung der Viet-min unter Ho Tschi-min wird von der UdSSR anerkannt.
Die Offensive der Viet-min führt zu heftigen Kämpfen mit den französischen Truppen und geht allmählich in einen Krieg über.

1954 Fall der Festung Dien Bien Phu. Das Genfer Abkommen
7. Mai (S. 249) beendet den Indochinakonflikt. **Teilung Vietnams in Nord und Süd** am 17. Breitengrad. Nach Bao Dais Absetzung in Südvietnam 1955 diktatorische Regierung Ngo Dinh Diem; Buddhistenverfolgungen und Selbstverbrennung buddhistischer Mönche und Nonnen. Sturz Ngo Dinh Diems.

1963 1./2. Nov.	Militärrevolten und Staatsstreiche. Gleichzeitig anhaltende Guerillatätigkeit der Nationalen Befreiungsfront (NLF; Viet-kong), die von Nordvietnam unterstützt wird; Südvietnam erhält Militär- und Materialhilfe von den USA.
1964 2. u. 4. Aug.	Zusammenstoß zwischen nordvietnamesischen und US-Streitkräften im **Golf von Tongking** löst **Vietnamkrieg** aus. Die Volksrepublik China stellt sich auf die Seite Nordvietnams. Angriffe der NLF auf US-Anlagen; die USA bombardieren seit 1965 in Nordvietnam militärische Ziele.
1965 19. Juni	In Südvietnam wird General Nguyen Van Thieu Staatspräsident, General Nguyen Cao Ky Ministerpräsident. Im Vietnamkrieg trotz steigenden Truppen- und Materialeinsatzes auf beiden Seiten (Eskalation) keine militärische Entscheidung. Nordvietnam fordert Einstellung der Bombenangriffe, Abzug der US-Truppen,
1968 10. Mai	gesamtvietnamesische Wahlen und Wiedervereinigung des getrennten Landes. Nach langwierigen Vermittlungsversuchen beginnen in Paris Gespräche zwischen den USA und Nordvietnam. Teilnahme der südvietnamesischen Regierung und der NLF als Verhandlungspartner.
1969	Die US-Regierung Nixon leitet die **„Vietnamisierung"** des Krieges ein: stufenweiser Abzug der US-Landstreitkräfte (Beginn im Juli), In-den-Stand-Setzen der südvietnamesischen Armee, den Krieg allein zu führen, jedoch mit Unterstützung durch US-Luftstreitkräfte und Militärberater. 10. Juni Bildung der Provisorischen Revolutionsregierung der Republik Vietnam (NLF und Gegner des Thieu-Regimes).
3. Sept.	**Tod Ho Tschi-mins**; Nachfolger Ton Duc Thang.
1972 April	Großoffensive Nordvietnams gegen Südvietnam. Nach langen Verhandlungen USA (Kissinger) – Nordvietnam (Le Duc Tho) am 27. Jan.
1973	**Waffenstillstandsabkommen**: Abzug der US-Truppen aus Südvietnam; freie Wahlen in Südvietnam unter internationaler Kontrolle; „Nationalrat der nationalen Aussöhnung" (Vertreter der NLF und Südvietnams). – Der Waffenstillstand wird von Nord- und Südvietnam sowie von der NLF verletzt. Die Endphase des Vietnamkriegs (Beginn Juli 1974; Vormarsch der nordvietnamesischen Truppen und der NLF) läuft am 30. April
1975	mit der **Kapitulation Südvietnams** aus. Nach Über-

	gangszeit (Provisorische Revolutionsregierung; Säuberungen und Umerziehung).
1976 25. April	Durchführung gesamtvietnamesischer **Parlamentswahlen** nach Einheitsliste.
24. Juni	Bei ihrer ersten Sitzung wählt die Nationalversammlung die erste gesamtvietnamesische Regierung. **Offizielle Vereinigung von Nord- und Südvietnam.**
2. Juli	**Proklamation der Sozialistischen Republik Vietnam**.
1978 **1979**	Einmarsch in Kambodscha (25. Dez.), Einnahme Pnom Penhs, Unterstützung der neuen Regierung. „Strafaktion" chinesischer Truppen nach Vietnam, Flucht und Vertreibung chinesischer Vietnamesen.
1980	Infolge von Lebensmittelknappheit Unruhen im Norden des Landes.
1984 2. April	Im Grenzgebiet Nordvietnams Artilleriekämpfe mit China.
1986	Zur Behebung der akuten Versorgungsprobleme Planung umfangreicher Umsiedlungsaktionen in wirtschaftlich nutzbare Bergregionen.
1989 Sept.	Vietnam zieht nach fast elf Jahren seine Truppen endgültig aus Kambodscha ab.
1990 März	Die VIII. ZK-Vollversammlung lehnt Reformen nach dem Vorbild der osteuropäischen sozialistischen Staaten ab.
1991 5. Nov.	Offizieller Besuch des KP-Chefs Do Muoi und Ministerpräsident Vo Van Kiet in VR China, Normalisierung der Beziehungen.
1992 15. April	Neue Verfassung bestätigt KP-Monopol, neues Staatspräsidentenamt, Einführung marktwirtschaftlicher Elemente.
1994	Verbesserung der Beziehungen auch zu westlichen Staaten. Die USA beenden Wirtschaftsembargo gegen Vietnam (3. Febr.).
1995	Vietnam wird siebtes ASEAN-Mitglied (28. Juli).
6. Aug.	Aufnahme diplomatischer Beziehungen mit den USA.

1954	Wie Laos und Vietnam wird **Kambodscha** auf der Genfer Indochinakonferenz für neutral erklärt. Regierung Norodom Sihanouk (seit 1941 König, nach der Verfassungsänderung 1960 Staatsoberhaupt). Neutralitätspolitik. Infolge der Eskalation des Vietnamkrieges wird kambodschanisches Grenzgebiet von den USA und ihren Verbündeten ebenso verletzt wie von der NLF und Nordvietnam. Sihanouk wird 1970 abgesetzt; Regierung Lon Nol in enger Anlehnung an die USA; Bürgerkrieg.

1970 30. April Militärische Intervention der USA in Kambodscha (befristet bis 29. Juni), Einmarsch Südvietnams und Thailands. Das Ziel, den Nachschub der NLF über den Ho-Tschi-min-Pfad zu unterbinden, wird nicht erreicht. Kambodscha zur Republik erklärt (9. Okt.). – Vordringen der proöstlichen Befreiungsbewegung Rote Khmer unterstützt von Nordvietnam und NLF. Massive US-Bombeneinsätze. Fast zu gleicher Zeit wie in Vietnam

1975 17. April **Einmarsch der Roten Khmer in Pnom Penh**; Kapitulation der Regierung. Säuberungen, Zwangsumsiedlung der Bevölkerung.

14. Dez. **Neue Verfassung.** Kambodscha Volksdemokratie. Sihanouk, der aus dem Exil in Peking Dez. zurückgekehrt war, tritt im April 1976 als Staatsoberhaupt ab; Nachfolger Khieu Samphan. Im März 1976 Wahlen zur Volksversammlung.

1979 7. Jan. Rote Khmer durch vietnamesische Invasionstruppen gestürzt. Proteste und militärische Aktion der VR China gegen Vietnam.

11. Jan. Nach weitgehender Eroberung des Landes durch Vietnam ruft Heng Samrin die **Volksrepublik Kamputschea** aus. Aufgrund von Hungersnot und Guerilla-Ak-

ab Mai tionen der Roten Khmer Massenflucht nach Thailand.

1982 22. Juni Exil-Koalition aller Gegner des Samrin-Regimes unter Ex-König N. Sihanouk.

1989 30. April Neue Verfassung: Landesname in **„Staat Kambodscha"** geändert, Buddhismus Staatsreligion.

Sept. Vietnamesische Truppen verlassen nach fast elf Jahren das Land.

1990 27. Aug. Friedensplan des UN-Sicherheitsrates: UN-Kontrolle des Landes bis zu freien Wahlen.

1991 Unterzeichnung eines Friedensabkommens in Paris (23. Okt.).

14. Nov. Rückkehr Sihanouks nach Kambodscha.

1992 Beginn der Stationierung von UN-Truppen (16. März). Die Entwaffnung der Roten Khmer scheitert.

1993 Freie Wahlen zur Verfassunggebenden Versammlung (23.–28. Mai), Sieg der Sihanouk-nahen FUNCINPEC.

24. Sept. Neue Verfassung tritt in Kraft; Sihanouk wird wieder König; Ende der UN-Übergangsverwaltung. Der Bürgerkrieg zwischen Regierung und Roten Khmer geht weiter.

In **Laos**, das 1953 von Frankreich die volle Souveränität erhalten hat, bricht 1959 ein Bürgerkrieg zwischen kommunistischen und prowestlich eingestellten Gruppen sowie zwischen den Regierungstruppen aus. Alle Parteien erhalten von ausländischen Mächten Unterstützung. Gefahr der Ausweitung zum Weltkrieg.

1962 23. Juli Laoskonferenz in Genf (Beginn 1961) legt in einem Abkommen die Neutralität des Landes fest; internationale Kommission eingesetzt.

Laos wird ebenfalls vom Vietnamkrieg in Mitleidenschaft gezogen, da der Ho-Tschi-min-Pfad durch sein

1971 8. Febr. Gebiet führt. Einmarsch südvietnamesischer Truppen, unterstützt von US-Luftstreitkräften. Unter dem Druck vorstoßender nordvietnamesischer Verbände ziehen sich die Südvietnamesen zurück (25. März). Anhaltende Kämpfe zwischen Laoten und Nordvietnamesen. – US-Bombenangriffe auf das vom Pathet Lao (proöstliche Befreiungsbewegung) beherrschte Gebiet. Im Febr. 1973 Waffenstillstand; Abzug der US-Verbände (abgeschlossen Juni 1974).

1975 **Der Pathet Lao übernimmt die alleinige Macht** (24. Aug.). **Abschaffung des Königtums** und Proklama-

4. Dez. tion der **Volksdemokratischen Republik Laos**.

1978 Kollektivierung der Landwirtschaft; Umsiedlung der antikommunistischen Meo-Bevölkerung. Nach Kreis- und

1989 26. März Provinzwahlen nun auch, erstmals seit 1975, Parlamentswahlen.

1991 14. Aug. Annahme einer Verfassung, die Laos als Volksdemokratie bezeichnet und eine marktorientierte Wirtschaft vorsieht.

1994 8. April Eröffnung einer Brücke zwischen Thailand und Laos über den Fluß Mekong, einzige Mekong-Brücke außerhalb Chinas.

In den **niederländischen Kolonien** hat sich schon während des Ersten Weltkriegs der Drang nach politischer Selbstbestimmung geregt. Im Zweiten Weltkrieg wird zu Beginn des pazifischen Krieges Niederländisch-Indien von den Japanern erobert.

1945 17. Aug. **Indonesien** erklärt sich für unabhängig.

Trotz der japanischen Niederlage 1945 und der Wiederbesetzung Indonesiens durch Holland läßt sich die Selbständigkeit des Landes nicht wieder rückgängig machen.

1949 17. Dez. Die **Republik der Vereinigten Staaten von Indonesien** wird unabhängig und souverän unter der niederländischen Krone. Staatspräsident **Sukarno**.

1956 13. Febr.	Kündigung des indonesisch-niederländischen Unionsabkommens von 1949. Die Forderung Indonesiens auf **Westneuguinea**, das noch in niederländischem Besitz ist, führt 1962 zur Auseinandersetzung mit den Niederlanden.
1962 15. Aug.	**Waffenstillstandsabkommen**. Westneuguinea kommt ab 1. Okt. unter UN-Verwaltung, ab Mai 1963 als West-Irian unter indonesische Souveränität.
	Innenpolitisch Prinzip der „gelenkten Demokratie". Konflikt mit Malaysia.
1965 7. Jan.	Als Malaysia Sitz im Sicherheitsrat erhält, tritt Indonesien aus den UN aus.
30. Sept.	Aufstand kommunistisch orientierter Armee-Einheiten von General Suharto niedergeschlagen. Verfolgung der indonesischen KP (Verbot 5. Juli 1966).
	Schlechte finanzielle und wirtschaftliche Lage, Inflation, Nationalisierung ausländischer Erdöl- und Gummigesellschaften.
1966 11. März	Massendemonstrationen zwingen Sukarno, die ausübende Gewalt an General Suharto abzutreten. Offizielle Beendigung der gegen Malaysia gerichteten „Konfrontation" (11. Aug.). Wiedereintritt in die UN (13. Aug.).
1967	Sukarno seiner Stellung enthoben (gest. 21. Juni 1970).
12. März	General **Suharto** amtierender, 1968 und 1973 gewählter Präsident.
1969 2. Aug.	West-Irian entscheidet sich in einer Abstimmung für den endgültigen Anschluß an Indonesien (UN-Vollversammlung stimmt Nov. 1969 zu). – Infolge Unruhen im portugiesischen Ost-Timor Landung indonesischer Truppen (Dez. 1975); **Ost-Timor** wird am 17. Juli 1976 zur indonesischen Provinz erklärt.
1978	und 1983 Suharto im Präsidentenamt bestätigt.
1984	Umsiedlungsprogramm für ca. 690 000 Javaner nach West-Neuguinea.
1987/88	Umfangreiche Auslandskredite für das stark verschuldete Land.
1990 8. Aug.	Nach 23 Jahren wieder diplomatische Beziehungen zur VR China.
1991	Massaker durch Regierungstruppen in Dili/Ost-Timor (12. Nov.).
1992	Bei Parlamentswahlen Regierungspartei bestätigt (9. Juni).

1949 Proklamation der **Volksrepublik China.** Aufbau eines
21. Sept. kommunistischen Staates, wirtschaftlich und finanziell unterstützt von der UdSSR, Industrialisierung der nordwestlichen Provinzen.

1958 Bildung von Volkskommunen – der **„Große Sprung vorwärts"** –: Beseitigung des restlichen privaten bäuerlichen Eigentums, Kollektivierung von Haus- und Wohnraumbesitz. Der „Große Sprung vorwärts" muß, da ein erheblicher Fehlschlag, 1961 aufgegeben werden.

1963 Grenzabkommen mit Pakistan (2. März). Der Gegensatz zur UdSSR, schon seit 1960 versteckt vorhanden, wird
14. Juni mit dem Beginn des Briefwechsels zwischen der KP Chinas und der KPdSU öffentlich ausgetragen. Neben ideologischen Streitigkeiten (Auslegung des Marxismus-Leninismus) geht es um politischen Machtkampf zwischen beiden Staaten.

1964 Zündung der ersten chinesischen Atombombe
1966 (16. Okt.). – Auseinandersetzung innerhalb der KP
Aug. Chinas und der Armee lösen die Große Proletarische
1967 **Kulturrevolution** aus. 17. Juni Zündung der ersten chi-
1968 nesischen H-Bombe. Sept. Bildung von Revolutionskomitees abgeschlossen.

1969 Ussuri-Zwischenfall. – Verstärkung der militärischen Si-
2. März cherungen an der Grenze zur UdSSR.

1971 Nach Konsolidierung der Ergebnisse der Kulturrevolution verstärkte diplomatische Aktivität Chinas.
26. Okt. **Aufnahme in die UN** bei gleichzeitigem Ausschluß Nationalchinas (Formosa/Taiwan). Der Anspruch der Volksrepublik China auf Mitbestimmung der weltpolitischen Entwicklung ist damit anerkannt.

1972 **Besuch Präsident Nixons** in China führt in freundli-
21.–28. cher Atmosphäre zu ersten Begegnungen und Vereinba-
Febr. rungen mit Parteichef Mao Tse-tung und Ministerpräsident Tschou En-lai. Die Wendung der USA zur Volksrepublik China kühlt die Beziehungen zu Formosa ab (Tschiang Kai-schek gest. 5. April 1975).

1976 **Tod** von Ministerpräsident **Tschou En-lai** (8. Jan.). **Tod**
9. Sept. **Maos.** Hua Kuo-feng Nachfolger Maos; setzt sich als Vorsitzender der chines. KP gegen die „Viererbande" (hohe Parteifunktionäre und Maos Witwe Chiang Ching) durch (Okt. 1976). Am 22. Juli 1977 wird die „Viererbande" aus der chines. KP ausgeschlossen.

1979 Eine Militäraktion gegen Vietnam beginnt (bis 5. März).

	Am 23. Sept. werden mit der Sowjetunion Gespräche aufgenommen.
1980	Verschlechterung der Beziehungen zur UdSSR wegen Afghanistan. Ministerpräsident Hua tritt zurück (Sept.).
1981 25. Jan.	Verurteilung der „Viererbande“ zum Tode bzw. lebenslangem Freiheitsentzug. Kritik an Maos Politik, vor allem der „Kulturrevolution“. Wirtschaftliche Modernisierung und Öffnung zum Westen.
Juni	Hu Yao-bang löst Hua als Parteichef ab.
1983 7. Juni	Wiederannäherung an die UdSSR (10. April). Li Xianian zum Staatspräsidenten gewählt.
1984 26. Sept.	Abkommen mit Großbritannien, wonach Hongkong ab 1997 (mit Sonderstatus) wieder chinesischer Herrschaft untersteht.
1985 März	Besuche chinesischer Repräsentanten in Moskau. Auch auf wirtschaftlichem Gebiet engere Kontakte mit der UdSSR.
Sept.	ZK und KP bestätigen die Reform- und Öffnungspolitik Deng Xiaopings.
1987 16. Jan.	Nach Unruhen mit der Forderung nach mehr Demokratie verlieren viele Politiker ihr Amt, darunter Parteichef Hu Yao-bang.
13. April	Vertrag mit Portugal über die Rückgabe Macaos an China im Jahre 1999.
Sept./ Okt.	In Tibet blutige Demonstrationen gegen die chinesische Besatzung.
25. Okt. 1. Nov.	XIII. Parteitag der KPCh. Der Reformkurs wird grundsätzlich bestätigt.
24. Nov.	Li Peng löst Zhao Zyang als Ministerpräsident ab.
1989	Besuch des US-Präsidenten George Bush (Febr.) und des sowjetischen Staats- und Parteichefs Gorbatschow (Mai). Entspannung der Beziehungen zur UdSSR.
April/Mai	Die am 24. April von Studenten begonnenen Demonstrationen für Demokratie weiten sich über das ganze Land aus. Ihre Unterdrückung mit dem überaus blutigen Vorgehen der Armee auf dem Platz des Himmlischen Friedens bringt Sanktionen des Auslands.
1990 April	Treffen von Li Peng mit Gorbatschow bei Staatsbesuch in Moskau leitet Normalisierung der Beziehungen zur Sowjetunion ein.
1992	China tritt dem Atomwaffensperrvertrag bei (9. März).
28. Aug	Aufnahme diplomatischer Beziehungen zu Südkorea.
12.–18. Okt.	XIV. KPCh-Parteitag spricht sich für Einführung der von Deng Xiaoping propagierten **„sozialistischen Markt-**

	wirtschaft" und Beschleunigung von Wirtschaftsreformen aus.
Okt.	Der japanische Kaiser Akihito besucht China.
1993 März	Der VIII. Nationale Volkskongreß bestätigt Reformprogramm, die sozialistische Marktwirtschaft wird in die Verfassung aufgenommen. Jiang Zemin wird Staatspräsident (23. März).
1995 Juni	Handelsabkommen mit Rußland, militärisch-technische Zusammenarbeit und Waffenlieferungen vereinbart.
	Japan erholt sich von den Kriegsfolgen ziemlich rasch; Ausweitung des Welthandels, industrielle Expansion. Friedensverträge mit den ehemaligen Feindstaaten in Südostasien. Im Verhältnis zu den USA will Japan mehr Gleichberechtigung. Regierungspartei ist die Konservative LDP (Liberal-Demokratische Partei).
1965 12./13. Jan.	Der japanische Ministerpräsident Sato erhält in Washington die „Härtung" der amerikanischen Sicherheitsgarantien zugesagt.
1968	Abkommen mit den USA: Vulkaninseln, Iwojima, die Bonin- und die Marcusinseln werden zurückgegeben.
1971 17. Juni	Abkommen über die Rückgabe der Ryukyuinseln mit Okinawa und der Daitoinseln (Okinawa am 15. Mai 1972 an Japan). – Japan steht nach USA, UdSSR und BRD an 4. Stelle in der Industrieproduktion der Welt. Die Dollarkrise (S. 246f.) trifft die japanische Exportwirtschaft hart; Aufnahme diplomatischer Beziehungen zur VR China (29. Sept. 1972), am 14. Aug. 1978 Friedensvertrag. Am 1. Dez. 1978 wird Masayoshi Ohira neuer Partei- und Regierungschef.
1982	Yasuhiro Nakasone wird neuer Ministerpräsident.
1985	Japan muß auf ausländischen Druck die Abschottung seines Marktes lockern.
1986 6. Juni	Unterhauswahlen: absolute Parlamentsmehrheit für die LDP.
1987	Trotz hoher Handelsbilanzüberschüsse widersprüchliche Konjunkturentwicklung; Stahlunternehmen kündigen umfangreiche Betriebsstillegungen an. Die USA beschließen hohe Strafzölle gegen japanische Elektronikimporte.
6. Nov.	Noboru Takeshita tritt die Nachfolge Nakasones als Ministerpräsident an.
1988	Takeshita kündigt eine umfassende Steuerreform an (Jan.).

1989 Rücktritt der Regierung Takeshita nach Recruit-Cos-
25. April mos-Spendenskandal.
2. Juni Sosuke Uno wird neuer Parteivorsitzender der LDP und
9. Aug. Ministerpräsident. Nach Rücktritt Unos (Geisha-Skandal) übernimmt Toshiki Kaifu dessen Ämter.
1990 Die LDP erringt trotz ihrer Verluste die absolute Mehr-
18. Febr. heit im Unterhaus. Neue Regierung T. Kaifu.
12. Nov. Krönung Akihitos zum Kaiser.
1991 Rücktritt Kaifus, Nachfolger wird K. Miyazawa (27. Nov.).
1992 Japanische UN-Truppen nach Kambodscha entsandt,
17. Sept. erster Nachkriegseinsatz im Ausland. Akihito besucht als erster japanischer Kaiser China (Okt.).
1993 Die LDP verliert erstmals absolute Mehrheit bei Parlamentswahlen (18.–22. Juli), neuer Premier M. Hosokawa.
1994 Hosokawa wird gefolgt von T. Hata und T. Murayama (Premier ab 29. Juni).
1995 Giftgasanschlag einer Sekte auf U-Bahn in Tokio fordert
20. März acht Menschenleben, über 4700 Verletzte. Erdbebenkatastrophe im Raum Kobe/Osaka/Kyoto am 16. Mai (5000 Tote).

1979 Die Gilbert-Inseln (Commonwealth) werden am 12. Juli als **Republik Kiribati** unabhängig.

10. Der amerikanische Kontinent

a) USA und Kanada

Aus dem Zweiten Weltkrieg gehen die USA als Weltmacht hervor. Als einziger Siegerstaat haben sie ein unversehrtes und erweitertes Wirtschaftspotential, sind die bedeutendste Militärmacht der Welt und im Besitz des Atomwaffenmonopols; der technisch-wissenschaftliche Vorsprung erhöht die US-Vormachtstellung.

1945 Präsident H. S. **Truman** verkündet 12-Punkte-Pro-
27. Okt. gramm, das die Atlantikcharta weiter ausbaut.
1946 Die Philippinen erhalten die Selbständigkeit; die USA
4. Juli behalten sich Stützpunkte vor.
1947 **Trumandoktrin** (Abkehr von der Monroedoktrin,
12. März S. 168) verspricht den in ihrer Freiheit bedrohten
5. Juni „freien Völkern" Hilfe der USA. Außenminister **Marshall** legt seinen **Aufbauplan für Europa** vor.
23. Juni Taft-Hartley-Gesetz verabschiedet, das 80tägiges Veto gegen Streiks ermöglicht.

1948 Die USA versorgen während der Blockade Berlins die Stadt über eine Luftbrücke.

1949 Gründung der NATO.

1951 Im Koreakrieg Zusammenwirken mit den UN.

1953–1961 **Eisenhower-Administration.**
Außenminister Dulles verstärkt die **Eindämmungspolitik** gegenüber dem Kommunismus mittels eines Bündnisnetzes. 1954 Vertrag mit Japan; nach NATO-Modell entstehen SEATO und CENTO; 1957 **Eisenhowerdoktrin** für den Nahen Osten.

1958
1. Febr. Die Raumsonde Explorer I wird in eine Umlaufbahn um die Erde geschickt.

1960 **John F. Kennedy Präsident.** New-Frontier-Programm (Aufbruch zu „neuen Grenzen"): neue innen- und außenpolitische Ziele und Aufgaben, u. a. Maßnahmen zugunsten der unterprivilegierten Schichten, Gespräch mit der UdSSR über Einstellung der Kernwaffenversuche und über Nichtverbreitung von Atomwaffen.

1961
3.–4. Juni Treffen Kennedy-Chruschtschow in Wien: UdSSR will Sicherung ihres Herrschaftsbereichs in Mitteleuropa (Bau der Berliner Mauer).

1962
4. Juli Kennedy fordert **„Atlantische Partnerschaft"**. Die USA streben Wegfall der Importzölle bei den Waren an, mit denen sie und die EWG 80 % des Welthandels bestreiten. Zur Kennedy-Runde im GATT s. S. 253.

27. Aug. Beginn des amerikanischen Venus-Sonden-Programms.

1963
22. Nov. **Kennedy fällt** in Dallas einem **Anschlag zum Opfer**. L. B. Johnson, bisher Vizepräsident und demokratischer Fraktionsführer im Senat, wird Nachfolger.
Innenpolitisch bleibt das **Rassenproblem** vordringlich. Bereits 1954 erklärt der Oberste Gerichtshof die Rassentrennung in Schulen (1956 in Verkehrsmitteln) für verfassungswidrig. August 1963 Protestmarsch von 200 000 Schwarzen nach Washington, Schwarzenaufstand in Los Angeles; Juli 1967 Rassenkrawalle in 7 Städten, u. a. in Detroit. Die gemäßigten Schwarzen unter Führung von Pastor Martin Luther King (ermordet 1968) können sich gegen die radikale Black-Power-Bewegung nur schwer behaupten.

1964
2. Juli **Bürgerrechtsgesetz** von Johnson unterzeichnet: Beseitigung der Rassendiskriminierung von Farbigen in Schulen und öffentlichen Einrichtungen (1968 erweitert).

3. Nov. Ein eindrucksvoller Wahlsieg bestätigt Johnson im Amt und vergrößert die demokratische Kongreßmehrheit;

1966 gewinnen die Republikaner 47 Sitze. Der 89. Kongreß fördert Johnsons **Great-Society-Programm** mit erheblichen Zuwendungen an Volks- und Mittelschulen sowie für ärztliche und Altershilfe. Politische, militärische und finanzielle Belastung durch Eskalation des Vietnamkriegs.

28. Nov. Beginn des amerikanischen Mars-Sonden-Programms.

1965 Im Februar beginnen die **Luftangriffe auf Nordvietnam.** Die USA beharren auf Eindämmungspolitik in Südostasien, ohne jedoch China provozieren zu wollen. In den USA scharfer Gegensatz zwischen den Befürwortern einer militärischen Lösung und denen einer friedlichen Regelung auf dem Verhandlungsweg.

1968 31. Okt. Präsident Johnson verfügt **Einstellung der Bombenangriffe** auf Nordvietnam zum 1. Nov. 1968.

5. Nov. Wahl des Republikaners **Richard Nixon** zum Präsidenten. Nixon sucht den Vietnamkrieg zu beenden.

21.–27. Dez. Die amerikanischen Astronauten F. Borman, J. A. Lovell und W. A. Anders umkreisen am 24./25. Dez. in der Raumkapsel Apollo 8 als erste Menschen den Mond.

1969 21. Juli Erste bemannte **Mondlandung** mit den amerikanischen Astronauten N. A. **Armstrong**, E. E. **Aldrin** und M. **Collins**; Raumfahrzeug Apollo 11.

24. Juli „Guam-Doktrin" von Nixon verkündet: Weder Rückzug der USA aus dem pazifischen Raum noch neue Intervention.

1970 18. Febr. Nixon verkündet die Richtlinien der Außenpolitik der 70er Jahre: neue Friedensstrategie, Ära des Ausgleichs und der Verhandlungen, Anerkennung des Paritätsanspruchs der UdSSR und deren legitimen Sicherheitsinteresses in Osteuropa, Eindämmung des Nahostkonflikts.

24. Juni Senat widerruft Tongking-Resolution und verbietet dem Präsidenten nochmalige Intervention in Kambodscha. Wirtschaftliche Schwierigkeiten, Inflation, Arbeitslosigkeit, schwindendes Vertrauen in den Dollar.

1971 15. Aug. Nixon ordnet 90tägigen Lohn- und Preisstopp an, steuerpolitische Erleichterungen und eine 10%ige Zusatzsteuer (20. Dez. aufgehoben) auf rd. die Hälfte aller Einfuhren; Dollar als Leitwährung der westlichen Welt bis auf weiteres suspendiert (S. 246f.). 3. April 1972 Gesetz über die Abwertung des Dollars (Goldpreis von 35 auf 38 Dollar pro Unze Feingold heraufgesetzt).

1972 Reise Nixons nach China und in die UdSSR. Innenpolitische Auseinandersetzung um die verfassungsrechtlichen Befugnisse von Kongreß und Präsident (Machtanhäufung).

1973 Beginn des **Merkur-Sonden-Programms** (3. Nov.).

7. Nov. Der Kongreß verabschiedet den **War Powers Act**: Einsatz von US-Truppen auf Befehl des Präsidenten ohne Zustimmung des Kongresses auf 60 Tage begrenzt. – Watergate-Skandal: während des Wahlkampfs 1972 Einbruch enger Mitarbeiter Nixons in das Wahlhauptquartier der Demokraten (Mitwisserschaft Nixons).

1974 8. Aug. **Rücktritt Nixons**, um dem Amtsenthebungsverfahren (Impeachment wegen Behinderung der Justiz, wegen Amtsmißbrauchs und Mißachtung des Kongresses) zuvorzukommen. **Gerald R. Ford** (Vizepräsident) wird am 9. Aug. Nachfolger. Keine grundsätzliche Änderung der Außenpolitik. Im Kongreß nach den Wahlen (5. Nov.) Mehrheit der Demokraten. Verhärtete Fronten zwischen Ford und dem Kongreß, der in außenpolitischen Fragen Mitentscheidung durchsetzt (u.a. Waffenembargo gegen die Türkei).

1975 20. Aug. Start der amerikanischen Mars-Sonde **Viking I**; Landung auf dem Mars am 20. Juli 1976.

1976 2. Nov. **James** („Jimmy") **Earl Carter** (Demokratische Partei) wird zum Präsidenten gewählt.

1979 1. Jan. Diplomatische Beziehungen USA-VR China aufgenommen.

8. Febr. Dollarkurs fällt auf DM 1,83.

16./17. Juli Carter über moralischen Zustand der Nation und Maßnahmen zur Überwindung der **Energiekrise**. Kabinettsumbildung.

20. Juli Der Diskontsatz wird auf 10 % erhöht (bisher höchster Satz in der amerikan. Geschichte).

2. Sept. Die Raumsonde Pionier 11 fliegt am Planeten Saturn vorbei und sendet erstmals Fotos zur Erde.

4. Nov. Geiselnahme von 52 Amerikanern in der US-Botschaft in Teheran durch islamisch-revolutionäre Studenten (bis 20. Jan. 1981).

1980 Boykott der Olympischen Spiele in Moskau wegen sowjetischer Afghanistan-Invasion.

4. Nov. Wahl des konservativen Republikaners **Ronald Reagan** zum Präsidenten (republikanische Mehrheit im Senat und demokratische Mehrheit im Repräsentantenhaus).

1981 Bei einem Attentat wird Reagan schwer verletzt (30. März).

Mai/Juni	Kongreß billigt umfassenden Abbau sozialer Leistungen zugunsten des Wehretats. Steuersenkungsbeschlüsse zur Stützung der Wirtschaft. Danach wächst vom folgenden Haushaltsjahr ab das Budgetdefizit rapide an.
8. Aug.	Bau der von Carter gestoppten Neutronenbombe angeordnet.
30. Nov.	Beginn neuer Abrüstungsverhandlungen mit der UdSSR in Genf über Mittelstreckenraketen.
24. Dez.	Sanktionen gegen Polen wegen Verhängung des Kriegsrechtes und gegen die UdSSR (vor allem Technologie).
1982 30. April	Nach gescheiterten Vermittlungsaktionen von Außenminister Haig im Falkland-Konflikt auf seiten Großbritanniens: Sanktionen gegen Argentinien.
Okt.	Höchste Arbeitslosigkeit seit 1941 (über 11 %).
1983 seit März	US-Unterstützung rechtsgerichteter nicaraguanischer Rebellen gegen die sandinistische Revolutionsregierung.
25. Okt.	Invasion auf der Karibikinsel Grenada (Begründung: Gefahr der Errichtung eines cubanischen Militärstützpunktes).
Nov.	Beginnender Wirtschaftsaufschwung, aber wachsende Haushaltsdefizite.
23. Nov.	Die UdSSR bricht die Genfer-Gespräche über den Abbau ihrer Mittelstreckenraketen in Europa ab.
1984	Das US-Kontingent der Friedenstruppe im Libanon wird abgezogen (Febr./März).
6. Nov.	Ronald Reagan wird mit der Mehrheit in 49 von 50 Bundesstaaten erneut zum Präsidenten gewählt. Im Repräsentantenhaus behalten die Demokraten ihre Mehrheit.
31. Dez.	Die USA treten aus der UNESCO aus (Vorwurf der einseitigen politischen Haltung und schlechter finanzieller Verwaltung).
1985 12. März	Beginn neuer Verhandlungen mit der UdSSR in Genf über Rüstungskontrollmaßnahmen.
1986	Absturz der Raumfähre Challenger; Stopp des Raumfahrtprogramms (28. Jan.).
1987	Negative Handelsbilanz führt zu Kursverfall des Dollars (ab Jan.).
7. Dez.	Abkommen über Abrüstung bei Mittelstreckenraketen (INF) mit UdSSR.
1988	Freihandelsabkommen mit Kanada.
1989	George Bush neuer Präsident (20. Jan.): Haushaltssanierung durch Einsparungen.
20. Dez.	Einmarsch in Panama, Sturz Noriegas.

1990	Truppenentsendung an Persischen Golf nach irakischem Überfall auf Kuwait (2. Aug.).
6. Nov.	Kongreßwahl: dominierende Mehrheit der Demokraten.
Nov.	Dollar auf historischem Tiefststand (unter 1,50 DM).
1991	Nach gescheiterten Friedensbemühungen und Resolutionen des UN-Sicherheitsrates Krieg gegen Irak (16. Jan.-28. Febr.). START-I-Abkommen über Reduzierung atomarer Langstreckenwaffen unterzeichnet (29. Juli).
1992 29. April	Freispruch von vier weißen Polizisten, wegen erwiesener Mißhandlung eines Schwarzen angeklagt, löst schwere Rassenunruhen in Los Angeles aus (58 Tote, hohe Sachschäden).
3. Nov.	Bei Präsidentschaftswahlen siegt der Demokrat **Bill Clinton** (Amtsantritt 20. Jan. 1993).
20. Nov.	Kompromiß mit EG über Abbau von Agrarsubventionen.
3. Dez.	Truppenentsendung für UN-Mission in Somalia unter US-Kommando.
6. Dez.	Einigung bei Uruguay-Runde des GATT ermöglicht weltweite Handelsliberalisierung.
17. Dez.	**NAFTA-Vertrag** über **Einrichtung einer nordamerikanischen Freihandelszone** unterzeichnet (Inkrafttreten 1. Jan. 1994).
1993	START-II-Abkommen mit Rußland unterzeichnet (3. Jan.).
4. Mai	Ende des US-Kommandos in Somalia, Übergabe an UN.
1994 3. März	Wirtschaftssanktionen gegen Vietnam aufgehoben, Wiederaufnahme diplomatischer Beziehungen 1995.
19. Sept.	Friedliche Invasion von US-Truppen in Haiti beendet Militärjunta, Wiedereinsetzung Präsident Aristides.
8. Nov.	Wahlniederlage der Demokraten, Mehrheit der Republikaner in Kongreß- und Repräsentantenhaus.
1995 19. April	Bombenattentat auf Gebäude mit Bundeseinrichtungen in Oklahoma City (168 Tote).
30. Aug.– 14. Sept. 21. Nov.	NATO-Militärschläge in Bosnien; unter amerikanischem Druck kommt es zu Friedensverhandlungen, am Friedensabkommen von Dayton/Ohio. US-Truppen stellen Hauptkontingent der Friedenstruppe in Ex-Jugoslawien, Einmarsch im Dez.
Nov./ Dez.	Haushaltsstreit zwischen Regierung und Kongreß führt vorübergehend zur Zahlungsunfähigkeit der USA.

In **Kanada** Spannungen zwischen Anglokanadiern und Frankokanadiern (u. a. beim Besuch de Gaulles 1967).

1968 25. Juni Der Frankokanadier Pierre E. Trudeau gewinnt die Parlamentswahlen mit seinem Programm: Revision der kanadischen NATO-Politik (Reduzierung der in Europa stationierten kanad. Streitkräfte) und des Verhältnisses zu den USA sowie Gleichberechtigung der Frankokanadier im öffentlichen und wirtschaftlichen Leben.

1974 Kanada wird offiziell zweisprachig (2. April).

1976 6. Juli Rahmenabkommen mit der EG über handels- und wirtschaftspolitische Zusammenarbeit.

1982 17. April Königin Elisabeth II. proklamiert eine eigenständige kanadische Verfassung, die eine Bürgerrechts-Charta enthält und zukünftige Verfassungsänderungen unabhängig von Großbritannien gestattet.

1984 Sept. Premierminister Trudeau tritt am 30. Juni zurück. Nach dem Wahlsieg der Konservativen wird Brian Mulroney neuer Premierminister.

1988 Parlamentswahlen: Regierung Mulroney bestätigt (21. Nov.). Separatismusbestrebungen der Provinz Quebec.

1992 22. Aug. Umfangreiche Verfassungsrevision; Vertrag über Einrichtung einer Nordamerikanischen Freihandelszone (NAFTA) unterzeichnet (10. Dez.).

1993 25. Okt. Rücktritt Mulroneys (Juni), neue liberale Regierung J. Chretien nach Parlamentswahlen.

1995 30. Okt. Die Unabhängigkeit von Quebec wird bei Referendum mit sehr knapper Mehrheit (50,6 %) abgelehnt.

b) Mittel- und Südamerika

Die politische und gesellschaftliche Stabilität ist weitgehend von den wirtschaftlichen Verhältnissen abhängig. Als Lieferanten von Rohstoffen verzeichnen die lateinamerikanischen Staaten im Zweiten Weltkrieg und bis 1954 bedeutende Gewinne. Die sinkenden Rohstoffpreise und die dadurch bedingten geringeren Erlöse behindern die begonnene Industrialisierung; das US-Kapital, auf das diese Staaten angewiesen sind, wandert vielfach nach Europa ab. Armut (besonders Mißverhältnis der Besitzstruktur) und soziale Unsicherheit verursachen dauernde Unruhen, die wiederum Staatsstreiche und Diktaturen nach sich ziehen. Interamerikanische Zusammenschlüsse und die „Allianz für den Fortschritt“ (S. 256) wollen Voraussetzungen fur gesündere wirtschaftliche, soziale und politische Verhältnisse schaffen, doch ohne Erfolg. Bildung rechts- und links-

extremer Organisationen (u. a. Tupamaros in Uruguay; Terrorakte, Entführung ausländischer Diplomaten). Die OAS billigt 1971 eine Konvention zur Verhütung verbrecherischer Terrorakte. Kolumbien, Mexiko, Panama und Venezuela erarbeiteten Januar 1983 zusammen mit anderen mittelamerikanischen Staaten, die sog. Contadora-Gruppe (benannt nach dem Tagungsort auf einer Insel im Golf von Panama), einen Friedensplan für Mittelamerika: Abzug aller ausländischen Truppen und Militärberater, Verbot von Waffenlieferungen, freie Wahlen und Wirtschaftshilfen. Dieser Friedensplan wurde im Oktober 1984 dem UN-Sicherheitsrat vorgelegt.
Ende der 80er Jahre kommt es zu verstärkter wirtschaftlicher Zusammenarbeit, so z.B. ab Jan. 1995 die Freihandelszone und Zollunion MERCOSUR zwischen Brasilien, Argentinien, Paraguay und Uruguay.

Mexiko legt in der Verfassung von 1917 neben einer Bodenreform soziale Sicherheit für die Arbeiter fest, in den folgenden Jahrzehnten ausgebaut. Trotzdem soziale Mißverhältnisse; Unruhen; Konjunktureinbruch; Kapitalflucht; Hungerrevolten der Bauern.

1976 J. López Portillo wird Präsident. Er sucht, das wirtschaftliche Vertrauen (besonders ausländischer Investoren) wiederzugewinnen.

1982 April, 4. Juli: Krisenpaket zur Sanierung der Wirtschaft, trotz Ölförderung hohe Auslandsverschuldung. Bei den Präsidentschaftswahlen siegt M. de la Madrid Hurtados. – Hohe Inflationsrate und Auslandsverschuldung erfordern Krisenmaßnahmen: Verstaatlichung von ca. 50 Banken und strikte Devisenkontrolle.

1983 29. Dez.: Umschuldungsabkommen mit ausländischen Banken (Okt., Dez.) und ein Kreditabkommen mit den USA bessern die Finanzlage.

1988 Salinas de Gortari wird neuer Präsident; die Opposition erhebt den Vorwurf des Wahlbetrugs (6. Juli).

1990 Umstrukturierung der hohen Auslandsschulden.

1992 Vertrag über Einrichtung einer Nordamerikanischen Freihandelszone (NAFTA) unterzeichnet.

1994 Jan.: Aufstand der indianischen Rebellenbewegung „Zapatistisches Nationales Befreiungsheer“ (EZLN) in der Provinz Chiapas wird von Regierungsarmee niedergeschlagen, anhaltender Konflikt.

21. Aug. Bei Präsidentschaftswahlen siegt E. Zedillo.

Der Konflikt zwischen **Cuba**, wo seit 1959 eine kommunistisch eingestellte Regierung unter Fidel Castro besteht, und den USA führt an den Rand des Weltkriegs, als den USA das Vorhandensein russischer Raketenbasen auf Cuba bekannt wird.

1962 23./24. Okt. Präsident J. F. Kennedy verfügt Blockade gegen Cuba. Schießbefehl für die Marine. Russische Schiffe mit Waffen für Cuba drehen ab. Chruschtschow befiehlt am 28. Okt. den Abbau und Rücktransport der Raketenanlagen. Aufhebung der US-Seeblockade am 20. Nov.

1979 Aug. 3000 sowjetische Soldaten auf Cuba gefährden die Ratifizierung des SALT-II-Abkommens und belasten erneut die Beziehungen zwischen den USA und der UdSSR.

1993 Abzug der ehemals sowjetischen Truppen beendet (Juni).

1994 Massenflucht aus Cuba. Auswanderungsabkommen mit den USA (9. Sept.), Fluchtbewegung wird unterbunden.

In den **mittelamerikanischen Staaten** – Guatemala, Honduras, El Salvador, Nicaragua, Costa Rica – scharfe soziale Gegensätze (Großgrundbesitzer, Kleinbauern), Aufstände und Staatsstreiche, z. T. Intervention der USA (Guatemala); Ansätze zu einer Sozialgesetzgebung (Honduras, El Salvador). Die Ausweisung salvadorianischer Siedler aus Honduras ist Grund für den „Fußballkrieg“ zwischen El Salvador und Honduras im Juli 1969.

1978 In **Nicaragua** nimmt der Widerstand gegen die Familie Somoza zu, die seit 1936 mit US-Unterstützung eine Diktatur ausübt und ungeheuren Privatbesitz (u. a. aus ausländischen Hilfsleistungen) anhäuft.

1979 17. Juli Sturz Somozas durch die „Sandinistische Befreiungsfront“; Übernahme der Regierung durch eine Junta: Notstandsplan, Produktions- und Aufbaubrigaden, Enteignung des Somoza-Familienbesitzes, Bodenreform; Blockfreiheit angestrebt.

1981 Generalmobilmachung gegen die Invasion von US-unterstützten Somoza-Anhängern und Gegenrevolutionären aus Honduras.

1982 Technische und finanzielle Unterstützung durch Cuba und seine Militärberater.

1983 Teilweise Verhängung des Kriegsrechtes, Schaffung von Volksmilizen, Einsetzung von „Volksgerichten“. Unterdrückung der Opposition. US-Militärmanöver.

1984 4. Nov. Wahlsieg der regierenden Sandinisten bei den Parlaments- und Präsidentschaftswahlen: Daniel Ortega wird Präsident.

1985 1. Mai	US-Präsident Reagan verhängt ein Handelsembargo und Wirtschaftssanktionen gegen Nicaragua.
1987	Neue Verfassung (9. Jan.).
1990	V. Chamorro (vereinigte Opposition, UNO) zur Präsidentin gewählt (25. Febr.).
27. Juni	Entwaffnung der Contra, Ende des Bürgerkriegs.
1993	Bruch der Regierungskoalition, 9. Jan. neues Kabinett.
1995 14. Juli	Verfassungsreform tritt in Kraft, Stärkung des Parlaments und der Privatwirtschaft.

1978	Militärjunta unter P. J. Paz García in **Honduras** (9. Aug.).
1982	Ende der Militärherrschaft (Jan.).
1985	Azcona del Hoyo neuer Präsident (24. Nov.).
1989	R. L. Callejas zum Präsidenten gewählt. Nach vorübergehender Einstellung des Schuldendienstes Ankündigung von Sparmaßnahmen.
1993	Sieg C. R. Reinas bei Präsidentschaftswahlen (28. Nov.).

Panama erhält am 24. Sept. 1965 in einem Vertrag mit den USA die Souveränität über die Kanalzone; damit ist der Vertrag von 1903 ersetzt. Am 7. Sept. 1977 Vertrag unterzeichnet (US-Ratifizierung im April 1978). Am 1. Okt. 1979 offizielle Übergabe. 1983 wird eine neue Verfassung mit großer Mehrheit angenommen. Nach Wahlsieg am 24. April 1984 wird Nicolaus Ardito Barletta Staats- und Regierungschef (11. Okt.).

1989/90	Nach Machtkämpfen übernimmt General Noriega am 15. Dez. 1989 die Macht und erklärt den USA den Krieg. Einmarsch der USA am 20. Dez. und Verhaftung Noriegas am 3. Jan. 1990.
1992 Juli	Noriega wird in den USA zu 40 Jahren Haft verurteilt.
1994	E. Pérez Balladares wird neuer Präsident (1. Sept.).

Bolivien verstaatlicht unter Präsident Paz Estenssoro 1952 den Zinnbergbau; gegen Rationalisierungsmaßnahmen 1962/63 stellt sich die Gewerkschaft; Streiks, Militärrevolte 1964, Sturz von Paz Estenssoro; Militärputsche 1970/71. Juli 1978 Militärputsch unter Juan Pereda, Nov. 1978 wieder gestürzt. 1978–81 mehrere Militärputsche und Putschversuche. Am 5. Okt. 1982 wird H. Siles Zuazo Präsident aufgrund von Wahlen nach Scheitern der durch Rauschgifthandel und Korruption desavouierten Militärs. 1983/84 einschneidende Wirtschaftsmaßnahmen lösen Proteste und Generalstreik aus. Trotzkistische Gewerkschaftler hetzen in La Paz zum Streik auf: Demonstrationen, Straßenschlachten, Versorgungsprobleme. Seit 1985 erfolgreicher Wirtschaftsreformkurs. 1993 wird G. Sanchez de Losada zum Präsidenten gewählt (6. Juni).

1978 In **Venezuela** gewinnt Luis Herrera Präsidentenwahl.
1983 Seit 4. Dez. ist der Sozialdemokrat J. Lusinchi Präsident.
1988 C. A. Pérez (Sozialdemokrat) zum Präsidenten gewählt.
1993 Absetzung von Pérez wegen Korruptionsvorwürfen.
1994 Neuer Präsident wird (Wahl 1993) R. Caldera.

1976 Militärputsch in **Ecuador** unter A. Póveda Burbano (11. Jan.).
1979 Beendigung der Militärregime.
1984 Nach Wahlen (29. Jan.) wird der konservative León Febres Cordero Präsident.
1986 Nach Teilwahlen linksoppositionelle Mehrheit im Parlament (1. Juni).
1988 Nach Wahlen wird R. Borja Ceballos (Sozialdemokrat) neuer Präsident (8. Mai).
1992 Bei Präsidentschaftswahlen siegt S. Durán Ballén (5. Juli).
1995 Grenzkonflikt mit Peru (ab Jan./Febr.)

1975 29. Aug. In **Peru** Sturz von Ibarra Velasco. F. Morales neuer Präsident.
1978/79 Rückkehr zur Demokratie: Wahl einer Verfassunggebenden Versammlung und Verabschiedung einer neuen Verfassung.
1980 F. Belaúnde Terry wird zum Staatspräsidenten gewählt (18. Mai).
1981/83 Streikwelle wegen steigender Inflation und fallender Reallöhne; schwierige Wirtschaftslage. Terroranschläge der maoistischen Guerillabewegung „Leuchtender Pfad“. Verhängung des Ausnahmezustandes. Umschuldungsabkommen mit 275 ausländischen Gläubigerbanken (30. Juni 1983).
1985 Der Sozialdemokrat Alan Garcia zum Präsidenten gewählt (April).
1987 Häufige Regierungswechsel wegen wirtschaftlicher Probleme.
1990 A. Fujimori (unabhängig) neuer Präsident (10. Juni); hartes Sanierungsprogramm.

1992 A. Guzman, Führer des „Leuchtenden Pfades“, verhaftet (Sept.). Fujimori gelingt, bei vorübergehender Aufhebung von Parlament und Verfassung, die weitgehende Schwächung der Terrororganisation „Leuchtender Pfad“ und die Stabilisierung des Landes.

1995 Grenzkonflikt mit Ecuador (Jan./Febr.). Wiederwahl Fujimoris am 9. April.

1976 Militärputsch in **Uruguay;** A. Méndez Staatschef (12. Juni).

1981 Der Übergang zur demokratischen Regierungsform wird angekündigt.

1983 Massendemonstrationen gegen die Militärherrschaft und für Rückkehr zur Demokratie.

1984 Bei den ersten freien Wahlen seit 1973 siegt die gemä-
26. Nov. ßigte „Colorado“-Partei unter Julio Sanguinetti, der ab 1. März 1985 neuer Staatspräsident wird. Damit Ende der Militärherrschaft.

1989 Aus allgemeinen Wahlen geht Luis Alberto Lacalle als Präsident hervor. Koalition zwischen „Colorado“- und „Blanco“-Partei.

1995 Inkrafttreten der Freihandelszone MERCOSUR (1. Jan.).
3. Jan. Nach Parlaments- und Präsidentschaftswahlen (Nov. 1994) wird J. M. Sanguinetti Staatspräsident.

In **Argentinien** führt Perón (1946–1955) tiefgreifende Wirtschafts- und Sozialreformen durch und gewinnt damit die breiten Massen der Arbeiter für sich. Sturz Peróns durch die Armee. Trotzdem Einfluß der Peronisten im öffentlichen Leben. Die Nachfolger Peróns sind von der Armee abhängig. 1966–1973 Militärregierungen.

1973 Sieg der Peronisten bei den Präsidentschaftswahlen (März 1973). Rückkehr und **Präsidentschaft Peróns**.
23. Sept. Richtungskämpfe innerhalb der Peronisten und Wirtschaftskrise.

1974 **Tod Peróns** (1. Juli); Amtsnachfolger seine Frau Isabel Perón. Bürgerkriegsähnliche Kämpfe zwischen rechts- und linksextremen Gruppen. Zerwürfnis zwischen Präsidentin und Gewerkschaften. „Wirtschaftsnotstand“.

1976 **Staatsstreich der Armee** (24. März), Verhaftung der Präsidentin. Rechtskurs.

1976/82 Mehrere Generäle einer Junta lösen sich als Staatspräsidenten ab.

1982 Demonstrationen gegen die Junta, u. a. wegen Tausen-

März der Verschwundener des „schmutzigen Krieges“ gegen den Linksterrorismus.

1./2. April Um von den inneren Schwierigkeiten abzulenken, Besetzung der britischen Kronkolonie Falklands: Krieg mit

15. Juni Großbritannien, das die Inseln zurückerobert. Kapitulation der argentinischen Streitkräfte.

1983 Vorsichtiger Demokratisierungsprozeß (seit Febr.).

30. Okt. Freie Wahlen: Sieg der „Radikalen Bürgerunion“ unter Raúl Alfonsín, der am 10. Dez. sein Amt als Staats- und Regierungschef antritt. Wiederaufbau des Rechtsstaates, politische Entmachtung des Militärs beginnt.

1984 Nach dem Bericht einer nationalen Untersuchungskommission „verschwanden“ unter dem Militärregime mindestens 9000 Menschen.

29. Nov. Argentinien und Chile unterzeichnen in Rom den unter Vermittlung des Vatikans zustandegekommenen Vertrag über den bisher strittigen Verlauf im Beaglekanal.

1987 Nach Militärrevolten Gesetze zur Amnestierung von Verbrechen zur Zeit der Junta (29. Juni).

1988 Carlos Menem (Peronist) wird neuer Präsident (14. Mai).

1990 Menem begnadigt hohe Junta-Generäle (30. Dez.). Drastisches Sparprogramm. Zunehmende wirtschaftliche und politische Stabilisierung Argentiniens.

1994 Revidierte Verfassung tritt in Kraft (24. Aug.).

1995 Freihandelszone MERCOSUR ab 1. Jan., Wiederwahl Menems (14. Mai).

Brasilien erlebt unter der Herrschaft von Vargas (1930–1945 und 1950–1954) Ausbau von Handel und Industrie; unter Kubitschek (1955–1961) Erschließung Innerbrasiliens (neue Hauptstadt Brasilia 1960 eingeweiht). Eingreifen der Armee unter Kubitscheks Nachfolgern: rechtsextreme Militärdiktaturen. Okt. 1978 wird João Batista Figueiredo Präsident. Prozeß zur Öffnung der Demokratie in Gang gesetzt.

1980/81 Streiks der Land- und Metallarbeiter, Dürrekatastrophen im Nordosten des Landes, enorme Inflation und Auslandsverschuldung (als das höchstverschuldete Land der Welt).

1982 Erstmals freie Wahlen (seit 1964): Sieg der Oppositions-

15. Nov. parteien. Regimekritik und Demokratisierungsforderungen nehmen zu.

1985 Der brasilianische Kongreß wählt Tancredo Neves als

15. Jan. ersten zivilen Präsidenten nach 21 Jahren Militärherrschaft. Amtsantritt kann wegen schwerer Erkrankung (Tod 21. April) nicht stattfinden. Nachfolger Vize-Präsident José Sarney.

1988 Neue Verfassung (5. Okt.).

1989 F. Collor de Mello neuer Präsident nach erster Direktwahl (17. Dez.).

1990 Wirtschaftsnotprogramm zur Inflationsbekämpfung.

1992 Amtsenthebung Collor de Mellos wegen Korruption (29. Sept.).

1994 Bei Parlaments- und Präsidentschaftswahlen Sieg des
3. Okt. Sozialdemokraten F. H. Cardoso. Eindämmung der Hochinflation.

1995 Freihandelszone und Zollunion MERCOSUR in Kraft.

Chile hat 1938–1952 eine Volksfrontregierung. Entwickelte Industrie, Kupferbergbau. Anhaltende Inflation.

1964 Präsident Eduardo Frei Montalva verkündet „Revolution in Freiheit"; 1967 Beginn einer Bodenreform. 1970 Volksfrontregierung unter dem Sozialisten Allende, der die z. T. schon unter Frei eingeleiteten Maßnahmen weiterführt.

1973 **Meuterei der Armee;** Tod Allendes. (Der Staatsstreich
11. Sept. wurde planmäßig von der CIA vorbereitet, was Ford im Sept. 1974 bestätigt.) Rechtsextreme Diktatur unter General A. Pinochet Ugarte. Ein Terrorregime (Morde, Folterungen, Konzentrationslager), das sich gegen alle Bevölkerungskreise richtet. Protest der Bischöfe, Verurteilung durch die UN. Die bürgerliche Parteien werden verboten (11. März 1977).

1981/82 Wachsende wirtschaftliche und politische Schwierigkeiten. Opposition gegen Pinochet formiert sich nach dem Hirtenbrief der Bischöfe (20. Dez. 1982).

1983 1. „Tag des Nationalen Protestes": brutales Eingreifen
11. Mai der Militärs gegen den passiven Widerstand der Bevölkerung. Weitere „Protesttage": Pinochet muß mit den
Aug./ Kräften der Opposition (Christdemokraten, Kirche, Ge-
Sept. werkschaften und großen Teilen der Wirtschaft) verhandeln. Blutige Konflikte zwischen Demonstranten und Regierung (Okt.).

1984 Chile unterzeichnet am 26. Januar ein Umschuldungsabkommen mit westlichen Banken.

4./5. Bei den 10. „Nationalen Protesttagen" weitere Tote, Ver-
Sept. letzte und Verhaftete.

29. Sept. Argentinien und Chile unterzeichnen in Rom das vom Vatikan vermittelte Abkommen über den Grenzverlauf am Beaglekanal.

1988 Plebiszit lehnt eine zweite Amtszeit Pinochets ab (5. Okt.).

1989 Neue Verfassung schränkt Macht von Präsident und Militär ein (30. Juli).

14. Dez. Patricio Aylwin (Opposition) zum Präsidenten gewählt;

1990 Amtsantritt 11. März 1990. Umschuldungsabkommen.

1993 Nach Parlaments- und Präsidentschaftswahlen wird der

11. Dez. Christdemokrat E. Frei Staatspräsident.

Die **Dominikanische Republik** steht seit 1924 unter der Diktatur der Trujillo-Familie. Nach ihrem Sturz 1960 innere Wirren. Als Präsident Bosch Sozialreformen durchführen will, Staatsstreich der Armee 1963. Aufstand der Bosch-Anhänger wird zur Volksrevolution. Bewaffnete Intervention der USA, dann Eingreifen von OAS-Truppen. Präsident wird wieder General Balaguer. Mai 1978 wird A. Guzmán Präsident. Nach Verzicht Guzmáns wird am 16. Mai 1982 S. J. Blanco Präsident.
Am 16. Mai 1986 wird der christlich-soziale J. Balaguer neuer Präsident. Allgemeine Wahlen bestätigen ihn am 10. Aug. 1994.

Abkürzungen zum Namen- und Sachregister

Abk. (-abk.) = Abkommen (-abkommen)
afr. = afrikanisch
Äg. = Ägypten
Alb. = Albanien
Alg. = Algerien
am. = amerikanisch
anglik. = anglikanisch
Arg. = Argentinien
Arm. = Armenien
Ass. = Assyrien
aztek. = aztekisch
B. = Bischof
Babyl. = Babylonien
Bay. = Bayern
Bd. = Bund
Boliv. = Bolivien
Böot. = Böotien
Br. = Bruder
Bras. = Brasilien
Brdbg. = Brandenburg
brit. = britisch
Btm. = Bistum
bulg. = bulgarisch
Burg. = Burgund
byz. = byzantinisch
ceyl. = ceylonesisch
chald. = chaldäisch
chil. = chilenisch
chin. = chinesisch
cub. = cubanisch
Dän. = Dänemark
dt. = deutsch
Dtld. = Deutschland
Eb. = Erzbischof
Ebtm. = Erzbistum
Ehz. = Erzherzog
finn. = finnisch
FM = Feldmarschall
fränk. = fränkisch
Franz. = Franzosen
Frd. (-frd.) = Frieden (-frieden)
Frkr. = Frankreich
frz. = französisch
Ft(n). = Fürst(en)
GB = Großbritannien
Gen. = General
germ. = germanisch
Geschl. = Geschlecht
GFM = Generalfeldmarschall
Gf(sch). = Graf(schaft)
Gft(m). = Großfürst(entum)
Ghz(tm). = Großherzog(tum)
got. = gotisch
griech. = griechisch
Griechld. = Griechenland
Hann. = Hannover
Hond. = Honduras
HM = Hausmeier
Hz(tm). = Herzog(tum)
Ind. = Indien
Indon. = Indonesien
ir. = irisch
iran. = iranisch
isl. = islamisch
Isr. = Israel
It. = Italien
jap. = japanisch
jemen. = jemenitisch
Jord. = Jordanien
Kamb. = Kambodscha
Kard. = Kardinal
karol. = karolingisch
Karth. = Karthago
Kast. = Kastilien
kath. = katholisch
Kft(m). = Kurfürst(entum)
Kfz. (-kfz.) = Konferenz (-konferenz)
Kg(n). = König(in)
Kgr. = Königreich
Kl. = Kloster
kolumb. = kolumbianisch
Kongr. = Kongreß
Konz. = Konzil
kor. = koreanisch
Ks(n). = Kaiser(in)
Ksr. = Kaiserreich
Kzl. = Kanzler
langob. = langobardisch
laot. = laotisch
lat. = lateinisch
Ld. (-ld.) = Land (-land)
Lit. = Litauen
Luxbg. = Luxemburg
Lyd. = Lydien
Maked. = Makedonien
marokk. = marokkanisch
Marsch. = Marschall
Med. = Medien
Mex. = Mexiko
Mgf(sch). = Markgraf(schaft)
Min. = Minister
Mong. = Mongolen
Mqu. = Marquis
Nav. = Navarra
Ndld. = Niederlande
niger. = nigerianisch
Norw. = Norwegen
Numid. = Numidien
orth. = orthodox
osman. = osmanisch
Pak. = Pakistan
Patrt. = Patriarchat
Pers. = Persien
Phön. = Phönizien
Port. = Portugal
Pp. = Papst
Pr. = Prinz
Präs. = Präsident
Prät. = Prätendent
Prov. = Provinz
R. = Reich
Rep. = Republik
Rtg. = Reichstag
Rum. = Rumänien
russ. = russisch
s. a. = siehe auch
Sard. = Sardinien
Sav. = Savoyen
Schl. = Schlacht
Schles. = Schlesien
Serb. = Serbien
Siz. = Sizilien
sowj. = sowjetisch
Span. = Spanien
St. (-st.) = Staat (-staat)
Sth(n). = Statthalter(in)
s. u. = siehe unter
Su(lt). = Sultan(at)
sumer. = sumerisch
Syn. = Synode
Syr. = Syrien
T. = Tochter
Tg. (-tg.) = Tag (-tag)
tun. = tunesisch
venez. = venezolanisch
Verw. = Verweser
VR = Volksrepublik
Vtg. (-vtg.) = Vertrag (-vertrag)
Westf. = Westfalen

Namen- und Sachregister